HENNEKE (Hrsg.)

Föderalismusreform in Deutschland
Bestandsaufnahme der Kommissionsarbeit und Umsetzungsperspektiven

Schriften zum deutschen und europäischen Kommunalrecht

Band 26

Herausgegeben von

Prof. Dr. Dr. h. c. Eberhard Schmidt-Aßmann
Ruprecht-Karls-Universität Heidelberg

Prof. Dr. Friedrich Schoch
Albert-Ludwigs-Universität Freiburg

in Verbindung mit dem
Deutschen Landkreistag

Föderalismusreform in Deutschland

Bestandsaufnahme der Kommissionsarbeit und Umsetzungsperspektiven

Professorengespräch 2005
des Deutschen Landkreistages
am 2./3. März 2005
in Frankfurt am Main

Herausgegeben von

Professor Dr. Hans-Günter Henneke

Geschäftsführendes Präsidialmitglied
des Deutschen Landkreistages, Berlin

Honorarprofessor an der Universität Osnabrück

RICHARD BOORBERG VERLAG
Stuttgart · München · Hannover · Berlin · Weimar · Dresden

Bibliografische Information der Deutschen Bibliothek

Die Deutsche Bibliothek verzeichnet diese Publikation in der Deutschen Nationalbibliografie; detaillierte bibliografische Daten sind im Internet über **http://dnb.ddb.de** abrufbar.

ISBN 3-415-03607-3

© Richard Boorberg Verlag GmbH & Co KG, 2005
www.boorberg.de

Satz: Joachim Groos, Hohenahr · www.joachim-groos.de

Druck: Druckhaus „Thomas Müntzer" GmbH, Bad Langensalza

Papier: säurefrei, aus chlorfrei gebleichtem Zellstoff hergestellt; alterungsbeständig

Vorwort

Fragen der Modernisierung der bundesstaatlichen Ordnung haben den Deutschen Landkreistag in den letzten Jahren im Anschluss an die Vereinbarung der Ministerpräsidenten mit dem Bundeskanzler vom 17. 12. 1998 in besonderem Maße umgetrieben. Zur Forcierung der sehr zähen politischen Diskussion hat das Präsidium des Deutschen Landkreistages im Juni 2001 einen ausformulierten Vorschlag zur Grundgesetzänderung unterbreitet (*Henneke*, Der Landkreis 2001, 167 ff.), nachdem bereits Anfang 1999 der Reformbedarf in der im Heidelberger Forum veröffentlichten Darstellung: „Reform der Aufgaben- und Finanzbeziehungen von Bund, Ländern und Kommunen – In Trippelschritten oder aus einem Guß?" dargelegt worden war.

Vor diesem Hintergrund hat es der Deutsche Landkreistag ganz besonders begrüßt, in der Kommission zur Modernisierung der bundesstaatlichen Ordnung ab November 2003 aktiv mitwirken zu können. Die zentralen schriftlichen Beiträge im Rahmen der Kommissionsarbeit sind im Anhang dieses Bandes abgedruckt.

Auch in den Professorengesprächen des Deutschen Landkreistages sind Fragen der Föderalismusreform im Zeichen zunehmender Europäisierung mehrfach grundlegend behandelt worden. Verwiesen sei nur auf die Professorengespräche 2001 in Syke, dokumentiert in Band 15 dieser Schriftenreihe: „Verantwortungsteilung zwischen Kommunen, Ländern, Bund und EU" und 2004 in Saarlouis, dokumentiert in Band 24 dieser Schriftenreihe: „Künftige Funktionen und Aufgaben der Kreise im sozialen Bundesstaat."

Gerade nach dem (vorläufigen?) Scheitern der Kommissionsarbeit am 17. 12. 2004 sind wir gemeinsam mit den Gesprächsleitern des DLT-Professorengesprächs, Prof. Dr. *Friedrich Scho*ch (Freiburg) und Prof. Dr. *Helmuth Schulze-Fielitz* (Würzburg) der Auffassung gewesen, dass es für den Fortgang der Reform hilfreich sein könnte, durch die bewährte Teilnehmerrunde des DLT-Professorengesprächs zeitnah eine Bestandsaufnahme der Kommissionsarbeit vorzunehmen und Umsetzungsperspektiven gerade auch für die in der Kommission strittigen Fragen aufzuzeigen. Das Ergebnis wird hiermit vorgelegt. Auch wenn der eine Königsweg nicht aufgezeigt zu werden vermag, ergeben sich doch ganz eindeutige Tendenzen aus den Erörterungen:

- Die Europatauglichkeit des GG muss nicht nur in Art. 23 GG, sondern auch bei der Verteilung der Gesetzgebungskompetenzen deutlich verbessert werden.
- Auch dies spricht dafür, für das Umweltrecht dem Bund weitgehende Gesetzgebungskompetenzen einzuräumen.
- Aus der Änderung des Art. 72 Abs. 2 GG, die vom BVerfG in inzwischen gefestigter Rechtsprechung aufgenommen worden ist, sind Konsequenzen für eine Stärkung der Gesetzgebungskompetenzen der Länder zu ziehen.
- Regelungsmaterien, in denen eine Suche nach der richtigen Lösung aus einem fruchtbaren Ideenwettbewerb hervorgehen sollte, sind ebenfalls bei den Ländern anzusiedeln.
- Angesichts weitgehend veränderter Lebensbedingungen gegenüber 1949 sollte eine Aufgabenkritik hinsichtlich der einzelnen Gesetzgebungsmaterien dahin gehend stattfinden, dass zufällig gebildete, zum Teil überholte Regelungskategorien durch neu gebildete, den veränderten Erkenntnissen Rechnung tragende, Lebenssachverhalte zusammenführende Zuständigkeitsregelungen ersetzt werden. Dies gilt etwa für das Umweltrecht, aber auch für die schulische und vorschulische Bildung und Betreuung.
- Die Gemeinschaftsaufgaben und gemeinschaftlich wahrgenommenen Aufgaben sollten aufgelöst, die Mischfinanzierungstatbestände deutlich reduziert und eindeutig kanalisiert werden.
- Last but not least wurde die Kommission zur Modernisierung der bundesstaatlichen Ordnung für ihren Versuch einhellig gelobt, den Aufgabendurchgriff des Bundes auf die Kommunen ohne gleichzeitige Bereitstellung der erforderlichen Finanzmittel künftig zu unterbinden.

Die maßgeblichen politischen Akteure in Bund und Ländern wurden aufgefordert, die Arbeit an der Modernisierung der bundesstaatlichen Ordnung nunmehr zügig zum Abschluss zu bringen nach der Mahnung von *Fridtjof Nansen*:

„Beeilt Euch zu handeln, ehe es zu spät ist zu bereuen."

Der vorliegende Tagungsband dokumentiert die Referate und die – diesmals besonders ausgiebigen – Diskussionen des Professorengesprächs, das auf Einladung des seinerzeitigen Vorstandsvorsitzenden *Axel Weber* im Hause der DekaBank Deutsche Girozentrale, im Trianon in Frankfurt am Main stattfand. Der gastgebenden DekaBank, den Referenten, Gesprächsleitern und Diskussionsteilnehmern gilt unser besonderer Dank.

Mögen die vorgelegten Gesprächsergebnisse dazu beitragen, die aktuell geführte Reformdiskussion zielorientiert und zügig zu konkreten Ergebnissen zu führen.

Berlin, den 8. April 2005 *Hans-Günter Henneke*

Inhalt

Erster Abschnitt: Grundlagen der Föderalismusreform 11

Hans Jörg Hennecke
Chancen der Föderalismusreform nach dem Scheitern der Kommission zur Modernisierung der bundesstaatlichen Ordnung 13

Ferdinand Kirchhof
Anforderungen an die Föderalismusreform im Drei-Ebenen-Verwaltungsaufbau von Bund, Ländern und Kommunen 43

Zweiter Abschnitt: Neuordnung der Gesetzgebungskompetenzen 53

Christian Waldhoff
Verfassungsrechtliche Anforderungen an die Ausübung von Gesetzgebungskompetenzen (Art. 72 Abs. 2; 75 Abs. 2; 125 a Abs. 2 GG) – materielles Kompetenzzuweisungsrecht als Element einer Föderalismusreform 55

Edzard Schmidt-Jortzig
Kompetenzneuordnung im Recht des Öffentlichen Dienstes ... 81

Peter Michael Huber
Umweltkompetenzen im Spannungsverhältnis von europarechtlichen Anforderungen und landesgesetzlichen Gestaltungsbedürfnissen 87

Horst Risse
Bildungs- und Hochschulwesen: Trennsystem oder Ingerenzen des Bundes? 111

Christine Steinbeiß-Winkelmann
Kompetenzverteilung im Umweltrecht sowie im Bildungs- und Hochschulwesen aus Sicht der Bundesregierung 125

Dritter Abschnitt: Kompetenzrechtliche Fragen der öffentlichen Bildung, Erziehung und Betreuung von Kindern 135

Joachim Wieland
Öffentliche Bildung, Erziehung und Betreuung von Kindern als kompetenzrechtliches Problem 137

Inhalt

Vierter Abschnitt: Diskussion und Ergebnisse 149

Hans-Günter Henneke
Bestandsaufnahme der Kommissionsarbeit und Umsetzungsperspektiven – Zusammenfassung der Diskussion – 151

Helmuth Schulze-Fielitz
Defizite und Schwerpunkte der Reformdiskussion – ein Gesprächsfazit – 213

Anhang 223

Hans-Günter Henneke
Ausgewählte Beiträge zur Arbeit der Kommission zur Modernisierung der bundesstaatlichen Ordnung 225

Franz Müntefering, MdB/Edmund Stoiber, Ministerpräsident
Vorentwurf für Vorschlag der Vorsitzenden vom
13. Dezember 2004 267

Teilnehmer am Professorengespräch 287

Erster Abschnitt

Grundlagen der Föderalismusreform

Hans Jörg Hennecke

Chancen einer Föderalismusreform nach dem Scheitern der Kommission zur Modernisierung der bundesstaatlichen Ordnung

„Die Aufmerksamkeit des Volkes muss einfach, in jedem Fall guter oder schlechter Verwaltung, genau auf den Mann gerichtet sein, der Lob oder Tadel verdient. In der Macht liegt keine Gefahr, solange sie nicht unverantwortlich ist. Ist sie geteilt, zur Beteiligung an viele verteilt, wird sie verschleiert; und verschleiert man sie, macht man sie unverantwortlich."
Woodrow Wilson, 1887[1]

Das Scheitern der „Kommission von Bundestag und Bundesrat zur Modernisierung der bundesstaatlichen Ordnung" im Dezember 2004 war ohne Zweifel ernüchternd. Nachdem das Land es nach der Wiedervereinigung trotz quälender Debatten nicht vermocht hatte, zentrale Ordnungsprobleme der Wirtschafts-, Sozial- und Finanzpolitik zu lösen, hatten sich die Erwartungen zunehmend darauf gerichtet, dass man auf dem Umweg über institutionelle Veränderungen die politischen Rahmenbedingungen für inhaltliche Reformprozesse verbessern könnte. Welche Lehren lassen sich aus dem für viele Akteure und Beobachter überraschenden Scheitern der Kommission ziehen? Im Folgenden sollen zunächst das Leitbild einer Föderalismusreform benannt (I.) und der evolutorische Charakter des Föderalismus dargestellt (II.) werden, bevor nach einer Analyse der Akteursinteressen (III.), der Ausgangskonstellation (IV.), des Verhandlungsverlaufs (V.) und der Beinaheergebnisse in der Kommission (VI.) auf Szenarien (VII.) und Handlungsoptionen (VIII.) der Föderalismuspolitik eingegangen wird.

---

[1] *Wilson*, Das Studium der Verwaltung (1887), in: Heinrich Siedentopf (Hrsg.), Verwaltungswissenschaft, S. 57–85 (75).

I. Der deutsche Föderalismus als ordnungspolitisches Sorgenkind: einige normative Vorbemerkungen

Dass der gegenwärtige Zustand des deutschen Föderalismus einige Mitschuld an der wirtschaftlichen und sozialen Krise des Landes trägt, ist vielfach analysiert worden.[2] Gleichwohl unterscheidet sich die Föderalismusdebatte kaum von den bekannten Ritualen der allgemeinen Reformdiskussion, weil hier wie dort nach wie vor erhebliche Auffassungsunterschiede über Diagnose und Therapie bestehen. Begreift man die deutsche Krise im Kern als eine ordnungspolitische Krise, deren Lösung nicht in der Etablierung neuer Umverteilungspolitiken und in der fortgesetzten Aufblähung von Verschuldung und Staatstätigkeit oder gar in der Europäisierung dieser Fehlentwicklungen, sondern in der Etablierung neuer Ordnungsprinzipien für Staat, Wirtschaft und Gesellschaft zu suchen ist, so gilt es, auf folgende Probleme zu reagieren:

Der deutsche Föderalismus unterliegt einem Zentralisierungs- und Unitarisierungstrend, der die Länder und Kommunen zusehends eingeschränkt hat;

an die Stelle von Selbstbestimmung der politischen Ebenen ist das Prinzip der Mitbestimmung getreten, wie es in der Rolle des Bundesrates zum Ausdruck kommt;

infolge der Dominanz der Mitbestimmungsprozesse hat sich eine Politikverflechtung herausgebildet, die Entscheidungen verzögert und politischen Kompromisskalkülen unterwirft;

da den politischen Ebenen eigenständige Gestaltungsräume zugunsten komplizierter Verhandlungsmechanismen entzogen wurden, stärkt der deutsche Föderalismus die Gubernativen und Verwaltungen, während die parlamentarische Demokratie geschwächt wird;

der deutsche Föderalismus hat nicht zuletzt wegen seiner Finanzverfassung ausgesprochen kartellhafte Züge angenommen und verschleiert politische und sachliche Verantwortung;

---

2 Zur Übersicht über die neuere Föderalismusforschung *Kaiser*, Föderalismus. Renaissance eines politischen Ordnungsprinzips?, Neue Politische Literatur 2004, 85–113; *Braun*, Föderalismus, in: Ludger Helms/Uwe Jun (Hrsg.), Politische Theorie und Regierungslehre. Eine Einführung in die politikwissenschaftliche Institutionenforschung, 2004, S. 130 ff.

aus dem Mangel an politischem Wettbewerb resultiert, dass sich ineffiziente Staatstätigkeit und überhöhte Abgabenbelastung behaupten können;[3]

ein an den Präferenzen der Bürger ausgerichteter Wettbewerb wird erschwert und stattdessen mit Bundes- und Europamitteln ein neomerkantilistischer Subventionswettlauf etabliert, der wirtschaftliche Ordnungspolitik durch Interventionismus ersetzt;

der Zwang zu bundeseinheitlichen und zunehmend auch europaeinheitlichen Regelungen erschwert das Eingehen auf regionale oder örtliche Lösungen. Da nur der in föderalen Verhandlungen herausgefilterte Konsens zur Geltung kommt, bleibt non-zentrales und nicht konsensfähiges Wissen von Politik und Verwaltung ungenutzt;

schließlich behindert die schwerfällige Aufgabenteilung im deutschen Föderalismus eine effektive Interessenvertretung in den europäischen Entscheidungsprozessen.

Pointiert gesprochen, lässt der deutsche Föderalismus nicht nur die Vorteile eines echten Föderalismus brachliegen, sondern ist sogar einem dirigistischen und phantasielosen Zentralismus unterlegen. Es spricht alles dafür, dass ein umfassend verstandener „Non-Zentralismus"[4] besser als ein zentralistisches Politikverständnis geeignet ist, auf die Chancen und Herausforderungen des globalen Wettbewerbs der Regionen einzugehen. Ein solcher Non-Zentralismus umfasst neben dem Föderalismus und dem Personalismus auch den Kommunalismus und muss sich von Prinzipien leiten lassen, die geradezu als Negation der deutschen Realität zu deklinieren sind: Stärkung der non-zentralen Einheiten, trennscharfe Abgrenzung der Kompetenzen jeder Ebene, Stärkung der Demokratie, transparente Zuordnung von politischer und sachlicher Verantwortung, Etablierung eines Wettbewerbs um Staatstätigkeit und Staatsfinanzierung, Herausstellen der finanzpolitischen Eigenverantwortung, Konzentration auf ordnungspolitische Rahmensetzung, Nutzung non-zentraler und nicht-mehrheitsfähiger Wissenspotentiale, Schaffung einer funktionstüchtigen Arbeitsteilung im Rahmen der EU einschließlich einer kritischen Bedarfsprüfung für europäische Zentralisierung. Föderalismus und Kommunalismus sind demnach keine beliebig einsetzbaren Verwaltungstechniken, die als Ornamente jedwedem Ordnungsverständnis aufgepfropft werden könnten, sondern sind Ausdruck einer Werteordnung, die ein positives Verständnis von Freiheit, Vielfalt, Wettbewerb, Offenheit und Eigenverantwortung verlangt. Mit dem Leitbild eines unitarischen,

---

3 *Manow*, Federalism and the welfare State. The German Case, ZeS-Arbeitspapier Nr. 8/2004.
4 *Nef*, Lob des Non-Zentralismus, 2002.

uniformierenden und nivellierenden Wohlfahrtsstaats ist dieses Verständnis unverträglich. Der Flickenteppich von Staatszielbestimmungen und Einzelregelungen des Grundgesetzes bietet in dieser Hinsicht kaum Orientierung.

II. Die föderale Ordnung als evolutionäres Phänomen

So wichtig es ist, dem unbefriedigenden Status quo ein alternatives Leitbild entgegenzuhalten, so realistisch muss man auch der Tatsache ins Auge blicken, dass der deutsche Föderalismus kein zufälliges Produkt ist, sondern sich durchaus konsequent aus bestimmten politisch-kulturellen Präferenzen herausgebildet hat. Er ist Resultat eines evolutionären Prozesses, der sich aus der Handlungslogik einzelner Akteure im Kontext bestimmter Entscheidungskonstellationen ergeben hat. Wie vor allem *Gerhard Lehmbruch*[5] herausgearbeitet hat, besteht eine kulturelle „Pfadabhängigkeit" des deutschen Föderalismus, die dessen eigentümliche Entwicklung erklärt und zugleich den Möglichkeitsraum eventueller Veränderungen erheblich einschränkt. Allenfalls sind unter gewöhnlichen Verhandlungsbedingungen behutsame „Strukturflexibilisierungen"[6] realistisch. Die Durchsetzung eines revidierten Leitbildes hat nur Aussicht auf Erfolg, wenn konkrete Reformvorschläge unmittelbar an die Handlungslogik der Akteure anknüpfen.

Es hat daher bei der Diskussion um Reformperspektiven wenig Sinn, um der akademischen Bequemlichkeit willen von einem Akteur auszugehen, der den zu verändernden Entscheidungszwängen des Föderalismus enthoben wäre und von höherer, unbefangener Warte aus Regeländerungen durchsetzen könnte. Einen solchen archimedischen Punkt gibt es in der Politik nicht. Vielmehr ist davon auszugehen, dass eine Vielzahl individueller und kollektiver Akteure zu einem gegebenen Zeitpunkt in Kenntnis des Status quo divergierende Konzepte zur Gestaltung der föderalen Ordnung verfolgen. Die Frage lautet, wie aus dieser Vielzahl oftmals konkurrierender Vorstellungen und Entwürfe heraus eine tatsächliche föderale Ordnung akzeptiert wird oder inwiefern die Akteure teils zentrifugale,

---

5 *Lehmbruch*, Der unitarische Bundesstaat in Deutschland: Pfadabhängigkeit und Wandel, in: Arthur Benz/ders. (Hrsg.), Föderalismus. Analysen in entwicklungsgeschichtlicher und vergleichender Perspektive (PVS-Sonderheft 32/2001), S. 53–110.
6 *Schmidt, M. G.*, Thesen zur Reform des Föderalismus der Bundesrepublik Deutschland, PVS 42 (2001), S. 474–491.

teils zentripetale Ziele verfolgen. Die Beschaffenheit der föderalen Ordnung, insbesondere das Ausmaß an Zentralisierung bzw. Dezentralisierung, steht in einer dynamischen Wechselwirkung mit diesen Kräften. Ein Übermaß an Zentralisierung führt zu Heterogenität, verstärkt Interessenkonflikte auf der höheren Ebene und löst damit Dezentralisierungsbestrebungen aus, während ein Übermaß an Dezentralisierung, die Heterogenität und Interessenkonflikte in die föderalen Einheiten hineinträgt, zugunsten einer Zentralisierung wirkt.[7] Ein Gleichgewicht, um das gewissermaßen die zentripetalen und zentrifugalen Kräfte pendeln, wird freilich nur zustande kommen, wenn das Maß an Zentralisierung auch elastisch auf die Veränderung der Kräfte reagieren kann. Wo jedoch zahlreiche „Vetospieler"[8] mitwirken oder andere, etwa verfassungsrechtlich zementierte Entscheidungsblockaden bestehen, können die Spannungen sogar wachsen – bis hin zu der Folge, dass die föderale Ordnung einer ernsten Existenzprobe ausgesetzt wird, weil sie von einzelnen Akteuren nicht mehr akzeptiert wird. In zwei Nachbarländern Deutschlands war dies in den letzten Jahren zu beobachten: in der 1992 auseinander gebrochenen Tschechoslowakei und in Belgien.

Die deutsche Verfassungsentwicklung war seit dem 19. Jahrhundert immer von unitarischen Prägungen bestimmt und brachte einen exekutiv- und verwaltungslastigen Föderalismus hervor, dem die demokratischen und republikanischen Argumente für Non-Zentralismus eher fern standen. Das Grundgesetz bewegte sich 1949 in einer kulturellen Kontinuität, der bei der Verfassungsrevision von 1969 sogar noch deutlicher Ausdruck verliehen wurde. Föderalismus als Technik zur Mäßigung von Macht passte nicht recht zu einem Politikverständnis, das über Jahrzehnte und Systembrüche hinweg immer auf die Ausdehnung der Staatstätigkeit in quantitativer wie qualitativer Hinsicht ausgerichtet war. Durch die Wiedervereinigung verschob sich das Wertegefüge noch einmal zugunsten sozialer Gleichheit und sozialer Gerechtigkeit und gab damit den Argumenten für Unitarisierung und Verflechtung neue Nahrung.[9] Bezeichnenderweise hat man bislang auf die Funktionsstörungen des deutschen Föderalismus oder auf den neu aufkommenden Regelungsbedarf in bislang vernachlässigten Politikfeldern zumeist mit Forderungen nach Zentralisierung reagiert. Die Verfassungsrevision von 1994 hat dem erstmals ein wenig Einhalt geboten, indem die Erforderlichkeitskriterien für Unitarisierung durch Bundesgesetzgebung verschärft wurden. Aber noch bei der Neuord-

---

7 *Kirsch*, Über zentrifugale und zentripetale Kräfte im Föderalismus, in: Schmidt (Hrsg.), Beiträge zu ökonomischen Problemen des Föderalismus, S. 13–34.
8 *Tsebelis*, Veto Players. How Political Institutions Work.
9 Zu den Entwicklungen nach 1990: *Wachendorfer-Schmidt*, Politikverflechtung im vereinigten Deutschland.

nung des Finanzausgleichs 2001 war Entflechtung kein tragendes Prinzip. Zwar argumentierten einige Bundesländer für Entflechtung und Stärkung der Finanzautonomie, aber die Entscheidung des Bundesverfassungsgerichts im November 1999 verhielt sich in dieser Frage neutral und schloss sich keineswegs den Forderungen nach einem „Wettbewerbsföderalismus" an.

Die Verflechtung des deutschen Föderalismus lag lange Zeit im Interesse aller Akteure, insbesondere solange diese Verflechtung mit dem Ausbau des Wohlfahrtsstaats, mit der Verteilung von Wachstumsgewinnen und der Erhöhung von Bundesmitteln zugunsten der Bundesländer einherging. Längst sind die hinter der Verflechtung stehenden Kostenillusionen zum Vorschein gekommen und die Lern- und Anpassungsfähigkeit der föderalen Institutionen und der von ihnen regulierten Einzelpolitiken hinter die zum Teil beachtlichen Leistungsbilanzen anderer Staaten zurückgefallen. Die evolutionäre Eigendynamik des deutschen Föderalismus hat zu Degenerationserscheinungen geführt und erheblich zum Verlust von klaren Ordnungsprinzipien und Regelhaftigkeit beigetragen. Aus Sicht der Gewaltenteilungstheorie erwies sich in diesem Prozess als problematisch, dass zum einen die verfassunggebende Gewalt von denselben Akteuren ausgeübt wird, deren Verhalten durch Verfassungsregeln eingehegt werden soll, und dass zum anderen realpolitische Verstöße gegen die föderale Kompetenzordnung, etwa im Bereich der Finanzhilfen des Bundes, im Sinne einer verfassungsüberwachenden Gewalt nur unterbunden werden können, wenn die begünstigten Länder sich selbst zu einem Klageverfahren aufraffen wollen.

III. Akteure und Interessen

Die KoMbO und die sie begleitende öffentliche Debatte stellten insofern einen verfassungspolitischen Wendepunkt dar, dass überhaupt erstmals Entflechtung, Dezentralisierung und Akzeptanz von regionalen Unterschieden als ernsthafte Optionen in Erwägung gezogen wurden. Als Ausgangspunkte der Verhandlungen in der Kommission waren allerdings die jeweiligen Akteursinteressen von Beginn an handlungsbestimmend. Dabei spielten nicht nur objektiv vorhandene und subjektiv wahrgenommene Interessen auf der materiellen Ebene eine Rolle, sondern auch Präferenzabstufungen und Perzeptionen auf der Verhandlungsebene. Diese Erwägungen werden nicht zuletzt durch machtpolitische Erwägungen gefiltert, die im demokratischen Bundesstaat immer mit drohendem

Machtverlust oder angestrebtem Machtgewinn, also mit der Aussicht auf Rollenwechsel zwischen den Akteuren, rechnen müssen.

Aus Sicht der *Bundesregierung* besitzt die Europapolitik Priorität. Zum einen wirken sich die Beteiligungsrechte der Bundesländer und des Bundesrates erschwerend auf die deutsche Interessenvertretung in Brüssel aus, zum anderen ist der Bund potentieller Adressat von Sanktionen, die aus dem europäischen Wachstums- und Stabilitätspakt resultieren. Hier einerseits größeren Handlungsspielraum zu gewinnen und andererseits die Bundesländer mit in die finanzielle Verantwortung zu nehmen, sind vorrangige Interessen der Bundesregierung. Die Verflechtung der Finanzordnung und der Gesetzgebungskompetenzen sind dagegen zwar lästig, aber letztlich erträglich. Wie die parallel zur KoMbO verlaufende Debatte um „Hartz IV" illustriert, wird die Mühsal der Politikverflechtung dadurch belohnt, dass die Bundestagsopposition in politische Mithaftung für unpopuläre Politikfelder genommen werden kann und die Regierung sich von eigener Verantwortung und eigenem Risiko entlasten kann. Umso begehrlicher richten sich die Blicke dagegen auf Politikfelder, die es eher als die Finanz-, Wirtschafts- oder Sozialpolitik gestatten, ohne schmerzhafte Verteilungsdebatten gestalterisch, visionär und integrativ aufzutreten und programmatisches Profil zu bewahren. Bereits seit 1998 spielt in diesem Sinne die Kultur- und Bildungspolitik eine große Rolle.

Auch aus Sicht des *Bundestags* ist eine Föderalismusreform zumindest ambivalent. Von einer stärkeren Trennung der Gesetzgebungskompetenzen profitieren die Mitglieder des Bundestages nicht unbedingt. Größerem Handlungsspielraum in einigen Politikfeldern stünden Kompetenzverluste auf anderen Gebieten entgegen, an denen die jeweiligen Fachpolitiker kein Interesse haben können. Es kommt hinzu, dass die bestehenden Abhängigkeiten von Bundestag und Bundesrat den Einfluss der Parlamentarier sogar stärken können. Würden die Mitwirkungsrechte des Bundesrates geschmälert, gewönne hingegen die Bundesregierung insgesamt größeren Handlungsspielraum auch gegenüber dem Bundestag und hätte weniger Veranlassung für vorbereitende Konsultationen mit den sie tragenden Fraktionen. Größerer Handlungsbedarf besteht von dieser Warte aus hinsichtlich der Europapolitik. Wie die Mitglieder des Bundesrates haben die Mitglieder des Bundestages Interesse daran, dass sie frühzeitiger und effektiver als bislang in die Europapolitik eingebunden werden, möglicherweise sogar über ein dem Gemeinsamen Ausschuss nachempfundenes Gremium. Im Übrigen gilt, dass die Interessenlagen von Regierungs- und Oppositionsfraktionen divergieren. Oppositionspolitiker im Bundestag haben sogar Interesse daran, mithilfe des Bundesrates Vorhaben der Bundesregierung zu torpedieren oder zu beeinflussen. Das „cui bono?" einer Föderalismusreform lässt sich aus Sicht der Parlamentarier nicht eindeutig beantworten, sodass von dieser Seite aus die Formulierung einer klaren Verhandlungsstrategie nicht zu erwarten war.

Die Interessen der *Landesregierungen* sind nicht mit denjenigen der Bundesländer gleichzusetzen. Ihnen, vor allem den Ministerpräsidenten, bietet der Bundesrat ein herausragendes Forum zur politischen Profilierung. Nicht zuletzt die üblichen Rekrutierungsmuster für Kanzlerkandidaten und Parteivorsitzende künden von den Rückwirkungen der föderalen Ordnung auf Parteihierarchien. Eigene Finanzhoheit und Gesetzgebungskompetenzen würden die Landesregierungen hingegen einem erhöhten Wettbewerbsdruck aussetzen, der zumindest von einigen als unbequem empfunden wird. Da die Mehrzahl der Länder vom geltenden Finanzausgleich profitiert, besteht kein Interesse an einer Lockerung dieser Regelungen. Ebenso wenig kommt eine Länderneugliederung in Betracht. Insgesamt divergieren die Interessen der Landesregierungen erheblich, sodass eine gemeinsame Verhandlungsposition nur im Rahmen von ausgesuchten Kompromissen und etlichen Tabus zu erreichen war. Wegen ihrer institutionalisierten Verhandlungsmacht kam diesem Umstand große Bedeutung zu.

Als betroffene, aber einflusslose Akteure sind die *Landtage* anzusehen. Sie klagen allesamt über Bedeutungsverlust, doch trifft dies nur oppositionelle Parlamentarier empfindlich, die ihre legislative Einflusslosigkeit nicht durch Einbindung in die jeweilige Regierungsarbeit kompensieren können. Als treibende Kraft der Föderalismusreform treten die Landtage daher nicht ernsthaft in Erscheinung, auch die Konventsbewegung der Landtagspräsidenten blieb inhaltlich vage.[10]

Die *Kommunen* leiden insbesondere daran, dass sie der Gesetzgebung des Bundes und der Länder ausgeliefert sind. Sie könnten daher Interesse daran haben, wie die Länder in einer eigenen Gesetzgebungskammer Mitspracherecht bei Gesetzen zu erhalten, die ihren Wirkungsbereich berühren. Dies setzt aber nicht nur eine verfassungsrechtliche Neubewertung der kommunalen Selbstverwaltung voraus, sondern wäre auch politisch kaum durchzusetzen. Vordringlicher ist daher die Zielsetzung, kostenrelevante Durchgriffe auf die Kommunen zu unterbinden. Nachdem durch das Konnexitätsprinzip in vielen Landesverfassungen dieses Problem gelöst ist, besteht eine Regelungslücke in Bezug auf das Bund-Kommunen-Verhältnis. Die Kommunen könnten entweder auf ein klares Durchgriffsverbot dringen, oder aber versuchen, das Konnexitätsprinzip für diese Fälle auch im Grundgesetz zu verankern. Interesse an einer klareren Trennung

---

10 *Thaysen*, Die Konventsbewegung zur Föderalismusreform in Deutschland: ein letztes Hurra der Landesparlamente zu Beginn des 21. Jahrhunderts?, ZParl 2004, 513–539.

von Zuständigkeiten des Bundes und der Länder haben die Kommunen insofern, als die mehrstufigen und kumulativen Normsetzungskompetenzen von EU, Bund, und Ländern, wie sie mittlerweile für viele Politikbereiche gelten, auch unweigerlich mit einer Intensivierung der Normsetzung einhergehen und damit den Gestaltungsraum der Kommunalpolitik beschränken. Auch an einer Dezentralisierung der Gesetzgebungskompetenzen können die Kommunen Interesse haben, weil EU- und Bundesrecht grundsätzlich den lokalen Besonderheiten weniger differenziert Rechnung tragen können.

IV. Die Ausgangskonstellation der Kommission für die Modernisierung der bundesstaatlichen Ordnung

Gemäß den Einsetzungsbeschlüssen von Bundestag und Bundesrat vom Oktober 2003 wurden in der KoMbO die etablierten Verhandlungsprozesse zwischen den Akteuren nicht grundlegend in Frage gestellt. Dies war insbesondere daran erkennbar, dass unter den insgesamt 45 Mitgliedern, die der Kommission angehörten, nur die je 16 Vertreter von Bundestag und Bundesrat über volles Stimm-, Antrags- und Rederecht verfügten. Dagegen besaßen die sechs Vertreter der Landtage, die vier Mitglieder der Bundesregierung und die drei Vertreter der kommunalen Spitzenverbände nur Rede- und Antragsrecht und die zwölf Sachverständigen nur Rederecht. Frühzeitig wurde die Kommission als achteckiger Verhandlungstisch beschrieben, der durch vier wesentliche Konflikte dominiert wurde: Bund versus Länder, Koalition versus Opposition, Ost versus West, große und reiche Länder versus kleine und arme Länder.[11] Dadurch geriet einerseits die Akteurskonstellation recht kompliziert und es fiel schwer, einzelne Verhandlungsmaterien voneinander zu trennen, andererseits bot sich gerade deshalb überhaupt die Aussicht, bescheidene Verhandlungsergebnisse zu erzielen.

Aus der wirtschaftswissenschaftlich dominierten Spiel- und Verhandlungstheorie stehen methodisch anspruchsvolle Analyseinstrumente zur Verfügung, die, auch wenn sie zumeist von überschaubaren Grundannahmen ausgehen, im Rahmen einer sorgfältigen Untersuchung auch auf komplexe Verhandlungssituationen in föderalen Ordnungen gewinnbringend

---

11 Zur Konfliktanalyse siehe auch: *Haug*, Die Föderalismusreform. Zum Ringen von Bund und Ländern um die Macht im Staat, DÖV 2004, 190–196.

angewandt werden können.[12] Konzentriert man sich auf die wesentlichen Befunde, so fallen sowohl begünstigende als auch erschwerende Rahmenbedingungen ins Auge.[13]

Positiv wirkte, dass die KoMbO von einer breiten öffentlichen Diskussion intoniert wurde, in der vor allem die Stiftungen parteiübergreifend bemerkenswert gehaltvolle und stimmige Beiträge lieferten.[14] Zudem bekannten sich im Vorfeld alle politischen Akteure zur Notwendigkeit einer Föderalismusreform: die Bundesregierung im Rahmen des Koalitionsvertrags von 2002, die Ministerpräsidenten durch eine gemeinsame Erklärung im Frühjahr 2003, kurz zuvor, allerdings eher unverbindlich, die Landtage. Der Zeitpunkt zur Einsetzung der Kommission war mit Blick auf wahltaktische Überlegungen recht günstig. Durch die Wahl *Edmund Stoibers* und *Franz Müntefering*s zu gleichberechtigten Vorsitzenden, die ihr ganzes persönliches Prestige einbrachten, war die Kommission machtpolitisch hochkarätiger angesiedelt als die Gemeinsame Verfassungskommission 1992 bis 1994. Ob demgegenüber die Leitung durch einen neutralen Vorsitzenden die Integration widersprüchlicher Interessen besser gewährleistet hätte, ist zumindest fraglich. Auch das konstruktive Arbeitsverhältnis der beiden Vorsitzenden galt allenthalben als beachtlich und schuf günstige Rahmenbedingungen. Eine über das übliche Maß hinausgehende parteipolitische Polarisierung war nicht erkennbar. Hilfreich war auch der eng gesetzte Zeitplan bis Dezember 2004, der den Einigungsdruck auf die Akteure verstärkte. Bemerkenswert war insbesondere, dass die Ministerpräsidenten seit Frühjahr 2003 über eine gemeinsame Verhandlungsposition verfügten und auf ihren Zusammenhalt großen Wert legten. Die Länder boten der Bundesregierung diesmal keinen Ansatzpunkt, sie wegen ihrer unterschiedlichen Interessen gegeneinander auszuspielen.

---

12 *Saner*, Verhandlungstechnik. Strategie, Taktik, Motivation, Verhalten, Delegationsführung; *Raiffa*, Negotiation Analysis. The Science and Act of Collaborative Decision Making; *Haft*, Verhandlung und Mediation. Die Alternative zum Rechtsstreit; *Lewicki/Hiam/Olander*, Verhandeln mit Strategie; *Fisher/Kopelmann/Kupfer Schneider*, Jenseits von Machiavelli. Kleines Handbuch der Konfliktlösung.
13 Vgl. als Zwischenberichte zur Kommission: *Rentzsch*, Was macht die Föderalismuskommission?, in: FAZ vom 08. 03. 2004, *Kirchhof, F.*, Ein neuer Ansatz zur Reform des Grundgesetzes, ZG 2004, 211–225, *Henneke*, KoMbO 2004 – ein Werkstattbericht zur Föderalismusreform, NdsVBl. 2004, 250–261, *Decker*, Konturen des „neuen" Föderalismus aus Expertensicht: eine Zwischenbilanz der Arbeit der Kommission zur Modernisierung der bundesstaatlichen Ordnung, ZParl 2004, 540–558, und *Borchard/Margedant* (Hrsg.), Föderalismusreform – Vor der Reform ist nach der Reform? Eine erste Bilanz der Arbeit der Bundesstaatskommission, 2004.
14 *Fischer u. a.*, Föderalismusreform in Deutschland. Ein Leitfaden zur aktuellen Diskussion und zur Arbeit der Bundesstaatskommission, 2004.

Allerdings erwuchsen aus dieser Vorvereinbarung Nachteile: Zum einen blieben wichtige Fragen wie eine Länderneugliederung oder eine ernsthafte Befassung mit den Finanzbeziehungen von Beginn an ausgeklammert, um Denkverbote einzelner Länder nicht in Frage zu stellen, zum anderen konnten sich die Länder nicht wirklich auf die Forderung nach Stärkung ihrer gesetzgeberischen Verantwortung verständigen, sondern konzentrierten sich auf die Forderung nach Zugriffsrechten, die den stärkeren Ländern Möglichkeiten eröffneten, ohne die schwächeren in die Pflicht zur Eigenverantwortung zu nehmen. Als Kompensation für diese Selbstbeschränkung trugen die schwächeren Länder dann diejenige Forderung mit, die aus Sicht der stärkeren Länder angesichts des reduzierten Verhandlungsziele umso wichtiger wurde: die Stärkung der Bildungskompetenzen. Ausklammerung der Finanzbeziehungen und Versteifung auf – nur optionale – Zugriffsrechte und auf bildungspolitische Kompetenzen waren der Preis für die einheitliche Verhandlungsposition der Ministerpräsidenten. Dadurch erhöhten sich zwar die Chancen für von allen Beteiligten getragene Ergebnisse, andererseits zeichnete sich aber von vornherein ab, dass die Kommission nur Teilergebnisse einer Föderalismusreform würde liefern können.

Auch andere Rahmenbedingungen waren als Belastung und Einschränkung der Kommissionsarbeit zu werten. Ein Manko lag darin, dass die Bundesregierung sich, der Bundeskanzler allen voran, im Unterschied zu den Ministerpräsidenten lange Zeit auffällig mit eigenen Vorschlägen zurückhielt. Auch die Vertreter des Bundestages taten sich mit der Formulierung einer frühzeitigen und belastbaren Position schwer. Während dem Vorsitzenden *Stoiber* im Laufe der Verhandlungen gelegentlich nachgesagt wurde, in den Einzeldossiers nicht ganz sattelfest zu sein, war über den Vorsitzenden *Müntefering* zu hören, dass er über kein ausreichendes Verhandlungsmandat seitens des Bundes verfügte.

Nachteilig wirkte sich auch aus, dass die Kommission sich nicht zu Beginn ihrer Beratungen auf ein Leitbild verständigte, das als Selbstverpflichtung Maßstäbe und Perspektiven für eine Einigung hätte vorzeichnen und durch Abbildung eines Erwartungshorizontes den Druck auf die Akteure hätte erhöhen können.[15] Schon die Einsetzungsbeschlüsse von Bundestag und Bundesrat vom Oktober 2003 blieben inhaltlich zurückhaltend. Recht unverbindlich wurden als Ziele genannt: die Handlungs- und Entscheidungsfähigkeit von Bund und Ländern zu verbessern, die politischen Verantwortlichkeiten deutlicher zuzuordnen sowie die Zweckmäßigkeit und Effizienz der Aufgabenerfüllung zu steigern. Bereits die Nennung der zu

---

15 *Sturm*, Föderalismusreform – eine Zwischenbilanz, in: *Borchard/Margedant* (Fn. 13), S. 85–98.

diskutierenden Themen ließ eine Beschränkung erkennen: die Zuordnung der Gesetzgebungszuständigkeiten auf Bund und Länder, die Zuständigkeiten und Mitwirkungsrechte der Länder in der Bundesgesetzgebung sowie die Finanzbeziehungen (insbesondere Gemeinschaftsaufgaben und Mischfinanzierungen) zwischen Bund und Ländern wurden dort genannt.[16] Die Kommission blieb inhaltlich ein wenig introvertiert, weil der Durchdringung des deutschen Föderalismus durch EU-Recht zu wenig Aufmerksamkeit geschenkt wurde. Ähnlich wie in vielen Verwaltungsreformdebatten vermisste man eine vorgeschaltete Aufgaben- und Staatstätigkeitskritik, die die Bestimmung eines Leitbildes und dessen Konkretisierung hätte vorprägen können.[17]

Zwei entscheidend ungünstige Umstände kamen schließlich hinzu: Zum einen hatte unter den entscheidenden Akteuren – Bundesregierung und Ministerpräsidenten – niemand ein notwendiges Interesse an einer Einigung. Deshalb war die Bereitschaft zu Zugeständnissen zu gering, um nicht im Zweifelsfalle auch mit dem Status quo weiterleben zu können. Offenbar waren der fiskalische und der politische Leidensdruck zu gering. Das unterschied die Verhandlungssituation von den Verhandlungen um den Finanzausgleich 2001, über denen als Damoklesschwert die Nichtigerklärung des Finanzausgleichsgesetzes durch das Bundesverfassungsgericht schwebte. Zum anderen führte die Ausgrenzung wichtiger Verhandlungsgegenstände dazu, dass die Akteure die Verhandlungssituation, je konkreter sie wurde, nicht als integrative Verhandlung verstanden, bei der alle Beteiligten durch Kooperation die Chance hatten, ihre Gewinne zu erhöhen, sondern als eine konfrontative Verhandlung, bei der Gewinne der einen Seite notwendigerweise zu Verlusten der anderen Seite führten. Es gelang nicht, die Verhandlungssituation so auszurichten, dass sie von den Beteiligten als eine „Win-win"-Situation gedeutet wurde. Der Eindruck eines Nullsummenspiels musste – namentlich beim Verhandeln der Gesetzgebungskompetenzen – überwiegen.[18]

---

[16] BT-Drs. 15/1685 und BR-Drs. 750/03.
[17] *Hennecke*, Staats- und Verwaltungsreform in Deutschland. Ein Problemaufriss, in: ders. (Hrsg.), Staats- und Verwaltungsmodernisierung in Mecklenburg-Vorpommern. Anregungen, Standpunkte und Perspektiven zur Reformdebatte, 2004, S. 7–21.
[18] Zur Analyse der Ausgangskonstellation vgl. auch: *Renzsch*, Föderalismusreform – vorerst? – gescheitert, in: Wirtschaftsdienst 85 (2005), 2004, S. 17–20.

V. Der Verlauf der Verhandlungen

Der Verlauf der Kommissionsverhandlungen lässt sich recht deutlich in drei Phasen einteilen, bei denen der öffentliche Charakter der Beratungen schrittweise zurückgenommen und konkrete Verhandlungen in informelle Runden verlagert wurden, bis schließlich die Arbeit der Kommission weitgehend von den etablierten Verhandlungsmustern zwischen Bundesregierung, Ministerpräsidenten und Fachpolitikern des Bundestages dominiert wurde. Man versäumte es, Zwischenergebnisse zu sichern, da die Akteure in der komplexen Gemengelage von Einzelthemen Interesse daran hatten, sich bis zuletzt Sollbruchstellen und Fluchtwege aus der Verhandlungslösung offen zu halten und vorzeitige Festlegungen zu vermeiden.

1. Phase: Themenfindung und Sondierung

Die erste und zugleich längste Phase dauerte bis zum 14. Mai 2004 und war davon gekennzeichnet, dass die Kommission in Plenarsitzungen und Klausurtagungen Stellungnahmen der wissenschaftlichen Experten im Stile parlamentarischer Anhörungen erörterte. In dieser Phase wurde die thematische Orientierung und Aufbereitung durch zwei offene Arbeitsgruppen vertieft, von denen die eine „Gesetzgebungskompetenzen und Mitwirkungsrechte", die andere „Finanzbeziehungen" zum Gegenstand hatte. Der Koordination der Kommission dienten vor allem die Treffen der beiden Vorsitzenden mit den Obleuten der Bundes- und Länderseite.

2. Phase: Konkretisierung und Positionsbestimmung

Die zweite Phase begann mit der Plenarsitzung vom 14. Mai, als bekannt gegeben wurde, dass die Obleuterunde die Einsetzung von sechs kleinen Projektgruppen vereinbart hatte, die aus jeweils vier Vertretern aus Bundestag und Bundesrat gebildet werden sollten. Hier ging es zum einen um Art. 84 und etwaige Zugriffsrechte der Bundesländer in der Gesetzgebung, zum anderen um Finanzbeziehungen und in vier weiteren Gruppen um Gesetzgebungsfragen der Innenpolitik, der Bildung/Kultur, Umwelt- und Verbraucherschutz sowie Materien von regionaler Bedeutung. Später wurde eine siebte Projektgruppe zur Befassung mit Fragen zum Status von Berlin als Bundeshauptstadt eingesetzt. Zugleich kündigten die Vorsitzenden an, dass sie entgegen früherer Zeitpläne erst im November ihrerseits einen Vorschlag für ein Gesamtergebnis unterbreiten wollten. Vor allem nach der Sommerpause verdichteten sich die Sachverhandlungen, sodass nun alle Akteure zur Formulierung klarer Verhandlungspositionen aufgefordert waren. Insbesondere fiel auf, dass aus den Reihen der Bundesregierung skeptische Töne über die Erfolgsaussichten der Kommission und inhaltliche Forderungen zu vernehmen waren. Nachdem im Oktober zunächst Staatsminister *Bury* und Verbraucherschutzministerin *Künast* sich skeptisch über die Erfolgsaussichten der Kommission äußerten und die Forderungen der Länder attackierten,[19] wurde auch der bislang zurückhaltende Bundeskanzler mit der Warnung vernommen, die Länder strebten nach einem „Staatenbund" und hegten „separatistische Tendenzen".[20] Während einer Auslandsreise stellte er fest: „Mit den Vorschlägen, die die Länder machen kann man Deutschland nicht regieren."[21] Dem Vernehmen nach traten innerhalb der Koalition, auch zwischen *Schröder* und *Müntefering*, Spannungen zutage[22], die dazu führten, dass Justizministerin *Zypries* erst Anfang November Eckpunkte seitens der Bundesregierung formulierte.[23] Es schien unter dem Eindruck der inzwischen abklingenden Debatte um „Hartz IV" in der Bundesregierung die Auffassung aufzukommen, dass man an einer Entflechtung und Klarstellung der politischen Verantwortlichkeiten kein dringendes Interesse haben müsse.[24] Auch von Seiten der Länder waren nun schärfere Töne und nachdrücklichere Forderungen zu vernehmen. Es fiel insbesondere auf, dass sich nach dem Urteil zur Juniorprofessur vom Juli 2004, in dem das Bundesverfassungsgericht seine neuere Rechtsprechung zur Rahmengesetzgebung bekräftigte, eher eine Verhärtung der Positionen ergab.

3. Phase: Verhandlung und Entscheidung

Im Anschluss an diese Phase der Positionsbestimmung begann die dritte Phase der Kommissionsarbeit am 10. November mit der Verbreitung eines so genannten „Sprechzettels"[25] durch die Vorsitzenden *Stoiber* und *Müntefering*. Mit ihm wurde die Verhandlungs- und Entscheidungsphase im engeren Sinne eröffnet. Bezeichnenderweise trat nun der öffentliche Charakter der Kommission vollends zurück. Entscheidende Gremien wurden nun, gewissermaßen in konzentrischen Kreisen, erstens die nur unter Hinzuziehung engster Vertrauter geführten bilateralen Verhandlungen *Stoibers* und *Müntefering*, zweitens die von diesen geleiteten Treffen der Obleute und drittens die Treffen der Bundestagsfraktionen und der Ministerpräsidenten, auf denen die Vorsitzenden in einer Art Pendeldiplomatie Verhandlungsspielräume vermaßen und eine Beurteilung bisheriger Ver-

---

19 *Bury*, D-Day für den Föderalismus, in: Handelsblatt, 05. 10. 2004; Interview mit Renate Künast, in: Berliner Zeitung, 11. 10. 2005.
20 FAZ vom 02. 10. 2004.
21 FAZ vom 12. 10. 2004.
22 FAZ vom 14. 10. 2004.
23 Kurzfassung, als: „Bund ist bereit, Kompetenzen abzugeben", in: www.bundesregierung.de, 10. 11. 2004.
24 Der Spiegel, Nr. 44/25. 10. 2004.
25 *Müntefering/Stoiber*, Eckpunkte zur Modernisierung der bundesstaatlichen Ordnung. Sprechzettel der Vorsitzenden zur Erweiterten Obleuterunde am 10. November 2004.

handlungsresultate vorgenommen wurde. Nicht zuletzt traten nun der Bundeskanzler und die Oppositionsführerin im Hintergrund in Erscheinung, ohne dass sich *Müntefering* und *Stoiber* in machtpolitischer Hinsicht der persönlichen Loyalität in ihren jeweiligen Lagern vollständig sicher sein konnten. Die Kommission als Gesamtheit verfügte in dieser Situation nicht mehr über steuernden Einfluss auf das Geschehen. Unter erhöhtem Zeitdruck kam es hierbei auch zu unerwarteten Forderungen einzelner Akteure. Offenbar ohne Abstimmung mit *Stoiber* und auf Druck der Koalitionsfraktionen trat *Müntefering* Anfang Dezember in den Beratungen mit der Forderung hervor, dass der Bund das Recht erhalten solle, über die Einführung von Studiengebühren zu befinden.[26] Von Seiten der Grünen wurde offen ein Scheitern der Kommission diskutiert.[27]

Trotz anhaltender Sachdifferenzen und offener Forderungen auf beiden Seiten legten *Stoiber* und *Müntefering* zu Beginn der letzten Verhandlungswoche, am 13. Dezember, einen gemeinsamen „Vorentwurf"[28] vor, der in einer Vielzahl von Punkten Lösungsmöglichkeiten aufzeigte, allerdings auch nach wie vor ungeklärte Fragen ausklammerte, darunter nicht zuletzt die Bildungspolitik und die Europapolitik. Während die beiden Vorsitzenden bis zuletzt Optimismus verbreiteten und die allgemeine Erwartung nährten, dass ein zumindest bescheidener Kompromiss erreichbar sei, zeigte sich in den entscheidenden Punkten keine Annäherung. Einerseits sah sich *Müntefering* von Seiten der Bundesregierung mit unverändert hohen Forderungen bedrängt, auf der anderen Seite geriet Stoiber durch ein Junktim der CDU-Ministerpräsidenten wegen der Bildungspolitik unter Druck, indem sie eine Einigung in diesen Fragen zur Voraussetzung ihrer Zustimmung zum Gesamtpaket machten. Zudem nutzten die ostdeutschen Ministerpräsidenten die Situation zu der Forderung nach einer verfassungsrechtlichen Verankerung des Solidarpakts.[29] Dennoch galt bis zum Vorabend des 17. Dezember, als *Stoiber* und *Müntefering* ein letztes Mal zur Vorbereitung der abschließenden Kommissionssitzung zusammentraten, eine wie auch immer geartete Einigung als gewiss. Dass letztlich die unvereinbaren Positionen in der prestigeträchtigen Bildungspolitik den Ausschlag für das Scheitern der Verhandlungen gaben, wurde von allen Seiten betont. Gleichwohl muss darauf hingewiesen werden, dass auch in Fragen der Europapolitik keine Kompromisslinie erkennbar war, obwohl und gerade weil die komplizierten Regelungen des Art. 23 GG mit jedem der anvisierten Entflechtungsvorteile an Relevanz gewonnen hätten.

---

[26] FTD, 6. 12. 2004.
[27] SZ vom 4. 12. 2004.
[28] *Müntefering/Stoiber*, Vorentwurf für Vorschlag der Vorsitzenden, 13. Dezember 2004.
[29] Der Spiegel, Nr. 52/20. 12. 2004.

Im Kern scheint das Scheitern der Verhandlungen auf folgenden Umständen zu beruhen: Während die Bundesregierung an einer Entflechtung zu eigenen Lasten kein echtes Interesse hatte, neuen Zentralisierungsbedarf in den Politikfeldern Bildung, Umwelt, Innere Sicherheit geltend machte und zudem auf eine Zurückdrängung der Länder aus der europapolitischen Mitwirkung drängte, waren die Bundesländer aufgrund interner Differenzen frühzeitig darauf festgelegt, nicht über Finanzfragen und Neugliederung zu verhandeln und konzentrierten sich auf die Option von Zugriffsrechten und pochten auf ihre europapolitische Mitwirkung. Da sich die Zugriffsrechte nicht durchsetzen ließen, verhärtete sich deren Verhandlungsposition, indem nun die Bildungspolitik umso stärker in das Zentrum der Begehrlichkeiten rückte. Gerade hier erwies sich, dass es wegen der vorzeitigen Absage an einen wettbewerblichen Föderalismus nicht gelang, die Situation als integrative Verhandlung zu gestalten. Vielmehr standen sich in einem Nullsummenspiel Forderungen des Bundes und der Ländermehrheit gegenüber. Da weder Bundesregierung noch Ministerpräsidenten von der Notwendigkeit einer Einigung überzeugt waren, nahmen sie ein Scheitern in Kauf und setzten darauf, dass sich die Entwicklungsdynamik des Föderalismus jeweils zu ihren Gunsten auswirken würde, jedenfalls das Risiko eines Kompromisses die berechenbaren Vorzüge des Status quo nicht aufwöge.

VI. Zwischenbilanz des Beinaheergebnisses

Nimmt man den „Vorentwurf" vom 13. Dezember als Maßstab, so lag ein Ergebnis in Reichweite, das gemessen an der Verhandlungssituation einiges Beachtliche und Wertvolle beinhaltete, das aber gemessen am sachlichen Problemdruck eher enttäuschend blieb und allenfalls als bescheidener Teilerfolg einzustufen gewesen wäre. Im Einzelnen zeichneten sich in dem Papier folgende Einigungschancen auf fünf Gebieten ab:

I. Mitwirkungsrechte des Bundesrates

1. Abbau von Zustimmungsrechten

Als Dreh- und Angelpunkt des gesamten Verhandlungspakets galt die Neufassung von Art. 84 GG, in dem die Zustimmungsrechte des Bundesrates dadurch vermindert werden sollten, dass die Länder bei der Ausführung von Bundesgesetzen als eigene Angelegenheit die Einrichtung der Behörden und das Verwaltungsverfahren regeln. Ausnahmen für bundeseinheitliche Regelung hätten demnach weiterhin der Zustimmung des Bundesrates bedurft. Analog sollte die Auftragsverwaltung nach Art. 85 GG geregelt werden, allerdings nur in Bezug auf die Einrichtung der Behörden, während der Erlass von allgemeinen Verwaltungsvorschriften in diesem Falle weiterhin bei der Bundesregierung mit Zustimmung des Bundesrates liegen sollte. Eine solche Regelung hätte einen wirklichen Entflechtungsfortschritt gebracht, ebenso sinnvoll war die vorgesehene Regelung, dass den Gemeinden und Gemeindeverbänden Aufgaben nicht durch Bundesgesetz übertragen werden dürfen. Dadurch wäre eine empfindliche Regelungslücke geschlossen worden, die aus kommunaler Sicht ein umso größerer Verhandlungserfolg gewesen wäre, als die drei kommunalen Spitzenverbände keineswegs harmonisch agierten.

2. Neue Zustimmungsrechte

Problematischer war hingegen die angestrebte Neuregelung von Art. 104a Abs. 3a GG, der diese Fortschritte in unabsehbarem Maße konterkariert hätte. Hier war folgende Formulierung angestrebt: „Führen die Bundesländer Bundesgesetze als eigene Angelegenheit aus, bedürfen diese der Zustimmung des Bundesrates, wenn sie Pflichten der Länder zur Erbringung von Geldleistungen oder geldwerten Sachleistungen gegenüber Dritten begründen." Es blieb unklar, in welchem Maße aus dieser unscharfen Bestimmung neue Zustimmungstatbestände und damit ein Mehr an Verflechtung resultiert hätten. Fraglich blieb auch, ob die Länder damit Kostenbelastungen durch den Bund vorgebeugt hätten: Es handelt sich nicht um ein klares Konnexitätsgebot, sondern um ein Mitwirkungsrecht, das von einer Bundesratsmehrheit billigend in Kauf genommene Belastungen aller oder einiger Länder keineswegs ausgeschlossen hätte.

Diese Regelungen wären den gemeinsamen Interessen der Länder entgegengekommen. Ein beachtlicher und sachdienlicher Erfolg der Kommunen war allerdings das Verbot bundesrechtlicher Aufgabenübertragung an die Kommunen, weil sich Bund und Länder hier einen für beide Seiten bequemen Ausweg ohne Not verstopft haben.

II. Reform der Gesetzgebungskompetenzen

1. Organisations- und Personalhoheit

Hier wurde über eine Neufassung von Art 74 Abs. 1 Nr. 27 und Art. 98 Abs. 3 Satz 2 GG angestrebt, den Ländern die Regelung der Laufbahnen, Besoldung und Versorgung der Angehörigen des Öffentlichen Dienstes der Länder, der Gemeinden und anderer Körperschaften des Öffentlichen Rechts einschließlich der Richter zu überlassen. Diese Regelung hätte die haushaltspolitische Eigenverantwortung der Bundesländer erheblich gestärkt und war als Verhandlungsergebnis bemerkenswert, weil gerade hieran nicht alle Bundesländer Interesse hatten.

Enttäuschend war hingegen der Verhandlungsstand in Bezug auf Art. 33 Abs. 5 GG. Hier sollte festgehalten werden, das Recht des Öffentlichen Dienstes unter Berücksichtigung der hergebrachten Grundsätze des Berufsbeamtentums zu regeln „und fort[zu]entwickeln". Die ominösen Grundsätze selbst fortzuentwickeln war hingegen nicht Gegenstand des Kompromisses.

2. Bildung/Hochschule

Hier wurde keine Einigung erzielt.

3. Kompetenzen mit besonderen Regionalbezug

Einigkeit bestand über die Übertragung einiger wohnungs- und sozialpolitischer Einzelkompetenzen an die Länder.

4. Kompetenzkataloge

Man verständigte sich darüber, den langen Katalog der konkurrierenden Gesetzgebung und der Rahmengesetzgebung auszudünnen und sowohl dem Bund als auch den Ländern mehr ausschließliche Kompetenzen zu übertragen. Während der Bund das Waffen- und Sprengstoffrecht, das Versorgungsrecht der Kriegsbeschädigten und -hinterbliebenen, das Atomrecht, das Meldewesen und den Schutz deutschen Kulturguts als ausschließliche Gesetzgebungskompetenz erhalten sollte, hätten die Länder Kompetenzgewinne in den Bereichen Versammlungsrecht, Strafvollzug,

Notariatswesen, Ladenschlussrecht, Gaststättenrecht, Spielhallen, Messen/Ausstellungen/Märkte, Landwirtschaftliches Pachtwesen und Grundstückverkehr, Flurbereinigung, Siedlungs- und Heimstättenwesen, Sport-/Freizeit- und sozialer Lärm sowie Presserecht erzielt. Für alle diese Kompetenzen hätten sich Konsequenzen für die europapolitische Mitwirkung nach Art. 23 GG ergeben. Die gefundenen Kompromisse entsprachen der Interessenlage sowohl des Bundes als auch der Länder, auch wenn größere Fortschritte wünschenswert gewesen wären. Die Stärkung der Länderkompetenzen hätte an einigen Stellen auch zu einer Flexibilisierung kommunalpolitischer Handlungsspielräume führen können.

5. Rahmengesetzgebung

Obwohl die Rahmengesetzgebung mit guten Gründen als problematische Kategorie angesehen wurde, gelang es der Kommission nicht, das angestrebte Ziel einer vollständigen Auflösung dieser Kategorie zu erreichen. Zwar wäre das öffentliche Dienstrecht in die konkurrierende Gesetzgebung des Bundes bzw. in die ausschließliche Gesetzgebung der Länder übergegangen sowie das Melde- und Ausweiswesen und der Schutz des deutschen Kulturgutes in die ausschließliche Bundeskompetenz verlagert worden. Über die Grundsätze des Hochschulwesens sowie über Jagdwesen, Naturschutz, Landschaftspflege und Bodenverteilung, Raumordnung und Wasserhaushalt erzielte man jedoch keine Einigung. Verfassungsrechtliche Konflikte hätten in diesen brisanten Politikfeldern daher fortbestanden.

6. Erforderlichkeitsklausel in Art. 72 Abs. 2 GG

In Bezug auf die zum Verbleib bestimmten Materien der konkurrierenden Gesetzgebung war bemerkenswert, dass die Länder bereit waren, in vielen Fällen das Erforderlichkeitskriterium (gleichwertige Lebensverhältnisse, Wahrung der Rechts- und Wirtschaftseinheit) auszusetzen und damit die materiellen Hürden für bundesrechtliche Regelungen herabzusetzen. Vor dem Hintergrund der verfassungsrechtlichen Kontroversen der letzten Jahre hätten die Länder beachtliches Drohpotential preisgegeben. Auffällig war auch deren Bereitschaft, den aus ihrer Sicht bequemen Vorschlag einer „Zugriffsgesetzgebung" aufzugeben, von der nach einiger Erörterung nicht mehr die Rede war.

III. Neuordnung der Finanzverantwortung

1. Abbau von Mischfinanzierungen

Ähnlich wie bei der Rahmengesetzgebung hätte die Kommission auch bei den Gemeinschaftsaufgaben die vollständige Auflösung dieser umstrittenen Kategorie verfehlt. Zwar bestand Einigung über die Abschaffung der Gemeinschaftsaufgabe Hochschulbau, dagegen hätte die Kategorie bei Agrarstruktur, Küstenschutz, Forschungsförderung und selbst in der obsolet gewordenen Bildungsplanung Bestand gehabt.

Im Bereich der Finanzhilfen des Bundes war die angestrebte Regelung beachtlich, dass diese nur für solche Vorhaben zulässig sein sollten, die nicht in die ausschließliche Gesetzgebungskompetenz der Länder fallen. Damit hätte sich der Bund insbesondere in der Bildungspolitik (Stichwort: Ganztagsschule) einige Wege der Einflussnahme verbaut. Dies wäre auch beachtlich gewesen, weil die Länder in dieser Frage kein einheiliges Interesse hatten. Dem trugen offenbar auch die großzügigen Übergangs- und Kompensationsregelungen Rechnung, die diese Einigung flankieren sollten.

2. Regionale Steuerautonomie

Hinter diesem vollmundigen Titel verbarg sich lediglich das Einvernehmen, den Ländern die Festsetzung eines Steuersatzes bei der Grunderwerbsteuer zuzubilligen. Dies war ein sehr bescheidenes Resultat, das bestenfalls zu positiven Lerneffekten und der Bereitschaft hätte führen können, Hebesatzregelungen später auch für die Einkommensteuer in Erwägung zu ziehen.

3. Steuertausch

Der ins Auge gefasste Tausch von Kraftfahrzeugsteuer und Versicherungssteuer blieb gleichfalls bescheiden, auch wenn hieraus vielleicht für die Verkehrs- und Energiepolitik nützliche Effekte zu erwarten sind.

4. Steuerverwaltung

Für die Steuerverwaltung wurden Eckpunkte im Rahmen des geltenden Verfassungsrechts vereinbart, die insgesamt hinter den Erwartungen des Bundes zurückblieben.

5. Nationaler Stabilitätspakt

In Art. 109 Abs. 5 GG sollte eine Mitverantwortung der Länder für den Fall festgelegt werden, dass aus dem EU-Stabilitätspakt Sanktionen wegen übermäßiger Verschuldung aufgebracht werden müssen. Die Einbeziehung der Länder entspricht nicht nur den Forderungen des Bundes, sondern auch dem Gebot finanzpolitischer Verantwortung, allerdings handelt es sich hierbei angesichts der Praxis des Stabilitätspakts und angesichts der angestrebten Aufweichungen der Sanktionsbestimmungen um eine Phantomdiskussion ohne praktische Relevanz Hier hat sich der Bund vermutlich verkämpft.

IV. Europatauglichkeit

Über eine Änderung von Art. 23 GG kam keine Einigung zustande. Dies hätte jedoch bedeutet, dass die europapolitische Mitwirkung der Länder materiell in demselben Maße erweitert worden wäre, wie auch deren Gesetzgebungskompetenzen gestärkt worden wären. Die vor allem von der Bundesregierung thematisierten Probleme wären dadurch noch verschärft worden. Deutschlands Gewicht in Europa zehrt zwar davon, dass das Land über einflussreiche Visionen, einen stabilen innenpolitischen Konsens zur Integrationspolitik und exportfähige Modelle für Institutionen verfügt, aber immer wieder zeigt sich, dass komplizierte Abstimmungsprozesse zwischen Bund und Ländern Deutschlands Verhandlungsposition durch Verzögerung und Inflexibilität verschleppen.

V. Hauptstadt

Vorgeschlagen wurde hier als Art. 22 GG die Formulierung „Hauptstadt der Bundesrepublik Deutschland ist Berlin. Das Nähere wird durch Bundesgesetz geregelt." Auf die vom Land Berlin angestrebte Zuweisung der

Aufgabe „Repräsentation des Gesamtstaates" an den Bund wurde verzichtet, sodass mögliche finanzielle Konsequenzen offen blieben.

VI. Zwischenfazit

Aus verhandlungstaktischer Sicht ist fraglich, ob die Länder mit ihrem bildungspolitischen Junktim gut beraten waren. Den Status quo in der Bildungspolitik nach Art. 75 und 91 a GG und in der europapolitischen Mitwirkung nach Art. 23 GG zu belassen hätte sich im Zweifelsfalle zu ihren Gunsten und zulasten des Bundes ausgewirkt. Bei den greifbaren Ergebnissen handelt es sich in der Summe allenfalls um bescheidene und punktuelle Fortschritte, die am ehesten bei den Gesetzgebungskompetenzen ein wenig zur Entflechtung hätten beitragen können. Demgegenüber fiel aber ins Gewicht, dass eine Einigung in zentralen Punkten – Hochschulrecht und Bildungsplanung, Umweltrahmenrecht, Innere Sicherheit, Mitwirkung der Länder in Europafragen und EU-Haftung – nicht wie angestrebt erreicht wurde. Erst recht ist daran zu erinnern, dass eine umfassende Neuordnung der Finanzverfassung von Beginn an ausgeklammert blieb. Während andere Tabuthemen wie Zusammensetzung und Verfahren des Bundesrates oder die Länderneugliederung nicht zu notwendigen Bestandteilen einer Föderalismusreform gehören, wird eine ernst zu nehmende Reform des deutschen Föderalismus ohne Einbeziehung der Finanzverfassung nicht gelingen. Gerade in dieser Hinsicht verlief die Kommissionsarbeit enttäuschend.[30]

VII. Szenarien der Föderalismuspolitik

Nach dem Scheitern der Kommission stellt sich die Frage, welche Aussichten für die Reform des deutschen Föderalismus auf absehbare Zeit bestehen. Führt man sich den evolutionären, von den situationsbedingten Handlungslogiken der Akteure bestimmten Charakter der föderalen Ordnung vor Augen, wie er sich in den Verhandlungen der Kommission bestätigte, so drängen sich mehrere Szenarien auf.

(1) Zunächst einmal spricht nichts dafür, dass vor 2006 noch einmal ein breit angelegter Versuch zur Neuordnung der bundesstaatlichen Ordnung

---

[30] *Peffekoven*, Zweifel an der Reformfähigkeit der Politik, Wirtschaftsdienst 85 (2005), S. 7–10.

Aussicht auf Erfolg hat. Viele Akteure haben sich mit dem Status quo arrangiert und werden nur Interesse an einer Reform haben, wenn sich die Einschätzung des Status quo verändert und die subjektiven Erwartungen an eine Reform die subjektiven Risikoeinschätzungen überwiegen. Eine grundlegende Neuordnung der föderalen Finanzbeziehungen, die über kosmetische Korrekturen hinausgeht, ist wohl erst mit Blick auf 2019 zu erwarten. Am ehesten ist es denkbar, dass materielle Teilergebnisse der Kommissionsarbeit in Einzelvereinbarungen von überschaubarer und risikofreier Wirkung umgesetzt werden.

(2) Solange die Bundesländer keine wirksamen Möglichkeiten sehen, durch Aufgabenkritik oder autonome Einnahmegestaltung ihre Haushalte unter Kontrolle zu halten, ist – abgesehen von fortgesetzter Verschuldungspolitik – absehbar, dass die Forderungen nach föderaler Solidarität des Bundes und der am wenigsten verschuldeten Länder zunehmen werden. Neben Berlin, Bremen und dem Saarland sind weitere Bundesländer auf dem Wege, Ansprüche für Sonderzuweisungen aus dem Finanzausgleichssystem geltend machen zu können. Sollte der Bund auf diese sich abzeichnenden Forderungen nicht eingehen, könnten die betroffenen Länder das Bundesverfassungsgericht anrufen. Hieraus werden sich zunächst eine Verhärtung der föderalen Verteilungskämpfe und eine Betonung der ausgleichenden Funktionen der föderalen Finanzordnung ergeben, weil die Mehrzahl der Bundesländer kein Interesse an steuerpolitischer Eigenverantwortung hat. Der Föderalismus wird als die große Fiktion, nach der alle versuchen, auf Kosten aller zu leben, nicht ohne Not aufgegeben werden.

(3) Die anhaltenden Haushaltsnotlagen werden bei Bund, Ländern und Kommunen kreative Ausweichstrategien auslösen und zentrifugale Kräfte stärken. So könnten freiwillige Vereinbarungen – wie zuletzt die Kultusministerkonferenz durch Niedersachsen – aufgekündigt werden. Solche Versuche einzelner Länder, aus der föderalen Geiselhaft auszubrechen, werden aber mit höherem Kartelldruck der übrigen Beteiligten beantwortet werden. Die jüngsten Tarifvereinbarungen von Bund und Kommunen für den Öffentlichen Dienst kündigen dies an: Da die Länder ihre Zustimmung verweigerten und separate Vereinbarungen mit den Gewerkschaften anstreben, reagierten Bund und Kommunen durch die Absprache mit den Gewerkschaften, dass jedes günstigere Verhandlungsergebnis auch nur eines Landes als neues Angebot der Gewerkschaften an den Bund und die Kommunen zu verstehen sei.

(4) Da in den Verfassungen aller Bundesländer mittlerweile das Konnexitätsgebot verankert wurde, ist die Abwälzung von Haushaltsproblemen der Länder auf die Kommunen erschwert. Daraus könnte allerdings

die Neigung mancher Bundesländer wachsen, die Hand dazu zu reichen, dass der Bund die derzeitige Regelungslücke des Grundgesetzes dazu nutzt, Aufgaben und Kosten, z. B. in der Sozial- und Arbeitsmarktpolitik, ohne Ausgleich an die Kommunen zu übertragen. Solche föderalen Geschäfte zu Lasten Dritter sind auch dadurch denkbar, dass sich das gemeinsame fiskalische Interesse von Bund und Ländern dahin orientiert, höhere Abgabenbelastungen oder Verwaltungskosten Privaten aufzubürden.

(5) Einige Beobachter haben zu Recht darauf hingewiesen, dass der Bund die Rolle des Bundesrates aus eigener Kraft reduzieren kann, indem er sich in der Gesetzgebung künftig mehr Bescheidenheit auferlegt und mit Blick auf Art. 84 Abs. 1 GG davon absieht, die Einrichtung von Behörden und die Verwaltungsverfahren zu normieren, oder er den Ländern allenfalls unverbindliche Vorschläge anbietet. Insofern liegt es also beim Bund, einen Beitrag zur Entflechtung zu leisten und die in dieser Hinsicht schwache Verhandlungsposition der Landesregierungen deutlich zu machen.[31] Angesichts der unterschiedlichen Gesetzgebungskraft der Länder dürften solche Freiräume vermutlich arbeitsteilig ausgefüllt werden, indem – wie jetzt schon häufig in der Normsetzung beobachtbar – einzelne Länder federführend Regelungen ausarbeiten, die dann von den übrigen Ländern lediglich leicht modifiziert werden. Eine verfassungsrechtlich definierte Zugriffsgesetzgebung würde auf nichts anderes hinauslaufen und wäre daher wohl entbehrlich. Hieraus kann eine gewisse Dynamik entstehen, weil die Landesregierungen in diesem Fall Interesse daran haben könnten, einer Neuregelung von Art. 84 GG in Verbindung mit einer Neufassung der Gesetzgebungskompetenzen zu vereinbaren.

(6) Während Art. 84 Abs. 1 GG die Verhandlungsposition des Bundes stärkt, verfügen die Bundesländer ihrerseits ebenfalls über einen Hebel, der die Bundesregierung zu Zugeständnissen bewegen könnte. Vorstellbar ist nämlich, dass sich einzelne Landesregierungen – auch gegen den Widerstand anderer Landesregierungen – darauf verlegen, die Rahmengesetzgebung und die konkurrierende Gesetzgebung des Bundes vom Bundesverfassungsgericht von Fall zu Fall an den seit 1994 geltenden Erforderlichkeitskriterien messen zu lassen und ähnliche Urteile wie zuletzt zur Juniorprofessur und zum Studiengebührenverbot zu veranlassen. Eine solche Zermürbungsstrategie könnte dem Bund den Bedeutungsverlust dieser Gesetzgebungskompetenzen vor Augen führen, eine gesetzgeberische Zurückhaltung des Bundes provozieren oder aber das beiderseitige

---

31 *Scharpf*, Die gescheiterte Föderalismusreform – Eigentor der Länder?, FAZ vom 29. 12. 2004.

Interesse an einer Auflösung dieser Gesetzgebungsarten und eine deutlichere Abgrenzung der Gesetzgebungskompetenzen stärken.

(7) Denkbar ist, dass die föderalen Entscheidungsblockaden und Autonomieverluste sowohl die Bundesregierung als auch die Landesregierungen noch stärker dazu veranlassen, ihr Heil in der Europapolitik zu suchen. Die Bundesregierung könnte versucht sein, in ausgewählten Politikbereichen, z. B. der inneren Sicherheit oder der Bildung, die Europäisierung voranzutreiben und damit für die föderalen Verhandlungsprozesse unverrückbare Rahmenbedingungen zu setzen. Die Landesregierungen werden ihre Bemühungen verstärken, Einfluss auf die europäische Normsetzung und vor allem die Mittellenkung zu gewinnen. Die jetzt bereits bestehenden Unterschiede in der Lobbykraft der Bundesländer werden dann noch deutlicher. Die Probleme der europäischen Politikverflechtung würden sich dann zweifelsohne noch verstärken und die Probleme des deutschen Föderalismus überlagern. Gleichwohl entspräche dieser Europäisierungsdruck von unten der Logik der handelnden Akteure.

VIII. Handlungsoptionen

Es fragt sich, welche Handlungsoptionen vor diesem Hintergrund zur Verfügung stehen. Hier gilt sinngemäß, was der Ökonom *Wilhelm Röpke* vor beinah einem halben Jahrhundert in anderem Zusammenhang bemerkt hat: „Man kann daraus den wichtigen Grundsatz ableiten, dass alle Reformprojekte die Zerreißprobe, der sie durch den politischen Rahmen in der Praxis ausgesetzt sein werden, bestehen müssen, und dass sie ihr um so eher gewachsen sein werden, je einfacher sie sind, je weniger sie der Politik, dem Staate und dem Parlament Griffflächen bieten und je realistischer sie mit den eher bescheidenen geistig-moralischen Bedingungen der Politik rechnen. Was wir [...] an Lösungen vorschlagen, muss mit einem Worte strapazierfähig sein."[32]

(1) Die Formulierung eines neuen Leitbildes ist wichtig, weil die Akteure auf diese Weise langfristig durchaus in ihren Einschätzungen beeinflusst werden. Daneben ist aber immer realistisch zu fragen, welche Vorschläge überhaupt Aussicht auf Erfolg haben. Man muss sich vor Augen halten, dass die ohnehin in vielen taktischen Entscheidungszwängen befindlichen Politiker sich einer Vielzahl konkurrierender und widersprechender Ex-

---

[32] *Röpke*, Die politische Ökonomie. Was heißt politisch unmöglich?, FAZ vom 12.12.1959.

perten und Interessen gegenübersehen[33] und im Zweifelsfalle immer dem bequemeren Ratschlag Gehör schenken werden. Neben der Durchsetzbarkeit und Vermittelbarkeit der Vorschläge kommt es auch auf die langfristigen Wirkungen der Vorschläge an. Die Frage lautet: Welchen Umgang wird die Politik mit vorgeschlagenen Änderungen auf lange Sicht pflegen? Vordergründig plausible Vorschläge können sich langfristig nachteilig und hemmend auswirken, insbesondere wenn sie nicht auf die Setzung allgemeiner Regeln, sondern auf die Gewährung materieller Zuteilungen ausgerichtet sind. Es kommt also auf „strapazierfähige", ordnungspolitisch umsichtige Vorschläge an, die selbstregulierenden Steuerungsprinzipien zur Durchsetzung verhelfen, anstatt mit technokratischer Blickverengung neue Verflechtungsknoten zu schüren. In diesem Sinne gilt es, einige richtige Ansätze der Kommissionsarbeit zu identifizieren und mit Blick auf ihre politische Durchsetzbarkeit weiterzuverfolgen, während bequemeren, aber nicht zielführenden Wegen argumentativ vorgebaut werden muss.

(2) Die zweite Überlegung muss auf eine Veränderung der Verhandlungssituation zielen. Da eine Wiederaufnahme der Kommissionsberatungen ausgeschlossen wird, stellt sich die Frage, ob die Schaffung einer neuen Verhandlungskonstellation andere Wege zu weisen vermag. Die von manchen in der ersten Verzweiflung ins Spiel gebrachte Verfassungsneuschöpfung nach Art. 146 GG gehört nicht zu den realistischen Alternativen. So verbleibt als Möglichkeit zum einen die unspektakuläre Aktivierung der eingespielten Verhandlungsrunde von Bundesregierung und Ministerpräsidenten. Wenn die föderale Ordnung überhaupt aus sich selbst heraus die Kraft und den Willen zur Veränderung aufbringt, so geschieht es wohl auf diesem Wege. Ein anderer Vorschlag läuft darauf hinaus, einen Föderalismuskonvent einzuberufen, der sich in seiner Zusammensetzung, Organisation und Transparenz von der Kommission unterscheiden müsste. Dieser Weg kann durchaus neue Perspektiven eröffnen, wie das Beispiel des „Österreich-Konvents" gezeigt hat.[34] Freilich taugen weder die Ausgangsbedingungen des österreichischen Föderalismus noch die bescheidenen Ergebnisse dieses Konvents wirklich als Vorbild für Deutschland. Auch der aus einem Konvent hervorgegangene EU-Verfassungsvertrag ist wegen seiner zahlreichen Verflechtungs- und Zentralisierungstendenzen aus föderalismus- und integrationstheoretischer Sicht höchst bedenklich.

---

33 Zu den Vorschlägen der Sachverständigen in der Kommission siehe die Synopsen: KoMbO-Drs. 0085; ZParl 2004, 388–409.
34 Zu dessen Struktur und Aktivitäten: www.konvent.gv.at.

(3) Da aus der Handlungslogik der entscheidenden Akteure nur eine begrenzte Dynamik zu erwarten ist, stellt sich die Frage, inwieweit externe Einflussnahme deren Reformbereitschaft steigern kann. Hierzu ist festzustellen, dass die Kommissionsarbeit trotz allem nur eine begrenzte Ausstrahlung besaß. Die Debatte um den deutschen Föderalismus wurde ausgesprochen verwaltungslastig diskutiert und verlor sich daher rasch in öffentlich kaum vermittelbare Detailprobleme. Was dagegen nur wenig zur Geltung kam, war der Zusammenhang zwischen Föderalismusreform und der Stärkung bürgerschaftlichen Engagements und Demokratie.[35] Gelänge es, die Zukunft des deutschen Föderalismus als demokratietheoretisches Problem zu definieren, kann sich daraus ein erhöhter politischer Stellenwert ergeben und ähnlich wie in der Reform der Kommunalverfassungen in den neunziger Jahren neuer Druck auf die Entscheidungsträger entstehen.

(4) Externer Druck, der föderale Reformprozesse anstoßen könnte, kann unter anderem durch direkte Demokratie erfolgen. Geeignete Instrumente stehen hierfür nur auf Landesebene bereit. Nachdem in allen Flächenländern das Konnexitätsprinzip verankert worden ist und das Verhalten der Landesregierungen positiv beeinflusst hat, wäre es insbesondere vorstellbar, mithilfe direkter Demokratie wirksame Verschuldungsgrenzen für die Bundesländer festschreiben zu lassen. Ein wichtiges Ventil für Reformdruck würde damit gestopft und die Länder würden größeres Interesse daran gewinnen, sich auf eine Neuordnung der föderalen Finanzbeziehungen und auf eine trennschärfere Kompetenzordnung einzulassen.

(5) Externer Druck kann nicht zuletzt durch das Bundesverfassungsgericht ausgelöst werden, falls dies seine föderalismusfreundliche Entscheidungspraxis der letzten Jahre beibehält. Ihm steht insbesondere bei Normenkontrollverfahren und der Ausgestaltung der Entscheidungsformeln ein breites Instrumentarium zur Verfügung, um günstige Bedingungen für föderale Verhandlungen zu schaffen. Die Entscheidung zum Finanzausgleich von 1999 lehrt, dass klare Fristsetzungen mit Sanktionspotential in dieser Hinsicht vielversprechender sind als die neue Kategorie der Maßstäbegesetzgebung.

(6) Die Ergebnisse der Verfassungskommission von 1994 bezüglich der Rahmengesetzgebung und der konkurrierenden Gesetzgebung zeigen, dass ein Weg zu mehr föderaler Dynamik darin liegen könnte, als Ergebnis einer Leitbilddebatte einzelne Rechtsbegriffe im Grundgesetz anders zu akzentuieren und deren evolutorisches Potential zu nutzen. Solche Deh-

---

35 *Sturm*, Bürgergesellschaft und Bundesstaat. Demokratietheoretische Begründung des Föderalismus und der Föderalismuskultur, 2004.

nungsübungen mittels „weicher" Verfassungsänderungen könnten aussichtsreicher sein als Bestrebungen, konkrete Verteilungskonflikte zu Gesetzgebungskompetenzen oder Finanzausgleich zu modifizieren, deren Auswirkungen aus Sicht der Akteure vorab recht eindeutig zu bemessen sind. Allerdings muss man sich auch davor hüten, in sich widersprüchliche Verfassungslyrik zu kumulieren und die Ordnungskraft des Grundgesetzes noch weiter zu schwächen. Vor diesem Hintergrund dürfte auch die verlockende „Zugriffsgesetzgebung" der Länder zur Verunklarung der Ordnungsprinzipien des Grundgesetzes beitragen und langfristig mehr Probleme heraufbeschwören, als sie kurzfristig lösen würde. Anstelle einer Mitbestimmungsbefugnis des Bundesrates bei „erheblichen Kostenfolgen" wäre es ordnungspolitisch wesentlich überzeugender, eindeutige Konnexitätsregelungen zu etablieren.

(7) Anstelle einer aussichtslosen Debatte um eine Neugliederung der Bundesländer wäre es aussichtsreicher, ohne Blick auf etwaige Ergebnisse die hohen verfassungsrechtlichen Hürden für Fusionen abzusenken. Eine Länderneugliederung ist nicht Kern der Lösung, kann aber die Interessenlagen der Bundesländer einander annähern und damit die Aussicht auf eine Reform des Föderalismus verbessern.

(8) Unabweisbar ist die Thematisierung der föderalen Finanzbeziehungen. Hier ist argumentativ auf eine Stärkung der Eigenverantwortung hinzuwirken, die mit dem langfristig anzustrebenden Ziel einer deutlichen Vereinfachung des Steuersystems in Einklang steht. Hierfür bieten sich Zuschlagsrechte auf Einkommensteuer für Länder und Kommunen nach dem Vorbild der Schweiz an,[36] da dadurch alle Ebenen Steuereinnahmen auf breiter Bemessungsgrundlage erhielten und die Zuweisbarkeit demokratischer Verantwortung gestärkt wird. Ein solches Finanzsystem wäre sogar kompatibel zu machen mit einem solidarischen Finanzausgleich, der sich jedoch nicht wie bisher an der Steuerkraft, sondern an der Wirtschaftskraft orientieren müsste.[37] Wichtig ist hierbei, dass Zustimmung zu solchen Schritten nur zu erzielen sein wird, wenn die fiskalischen Risiken der Eigenverantwortung den bisherigen Profiteuren der Umverteilung zumindest vorübergehend abgenommen werden und ihnen zugleich positive Anreize für eigene Anstrengungen gesetzt werden. Schwächere Länder werden einer Föderalismusreform wohl kaum mit der Aussicht auf

---

[36] *Feld*, Fiskalischer Föderalismus in der Schweiz. Vorbild für die Reform der deutschen Finanzverfassung?, 2004; *Berthold/von Berchem*, Kampf gegen Arbeitslosigkeit und Armut. Markt, Staat und Föderalismus (Stiftung Marktwirtschaft, Kleine Handbibliothek, Bd. 32, 2002).

[37] *Schick*, Bundesstaatsreform II: Bessere Politik durch eine transparente und effiziente Finanzverfassung, Stiftung Marktwirtschaft, Argumente Nr. 84, 2004.

erhöhtem Leidensdruck zustimmen, sondern eher durch die Aussicht zu gewinnen sein, für eigene Anstrengungen und Leistungen belohnt zu werden. Es ist daher vielversprechender, an die Stelle des polarisierenden Leitbilds eines „Wettbewerbsföderalismus" auf das integrative Leitbild eines „kreativen und offenen Non-Zentralismus" zu setzen.

Ferdinand Kirchhof

Anforderungen an die Föderalismusreform im Drei-Ebenen-Verwaltungsaufbau von Bund, Ländern und Kommunen

I. Leitfaden für die Bundesstaatsreform

Das Thema fordert eine Wunschliste, die sich aus den bisherigen Erfahrungen mit dem deutschen Föderalismus legitimiert. Es zielt wegen seiner grundsätzlichen Bedeutung auf eine Änderung des Grundgesetzes. Dieses kennt nur zwei Ebenen, nämlich Bund und Länder als teilsouveräne Gliedstaaten. Erst die Landesverfassungen widmen sich ausführlich der kommunalen Verwaltungsebene. Die Wunschliste muss also die Verfassungshierarchie mitbedenken; sie muss in erster Linie darauf sehen, wo das Grundgesetz geändert werden sollte, darf aber dabei nicht vergessen, dass eine Föderalismusreform auch in den Landesverfassungen ansetzen kann, z. B. bei den Finanzgarantien für Kommunen. Mit Blick auf die Themen der nachfolgenden Referenten werde ich den Schwerpunkt bei den finanziellen Fragen des Föderalismus setzen.

Der Bundesstaat ist lediglich eine Organisationsform; sie wird aber vom Grundgesetz in der Staatsfundamentalnorm des Art. 20 GG und mit der „Ewigkeits"-Klausel des Art. 79 Abs. 3 GG auf eine hohe Stufe gestellt, weil diese Organisationsform wichtigen Zielen dient. Da der Föderalismusgedanke in der Öffentlichkeit zur Zeit wenig geschätzt ist – die Reaktion auf die Pisa-Studie im Schulwesen führte eher zum Ruf nach einem Zentralstaat – sind die Ziele des Bundesstaats kurz zu rekapitulieren. Sie bilden den Leitfaden für seine Reform.

– Mehr Demokratie durch permanentes, sukzessives Wählen in Bund und Ländern und dadurch eine aktuellere Legitimation der Staatsgewalt.

– Orts- und Sachnähe staatlicher Entscheidungen, die wir mit den Begriffen der Dezentralisation, Subsidiarität oder der Bürgernähe umschreiben. Letztlich geht es um die richtige Entscheidung vor Ort, um Fachkunde und um optimale Ressourcenallokation.

- Freiheitssicherung durch vertikale Gewaltenteilung, die sowohl dem Schutz des einzelnen Bürgers als auch der regionalen Opposition, letztlich also der Vielfalt der politischen Meinungen, dient.
- Landsmannschaftliche Vielfalt war früher ein tragender Gesichtspunkt des Föderalismus. Sie hat aber wegen der heutigen Fluktuation der Bevölkerung und der Bildung etlicher Bundesländer mit Bindestrich-Namen, wie z. B. Nordrhein-Westfalen, erheblich an Bedeutung verloren.
- Wichtiger geworden ist hingegen die Integrations- und Identifikationsfunktion eines Bundesstaates. Kleine Einheiten sind überschaubarer und für den politisch weniger Versierten begreifbarer. Er kann sich mit ihnen leichter identifizieren. Der Zorn auf „die da oben in Brüssel" fällt leicht, auf die Gubernative in der eigenen Landeshauptstadt schon schwerer, weil sie näher liegt und persönlich bekannter ist. Auf der kommunalen Ebene wendet man sich vielleicht gegen einzelne Personen im Gemeinwesen, die Kommune selbst genießt aber als „Heimat"-Stadt oder „Heimat"-Kreis große emotionale Unterstützung.
- Der Wettbewerb um die besten politischen Lösungen gelingt mit eigenständigen Gebietskörperschaften im Bundesstaat am besten.

Damit ist zugleich die Richtung aufgezeigt, in welche die Föderalismuskommission ihren Weg gehen wollte. Die genannten Ziele fordern zuerst eine Entflechtung der Kompetenzen, Verfahren und Finanzen aller beteiligten Gliedkörperschaften.

Nach der demokratischen Grundidee sollten politische Entscheidungen in eindeutiger Verantwortung von einer Person oder von einem einzigen Gremium getroffen werden, das dann auch die Verantwortung für das Gelingen oder Misslingen seines Handelns trägt. So kommt das im Wahlakt des Volkes vergebene Mandat letztlich in den Entscheidungen staatlicher Gremien und ihrer Folgen wieder auf das Volk zurück; auf das Finanzwesen gewendet, verfolgt eine Föderalismusreform das Ideal des fiscal federalism, in dem Aufgabensetzung, Einnahmenerhebung und Finanzgewalt in einer Hand liegen. Dieser Regelkreis konzentriert Verantwortung statt sie zu verflechten und kann überdies einen Beitrag gegen die Normenflut leisten, weil jeder Gesetzgeber für die Kosten seiner Normprodukte selbst aufzukommen hat.

Der deutsche Bundesstaat steht ferner vor einem Zentralstaatsproblem. Der Bund hat die Kompetenzen der Art. 74 ff. GG fast vollständig okkupiert, Verwaltungszuständigkeiten nach Art. 87 Abs. 3 GG ausgeweitet, über die Art. 84 Abs. 1 und 85 Abs. 1 GG erheblich in die Organisations-

und Verfahrenshoheit der Länder eingegriffen und das Finanzwesen teilweise zu einer Gemeinschaftsaufgabe beider Ebenen ausgestaltet. Hier sind vor allem die Kommunen wegen des Durchgriffs der Bundesgesetze auf ihre Finanz- und Verwaltungskraft die Leidtragenden.

Eine zusätzliche Schwierigkeit ergibt sich aus der Mitgliedschaft in der Europäischen Union. Sie stellt die Frage, ob bei ihren Entscheidungen alle Länder mitreden oder nur der Bund entscheiden soll. Die üblichen Kompetenzen des Bundes für die Außenpolitik helfen hier nicht weiter, weil die EG zu einer supranationalen Organisation gewachsen ist; andererseits würde ein Konzert eigenständiger Länderkompetenzen in der EG nur zu Dissonanzen und Lähmungen führen.

Damit sind die Problemfelder einer Föderalismusreform definiert. Sie muss sich mit der Gesetzgebung und mit der Verwaltung befassen und dort Änderungen zur Stärkung des Bundesstaates vornehmen. Die Rechtsprechung muss aus bundesstaatlichen Gründen nicht reformiert werden; es ist dem Grundgesetz offensichtlich gut gelungen, die dritte Gewalt in präziser Trennung der Kompetenzen der Bundes- und Landesgerichte bei gleichzeitiger Wahrung bundeseinheitlicher Rechtsprechung durch Bundesgerichte zu verfassen. Die Renaissance der Landesverfassungsgerichtsbarkeit belegt sogar, dass in der Dritten Gewalt dem Subsidiaritätsprinzip und der Eigenständigkeit der Länder wieder neuer Raum gegeben wird.

II. Kommunale Beteiligung an der Gesetzgebung?

Die Föderalismusreform in der Gesetzgebung wird in diesem Kreise heute noch ausführlich erörtert. Deshalb genügen hier die Stichworte: Präferenz für ausschließliche Kompetenzen einer Gliedkörperschaft, Beseitigung von Rahmengesetzgebung und Gemeinschaftsaufgaben, Zurückdrängung konkurrierender Kompetenzen sowie Beseitigung von Zustimmungsvorbehalten dritter Gremien im Gesetzgebungsverfahren. So wird das bundesdeutsche Normensystem erfolgreich entflochten. Ferner sollten Sachkompetenzen in erheblichem Umfang auf die Länder zurückübertragen werden; das stellt wieder Subsidiarität her.

Den Kommunen steht keine parlamentarische Gesetzgebungsgewalt zu, weil sie Gebietskörperschaften mit Verwaltungscharakter ohne eigene Souveränität sind. Für ihren territorialen Bereich genügen meistens Satzungsbefugnisse. Dennoch wird zuweilen von Kommunalvertretern der Ruf nach einer Beteiligung an der Gesetzgebung erhoben. In den Ländern besteht sie schon in Form von Anhörungsrechten der kommunalen Spitzenverbände; Österreich ist erheblich weiter gegangen und fasst Bund, Länder und Kommunen in einem Gesetzgebungsverbund zusammen. Kreise der Kommunen begehrten in der Föderalismusdiskussion anfangs eine Mitwirkung bei der Bundesgesetzgebung. Sie könnte in der Beteiligung einer dritten Kammer im Gesetzgebungsverfahren oder in einem Vorbehalt der Zustimmung der Kommunalen Spitzenverbände bestehen. In beiden Fällen würden jedoch die zustimmungsberechtigten Personen von Dritten definiert. Denn die kommunalen Spitzenverbände werden von ihren Mitgliedskommunen besetzt, die Zusammensetzung einer dritten Kammer von den Ländern, welche ihre Städte, Gemeinde und Kreise organisieren. Nichtsouveräne Gebietskörperschaften würden in gesetzgebenden Körperschaften mitwirken. Das Gesetzgebungsverfahren würde langwierig, Mehrheiten im politischen Prozess kaum noch abschätzbar. Vor allem widerspräche ein Vorbehalt der Zustimmung einer dritten Kammer oder der kommunalen Spitzenorganisationen dem Ziel eindeutiger Zuordnung von Entscheidungsbefugnissen und Verantwortungen im Bundesstaat. Hier würde erneut verflochten statt konturenscharf abgegrenzt.

III. Bundesdurchgriff auf Organisation und Verfahren der Landes- und Kommunalbehörden

In der zweiten Gewalt sind die Behörden auf allen drei Ebenen in der Regel organisatorisch sauber getrennt. Es besteht kein Änderungsbedarf bei der Verwaltungsorganisation. Mischverwaltung gibt es selten und dann meist auf der horizontalen Ebene zwischen den Ländern.

Das föderale Problem für die Exekutive liegt in der Zugriffsmöglichkeit der Gesetzgebung der höheren Ebene auf die untere. Bundesgesetze greifen auf die Organisations- und Verwaltungsverfahrenshoheit der Länder und der Kommunen zu. Bundesstaatlich entsteht eine Verflechtung, weil die Art. 84 f. GG dem Bundesgesetz erlauben, in Organisation und Verwaltungsverfahren der Länder einzugreifen, obwohl beide Befugnisse eher zu den typischen, eigenstaatlichen Angelegenheiten – früher „Hausgut der Länder" genannt – zählen. Für die Kommunen verbindet sich dieser Durchgriff auf ihre Verwaltung zugleich mit einem Zugriff auf ihre Finanzen und ruft strukturelle Haushaltsnot hervor.

Die ideale Lösung wäre ein Verbot jeglichen Durchgriffs auf Organisation und Verfahren der Landes- und Kommunalbehörden. Dabei auftretende Randprobleme des Einsatzes formeller Regeln für materielle Ziele, z. B. im Planungsrecht, ließen sich lösen. Den Kommunen würde sogar ein milderes Durchgriffsverbot helfen. Würde nur der bundesgesetzliche Zugriff auf die Kommunen vom Grundgesetz untersagt, so dürfte eine Bundesnorm allenfalls Länderaufgaben schaffen. Wenn jene sie dann ihrerseits den Kommunen zur Aufgabe machen, greift die mittlerweile in fast allen Landesverfassungen enthaltene Anordnung ein, dass nach dem Grundsatz der Gesetzeskausalität die Länder den Kommunen die dadurch entstehenden Kosten erstatten müssen. Es wären allerdings die Länder, welche für die Kosten der Bundesgesetze, die ihre Kommunen ausführen, aufzukommen hätten. Im Volumen würde dann das landesverfassungsrechtliche Modell der Kostenerstattung nach der Gesetzeskausalität erheblich erweitert.

Die zweitbeste Lösung bestünde darin, das Durchgriffsrecht des Bundes beizubehalten, gegen finanziell aufwendige Gesetze aber den Ländern im Bundesrat einen Zustimmungsvorbehalt einzuräumen. Dieser Weg würde die Verflechtung zwischen Bund und Ländern in der Gesetzgebung aber wieder verschärfen und langwierige Gesetzgebungsverfahren hervorrufen. Das bekannte Problem einer Bundesopposition durch die Länderregierungen im Bundesrat würde verfestigt. Dieses Modell hat also Tücken und müsste zumindest auf wenige, wirklich gravierende Fälle beschränkt werden.

Als Variante könnte man bei diesen aufwendigen Gesetzen eine obligatorische Kostenerstattung an die Länder vorsehen. Nach dem Vorbild der Gesetzeskausalität in den Landesverfassungen, welche das Land verpflichtet, für die Kosten der den Kommunen übergebenen Aufgaben aufzukommen, ließe sich hier eine befriedigende Regelung finden. Eine Kostentragungspflicht des Bundes bei Durchgriffen würde die Länder entlasten.

Die Verflechtung infolge des Durchgriffs des Bundes auf die Länder ist in der Föderalismuskommission fast nur bezüglich der Zugriffe durch förmliche Bundesgesetze diskutiert worden. Die verwandten Konstellationen eines Zugriffs durch allgemeine Verwaltungsvorschriften nach Art. 84 Abs. 2 und 85 Abs. 2 GG wurden wenig erörtert. Hier würde man wohl ähnlich entscheiden müssen.

IV. Verhältnis der EU zum deutschen Mitgliedstaat

Das Verhältnis der EU zum deutschen Mitgliedstaat stößt auf umgekehrte Vorzeichen, denn hier erweist sich die untere Ebene als stärker. Der Mitgliedstaat bleibt souverän. Er gibt dem supranationalen Verbund nur Einzelkompetenzen ab. Subsidiarität und Entflechtung scheinen in Deutschland deswegen durch Art. 23 GG gut gesichert zu sein. Dennoch sind an dieser Stelle erhebliche Probleme entstanden. Das ursprüngliche Konzept, durch begrenzte Einzelermächtigungen der EG nur punktuelle Zugriffe zu ermöglichen, hat nicht funktioniert. Das liegt daran, dass der EG-Vertrag die Kompetenzen weniger durch materielle Sachbereiche definiert, deren Einhaltung präzise zu kontrollieren wäre, als in Form von Zielen vorgibt, die wegen ihres „Vorwärtscharakters" auf Expansion ausgerichtet sind und häufig Querschnittsaufgaben betreffen. Hinzu kommt die Rechtsprechung des Europäischen Gerichtshofs, der sich als Motor der europäischen Einheit versteht und mittlerweile über Beihilfeverbote, Marktbürgerfreiheiten und Diskriminierungsverbote tief in die nationale Souveränität eingreift, ohne einen ausdrücklich darauf gerichteten Vertragstitel zu besitzen. Eine konturenscharfe Grenze tut Not; die Rechtstechnik für die exakte Grenzziehung ist aber bisher nicht gefunden.

Ähnlich unbefriedigend ist bisher die Mitwirkung von Bund und Ländern in der EG geregelt. Ein kraftvoller deutscher Mitgliedstaat muss mit einer Stimme sprechen; die dafür erforderliche Alleinzuständigkeit des Bundes überfährt jedoch das föderalistische Prinzip. Ein starker Bundesstaat müsste hingegen den Ländern die Außenzuständigkeit zuteilen; dann wird er in der EU aber nicht mehr gehört, weil sie in ihren Gremien nur eine Stimme pro Mitgliedstaat vorsieht. Eine interne deutsche Bindung an die Auffassung der Länder bei fortbestehender Außenkompetenz des Bundes lähmt die Stimme Deutschlands in den unmittelbaren Verhandlungen zwischen den Mitgliedstaaten. Zu diesem europäischen Aspekt der Föderalismusreform sind noch Ideen gefragt, weil die bisherigen Lösungsmodelle unbefriedigend blieben.

V. Reformnotwendigkeiten im Finanzwesen

Im Finanzwesen ist die unerwünschte Verflechtung von Entscheidungen und Verantwortungen besonders intensiv im deutschen Grundgesetz verankert. Die in dieser Hinsicht fragwürdigen Gemeinschaftsaufgaben nach Art. 91 a und b GG sind bereits angesprochen worden.

Zum Thema der Kostenlast ordnet Art. 104 a Abs. 1 GG nach dem Grundsatz der Verwaltungskausalität an, dass die Länder die Ausführung von Bundesgesetzen als eigene Angelegenheit finanzieren müssen. Der Bund kann sich deshalb aus fremder Tasche freigiebig zeigen. Hier liegt wohl einer der größten Strukturfehler der deutschen Finanzverfassung. Wenn man die Eigenart der deutschen Gewaltenteilung beibehält, dass der

Bund die Gesetze erlässt und die Länder sie ausführen, ist ein grundsätzliches Nachdenken über die dadurch verursachten Kosten gefragt.

Es gibt letztlich vier Methoden Staatsaufgaben zu finanzieren. Man kann den Ländern Steuerquellen zuweisen, jede ihrer übertragenen Aufgaben mit Finanzhilfen des Bundes dotieren, im Finanzausgleich dafür „Ausgleichstöpfe" einrichten, die vom Bund beschickt werden, oder für diese Aufgaben zwingend die Kostenerstattung anordnen. Die Steuerquellenzuweisung wäre aus Autonomiegesichtspunkten ideal und würde ein beständiges, planbares Aufkommen der Länder erzielen. Sobald sich aber das Volumen der Aufwendungen der Erfüllung einer Aufgabe ändert, sind Steuerquellen zu rigide. Finanzhilfen können aufwendungsadäquat und gezielt dort ausgeschüttet werden, wo Finanznot bei der Durchführung einer übertragenen Aufgabe herrscht. Jedes Land wird dann aber von der Finanzierungsbereitschaft des Bundes abhängig. Jährliche Bundeszuweisungen und die Möglichkeit von Dotationen unter Auflagen geben dem Bund sogar ein Regelungsmittel in die Hand, das ihm nach Sachkompetenzen gar nicht zusteht. Ein Finanzausgleich käme zur Abgeltung bundesgesetzlich veranlasster Aufgaben in Frage, wenn er völlig umgestellt würde, nämlich nicht mehr nach abstraktem, sondern nach konkretem Finanzbedarf vom Bund gespeist und an die Länder verteilt würde. Er würde im Volumen aber erheblich erweitert. Die Länder würden zu Kostgängern des Bundes. Zudem bewirkt er die intensivste Verflechtung zwischen Bund und Ländern sowohl in der Vertikalen als auch in der Horizontalen und muss deshalb ausscheiden.

Eine zwingende Kostenerstattung für Bundesgesetze, die den Ländern Aufgaben übertragen, nach dem Grundsatz der Gesetzeskausalität würde zu einem Bundesstaat am besten passen. Die Länder sind ihr in der Kommission nicht näher getreten, weil sie inspektorenhafte Spitzabrechnungen mit gigantischem Verwaltungsaufwand und ihre Degradierung zu Rechnungsstellen des Bundes befürchteten. Der Befund erstaunt, denn im Verhältnis der Länder zu ihren Kommunen hat die Kostenerstattung nach dem Grundsatz der Gesetzeskausalität in den Landesverfassungen geradezu einen Siegeszug angetreten und mit der Begrenzung auf die notwendigen und durchschnittlichen Aufwendungen für diese Aufgaben ihre Praxistauglichkeit unter Beweis gestellt.

Nach den Stichworten von Finanzautonomie und des fiscal federalism müsste eine Föderalismusreform an sich eigene Steuergesetzgebungskompetenzen oder zumindest Zuschlagsrechte für Länder oder Kommunen verlangen. Die Idee hat Charme und verspricht Gewinn zu föderaler Eigenständigkeit. Sie lässt sich aber im Ergebnis nicht verwirklichen. Die Verbrauchsteuern sind in der EG harmonisiert, vor allem die Umsatzsteuer lässt keine nationale Beweglichkeit mehr zu. Einkommen- und Körperschaftsteuern dürfte der Bund zwar europarechtlich an die Länder oder Kommunen weitergeben. Er würde aber in einem Binnenmarkt ohne Grenzen innerhalb des deutschen Mitgliedstaats Steuergrenzen setzen und damit einen Flickenteppich unterschiedlicher Steuerlasten knüpfen, der das falsche politische Signal setzt und die Wirtschaft behindert. Zudem würden Doppelbesteuerungsabkommen und die Dokumentationen von Verrechnungspreisen im Wirtschaftsverkehr zwischen den Ländern notwendig. Andere Steuern, wie z. B. die Erbschaftsteuer, sind wegen der Möglichkeit, Wirtschaftsgüter über Ländergrenzen zu bewegen, ebenfalls wenig geeignet. Letztlich kommen nur Steuern in Frage, bei denen das Steuerobjekt weitgehend immobil ist. Damit beschränkt sich die Frage einer Übertragung der Finanzautonomie auf Gewerbe-, Grunderwerb- und Grundsteuern. Das Fossil einer Gewerbesteuer sollte man für diese Zwecke nicht reanimieren. Die Grundsteuer würde sich aber als tauglich erweisen. Weil sie den Kommunen zufließt, bietet sich hier sogar die Vision eines neuen Konzeptes kommunaler Finanzausstattung an, das auf Grundsteuern beruht und den kommunalen Finanzausgleich sanieren und Kreisumlagen vermeiden könnte.

Wenn man die allgemeine Aufgabenverlagerung auf die Länder mit einer Verlagerung von Steuerquellen finanziell kompensiert – was ich neben der Kostenerstattung für im Einzelfall übertragene Aufgaben für den besten Weg halte –, böten die Verbrauchsteuern einen geeigneten Ansatzpunkt. Eine verfassungsfeste Zuweisung eines Teils ihres Aufkommens an Länder und Kommunen brächte ihnen eine stetige, ständig steigende Einkunftsquelle. Ein Teil des Aufkommens an Umsatzsteuer sollte wie bisher ein bewegliches, einfachgesetzlich verteilbares Ventil unzureichender Finanzquellenausstattung bleiben.

Zu einem föderalismusfreundlichen Finanzausgleichssystem fällt einem fast nichts Neues mehr ein; alles ist schon gesagt und erörtert. Der Ruf nach seiner weitgehenden Beseitigung ist unüberhörbar und richtig, allenfalls kleine Bedarfsspitzen sollten von ihm noch abgedeckt werden.

Die Föderalismuskommission hat ferner die Frage nach einer Bundesfinanzverwaltung für Einkommen-, Körperschaft- und Umsatzsteuer aufgeworfen. Im Ergebnis sollte man die Administration dieser Steuern dem Bund zuordnen. Die drei Steuergesetze lassen fast keinen Raum für Ermessensentscheidungen oder politische Schwerpunktsetzung. Steuergesetze werden in strikter Gesetzesgebundenheit vollzogen. Sie stehen unter dem Gebot streng gleichheitsgerechter Durchführung. Sie verlangen deshalb einen bundeseinheitlichen Vollzug. Ihre Verwaltung durch die Länder führt in der Praxis zu internen Abstimmungsproblemen, die Vollzugsschäden verursachen und erhebliches Geld kosten. Den Ländern entstünden durch die Übertragung der Verwaltung von Gemeinschaftsteuern auf den Bund kaum Verluste. Das ihnen zustehende Aufkommen aus diesen Steuern bliebe unberührt. Der Steuerbürger könnte auf mehr tatsächliche Steuergleichheit hoffen.

Zweiter Abschnitt

Neuordnung der Gesetzgebungskompetenzen

Christian Waldhoff

Verfassungsrechtliche Anforderungen an die Ausübung von Gesetzgebungskompetenzen (Art. 72 Abs. 2; 75 Abs. 2; 125 a Abs. 2 GG) – materielles Kompetenzzuweisungsrecht als Element einer Föderalismusreform

Die Reform des Föderalismus lässt an eine Änderung der einschlägigen Vorschriften des Grundgesetzes denken. Dies war der Auftrag der Kommission zur Modernisierung der bundesstaatlichen Ordnung, die von Bundestag und Bundesrat im Oktober 2003 eingesetzt wurde und die sich im Dezember 2004 nicht auf Ergebnisse hat einigen können, somit zumindest vorläufig gescheitert ist[1]. Mindestens ebenso wirksam können jedoch Rechtsprechungsänderungen des Bundesverfassungsgerichts, d. h. Änderungen der Verfassungsauslegung mit Folgewirkungen in alle Bereiche der Bundesstaatlichkeit sein. Dieser Sachverhalt soll hier am Beispiel der Verschärfung der verfassungsrechtlichen Anforderungen an die Ausübung von Gesetzgebungskompetenzen durch den Bund demonstriert werden[2].

I. Formelles und materielles Kompetenzzuweisungsrecht

Das Grundgesetz teilt die Gesetzgebungszuständigkeiten nach einem abschließenden Verteilungsschema auf: Art. 30 GG und Art. 70 Abs. 1 GG postulieren eine normative Zuständigkeitsvermutung zugunsten der Länder[3]. Den Ländern steht nach diesem Regel-Ausnahme-Verhältnis die

---

1 Vgl. dazu nur *Henneke*, KoMbO 2004 – ein Werkstattbericht zur Föderalismusreform, NdsVBl. 2004, 250; *Haug*, Die Föderalismusreform – Zum Ringen von Bund und Ländern um die Macht im Staat, DÖV 2004, 190.
2 Ganz ähnlich – sozusagen unter umgekehrten Vorzeichen – *Reinhard Hendler*, Unitarisierungstendenzen im Bereich der Gesetzgebung. Zum Verhältnis von Landesgesetzgebungskompetenzen und Bundesgesetzgebung, ZG 1987, 210 (212 f.): „Unitarisierung durch Verfassungsänderung" sowie „Unitarisierung durch Verfassungsauslegung".
3 BVerfGE 26, 281 (297); 42, 20 (28); *Stern*, Staatsrecht I, 2. Aufl. 1984, S. 672; *Ipsen*, Staatsrecht I, 16. Aufl. 2004, Rn. 533.

sog. Residualkompetenz zu[4]. Dem Bund kommt die Verbandskompetenz nur zu, wenn er eine ihm durch das Grundgesetz zugewiesene Zuständigkeit zur Gesetzgebung besitzt[5]. Insofern impliziert diese „perfektionierte Abschichtung der Gesetzgebungskompetenzen"[6] einen Verfassungsvorbehalt für die föderale Kompetenzverteilung[7]. Dieses Enumerationsprinzip entspricht den meisten bundesstaatlichen Ordnungen[8]. Gesetzgebungstechnisch erfolgt die Zuweisung über die Aufzählung bestimmter Gegenstände; diese dem Bund zugewiesenen „Gesetzgebungsmaterien" finden sich in den Kompetenzkatalogen der Art. 73, 74, 74 a und 75 GG sowie verstreut über den gesamten Verfassungstext[9]. Scheinbar durchbrochen wird dieses klare und lückenlose[10] Verteilungsschema durch die Anerkennung sog. ungeschriebener Gesetzgebungskompetenzen des Bundes (Annexkompetenzen, Kompetenzen kraft Sachzusammenhangs und Kompetenzen kraft Natur der Sache). Nach richtiger Sichtweise handelt es sich auch hier um Auslegungsergebnisse der expliziten Kompetenzkataloge, sodass die Formulierung von den „stillschweigend mitgeschriebenen" Zuständigkeiten treffend ist[11]. In der Staatspraxis erwies sich die Residualkompetenz der Länder allerdings von Anfang an als Restkompetenz, der Schwerpunkt der Gesetzgebungstätigkeit im deutschen Bundesstaat lag von Anfang an beim Bund[12]. Die Art. 30, 70 Abs. 1 GG sagen mithin

---

4 *Rozek*, in: von Mangoldt/Klein/Starck, Das Bonner Grundgesetz. Kommentar, Bd. 2, 4. Aufl. 2000, Art. 70, Rn. 1, 10.
5 *Badura*, Staatsrecht, 3. Aufl. 2003, Rn. F 27.
6 *Scholz*, Ausschließliche und konkurrierende Gesetzgebungskompetenz von Bund und Ländern in der Rechtsprechung des Bundesverfassungsgerichts, in: Bundesverfassungsgericht und Grundgesetz. FG aus Anlaß des 25jährigen Bestehens des Bundesverfassungsgerichts, Bd. 2, 1976, S. 252 (256).
7 *Heintzen*, in: Dolzer/Vogel/Graßhof (Hrsg.), Bonner Kommentar zum Grundgesetz. Loseblattsammlung, Stand: 115. Lfg. Dezember 2004, Art. 70, Rn. 64; *Rengeling*, Gesetzgebungszuständigkeit, in: Isensee/Kirchhof (Hrsg.), Handbuch des Staatsrechts der Bundesrepublik Deutschland, Bd. 4, 1990, § 100, Rn. 18.
8 Anders etwa in Indien, wo den Gliedstaaten enumerativ Kompetenzen zugewiesen sind. Rechtsvergleichend *Bothe*, Die Kompetenzstruktur des modernen Bundesstaates in rechtsvergleichender Sicht, 1977, S. 137 ff.; *Ossenbühl* (Hrsg.), Föderalismus und Regionalismus in Europa, 1990; *Waldhoff*, Der deutsche Bundesstaat im internationalen Vergleich – Die föderalistische Ordnung der Schweiz, in: Hartwig u. a., Föderalismus in der Diskussion, 2001.
9 Vgl. die Zusammenstellung bei *Rozek* (Fn. 4), Rn. 35; *Heintzen* (Fn. 7), Rn. 105 ff.
10 *Rozek* (Fn. 4), Rn. 13.
11 *Von Mutius*, Ungeschriebene Gesetzgebungszuständigkeiten des Bundes, Jura 1986, 498 (499); *Harms*, Kompetenzen des Bundes aus der Natur der Sache? Der Staat 33 (1994), 409 (412).
12 *Erbguth*,, Erosionen der Ländereigenstaatlichkeit. Art. 30 GG und unitarische Entwicklungen national- wie gemeinschaftsrechtlichen Ursprungs, in: Ipsen u. a. (Hrsg.), Verfassungsrecht im Wandel, 1995, S. 549 ff.; *Starck*, Unitarisierung des Rechts im Bun-

nichts über die Anteile von Bund und Ländern an der Gesetzgebung in der Staatspraxis aus[13].

Die bisher skizzierte Aufteilung der Gesetzgebungskompetenzen zwischen Bund und Ländern kann als formelle Seite der bundesstaatlichen Zuständigkeitsordnung bezeichnet werden. Es gehört zu den Eigentümlichkeiten des Grundgesetzes von Anfang an, dass inhaltliche Kriterien hinzutreten, welche Voraussetzungen für das Tätigwerden einer von mehreren konkurrierenden Ebenen festlegen[14]. „Materiell" sind diese Voraussetzungen in Bezug auf die Bestimmung, nicht auf die Ausübung von zugewiesenen Kompetenzen, also nicht in dem üblichen Sinn inhaltlicher Konformität von Gesetzen mit Grundrechten oder Staatszielbestimmungen[15]. Der materielle Charakter der hier zu behandelnden Normen hat auch nichts mit einem materiellen Kompetenzverständnis zu tun, welches die Kompetenztitel als Rechtfertigungselemente im Sinne verfassungsimmanenter Schranken von Grundrechten instrumentalisiert[16]. Terminologisch schärfer ist daher hier von materiellem Kompetenzzuweisungsrecht in Entgegensetzung zu materiellem Kompetenzausübungsrecht zu sprechen[17]. In den Bereichen, in denen Bund und Länder um das Gesetzgebungsrecht konkurrieren, also jenseits der ausschließlichen Bundes- und der ausschließlichen Landeskompetenz, vermag die Zuteilung nach Sachbereichen allein die Verteilungsfrage nicht zu lösen. Andernfalls bestünde in diesem „Vorratsbereich potentieller Bundesgesetzgebung"[18] eine sog. Vorranggesetzgebung, bei der der Bund jederzeit ohne Begründung und ohne sachlichen Grund von seinem Gesetzgebungsrecht Gebrauch machen dürfte. Angesichts der Tatsache, dass diejenige Ebene, der eine solche Kompetenz eingeräumt wird, davon auch regelmäßig Gebrauch machen wird, erscheint eine Vorranggesetzgebung in dem soeben skizzier-

---

desstaat, in: FS 50jähriges Bestehen des Bayerischen Verfassungsgerichtshofs, 1997, S. 229.

13 *Heintzen* (Fn. 7), Rn. 3, 32; *Rengeling* (Fn. 7), Rn. 45.
14 *Rengeling* (Fn. 7), Rn. 121; *Degenhart*, in: Sachs (Hrsg.), Grundgesetz. Kommentar, 3. Aufl. 2003, Art. 72, Rn. 1; *Meßerschmidt*, Gesetzgebungsermessen, 2000, S. 21 f.
15 Vgl. auch *Rengeling* (Fn. 7), Rn. 21 ff.
16 Dazu nur *Pieroth,* Materiale Rechtsfolgen grundgesetzlicher Kompetenz- und Organisationsnormen, AöR 114 (1989), 422; *Waldhoff*, Verfassungsrechtliche Vorgaben für die Steuergesetzgebung im Vergleich Deutschland-Schweiz, 1997, S. 182 f.; *Jestaedt*, Zuständigkeitsüberschießende Gehalte bundesstaatlicher Kompetenzvorschriften, in: Aulehner u. a. (Hrsg.), Föderalismus – Auflösung oder Zukunft der Staatlichkeit?, 1997, S. 310; *Stettner,* in: Dreier (Hrsg.), Grundgesetz. Kommentar, Bd. 2, 1998, Art. 70, Rn. 19 ff.
17 Terminologie nach *Heintzen* (Fn. 7), Rn. 140.
18 *Oeter*, in: von Mangoldt/Klein/Starck, Das Bonner Grundgesetz. Kommentar, Bd. 2, 4. Aufl. 2000, Art. 72, Rn. 1.

ten Sinne weitgehend sinnlos[19]. Daher ist das Grundgesetz stets einen anderen Weg gegangen. In den Fällen der konkurrierenden und der Rahmengesetzgebungskompetenz des Bundes werden die hier zu behandelnden Anforderungen an die Ausübung bestehender Gesetzgebungskompetenzen des Bundes relevant[20]. Es geht im Folgenden zunächst und vorrangig um die sog. Erforderlichkeitsklausel des Art. 72 Abs. 2 GG, ferner um die aus Art. 75 GG folgenden spezifischen Beschränkungen der Rahmengesetzgebungskompetenz und um die Übergangsregelung des Art. 125 a Abs. 2 GG. Zunächst ist die neuere Judikatur des Bundesverfassungsgerichts zu diesen Vorschriften zu analysieren, um einige grundsätzliche Beobachtungen zu legislatorischer Einheit und Vielfalt im deutschen Bundesstaat anzuschließen.

II. Die Erforderlichkeitsklausel des Art. 72 Abs. 2 GG

Art. 72 Abs. 2 GG gehörte schon immer zu den umstrittenen Vorschriften der Verfassung[21]. Seine Entstehungsgeschichte hat zu den Interpretations- und Anwendungsproblemen mit beigetragen. Die westalliierten Siegermächte des Zweiten Weltkriegs, die mit den Frankfurter Dokumenten den Anstoß zur westdeutschen Teilverfassung gegeben hatten, drangen auf die Errichtung eines betont föderalistischen Staatswesens[22]. Auch die Entwurfsfassung der hier in Rede stehenden Norm wurde beanstandet[23].

---

19 Vgl. auch *Haug* (Fn. 1), S. 195: Die Bezeichnung „konkurrierende" Gesetzgebung habe erst bei justiziablen materiellen Anforderungen an das Gebrauchmachen durch den Bund „wieder eine sprachlich-sachliche Berechtigung". Verfehlt die terminologische Verwendung des Begriffs der „Vorranggesetzgebung" bei *Schmidt-Bleibtreu/Klein*, Kommentar zum Grundgesetz, 9. Aufl. 1999, Art. 72, Rn. 12, die dementsprechend sich genötigt sehen von „Vorrang" „unter Vorbehalt" (des Art. 72 Abs. 2 GG) zu sprechen.

20 Vgl. auch *Jarass*, Allgemeine Probleme der Gesetzgebungskompetenz des Bundes, NVwZ 2000, 1089 (1092).

21 Zu Reformversuchen vor 1994, insbesondere zur Enquête-Kommission Verfassungsreform *Majer*, Ist die verfassungsgerichtliche Prüfung der Voraussetzungen der konkurrierenden Gesetzgebung des Bundes sinnvoll und möglich?, EuGRZ 1980, 98; *Stern* (Fn. 3), S. 679; *Oeter* (Fn. 18), Rn. 37 ff.

22 *Oeter*, Integration und Subsidiarität im deutschen Bundesstaat, 1998, S. 110 ff.; *Maurer*, Staatsrecht I, 3. Aufl. 2003, § 10, Rn. 72.

23 Ausführlicher zur Entstehungsgeschichte *Gruson*, Die Bedürfniskompetenz, 1967, 23 ff.; *Oeter* (Fn. 17), Rn. 12 ff.; *Neumeyer*, Der Weg zur neuen Erforderlichkeitsklausel für die konkurrierende Gesetzgebungskompetenz des Bundes (Art. 72 Abs. 2 GG), 1999, S. 19 ff.; *ders.*, Geschichte eines Irrläufers – Anmerkungen zur Reform des Art. 72 Abs. 2 GG, in: FS für Martin Kriele zum 65. Geb., 1997, S. 543 (544 ff.).

Diese Forderungen der alliierten Siegermächte konnte der Parlamentarische Rat nicht ignorieren; er suchte jedoch die Konsequenzen durch geschickte Formulierungen im Sinne einer Stärkung des Zentralstaats abzumildern[24]. Insbesondere die Formulierung „soweit ein Bedürfnis ... besteht", aber auch die ursprünglichen inhaltlichen Voraussetzungen für bundeseinheitliche Regelungen sind vor diesem Hintergrund zu verstehen. Das Unbehagen[25] an der alten Fassung von Art. 72 Abs. 2 GG kulminierte in dem Vorwurf, es handele sich um ein „Besatzungsoktroy"; daher sei es legitim, die Vorschrift im Wege der Auslegung umzudeuten. Der entscheidende Schritt in diesem Zusammenhang war die Behauptung, die in Art. 72 Abs. 2 GG aufgeführten Kriterien seien letztlich nicht justiziabel, oblägen dem pflichtgemäßen Ermessen des Bundesgesetzgebers[26]. Allenfalls legislatorische Ermessensfehler seien beachtlich; solche wurden in der Judikatur niemals festgestellt, da das Gericht von vornherein mit formelhaften Wendungen die Prüfung umging. Insofern kann von einer Art Jurisdiktionsverweigerung des Bundesverfassungsgerichts gesprochen werden[27]. Es liegt nahe im Rahmen einer historischen Kontextualisierung der frühen einschlägigen Entscheidungen des Bundesverfassungsgerichts auf die Bedeutung *Hermann Höpker-Aschoffs* hinzuweisen: Dieser gehörte nicht nur als FDP-Abgeordneter im Parlamentarischen Rat und ehemaliger preußischer Finanzminister zu den entschiedenen und einflussreichen „Zentralisten" bei den Beratungen des Grundgesetzes; er präsidierte auch den Ersten Senat, der die frühe Rechtsprechungslinie zu Art. 72 Abs. 2 GG festzurrte[28]. Dieses „kollusive Zusammenwirken" bei teilweiser personeller Identität zwischen Parlamentarischem Rat und frühem Bundesverfassungsgericht ist – der Natur der Sache entsprechend – kaum hieb- und stichfest dokumentiert. Die wenige Kritik, der offensichtlich zunächst bestehende Konsens deutet jedoch vor dem Hintergrund der vorhandenen Quellen genau in diese Richtung. In der Konsolidierungsphase der Bundesrepublik fand nun ein Paradigmenwechsel im Hinblick auf die Bewertung der alten Bedürfnisklausel statt[29]. Nunmehr wurde der Verlust bundesstaatlicher Substanz beklagt, insbesondere die Auszehrung

---

24 *Majer* (Fn. 21), 102 f.
25 Zur Unzufriedenheit mit der durch das Grundgesetz aufgerichteten Bundesstaatlichkeit insgesamt *Oeter* (Fn. 22), S. 138 ff.
26 BVerfGE 2, 213 (224 f.); 13, 230 (234); ausführlich zur gesamten einschlägigen Rechtsprechung *Oeter* (Fn. 22), S. 201 ff.
27 Ausgewogene Kritik bei *Scholz* (Fn. 6), S. 260 ff.
28 Vgl. etwa *Aders*, Die Utopie vom Staat über den Parteien. Biographische Annäherungen an Hermann Höpker-Aschoff, 1994, S. 252 ff.; *Oeter* (Fn. 22), S. 106, 201; *ders.* (Fn. 18), Rn. 31.
29 *Oeter* (Fn. 17), Rn. 35.

der Landesgesetzgebungskompetenzen[30]. Diesem Problem nahm sich die Enquête-Kommission Verfassungsreform in der ersten Hälfte der 70er Jahre des 20. Jahrhunderts – wie wir wissen letztlich folgenlos – an[31]. Genau dieser Zustand sollte durch die Verfassungsänderung 1994 nach dem erklärten Ziel des verfassungsändernden Gesetzgebers abgestellt werden[32]. An dem subjektiven gesetzgeberischen Willen bei der Novellierung von Art. 72 Abs. 2 GG kann ernsthaft kein Zweifel bestehen. Die Kritik hat deshalb auch eine andere Strategie verfolgt: Die Absicht des Verfassungsgesetzgebers wird zwar anerkannt, seine Intention jedoch wegen der Normstruktur für undurchführbar erklärt, da die inhaltlichen Vorgaben nicht konkretisierbar seien[33]. Darauf wird zurückzukommen sein.

In der alten – bis 1994 geltenden – „Bedürfnisklausel" wie auch in der jetzt gültigen „Erforderlichkeitsklausel" werden inhaltliche Kriterien für das Gebrauchmachen des Bundes von der ihm eingeräumten konkurrierenden Gesetzgebungskompetenz formuliert[34]. Durch die Bezugnahme in Art. 75 Abs. 1 GG gelten die gleichen Anforderungen für das Gebrauchmachen des Bundes von seiner Rahmengesetzgebungskompetenz. Die Funktion der hier in Rede stehenden Norm des Art. 72 Abs. 2 GG besteht demnach darin, über das formale Verteilungsschema der Gesetzgebungskompetenzen zwischen Bund und Ländern hinaus für ein gesetzgeberisches Tätigwerden des Bundes in den Gesetzgebungsbereichen, wo eine Konkurrenz zur Landesgesetzgebung besteht, materielle Voraussetzungen im Sinne von Begrenzungen aufzurichten[35]. Die Vorschrift erweist sich damit als eine zentrale Weichenstellung in der Ausbalancierung legislatorischer Macht im deutschen Bundesstaat[36]. Im Folgenden wird zunächst die neue Leitentscheidung zu der hier in Rede stehenden Vorschrift ausführlicher analysiert werden, um darauf aufbauend die weiteren Judikate nachzutragen.

---

30 *Depenheuer*, Vom „Bedürfnis" zur „Erforderlichkeit", ZG 2003, 180.
31 *Majer* (Fn. 21); *Sannwald*, Die Reform der Gesetzgebungskompetenzen nach den Beschlüssen der Gemeinsamen Verfassungskommission von Bundestag und Bundesrat, DÖV 1994, 629 (630 f.).
32 *Scholz*, Die Gemeinsame Verfassungskommission von Bundestag und Bundesrat, ZG 1994, 1 (12); *Neumeyer,* FS Kriele (Fn. 22), S. 561; *Christoph Degenhart*, Staatsrecht I, 20. Aufl. 2004, Rn. 143; *Marc Lechleitner*, Die Erforderlichkeitsklausel des Art. 72 Abs. 2 GG, Jura 2004, 746 (748).
33 Vgl. auch *Depenheuer* (Fn. 30), S. 182.
34 BVerfGE 106, 62 (135); *Degenhart* (Fn. 32), Rn. 141; *Scholz* (Fn. 6), S. 259.
35 *Lechleitner* (Fn. 32), S. 748.
36 Vgl. auch BVerfGE 106, 62 (135).

1. Die „Altenpflegeentscheidung" als Leitentscheidung

Die „Altenpflegeentscheidung" vom 24. Oktober 2002[37] stellt die Leitentscheidung zur Auslegung von Art. 72 Abs. 2 GG Nr. dar[38]. Zunächst noch vorsichtig als möglicher „Vorbote einer Trendwende" bezeichnet[39], hat sich inzwischen herausgeschält, dass beide Senate des Bundesverfassungsgerichts die in dieser Entscheidung entwickelten Auslegungskriterien als „richtungsweisende und grundlegende Kurskorrektur"[40] in ständiger Rechtsprechung anwenden wollen.

a) Erste wesentliche Erkenntnis ist die Feststellung, dass kein der verfassungsgerichtlichen Kontrolle entzogener Beurteilungsspielraum hinsichtlich der Voraussetzungen des Art. 72 Abs. 2 GG mehr bestehe[41]. Die Voraussetzungen für die Ausübung einer Kompetenz können nicht „von demjenigen bestimmt werden dürfen, dessen Kompetenz beschränkt werden soll"[42]. Damit wird der rechtsstaatliche Elementargehalt des Verbots der Entscheidung in eigener Sache bemüht[43]. Sowohl die Entstehungsgeschichte der Neufassung als auch die Einrichtung eines speziellen Verfahrens in Art. 93 Abs. 1 Nr. 2 a GG sollten die Wirkungslosigkeit der ursprünglichen Vorschrift zur Verhinderung der Aushöhlung der Landeskompetenzen stoppen. Gerade auch die „prozessuale Flankierung" durch eine eigene Verfahrensart verdeutlichte dem Bundesverfassungsgericht unmissverständlich den Willen des verfassungsändernden Gesetzgebers[44]. Das gegenteilige Ergebnis stehe „in klarem Widerspruch zum gesetzgeberischen Willen". Die verfassungsgerichtliche Kontrolle der in der Norm verwendeten unbestimmten Rechtsbegriffe beschränkt sich nicht auf eine Vertretbarkeitskontrolle[45].

---

[37] BVerfGE 106, 62 (135 ff.); es handelte sich um ein Verfahren der abstrakten Normenkontrolle herkömmlicher Art nach Art. 93 Abs. 1 Nr. 2 GG, nicht um die neu eingefügte spezielle Normenkontrolle nach Nr. 2 a der gleichen Norm; vgl. dazu *Hillgruber/Goos*, Verfassungsprozessrecht, 2004, Rn. 555.
[38] *Kunig*, in: von Münch/Kunig (Hrsg.), Grundgesetz-Kommentar, Bd. 3, 5. Aufl. 2003, Art. 72, Rn. 4.
[39] *Huber*, Klarere Verantwortungsteilung von Bund, Ländern und Kommunen? Gutachten D zum 65. Deutschen Juristentag, in: Verhandlungen des 65. DJT Bonn 2004, 2004, S. D 16.
[40] *Depenheuer* (Fn. 30), S. 177.
[41] BVerfGE 106, 62 (135 f.); *Depenheuer* (Fn. 30), S. 181 f.; *Badura* (Fn. 5), Rn. F 36.
[42] BVerfGE 106, 62 (136).
[43] *Depenheuer* (Fn. 30), S. 181.
[44] *Hillgruber/Goos* (Fn. 37), Rn. 554.
[45] BVerfGE 106, 62 (148); vgl. auch *Degenhart* (Fn. 32), Rn. 143.

b) Daneben hat der Zweite Senat die drei inhaltlichen Kriterien ausgelegt. Diese Konkretisierung müsse sich „am Sinn der besonderen bundesstaatlichen Integrationsinteressen orientieren"[46].

aa) Durch die Ersetzung des Begriffs der „Einheitlichkeit" durch denjenigen der „Gleichwertigkeit" der Lebensverhältnisse sollte „das Niveau der kompetentiell legitimierten Vereinheitlichung ... deutlich" zurückgenommen werden[47]. Uniformität wurde durch Äquivalenz ersetzt[48]. Das bloße Inkraftsetzen bundeseinheitlicher Regelungen entspreche nicht dem Erfordernis der „Herstellung gleichwertiger Lebensverhältnisse". Die entscheidende Formel lautet: „Das bundesstaatliche Rechtsgut gleichwertiger Lebensverhältnisse ist vielmehr erst dann bedroht und der Bund erst dann zum Eingreifen ermächtigt, wenn sich die Lebensverhältnisse in den Ländern der Bundesrepublik in erheblicher, das bundesstaatliche Sozialgefüge beeinträchtigender Weise auseinander entwickelt haben oder sich eine derartige Entwicklung konkret abzeichnet."[49] Den Bundesgesetzgeber trifft eine entsprechende Darlegungslast. „Gleichwertigkeit der Lebensverhältnisse im Bundesgebiet" ist somit alles andere als eine Staatszielbestimmung, als ein Verfassungsauftrag[50]; es handelt sich vielmehr um eine bundesstaatliche Verfassungsvoraussetzung. Ähnlich wie auf normativer Ebene die Homogenitätsklausel des Art. 28 Abs. 1 GG eine bestimmte Mindesteinheitlichkeit in der Ausgestaltung der Verfassungsordnungen von Bund und Ländern verlangt[51], kann ein Bundesstaat nur funktionieren, wenn auf tatsächlicher, faktischer Ebene eine gewisse Grundhomogenität vorherrscht[52]. Um mit *Konrad Hesse* zu sprechen:

---

46 BVerfGE 106, 62 (143).
47 BVerfGE 106, 62 (144); *Oeter* (Fn. 18), Rn. 93.
48 *Waldhoff* (Fn. 16), S. 92.
49 BVerfGE 106, 62 (144).
50 Vgl. auch *Oeter* (Fn. 22), S. 532 ff.; *Boysen*, Gleichheit im Bundesstaat, 2005, S. 119 ff.
51 BVerfGE 36, 342 (361): „Mindestmaß an Homogenität"; zuvor bereits BVerfGE 9, 268 (279); 24, 367 (390); 27, 44 (56); eingehend *Dreier*, Einheit und Vielfalt der Verfassungsordnungen im Bundesstaat, in: Schmidt (Hrsg.), Vielfalt des Rechts – Einheit der Rechtsordnung?, 1994, S. 113 (121 ff.).
52 Vgl. auch bereits *Schmitt* mit seiner „Verfassungslehre des Bundes", Verfassungslehre, 7. Aufl. 1989, S. 375 f.: „Die Lösung der Antinomien des Bundes liegt darin, daß jeder Bund auf einer wesentlichen Voraussetzung beruht, nämlich der *Homogenität aller Bundesglieder*, d. h. auf einer substantiellen Gleichartigkeit, welche eine konkrete, seinsmäßige Übereinstimmung der Gliedstaaten begründet und es bewirkt, daß der extreme Konfliktsfall innerhalb des Bundes nicht eintritt. Auch hier kann, wie bei der demokratischen Homogenität ... die Substanz verschiedenen Gebieten des menschlichen Lebens angehören. Es kann eine nationale, eine religiöse, eine zivilisatorische, eine soziale oder klassenmäßige oder eine andere Art Homogenität vorhanden sein. ... Die meisten Bundesverfassungen enthalten daher ausdrückliche *Garantien der Homogenität*. Die eigentliche Substanz der Homogenität wird meistens

„Sinn und Aufgabe föderativer Ordnung können. . . darin bestehen, politische Einheit zu bilden und zu erhalten, ohne die Besonderheit der Glieder aufzuheben, Mannigfaltigkeit und Einheit miteinander zu verbinden. Dies setzt eine gewisse Homogenität der Glieder voraus, ebenso aber die Unterschiedlichkeit ihrer Individualität, deren Gewährleistung Bedingung des Zusammenschlusses ist."[53] Diese Voraussetzungen bilden dann auch die Grundlage für die von *Peter Lerche* beschworene „Gleichgestimmtheit im Typ der Konfliktbewältigung", die föderale „Homogenität im Verfahren"[54]. Nach der Formulierung des Senats kann es aber stets nur um substantielle Beeinträchtigungen der bundesstaatlichen Balance gehen[55]. Direktive Kraft entfaltet dieses Postulat somit nur in Sondersituationen wie etwa der Angleichung der Verhältnisse in den beigetretenen Bundesländern (in diese Richtung weist auch die Entstehungsgeschichte der Neufassung) oder etwa bei Binnenwanderungen größeren Umfangs, die den sozialen Frieden nachhaltig zu gefährden drohen[56]. Unterschiedliche gesetzliche Regelungen von Land zu Land, die diese existenzielle Ebene nicht berühren, gehören demgegenüber zum Proprium des Bundesstaates und können nicht als Gefährdung gleichwertiger Lebensverhältnisse uminterpretiert werden. Die hier vorgeschlagene Kategorie einer bundesstaatlichen Verfassungsvoraussetzung bedarf noch näherer Erläuterung: Verfassungsvoraussetzungen – zuerst von *Herbert Krüger* beschrieben[57] – sind Umwelt- und Umfeldfaktoren, die Voraussetzungen für das Funktionieren der konkreten Verfassungsordnung darstellen[58]. Diese spielen sich zunächst und in der Regel im tatsächlichen Bereich ab: Der freiheitliche Verfassungsstaat erwartet die Betätigung der Freiheit, die grundrechtliche Freiheitsausübung wie die Teilnahme an Wahlen. Relevant sind die Rechtswirkungen dieser Kategorie, denn es handelt sich hier um eine verfassungsdogmatische Qualifizierung. Die „Gleichwertigkeit der Lebensverhältnisse" als Normtext geht über die rein tatsächliche Ebene hinaus, verbleibt jedoch unterhalb der Ebene einer Staatszielbestimmung oder einer das tägliche politische Handeln beeinflussenden Maxime[59], eines

---

stillschweigend vorausgesetzt; die ausdrückliche Garantie betrifft gewöhnliche die Staatsform."
53 *Hesse, K.*, Grundzüge des Verfassungsrechts der Bundeserpublik Deutschland, 20. Aufl. 1995, Rn. 219.
54 Föderalismus als nationales Ordnungsprinzip, VVDStRL 21 (1964), 66 (84 f.).
55 *Depenheuer* (Fn. 30), S. 183.
56 Näher *Waldhoff* (Fn. 16), S. 86 ff.; *Depenheuer* (Fn. 30), S. 183.
57 Verfassungsvoraussetzungen und Verfassungserwartungen, FS Scheuner, 1973, S. 285.
58 Eingehende Kritik bei *Möllers*, Staat als Argument, 2000, S. 256 ff., insbes. 259 f.
59 *Oeter* (Fn. 18), Rn. 98: „handlungsleitendes Ideal".

„Leitbildes"[60]. In Sondersituationen entfalten sie demgegenüber ihre volle normative Kraft. Ihre Funktion erfüllt diese Verfassungsvoraussetzung damit weniger im Zustand der Normallage des Bundesstaates als vielmehr in Ausnahmesituationen.

bb) Diese Sichtweise hat Auswirkungen auf die Interpretation der beiden anderen inhaltlichen Kriterien des Art. 72 Abs. 2 GG. Die „Wahrung der Rechtseinheit" hat zu berücksichtigen, dass „unterschiedliche Rechtslagen für die Bürger... notwendige Folge des bundesstaatlichen Aufbaus" sind: „Eine Unterschiedlichkeit von Regelungen in den Ländern allein kann deshalb ein gesamtstaatliches Interesse an einer bundesgesetzlichen Regelung nicht begründen. Eine Gesetzesvielfalt auf Länderebene erfüllt die Voraussetzungen des Art. 72 Abs. 2 GG erst dann, wenn sie eine Rechtszersplitterung mit problematischen Folgen darstellt, die im Interesse sowohl des Bundes als auch der Länder nicht hingenommen werden kann."[61] Erst eine unerträgliche Rechtszersplitterung könnte demnach das Eingreifen des Bundesgesetzgebers rechtfertigen. Die „Wirtschaftseinheit" muss sich wiederum von der „Rechtseinheit" unterscheiden lassen; sie zielt auf „die Erhaltung der Funktionsfähigkeit des Wirtschaftsraums der Bundesrepublik durch bundeseinheitliche Rechtsetzung"[62]. Grundsätzlich betrifft die „Wirtschaftseinheit" nicht nur Kompetenztitel mit explizit wirtschaftsrechtlichem Bezug; auch der „Tierschutz" (Art. 74 Abs. 1 Nr. 20 GG) oder der „Wetterdienst" (Art. 74 Abs. 1 Nr. 21 GG) können betroffen sein, wie schon die Nennung dieser Sachmaterien im jeweiligen Zusammenhang zeigt. Lediglich ganz wenige Kompetenztitel wie etwa die „Kriegsgräber" (Art. 74 Abs. 1 Nr. 10 a GG) lassen wohl keinen Konnex erkennen.

c) Von besonderem Interesse ist die Funktion des in der Verfassungsnovelle eingefügten Begriffs der „Erforderlichkeit". Das Gericht hat dem Regel-Ausnahme-Verhältnis der Art. 30, 70 GG eine materielle Dimension eingezogen[63]; ob man hier von subjektiven Rechtsstellungen der Länder in kompetenzieller Hinsicht spricht[64] ist dabei eher eine terminologische Frage. Damit hängt die Frage zusammen, ob der Grundsatz der

---

60 Zu dieser Funktion *Korioth*, Der Finanzausgleich zwischen Bund und Ländern, 1997, S. 169 ff.
61 BVerfGE 106, 62 (145).
62 Verfehlte Schlussfolgerungen aus einer missverstandenen europarechtlichen Überlagerung bei *Schmidt*, Die neue Subsidiaritätsprinzipregelung des Art. 72 GG in der deutschen und europäischen Wirtschaftsverfassung, DÖV 1995, 657.
63 Es wurde vielfach nachgewiesen, dass dies vor der GG-Änderung 1994 gerade nicht der Fall war, vgl. nur *Scholz* (Fn. 6), S. 256.
64 So der Grundansatz bei *Markus Kenntner*, Justitiabler Föderalismus. Zur Konzeption föderaler Kompetenzzuweisungen als subjektive Rechtspositionen, 2000.

Verhältnismäßigkeit, der durch die Verwendung des Wortes „erforderlich" in Bezug genommen zu sein scheint, auch im Staatsorganisationsrecht, speziell im bundesstaatlichen Verhältnis einen Anwendungsbereich finden kann. Der dogmatische Gehalt und die dogmatische Funktion dieses Rechtsinstituts im Staatsorganisationsrecht ist noch nicht abschließend ausgelotet[65]. Ohne dies hier leisten zu können erscheint folgende Differenzierung einleuchtend: Das Übermaßverbot, d. h. der Grundsatz der Verhältnismäßigkeit i. w. S. als mehr oder minder geschlossenes Rechtsinstitut ist auf das Staat-Bürger-Verhältnis und damit auf den grundrechtlichen Bereich zu begrenzen; das steuert der Gefahr, unbesehen oder zumindest unkritisch auch inhaltliche Konnotationen in diesen grundsätzlich anders gelagerten Bereich zu transportieren[66]. Demgegenüber können methodologische Argumentationsfiguren wie etwa die Herstellung praktischer Konkordanz beim Ausgleich widerstrebender Verfassungsprinzipien[67] auch im Organisationsrecht Anwendung finden, da sie nicht in gleicher Weise inhaltlich aufgeladen sind. Allein die Verwendung des Begriffs „erforderlich" kann nicht unbesehen zu einem Import einer Rechtsfigur, die über das (preußische) Polizeirecht in die Grundrechtsdogmatik gewandert ist, in das bundesstaatliche Rechtsverhältnis führen.

aa) Die Kritik, die in Art. 72 Abs. 2 GG enthaltenen materiellen Kriterien seien in der Rechtsanwendungspraxis nicht brauchbar, da nicht konkretisierbar und deshalb sei die vom verfassungsändernden Gesetzgeber angeordnete Justiziabilität irrelevant[68], trifft in mehrfacher Hinsicht nicht zu:

---

65 Vgl. jedoch jetzt eingehend – wenn auch in der Tendenz mit anderen als den hier vertretenen Ergebnissen – *Heusch*, Der Grundsatz der Verhältnismäßigkeit im Staatsorganisationsrecht, 2004.
66 Vgl. etwa auch (in anderem Zusammenhang) BVerfGE 81, 310 (338); sowie – auf hiesige Problematik bezogen – mit Unterschieden im Detail *Rengeling* (Fn. 7), Rn. 22; *Stettner* (Fn. 16), Rn. 38 (vgl. jedoch *ders.*, ebd., Art. 72, Rn. 16); *Jarass* (Fn. 20), 1092; *Rozek* (Fn. 4), Rn. 21; *Oeter* (Fn. 17), Rn. 108 f.; *Umbach/ Clemens*, in: dies. (Hrsg.), Grundgesetz. Mitarbeiterkommentar und Handbuch, Bd. 2, 2002, Art. 72, Rn. 24; *Degenhart* (Fn. 14), Rn. 10; a. A. etwa *Calliess*, Die Justiziabilität des Art. 72 Abs. 2 GG vor dem Hintergrund von kooperativem und kompetitivem Föderalismus, DÖV 1997, 889; *ders.*, Die Justiziabilität des Art. 72 Abs. 2 GG vor dem Hintergrund von kooperativem und kompetitivem Föderalismus, in: Aulehner u. a. (Hrsg.), Föderalismus – Auflösung oder Zukunft der Staatlichkeit?, 1997, S. 293 (306 ff.); *Kröger/Moos*, Die Erforderlichkeitsklausel gemäß Art. 72 Abs. 2 GG n. F. im Spannungsfeld des Bundesstaates, BayVBl. 1997, 705; *Pechstein/Weber*, Gesetzgebungskompetenzen nach dem Grundgesetz, Jura 2003, 82 (85); differenziert *Kunig* (Fn. 40), Rn. 28 f.; *Schmehl*, Die erneuerte Erforderlichkeitsklausel in Art. 72 Abs. 2 GG, DÖV 1996, 724 (726).
67 Vgl. nur *Hesse* (Fn. 53), Rn. 72, 317 ff.
68 *Neumeyer*, FS Kriele (Fn. 23), S. 570; *Sannwald*, Die Reform des Grundgesetzes, NJW 1994, 3313 (3316); *Sommermann*, Die Stärkung der Gesetzgebungskompetenzen der Länder durch die Grundgesetzreform von 1994, Jura 1995, 393 (395); *Aulehner*,

Zum einen zeichnen sich alle verfassungsrechtlichen Begriffe durch eine gewisse Unbestimmtheit aus; wie die meisten staatsorganisationsrechtlichen Bestimmungen sind auch die in der Erforderlichkeitsklausel verwendeten Begriffe im Vergleich zu vielen Grundrechtsformulierungen keinesfalls völlig unbestimmt. Die Bestimmtheit einer Norm kann allein nicht über ihre Justiziabilität entscheiden, diese kann nur im Zusammenhang einer funktionell-rechtlichen Argumentation bejaht oder verneint werden[69]. Die Gewaltenbalance zwischen Gesetzgeber und Verfassungsgerichtsbarkeit ist nicht ausschließlich durch die verfassungsrechtlichen Prüfungsmaßstäbe bestimmt, sondern durch das Zusammenwirken von Prüfungsmaßstäben und Prüfungskompetenzen[70]. Die Entscheidung des verfassungsändernden Gesetzgebers *verpflichtet* das Gericht, die Konkretisierung vorzunehmen[71]. Dies hat der Zweite Senat überzeugend und durch die von ihm nun verlangten Darlegungs- und Begründungsanforderungen an den Bundesgesetzgeber in Ausbalancierung mit der Erhaltung des notwendigen politischen Gestaltungsspielraums, d. h. in angemessener Kontrolldichte versucht[72]. In der Zukunft wird es darum gehen, diese Darlegungslast jeweils hinreichend eng auf das zu überprüfende Gesetz zuzuschneiden, damit sich der Bundesgesetzgeber nicht durch Floskeln und „Textbausteine" dieser Darlegungslast entledigen kann. Die bisherigen Judikate, die ja im Übrigen die Voraussetzungen der Erforderlichkeitsklausel teils als vorhanden, teils als nicht vorhanden angesehen haben, lassen hier einen gedämpften Optimismus für den legislatorischen Bundesstaat und damit für das Programm der Autonomie gerechtfertigt erscheinen.

bb) In jedem Fall ist mit der materiellen Aufladung des Regel-Ausnahme-Verhältnisses eine Rechtfertigungslast verbunden. Dies erfordert regelmäßig eine *Prognose* auch *tatsächlicher* Entwicklungen, denn mit „Lebensverhältnissen" sind die äußeren Faktoren menschlichen Lebens gemeint[73]. Die verfassungsgerichtliche Überprüfung wird damit vor besondere Her-

---

Art. 93 I Nr. 2 a GG – abstrakte Normenkontrolle oder föderative Streitigkeit?, DVBl. 1997, 982 (985); in der Tendenz auch *Berlit,* Die Reform des Grundgesetzes nach der staatlichen Einigung Deutschlands, JöR 44 (1996), 17 (39); *Oeter* (Fn. 18), Rn. 96, 112 ff.
69 *Knorr,* Die Justitiabilität der Erforderlichkeitsklausel i. S. d. Art. 72 II GG, 1998, S. 125 ff.; zum Problem in anderem Zusammenhang auch *Waldhoff* (Fn. 16), S. 359 ff.
70 *Waldhoff* (Fn. 16), S. 359.
71 *Schmehl* (Fn. 66), S. 728; so bereits für die alte Rechtslage *Ipsen* (Fn. 3), Rn. 564.
72 Vgl. zuvor bereits ganz ähnlich *Stettner* (Fn. 16), Art. 72, Rn. 17; *Jarass* (Fn. 20), 1093; *Degenhart* (Fn. 14), Rn. 10.
73 Vgl. auch *Lechleitner* (Fn. 32), 748.

ausforderungen gestellt[74]; hier liegt der entscheidende Punkt, um die Balance zwischen der überprüfenden Konkretisierung der verwendeten Rechtsbegriffe einerseits, der Erhaltung eines Spielraums der Politikgestaltung andererseits zu wahren[75]. Der Senat betont zunächst, dass nicht allein das Gesetzesziel Bezugsgröße für die Prüfung der Voraussetzungen des Art. 72 Abs. 2 GG sein könne, da andernfalls der Gesetzgeber auf dieser rein normativen Ebene quasi allein bestimmen könne[76]: „Dem kann nur dadurch entgegengewirkt werden, dass die Kompetenz auch nach den tatsächlichen Auswirkungen des Gesetzes, soweit sie erkennbar und vorab abschätzbar sind, beurteilt wird ..."[77] Der Senat schließt sich damit der schon in den 70er Jahren des vorigen Jahrhunderts von *Rupert Scholz* geforderten „funktionalen Qualifikation" der Kompetenznormen an, die neben dem normativen Ziel auch eine Gesetzesfolgenabschätzung impliziert[78]. Die Erforderlichkeit bezieht sich sowohl auf das „Ob" des Tätigwerdens als auch auf das Ausmaß der Befugnis[79]. Dabei obliegt es dem Bundesgesetzgeber, „das für die Einschätzung dieser Lagen erforderliche Tatsachenmaterial sorgfältig zu ermitteln. Erst wenn das Material fundierte Einschätzungen der gegenwärtigen Situation und der künftigen Entwicklung zulässt, darf der Bund von seiner konkurrierenden Gesetzgebungskompetenz Gebrauch machen"[80]. Diese spezielle Darlegungs- und Begründungslast[81], die sich auf alle Regelungsinhalte be-

---

[74] Vgl. zuvor bereits grundsätzlich *Scholz* (Fn. 6), S. 263 f.; ferner *Oeter* (Fn. 18), Rn. 110 f.; grundsätzlich zu diesen für die Normkonkretisierung relevanten sog. legislative facts *Lepsius*, Sozialwissenschaften im Verfassungsrecht – Amerika als Vorbild?, JZ 2005, 1; zum Gesamtproblem umfassend *Meßerschmidt*, Gesetzgebungsermessen, 2000, S. 926 ff.

[75] Vgl. auch *Rybak/Hofmann*, Verteilung der Gesetzgebungsrechte zwischen Bund und Ländern nach der Reform des Grundgesetzes, NVwZ 1995, 230 (231); *Schmehl* (Fn. 66), S. 728; *Nierhaus/Janz*, Aktuelle Probleme der Rechtsetzung des Bundes und der Länder – eine normenhierarchische Gemengelage? ZG 1997, 320 (326); *Jarass* (Fn. 20), 1092 f.; *Jochum*, Richtungsweisende Entscheidung des BVerfG zur legislativen Kompetenzordnung des Grundgesetzes, NJW 2003, 28 (29); kritisch *Brenner*, Die Neuregelung der Altenpflege – BVerfG, NJW 2003, 41, JuS 2003, 852 (853 f.).

[76] Insoweit missverständlich *Lechleitner* (Fn. 32), S. 749.

[77] BVerfGE 106, 62 (148); vgl. zuvor bereits *Rengeling* (Fn. 7), Rn. 124; *Kröger/Moos* (Fn. 66), S. 709.

[78] (Fn. 6), S. 261 f.

[79] Vgl. zuvor bereits *Jarass* (Fn. 20), 1093.

[80] BVerfGE 106, 62 (144).

[81] Vgl. zuvor bereits *Rybak/Hofmann* (Fn. 75), S. 232; *Schmidt-Bleibtreu/Klein* (Fn. 19), Rn. 79; *Bothe*, in: Denninger u. a. (Hrsg.), Kommentar zum Grundgesetz für die Bundesrepublik Deutschland (Reihe Alternativkommentare), 3. Aufl. Loseblattsammlung, Stand: 2. Lfg. September 2002, Art. 75, Rn. 11, verlangt „qualifizierte Gründe"; kritisch *Nierhaus/Janz* (Fn. 75), S. 326; differenziert *Schmehl* (Fn. 66), S. 728 f.; weniger glücklich erscheint es hier von „Beweislast" zu sprechen; so jedoch *Sannwald* (Fn. 31),

zieht[82], relativiert den überkommenen Satz: „Der Gesetzgeber schuldet gar nichts anderes als das Gesetz."[83] Nach der Erforderlichkeitsklausel schuldet der Bundesgesetzgeber auch eine auf hieb- und stichfesten Tatsachen beruhende Folgenabschätzung, letztlich also eine entsprechende Dokumentation. Das ist in dieser Intensität neu[84]. Darin liegt auch ein Hintergrund für die ungewöhnliche Ausführlichkeit der neueren Entscheidungen zu dieser Vorschrift, insbesondere der Altenpflegeentscheidung. Die Rechtspraxis wird sich auf diese Neuerung noch einzustellen haben. Die Darlegungs- und Begründungspflicht wird auch im politischen Diskurs im Vorfeld bundesrechtlicher Regelungen Bedeutung erlangen und damit den Bund zwingen, Gesetzentwürfe auch föderal zu begründen. Umgekehrt ermöglicht sie den Ländern im politischen Diskurs föderale Vielfalt offensiv vertreten zu können[85].

cc) Auf dem Negativkonto der neuen Rechtsprechung ist – zumindest zunächst – ein Verlust an Rechtssicherheit in der auf Stabilität angelegten bundesstaatlichen Kompetenzordnung zu verbuchen[86]. Dies auch deshalb, weil jeder betroffene Bürger im Wege der Verfassungsbeschwerde über das subsidiäre Auffanggrundrecht des Art. 2 Abs. 1 GG in der Auslegung als allgemeiner Handlungsfreiheit die Kompetenzwidrigkeit rügen kann. Diese Unsicherheit dürfte im Lauf der Zeit jedoch auf ein Maß zurückgeführt werden können, welches für die Staatspraxis erträglich erscheint.

2. Weitere Judikatur zu Art. 72 Abs. 2 GG

a) Nach § 143 Abs. 1 StGB machte sich strafbar, wer entgegen landesrechtlichen Vorschriften einen Kampfhund züchtete oder damit Handel trieb. Für diese auf der Kompetenzgrundlage des Art. 74 Abs. 1 Nr. 1 GG beruhende Norm waren die Voraussetzungen des Art. 72 Abs. 2 GG nach Ansicht des Ersten Senats in seiner Entscheidung zur Züchtung von und zum Handel mit *Kampfhunden*[87] vom 16. März 2004 nicht erfüllt. Weil die Strafnorm inhaltlich auf landesrechtliche Vorschriften verweise, sei der

---

S. 633; *Kuttenkeuler*, Die Verankerung des Subsidiaritätsprinzips im Grundgesetz, 1998, S. 240 ff.

[82] Und damit auch auf etwaige Regelungen des Verwaltungsverfahrens oder der Behördeneinrichtung.

[83] *Schlaich/Korioth*, Das Bundesverfassungsgericht, 6. Aufl. 2004, Rn. 542.

[84] Vgl. aber bereits die Ausführungen zur Darlegungslast bei der Staatsverschuldung in BVerfGE 79, 311 (349).

[85] Insofern übereinstimmend *Berlit* (Fn. 68), S. 39; *Schmehl* (Fn. 66), S. 729.

[86] Vgl. auch *Rybak/Hofmann* (Fn. 75), S. 231.

[87] BVerfGE 110, 141; dazu etwa *Pestalozza*, Hund und Bund im Visier des Bundesverfassungsgerichts, NJW 2004, 1840 (1842 ff.); *Boysen* (Fn. 50), S. 203 ff.

Sache nach keine bundeseinheitliche Regelung getroffen worden[88]. (Bundes-)Strafrecht könne auf landesrechtliche Verbote nur verweisen, sofern „diese Verbote im Wesentlichen übereinstimmen"[89]. Die landesrechtliche Differenzierung des Tatbestands der Strafnorm verstärke die bestehende Uneinheitlichkeit über die strafrechtliche Sanktionierung noch zusätzlich[90]. Daher könne der zu überprüfende § 143 Abs. 1 StGB weder für die Herstellung gleichwertiger Lebensverhältnisse im Bundesgebiet noch zur Wahrung der Rechts- oder Wirtschaftseinheit erforderlich sein.

b) Auch das Urteil des Zweiten Senats zur *Juniorprofessur* vom 27. Juli 2004[91] verhält sich zur neu gefassten Erforderlichkeitsklausel. Das Gericht verneint die Erforderlichkeit der bundeseinheitlichen Regelung des Qualifikationswegs zur Professur wegen einer Bedrohung der Gleichwertigkeit der Lebensverhältnisse und der Wahrung der Wirtschaftseinheit, weil der Bundesgesetzgeber insofern seiner Darlegungslast nicht nachgekommen sei und die tatsächlichen Voraussetzungen auch in der mündlichen Verhandlung nicht dargelegt wurden[92].

c) Die neueste Entscheidung in unserem Zusammenhang ist das Urteil des Zweiten Senats zum *Verbot von Studiengebühren* vom 26. Januar 2005[93]. Die Erforderlichkeit einer bundeseinheitlichen Regelung wird durch das Gericht verneint, da der Bundesgesetzgeber nicht habe darlegen können, ein einheitliches Studiengebührenregime sei für die Herstellung gleichwertiger Lebensverhältnisse im Bundesgebiet zwingend[94]. Dabei wird zunächst das vom Bundesgesetzgeber vorgebrachte Argument, das Verbot von Studiengebühren habe vorrangig bildungspolitische Funktion, da die Studierneigung – insbesondere auch bildungsferner Bevölkerungsschichten – nicht gestört, vielmehr gefördert werden solle, als in bundesstaatlicher Hinsicht irrelevant verworfen[95]. Das die bundeseinheitliche Regelung rechtfertigende besondere Interesse bestünde nur dann, wenn sich abzeichnete, dass die Erhebung von Studiengebühren in einzelnen Ländern zu einer mit dem Rechtsgut der Gleichwertigkeit der Lebensverhält-

---

88 BVerfGE 110, 141 (175 f.).
89 BVerfGE 110, 141 (176).
90 *von Coelln*, Keine Bundeskompetenz für § 143 StGB, NJW 2001, 2836.
91 NJW 2004, 2803.
92 NJW 2004, 2803 (2808 f.).
93 NJW 2005, 493; dazu *Waldhoff*, Studiengebühren im Bundesstaat – NJW 2005, 493, JuS 2005, Heft 5.
94 Im Ergebnis übereinstimmend *Haug*, Rechtliche Möglichkeiten und Grenzen einer Einführung von Studiengebühren, WissR 33 (2000), 1 (2 f).
95 A. A. *Wrase*, Das Verbot von Studiengebühren im Hochschulrahmengesetz, NJ 2004, S. 156 f.

nisse unvereinbaren Benachteilung der Einwohner dieser Länder führte[96]. Studiengebühren spielen nach Ansicht des Senats nur als einer unter vielen Faktoren eine Rolle für die Entscheidungen hinsichtlich des Studiums und für die Wahl des konkreten Studienorts[97]. Allein die abstrakte Möglichkeit, dass in Einzelfällen ein Studierender „unausweichlich und in überdurchschnittlich hohem Maß belastet werden" könne, reiche vor den Kriterien des Art. 72 Abs. 2 GG für eine bundeseinheitliche Regelung nicht aus. Auch das in dem Verfahren von Bundesseite eingeführte Argument, die Studierenden würden massenweise diejenigen Hochschulen frequentieren, die keiner Studiengebührenpflicht unterlägen, wird vom Gericht nicht akzeptiert, da solche Szenarien auf schwer beweisbaren Mutmaßungen beruhten. Selbst „erhebliche Wanderungsbewegungen" müssten als Folge der föderalen Verfassungssystematik, „den Ländern eigenständige Kompetenzräume für partikular-differenzierte Regelungen zu eröffnen", hingenommen werden[98]. Der Senat grenzt sich von der über 30 Jahre alten Numerus-clausus-Entscheidung ab, da in der Frage der Studiengebühren – anders als im Zusammenhang mit der von Art. 12 Abs. 1 GG geforderten vollständigen Kapazitätsausnutzung beim Hochschulzugang – kein „zusammenhängendes System" der deutschen Hochschulen bestehe[99]. Die *Wirtschaftseinheit* sei nicht gefährdet, da die Einheitlichkeit der beruflichen Ausbildung und der gleiche Zugang zu Berufen und Gewerben in allen Ländern durch eine landesspezifische Gebührenregelung nicht beeinträchtigt werde. Ganz im Gegenteil habe der Bundesgesetzgeber vernachlässigt, dass Studiengebühren eine Chance bieten könnten, „die Qualität der Hochschulen und eine wertbewusste Inanspruchnahme ihrer Ausbildungsleistungen zu fördern und auf diese Weise auch Ziele der Gesamtwirtschaft zu verfolgen"[100]. Aus entsprechenden Gründen fehle dem Bund auch die Kompetenz, die Länder durch das HRG zur Einführung verfasster Studierendenschaften zu verpflichten[101].

d) Nimmt man die gleich noch anzusprechende Entscheidung zum *Ladenschlussrecht* hinzu, kann inzwischen von einer gefestigten senatsübergreifenden Rechtsprechungslinie zu Art. 72 Abs. 2 GG gesprochen werden. Es wäre übertrieben, von einer Umpolung der Möglichkeiten von Bund und Ländern im Bereich der konkurrierenden Gesetzgebungskompetenz zu sprechen; die Verbandskompetenz des Bundes ist durch die neue Recht-

---

[96] NJW 2005, 493 (494 f.).
[97] Vorher bereits *Degenhart*, Hochschulrahmenrecht und Studiengebühren, DVBl. 1998, 1309 (1312).
[98] NJW 2005, 493 (495).
[99] NJW 2005, 493 (495) unter Rückgriff auf BVerfGE 33, 303 (352).
[100] NJW 2005, 493 (495).
[101] NJW 2005, 493 (496).

sprechung keinesfalls auf ein bloßes Zugriffsrecht beschränkt worden. Zwischen den beiden bundesstaatlichen Ebenen erscheint vielmehr eine neue Balance, ein neues Gleichgewicht hergestellt.

3. Wechselwirkungen von Art. 72 Abs. 2 GG mit anderen Kompetenznormen

Nach der oben herausgestellten Funktion steht die Erforderlichkeitsklausel in steter Wechselwirkung mit Bestimmungen des formellen Kompetenzzuweisungsrechts. Die Verfassungsreform 1994 und die darauf aufbauende Rechtsprechung des Bundesverfassungsgerichts interpretieren die Vorschrift im Kontext der bestehenden Kompetenzkataloge der Art. 74 und 75 GG. Würden diese Bundeszuständigkeiten substantiell reduziert, wäre auch über Art. 72 Abs. 2 GG erneut nachzudenken, denn er stellt zur Zeit ein Korrektiv sehr umfassender Gesetzgebungskompetenzen des Bundes dar. Die Wechselbezüglichkeit der Erforderlichkeitsklausel hat noch eine weitere Dimension: Die Auswirkungen des Art. 72 Abs. 2 GG differieren von Sachmaterie zu Sachmaterie. Insbesondere das Sammelsurium, der „Gemischtwarenladen" des Art. 74 Abs. 1 GG mit bedeutenden wie nebensächlichen Kompetenztiteln erweist sich als unterschiedlich sensibel hinsichtlich der Wahrung von Rechts- oder Wirtschaftseinheit. Das abschließende Papier der beiden Vorsitzenden der Föderalismusreformkommission vom 13. Dezember 2004 hatte denn auch – im Prinzip konsequent – einzelne Kompetenztitel von den Voraussetzungen des Art. 72 Abs. 2 GG befreien wollen[102]. Diese Wechselwirkungen herauszuarbeiten sah sich die Verfassungsdogmatik unter der überkommenen Rechtsprechung des Bundesverfassungsgerichts nicht genötigt; nun ist sie angesichts der plötzlichen Relevanz ein Desiderat.

4. Art. 72 Abs. 2 GG und die europarechtliche Überlagerung der innerbundesstaatlichen Gesetzgebungskompetenzen

Die mangelnde Europatauglichkeit war schon immer ein Strukturproblem des deutschen Föderalismus. Der Anpassungsdruck an europäische Ent-

---

[102] Es sollte folgender Satz 2 in Abs. 2 von Art. 72 GG eingefügt werden: „Dies gilt nicht auf den Gebieten des Art. 74 Abs. 1 Nrn. 1, 2, 3, 6, 9, 10 a, 12, 14, 16, 17, 18, 19, 21, 23 und 27." Hinsichtlich Nr. 27 sollte dann allerdings eine Zustimmungspflicht des Bundesrats greifen.

scheidungsstrukturen ist durch den vor gut zehn Jahren eingefügten Art. 23 GG nicht geringer geworden. Die gesamte Föderalismusreformdiskussion hat zumeist unter ihrer einseitigen Binnenorientierung gelitten[103]. Angesprochen werden soll hier nicht der allgemeine Kompetenzverlust der Länder durch das Abwandern von Zuständigkeiten auf europäische Ebenen; zu diskutieren ist vielmehr die Beeinflussung der bestehenden innerbundesstaatlichen Kompetenzschranken durch die europäische Integration, genauer: durch die Vollzugs- und Umsetzungsbedürftigkeit des Gemeinschaftsrechts durch nationale Organe[104]. Es geht mithin um die innerbundesstaatliche Implementation von Gemeinschaftsrecht[105]. Diese Koordination der beiden Kompetenzordnungen ist nicht zuletzt deshalb prekär, weil die Handlungsermächtigungen der Gemeinschaften – anders als unter dem insofern eher statischen Grundgesetz – im Wesentlichen final oder funktional auf die Integrationsziele ausgerichtet sind[106].

Fraglich ist, welche Auswirkungen die europarechtliche Überlagerung der deutschen Kompetenzordnung auf die Auslegung und Anwendung von Art. 72 Abs. 2 GG hat. In der Sache geht es darum, wie die unbestimmten Rechtsbegriffe bei der Umsetzung von Richtlinien (Art. 249 Abs. 3 EGV) im Wege der konkurrierenden Gesetzgebung auszulegen sind[107]. Ausgangspunkt muss auch hier die innerbundesstaatliche Kompetenzverteilung sein, die durch das Europarecht grundsätzlich nicht berührt wird[108]. Insbesondere besteht keine allgemeine Kompetenz des Bundes für die Umsetzung von Gemeinschaftsrecht; weder eine innerstaatliche Norm wie die Regelung der auswärtigen Gewalt in Art. 32 GG noch Gemeinschaftsrecht wie der in Art. 10 EGV niedergelegte Grundsatz der Gemeinschaftstreue vermögen ein solches Ergebnis zu begründen[109]. Jedem Mitgliedstaat steht es frei, „die Kompetenzen innerstaatlich so zu verteilen, wie er es für zweckmäßig hält"[110]. Diese Aussage kann auch nicht durch eine unkontrollierte europarechtskonforme Auslegung der Normen der

---

103 Vgl. jetzt jedoch *Huber* (Fn. 39), S. D 26 ff.
104 Dazu grundsätzlich *Streinz*, Vollzug des Europäischen Gemeinschaftsrechts, in: Isensee/Kirchhof (Hrsg.), Handbuch des Staatsrechts der Bundesrepublik Deutschland, Bd. 7, 1992, § 182, Rn. 1 ff.; *Rehbinder/Wahl,* Kompetenzprobleme bei der Umsetzung von europäischen Richtlinien, NVwZ 2002, 21.
105 *Huber* (Fn. 39), S. D 27.
106 *Stettner* (Fn. 16), Rn. 9.
107 Vgl. *Faßbender*, Eine Absichtserklärung aus Karlsruhe zur legislativen Kompetenzverteilung im Bundesstaat, JZ 2003, 332 (338).
108 *Streinz* (Fn. 104), Rn. 53.
109 *Grabitz*, Die Rechtsetzungsbefugnis von Bund und Ländern bei der Durchführung vom Gemeinschaftsrecht, AöR 111 (1986), 1 (10 ff.); *Pechstein/Weber* (Fn. 66), S. 91.
110 EuGH Slg. 1982, 1804; 1982, 1833.

deutschen bundesstaatlichen Kompetenzordnung umgangen werden[111]. Dies gilt zumindest solange, wie die allgemeinen, vom Gerichtshof geforderten Umsetzungsstandards nicht beeinträchtigt werden[112]. Verfehlt ist die Ansicht, bei der Umsetzung von Richtlinien gehe es stets um die Wahrung der Wirtschaftseinheit[113]. Auch hier handelt es sich vielmehr um einen Wechselwirkungsprozess zwischen Art. 72 Abs. 2 GG und den konkret in Rede stehenden Kompetenzen: Gewährt eine Richtlinie nur einen ganz geringen Umsetzungsspielraum[114], so erscheint der Regelungsspielraum der Länder, in den der Bund eingreifen könnte, von vornherein bereits durch Gemeinschaftsrecht eingeschränkt, „dann ist die Landesgesetzgebung materiell kaum betroffen"[115]. *Jarass* schlussfolgert daraus, dass dann die Voraussetzungen der Erforderlichkeitsklausel regelmäßig gegeben sein werden[116]. Dieses Ergebnis ist jedoch nicht zwingend: Mindestens ebenso nahe liegt das Argument, dass wegen des geringen Umsetzungsspielraums eine Koordination durch bundeseinheitliche Regelung nicht mehr erforderlich sei. Die notwendige Einheitlichkeit wird dann unter Umgehung der Ebene des Bundes bereits von Europarechts wegen sichergestellt. Lässt man die innerbundesstaatliche Kompetenzverschiebung zugunsten der Länder wie hier propagiert auch auf Rechtsetzung zur innerstaatlichen Umsetzung von Gemeinschaftsrecht durchschlagen, stellt sich allerdings das bisher ungelöste Folgeproblem der innerbundesstaatlichen Haftung bei Umsetzungsdefiziten und -fehlern. Die fehlenden Rückgriffsmöglichkeiten des nach außen haftenden Bundes[117] erscheinen dann umso mehr als unerträgliche Verfassungslücke. Auch insofern bestehen also Wechselwirkungsprozesse zwischen der Erforderlichkeitsklausel des

---

111 Sehr großzügig in dieser Richtung *Rengeling,* Die Bundeskompetenzen für das Umweltgesetzbuch I, DVBl. 1998, 997 (1001); vgl. auch *Rehbinder/Wahl* (Fn. 104), 27 f.
112 *Faßbender,* Die Umsetzung von Umweltstandards der Europäischen Gemeinschaft, 2001, S. 69 ff., 198 ff.; zu den entsprechenden gemeinschaftsrechtlichen Vorgaben insgesamt *Streinz* (Fn. 104), Rn. 9 ff.
113 *Schmidt* (Fn. 62), S. 667. Dieser unter zahlreichen Missverständnissen leidende Beitrag ist schon in seinen Prämissen falsch, wenn von vorgegebenen Wirtschaftsräumen ausgegangen wird; methodologisch vermag er die angebliche „unionskonforme" Auslegung deutscher Kompetenzvorschriften nicht zu erklären.
114 Vgl. zu diesem Problem nur *Oppermann,* Europarecht, 2. Aufl. 1999, Rn. 547, 551; *Ruffert,* in: Calliess/Ruffert (Hrsg.), EUV/EGV. Kommentar, 2. Aufl. 2002, Art. 249 EGV, Rn. 45.
115 *Jarass* (Fn. 20), 1093.
116 *Jarass* (Fn. 20), 1093; ähnlich wohl *Schmidt-Bleibtreu/Klein* (Fn. 19), Rn. 48.
117 Vgl. nur *Böhm,* Der Bund-Länder-Regress nach Verhängung von Zwangsgeldern durch den EuGH, JZ 2000, 382; *Durner,* Zwangsgelder nach Art. 228 EG im Verhältnis von Bund und Ländern – Wer kommt auf für die Zwangsgelder bei Vertragsverstößen der Länder? BayVBl. 2002, 745.

Art. 72 Abs. 2 GG und den übrigen bundesstaatlichen Kompetenzproblemen.

Die hier begrüßte Neuaustarierung der bundesstaatlichen Balance zwischen Bund und Ländern im Bereich der Gesetzgebung muss somit nicht notwendig durch gemeinschaftsrechtliche Überlagerungen sogleich wieder konterkariert werden[118] Eine unionskonforme Auslegung der Erforderlichkeitsklausel über Art. 23 GG erscheint zumindest im Regelfall nicht erforderlich.

III. Spezifische Begrenzungen der Rahmengesetzgebungskompetenz des Bundes, insbesondere Art. 75 Abs. 2 GG

In der Entscheidung zur Verfassungswidrigkeit der sog. *Juniorprofessur* vom 27. Juli 2004[119] deutet der Zweite Senat die Rahmengesetzgebungskompetenz als eigenständige, neben der ausschließlichen und der konkurrierenden Kompetenz des Bundes stehende Art der Bundesgesetzgebung. Im Wege systematischer Auslegung wird erkannt, „dass die Kompetenz des Bundes zum Erlass von Rahmenvorschriften inhaltlich begrenzter sein muss als im Bereich der konkurrierenden Gesetzgebung ... Das Grundgesetz begrenzt die Bundeskompetenz im Interesse eines föderativ verstandenen Gesamtwohls mit der Folge, dass der Gesetzgebungsgegenstand dem Bund nur begrenzt zur Gestaltung offen steht und es deshalb nicht bis in die Einzelheiten gehend regeln darf."[120] Zur Konkretisierung wird die alte Formel aufgegriffen, den Ländern müsse „ein eigener Bereich politischer Gestaltung von substanziellem Gewicht bleiben"[121]. In diesem Sinne sei durch den verfassungsändernden Gesetzgeber 1994 Art. 75 Abs. 2 GG eingefügt worden, der sich insoweit als Vorschrift zur „Sicherung des Rahmencharakters" erweise und zu einer Verschärfung der Anforderungen an den Bund geführt habe. Es handelt sich auch bei dieser Norm um *materielles Kompetenzzuweisungsrecht* im Sinne der hier verwendeten Terminologie, da der Verweis auf den Ausnahmecharakter stets einen rechtfertigenden Sachgrund verlangt[122]. Dieser ist – anders als

---

118 In der Schlussfolgerung wohl abweichend *Faßbender* (Fn. 107), S. 339.
119 NJW 2004, 2803.
120 BVerfG NJW 2004, 2803.
121 BVerfG NJW 2004, 2803, Leitsatz 1 und 2804.
122 *Degenhart*, in: Sachs (Hrsg.), Grundgesetz. Kommentar, 3. Aufl. 2003, Art. 75, Rn. 12 a; *Pieroth*, in: Jarass/Pieroth, Grundgesetz. Kommentar, 7. Aufl. 2004, Art. 75, Rn. 2.

bei Art. 72 Abs. 2 GG – in der Norm nicht explizit enthalten, kann aber durch Auslegung aus dem Gesamtzusammenhang ermittelt werden[123]. Dadurch hat sich der Rechtfertigungszwang im Sinne einer Darlegungs- und Begründungslast für den Bund auch hier entscheidend erhöht[124]. Es stellt sich die Frage nach dem Verhältnis der Voraussetzung des Art. 72 Abs. 2 GG zu denjenigen des Art. 75 Abs. 2 GG. Art. 72 Abs. 2 GG ist zu prüfen, um feststellen zu können, ob der Bund überhaupt im Wege der Rahmenkompetenz legiferieren darf. Er regelt somit das „Ob" des legislatorischen Tätigwerdens[125]. Die inhaltlichen Kriterien entsprechen im Rahmen von Art. 75 denjenigen, die auf die konkurrierende Gesetzgebung anzuwenden sind[126]. Art. 75 Abs. 2 GG betrifft demgegenüber die Regelungstiefe, die Regelungsintensität, d. h. die Frage, ob in Einzelheiten gehende Regelungen oder dem Bürger unmittelbar geltende Regelungen zulässig sind[127]. Die neu eingefügte Vorschrift verdeutlicht im Umkehrschluss zugleich, dass in Ausnahmefällen auch ins Einzelne gehende Regelungen und Vorschriften unmittelbar dem Bürger gegenüber erlaubt sein können. Diese idealtypisch klare Abschichtung mag in der Praxis jedoch ineinander übergehen, denn auch im Rahmen der Erforderlichkeitsprüfung kann es – wie oben dargelegt – um das Ausmaß, den Umfang einer Regelung gehen[128]. Dies gilt für die Anwendung der Erforderlichkeitsklausel auf Art. 74 GG. Im Zusammenhang mit der Rahmengesetzgebungskompetenz ist wegen des Vorhandenseins des Art. 75 Abs. 2 GG und wegen der sich dort in besonderer Weise stellenden Problematik der Regelungstiefe und -dichte zumindest eine eindeutigere Abschichtung beider Ebenen möglich. Die Frage nach einem „Doppelverwertungsverbot", d. h. die Frage, ob diejenigen Gesichtspunkte, die bereits bei der Prüfung von Art. 72 Abs. 2 GG verwendet wurden, erneut im Rahmen von Art. 75 Abs. 2 GG herangezogen werden dürfen, ist für die Staatspraxis damit weitgehend entschärft.

---

123 *Pestalozza*, in: von Mangoldt/Klein/Starck, Das Bonner Grundgesetz. Kommentar, Bd. 8, 3. Aufl. 1996, Art. 75, Rn. 733 f.; *Rozek*, in: von Mangoldt/Klein/Starck, Das Bonner Grundgesetz. Kommentar, Bd. 2, 4. Aufl. 2000, Art. 75, Rn. 63 ff.
124 *Siebelt*, Die unmittelbare Wirkung von Rahmenvorschriften am Beispiel des § 46 BRRG, NVwZ 1996, 122 (124); *Pestalozza* (Fn. 123), Rn. 732; *Rozek* (Fn. 123), Rn. 67.
125 *Stettner*, in: Dreier (Hrsg.), Grundgesetz. Kommentar, Bd. 2, 1998, Art. 75, Rn. 17; *Rozek* (Fn. 123), Rn. 9; *Kunig*, in: von Münch/Kunig (Hrsg.), Grundgesetz-Kommentar, Bd. 3, 5. Aufl. 2003, Art. 75, Rn. 6.
126 BVerfG, NJW 2004, 2803 (2805); *Stettner* (Fn. 125), Rn. 17; *Degenhart* (Fn. 122), Rn. 9 f., 12 f.
127 BVerfG, NJW 2004, 2803 (2805); *Pestalozza* (Fn. 123), Rn. 59 f.; *Rozek* (Fn. 123), Rn. 63; *Kunig* (Fn. 125), Rn. 41.
128 Oben Fn. 79 sowie *Jarass* (Fn. 20), 1093; auf hiesige Situation bezogen *Pestalozza* (Fn. 123), Rn. 59.

IV. Die Übergangsvorschrift des Art. 125 a Abs. 2 GG

Die verfassungsrechtlichen materiellen Anforderungen an die Ausübung von Gesetzgebungskompetenzen, insbesondere Art. 72 Abs. 2 GG, ziehen in ihrer justiziablen Fassung zwangsläufig ein weiteres Problem nach sich: die zeitliche Dimension, d. h. die Frage, *wann* die geforderten Voraussetzungen vorliegen müssen und welche Folgen ihr späterer Wegfall hat. Dieser Problematik hat sich die Übergangsnorm des Art. 125 a GG angenommen[129].

Die alte „Bedürfnisklausel" bleibt für alle Bundesgesetze, die bis zum In-Kraft-Treten der neuen Fassung des Art. 72 Abs. 2 GG („Erforderlichkeitsklausel") am 15. 11. 1994 erlassen wurden, relevant: Auch wenn die strengeren Anforderungen der neuen Fassung heute nicht mehr erfüllt sein sollten, bleiben diese Gesetze nach Art. 125 a Abs. 2 GG in Kraft (Weitergeltungsgrundsatz) und zwar *als Bundesrecht* (Identitätsgrundsatz)[130]. Auch für die neue Erforderlichkeitsklausel gilt: Ihre Voraussetzungen müssen beim Erlass des Gesetzes vorliegen, ein späterer Wegfall würde die Geltung des Gesetzes nicht berühren[131].

Es stellt sich in diesem Zusammenhang das durch Art. 125 a Abs. 2 GG nicht ausdrücklich geregelte Problem, ob und unter welchen Voraussetzungen solche „Altgesetze" novelliert werden können[132]. Mit dieser Frage hat sich der Erste Senat bei einer erneuten[133] Überprüfung der *Verfassungsmäßigkeit des Ladenschlussgesetzes* durch Urteil vom 9. Juni 2004 befasst[134]. Durch einen Umkehrschluss aus der Anordnung des Art. 125 a Abs. 2 Satz 2 GG, wonach durch Bundesgesetz bestimmt werden kann, dass das fortgeltende Altrecht durch Landesgesetz ersetzt werden kann (Freigabekompetenz[135]), folgert das Gericht, dass bei Fehlen einer solchen

---

129 *Degenhart*, in: Sachs (Hrsg.), Grundgesetz. Kommentar, 3. Aufl. 2003, Art. 125 a, Rn. 1.
130 *Kunig*, in: von Münch/Kunig (Hrsg.), Grundgesetz-Kommentar, Bd. 3, 5. Aufl. 2003, Art. 125 a, Rn. 18, 23; *Wolff*, in: von Mangoldt/Klein/Starck, Das Bonner Grundgesetz. Kommentar, Bd. 3, 4. Aufl. 2001, Art. 125 a, Rn. 18; *Lindner*, Zur Änderungs- und Freigabekompetenz des Bundesgesetzgebers nach Art. 125 a II GG, NJW 2005, 399.
131 *Umbach/Clemens* (Fn. 66), Rn. 26; *Pieroth*, in: Jarass/Pieroth, Grundgesetz. Kommentar, 7. Aufl. 2004, Art. 72, Rn. 10.
132 *Wolff* (Fn. 130), Rn. 19.
133 Vgl. bereits BVerfGE 13, 237; 14, 19; 104, 357.
134 NJW 2004, 2363; *Poschmann*, Inanspruchnahme konkurrierender Kompetenzen des Bundes und Neurordnung der bundesstaatlichen Ordnung, NVwZ 2004, 1318; *Lindner* (Fn. 130), S. 399.
135 *Scholz*, in: Maunz/Dürig, Grundgesetz. Kommentar, Losebattsammlung, Stand: 43. Lfg. Februar 2004, Art. 125 a, Rn. 11.

Anordnung den Ländern für die Novellierung entsprechend fortgeltender Gesetze keine Abänderungsbefugnis zusteht. Dies stellt sich als Folge des oben angesprochenen Identitätsgrundsatzes dar, das fortgeltende Recht bleibt Bundesrecht. Auch die Abänderungsbefugnis verbleibt beim Bund, der insofern dann nicht an Art. 72 Abs. 2 GG gebunden ist, da hier Art. 125 a Abs. 2 GG nach Ansicht des Bundesverfassungsgerichts lex specialis ist[136]. Umgekehrt folgt dann auch, dass sich der Bund gerade nicht auf Art. 125 a GG berufen kann, wenn ohnehin die Voraussetzungen des Art. 72 Abs. 2 GG vorliegen.

Durch diese Lösung wird eine Versteinerung entsprechender Regelungen vermieden. Damit sind zugleich unerwünschte und der deutschen Bundesstaatlichkeit unbekannte Mischgesetze, die sich teils aus Bundes-, teils aus Landesregelungen zusammensetzen, ausgeschlossen. Der Bund kann allerdings nur solche Änderungen vornehmen, welche die vorhandene Gesetzeskonzeption systemimmanent modifizieren; eine „grundlegende Neukonzeption" bleibt ihm verwehrt. Sein durch Art. 125 a Abs. 2 Satz 2 GG eingeräumtes legislatorisches (Freigabe-)Ermessen schrumpft jedoch gegen Null, wenn die bloße Modifikation der fortgeltenden Regelung nicht ausreicht oder der Bund aus politischen Gründen eine Neukonzeption für erforderlich hält[137]. Dogmatisch wird diese Verpflichtung des Bundes durch Rückgriff auf den Grundsatz bundes- und länderfreundlichen Verhaltens erreicht. Auch durch diese Konstruktion soll eine Versteinerung der Altrechtslage vermieden werden. Schwierige Abgrenzungsprobleme, wann eine „grundlegende Neukonzeption" des Gesetzes, wann lediglich eine systemimmanente Fortschreibung vorliegt, sind damit vorprogrammiert. Hier dürfte mitentscheidend sein, was als Bezugspunkt gewählt wird: Die einzelne geänderte Norm oder das gesamte Gesetz. Um der „Versteinerung" gegenzusteuern, ist auf das Gesetz insgesamt abzustellen; dies stellt den richtigen Bezugspunkt für die Frage der Abgrenzung zwischen systemimmanenter Fortentwicklung und Neukonzeption dar. Andernfalls könnte dem berechtigten Anliegen dieser Rechtsprechung nicht hinreichend Rechnung getragen werden.

---

136 Kritisch *Lindner* (Fn. 130), S. 400 f.
137 Bestätigt in BVerfG NJW 2004, 2803 (2809); a. A. wohl *Degenhart* (Fn. 14), Rn. 7.

V. Rechtseinheit und legislatorische Vielfalt im deutschen Bundesstaat

Jeder Bundesstaat steht ständig unter Rechtfertigungsdruck[138]: „Die Rechtfertigung des föderalistischen Prinzips ist fortwährend durch Staatspraxis und Verfassungsleben zu leisten."[139] Anders als bei den übrigen Staatsstruktur- oder Staatszielbestimmungen (Rechtsstaat, Demokratie, Sozialstaat) gibt es mit dem Einheitsstaat eine traditionsreiche und funktionierende Alternative zum Föderalismus als politischem Formprinzip[140] und zur Bundesstaatlichkeit als dessen staatsrechtlicher Verwirklichung. Gerade die Unterschiede zum Einheitsstaat müssen auf ihr legitimatorisches Potential hin befragt werden. Die dezentrale (Regelungs-)Struktur, die Vielfalt rechtlicher Regelungen in der Fläche ist dem Bundesstaat immanent und erweist sich als Voraussetzung, um die erwünschten vertikalen gewaltenteiligen Effekte und die Verwirklichung von Subsidiaritätsgedanken zu ermöglichen[141]. Konsequent bildet daher die bundesstaatliche Struktur auch eine offene Flanke des allgemeinen Gleichheitssatzes: Die Gleichheitsprüfung zwischen verschiedenen Rechtssätzen kann grundsätzlich nur in Bezug auf eine rechtsetzende Körperschaft erfolgen, Vergleichsfälle dürfen nur innerhalb eines Kompetenzbereichs gebildet werden; die bundesstaatliche Regelungsvielfalt kann kaum je einen Gleichheitssatzverstoß auslösen[142]. Wenn die Gliedstaaten keine oder kaum Regelungsbefugnisse besäßen, wenn die Landesparlamente noch weiter ihres Regelungssubstrats beraubt würden, könnte ein Punkt erreicht werden, an dem die Rechtfertigung der aufwendigen bundesstaatlichen Struktur im Vergleich zu dezentralisierten Einheitsstaaten nicht mehr gelingt[143]. Die Kompensation fehlender eigener Regelungsmacht durch einen Ausbau der Mitwirkung an Entscheidungsprozessen auf Ebene des Bundes ist alles andere als unproblematisch, da dort zumeist nur eine Mehrheit von Ländern wirksam zu agieren vermag, wel-

---

138 *Isensee*, Idee und Gestalt des Föderalismus im Grundgesetz, in: Isensee/Kirchhof (Hrsg.), Handbuch des Staatsrechts Bd. 4, 1990, § 98, Rn. 299; *Maurer* (Fn. 22), § 10, Rn. 71 ff.; *Boysen* (Fn. 50), S. 44 ff.
139 *Badura*, Zur Rechtfertigung des föderalistischen Prinzips und zum Subsidiaritätsprinzip, Bitburger Gespräche, Jahrbuch 1999/II, 2000, S. 53 (57).
140 *Hesse* (Fn. 53), Rn. 219.
141 *Stern* (Fn. 3), S. 661 f.; *Hesse* (Fn. 53), Rn. 223 ff.; *Renzsch,* Einheitlichkeit der Lebensverhältnisse oder Wettbewerb der Regionen? Sechs Thesen zur Konkurrenz grundlegender Prinzipien im Bundesstaat, Staatswissenschaften und Staatspraxis 1997, S. 87, insbes. 98 ff.
142 Ständige Rspr. des BVerfG: BVerfGE 10, 354 (371); 42, 20 (27); 79, 127 (132); 89, 365 (375 ff.); 93, 319 (351); ferner *Boysen* (Fn. 50), S. 102 ff.
143 *Volkmann*, Bundesstaat in der Krise?, DÖV 1998, 613 (617 f.).

che die Regelungsvielfalt gerade nicht repräsentiert[144]. „Legitimation aus regionaler Vielfalt"[145], „Einheit in Ungleichheit"[146] sind nicht nur Ausgangsbedingungen von Bundesstaatlichkeit, sondern müssen sich auch in der Kompetenzstruktur, insbesondere auf dem Gebiet der Gesetzgebung, wiederfinden[147]. Gerade in Deutschland gerät vielfach in Vergessenheit, dass sich ein Bundesstaat durch Differenz, durch Unterschiede auszeichnet[148]. Historisch kann diese spezifische Fehlvorstellung erklärt werden[149]: In der deutschen Verfassungsgeschichte war die Einheitsbildung stets schmerzhaft und prekär. Zu den Zeitpunkten, zu denen die Weimarer Reichsverfassung oder das Grundgesetz entstanden, war die staatliche Einheit hochgradig bedroht. Separatistische Bewegungen und bürgerkriegsähnliche Zustände nach dem verlorenen Ersten Weltkrieg, die sich abzeichnende deutsche Teilung zur Zeit der Entstehung des Grundgesetzes und die Widerstände gegen ein angebliches föderalistisches Diktat der Siegermächte taten ein Übriges. In der neuen Rechtsprechungslinie hat das Bundesverfassungsgericht klar erkannt: „Sinn der föderalen Verfassungssystematik ist es, den Ländern eigenständige Kompetenzräume für partikular-differenzierte Regelungen zu eröffnen"[150]. Die „Idee des Föderalismus hat erstmals wieder rechtspraktische Förderung erhalten"[151]. Der noch viel zu wenig fruchtbar gemachte bzw. auf den kommunalen Bereich beschränkte und dort eigene Konnotationen hervorrufende Begriff der Autonomie[152], der insofern eine ganze Staatskonzeption transportiert, könnte die hier angedeuteten Zusammenhänge auf den Punkt bringen. Damit ist gerade keine Reduktion föderalistischer Ebenen auf Selbstverwaltungseinheiten gemeint oder die Anknüpfung an Dezentralisierungs-

---

144 Vgl. *Waldhoff* (Fn. 16), S. 83; *Volkmann* (Fn. 143), 618.
145 *Isensee* (Fn. 138), Rn. 305.
146 *Ders.,* Einheit in Ungleichheit: der Bundesstaat, in: Bohr (Hrsg.), Föderalismus, 1992, S. 139.
147 Teilweise gegenläufig *Degenhart,* Rechtseinheit und föderale Vielfalt im Verfassungsstaat, ZfA 1993, 409 (420 ff.).
148 Vgl. auch *Calliess* (Fn. 66), S. 296 f.
149 Vgl. als historische Analysen deutscher Bundesstaatlichkeit nur *Grzeszik,* Vom Reich zur Bundesstaatsidee – Zur Herausbildung der Föderalismusidee als Element des modernen deutschen Staatsrechts, 1996; *Heiko Holste,* Der deutsche Bundesstaat im Wandel (1867–1933), 2002.
150 BVerfGE 106, 62 (150).
151 *Depenheuer* (Fn. 30), S. 181.
152 In anderem Zusammenhang verwendet *Unruh,* Der Verfassungsbegriff des Grundgesetzes, 2002, S. 7 ff., 71 ff. den Autonomiebegriff; er bezieht ihn auf das Individuum, um von diesem Ausgangspunkt der autonomen Person aus seine Verfassungskonzeption zu konstruieren; das ist alles andere als ein Widerspruch zu der hier angedeuteten Konzeption, betrifft jedoch eine völlig andere Ebene.

projekte in Einheitsstaaten[153] gesucht. Autonomie bedeutet im eigentlichen Wortsinn die Befugnis der jeweiligen Ebenen, selbst Recht setzen zu können, politische Verantwortung jenseits reinen Verwaltungsvollzugs auszuüben und dem Bürger gegenüber zu vertreten[154].

Die „richtungsweisende und grundlegende Kurskorrektur"[155] in Anknüpfung an den „größte[n] Wurf der Verfassungskommission" von 1994[156] durch die neue Rechtsprechungslinie beider Senate des Bundesverfassungsgerichts ist zu begrüßen[157]. Dies entspricht auch einem internationalen Trend, föderalistische Strukturen ernst zu nehmen: Hingewiesen werden kann in diesem Zusammenhang auf die neuere Rechtsprechung des US-Supreme Court, der seit 1995 wieder Bundesgesetze auf ihre diesbezügliche Berechtigung überprüft und verwirft[158]. Das Bundesverfassungsgericht hat sich methodologisch korrekt und der demokratischen Konzeption des Verfassungsstaats entsprechend dem Willen des verfassungsändernden Gesetzgebers gebeugt[159] und einen praktikablen und zukunftsfähigen Ausgleich zwischen Justiziabilität und politischem Gestaltungsfreiraum des Gesetzgebers gesucht.

---

153 Vgl. als aktuelle und umfassende Analyse *Gamper*, Die Regionen mit Gesetzgebungshoheit. Eine rechtsvergleichende Untersuchung zu Föderalismus und Regionalismus in Europa, 2004.
154 Vgl. in etwas anderem Kontext *Vogel/Waldhoff*, in: Dolzer/Vogel/Graßhof (Hrsg.), Bonner Kommentar zum Grundgesetz, Loseblattsammlung, Stand: 115. Lfg. Dezember 2004, Vorb. zu Art. 104 a–115, Rn. 76 f. (= *dies.* Grundzüge des Finanzverfassungsrechts, 1999).
155 *Depenheuer* (Fn. 30), S. 177; für die Änderung des Art. 72 Abs. 2 GG wesentlich zurückhaltender *Kunig* (Fn. 38), Rn. 28: nur graduelle Veränderung der Rechtslage; ebenso *Oeter* (Fn. 18), Rn. 112.
156 *Isensee,* Mit blauem Auge davongekommen – das Grundgesetz, NJW 1993, 2583 (2586).
157 Vgl. etwa auch *Haug* (Fn. 1), S. 195; *Ipsen* (Fn. 3), Rn. 558 ff.; *Faßbender* (Fn. 107), S. 337; *Kenntner,* Der Föderalismus ist (doch) justiziabel! – Anmerkungen zum „Altenpflegegesetz-Urteil" des BVerfG, NVwZ 2003, 821.
158 Vgl. nur *Heun,* Der amerikanische Bundesstaat – Grundlagen, Struktur, Entwicklungslinien, in: Hartwig u. a., Föderalismus in der Diskussion, 2001, S. 23 (33 f.).
159 *Kenntner,* Normgeberwille und Verfassungsinterpretaton – zur „historischen" Auslegung von Art. 72 Abs. 2 GG n. F., VBlBW 1999, 289; *Depenheuer* (Fn. 30), S. 177 f.

Edzard Schmidt-Jortzig

Kompetenzneuordnung im Recht des öffentlichen Dienstes

Die vorerst gestrandete Föderalismusreform hat die Regelungshoheit für den öffentlichen Dienst, insb. im Beamtenverhältnis von Anfang an intensiv diskutiert. Hier war man sich im Grundsatz auch ziemlich einig, dass die Länder für die Gestaltung des Rechts „ihrer" und der kommunalen Beamten künftig mehr Spielraum erhalten sollten. Das informelle Einigungspapier der Vorsitzenden sah deshalb – als die Kommission am 17. 12. 2004 aus anderen Gründen ihr Scheitern feststellen musste – vor, dass die bisherige Rahmenkompetenz des Bundes für „die Rechtsverhältnisse der im öffentlichen Dienste der Länder, Gemeinden und anderen Körperschaften des öffentlichen Rechts stehenden Personen" (Art. 75 I Nr. 1 GG) aufzuheben sei[1]. Ebenso solle die bestehende konkurrierende Gesetzgebungsbefugnis für „die Besoldung und Versorgung der Angehörigen des öffentlichen Dienstes, die in einem öffentlich-rechtlichen Dienst- und Trennungsverhältnis stehen" (Art. 74 a GG), wegfallen[2]. Dafür werden als neuer Gegenstand konkurrierender Bundesgesetzgebung vorgesehen:

> „die Statusrechte und -pflichten der Angehörigen des öffentlichen Dienstes der Länder, Gemeinden und anderen Körperschaften des öffentlichen Rechts, die in einem öffentlich-rechtlichen Dienst- und Treueverhältnis stehen, mit Ausnahme der Laufbahnen, Besoldung und Versorgung" (Art. 74 I Nr. 27 GG neu).

Außerdem soll Art. 33 V GG um die Worte ergänzt werden „... und fortzuentwickeln".

---

1 Gleichzeitig wird auch der parallele Art. 98 III 2 GG aufgehoben.
2 Diese Konsequenz für Art. 74 a GG wird überraschenderweise nirgends vermerkt (was ein weiteres Zeichen für die fachlich sehr unsorgfältige Fassung des Papiers bedeutet). Die Aufhebung ist aber systematisch eindeutig.

I. Die Struktur der bisherigen Kompetenzordnung

Das geltende Verfassungsrecht teilt bekanntlich die Regelungshoheit im Dienstrecht nach beamtetem und nichtbeamtetem öffentlichen Dienst auf. Die Beamtenverhältnisse werden mit der Formel „öffentlich-rechtliches Dienst- und Treueverhältnis" erfasst, was nach der geronnenen Auslegung zu Art. 33 IV GG (in Verbindung mit Art. 33 V GG) heute eine Standardfeststellung ist[3]. Auf die Soldaten und Richter wird nota bene im Folgenden nicht besonders eingegangen.

Auf die Beamtenverhältnisse bezieht sich bei den Gesetzgebungsnormen der Verfassung demgemäß allein Art. 74 a GG, wonach der Bund auch für die Beamten der Länder, Kommunen und landesrechtlichen Körperschaften die konkurrierende Gesetzgebungsbefugnis über deren Besoldungs- und Versorgungsrecht hat. Für den *gesamten* öffentlichen Dienst, nicht nur für den beamteten, hat der Bund dagegen nur eine Befugnis zum Erlass von Rahmenvorschriften (Art. 75 I Nr. 1 GG). Dieser Bundeskompetenz unterliegen also vor allem auch die öffentlichen Angestellten und Arbeiter ebenso wie sonstige, besondere Amtsträger. Nur stellen die Ersteren einen Sonderfall dar, weil ihre Rechtsverhältnisse nicht ipso iure gesetzlich zu regeln sind, sondern der Tarifhoheit unterliegen; zugreifende Gesetze müssen mithin erst durch die Verfassungsschranke von Art. 9 III GG hindurch. Und Minister oder Parlamentarische Staatssekretäre in den Ländern scheiden wohl aus Gründen der Länder-Verfassungsautonomie aus dem Regelungsbereich des Bundes aus[4].

Gegenständlich kann der Bund mit seiner Rahmenkompetenz bisher für das gesamte Spektrum der „Rechtsverhältnisse" Regelungen treffen. Nur für die Besoldung und Versorgung der Beamten bedeutet die konkurrierende Gesetzgebungsbefugnis gemäß Art. 74 a I GG noch eine lex specialis. Der Rahmenregelung im öffentlichen Dienst unterliegen danach sämtliche Facetten der betreffenden Rechtsbeziehungen[5]: Umfasst werden die Begründung, Beendigung und Nachwirkungen von Dienstverhältnissen sowie alle Rechte und Pflichten hieraus. Auch etwa das Personalvertretungsrecht gehört dazu[6].

---

3 Statt anderer *Lecheler*, Der Öffentliche Dienst, in: Isensee/Kirchhof (Hrsg.), Handbuch des Staatsrechts, Bd. III (1988), § 72 Rn. 24.
4 Ebenso *Maunz*, in: Maunz/Dürig/Herzog (Hrsg.), GG (6. Aufl. 1983 ff.), Art. 75 Rn. 51; *Degenhart*, in: Sachs (Hrsg.), GG (3. Aufl. 2003), Art. 75 Rn. 16.
5 Das Bundesverfassungsgericht fordert hier ausdrücklich eine weite Auslegung: BVerfGE 61, 149 (202).
6 BVerfGE 51, 43 (53); 67, 382 (387).

Durch den beabsichtigten Wegfall von Art. 75 GG würde die das Beamtenrecht übersteigende, gesetzliche Regelungsmöglichkeit des Bundes komplett fortfallen. Nur noch über die allgemeine konkurrierende Regelungskompetenz nach Art. 74 I Nr. 12 GG könnte er bei den Ländern hierauf Einfluss nehmen[7]. Eine Regelungskonkurrenz von Bund und Ländern bleibt danach allein beim Recht der Beamten möglich. Dort aber könnte der Bund lediglich bezüglich der Statusrechte und -pflichten konkurrierend eingreifen. Was mit dieser Eingrenzung übrigens in der Sache gemeint ist, wird noch in einem „Begleittext" des Einigungspapiers näher erläutert.

II. Wirkung der beabsichtigten Regelungslage

Nach dem vorgesehenen Konzept soll im *nichtbeamteten* öffentlichen Dienst also künftig keinerlei Regelungseinwirkung des Bundes auf die Personalverhältnisse der Länder, Kommunen und landesrechtlichen Verwaltungsträger mehr möglich sein. Damit wird jenseits des allgemeinen Arbeits- und Sozialversicherungrechts (Tarifvertragsgesetz, Angestelltenversicherung usw.) das spezifische öffentliche Dienstrecht in den Ländern autonom gestellt. In der Tarifpolitik ist das ohnehin schon ein vertrautes Bild, wie das unlängst hervorgetretene Fernbliben der Tarifgemeinschaft Deutscher Länder bei den allgemeinen Tarifverhandlungen für den öffentlichen Dienst erneut belegt hat.

Auch beim *beamteten* öffentlichen Dienst wird die Einflussnahme des Bundes auf die Rechtsverhältnisse in den Ländern deutlich zurückgedrängt. Künftig kann er dort – freilich von der Erforderlichkeitsklausel nach Art. 72 II GG befreit[8] – per konkurrierender Gesetzgebung nur noch auf die Statusrechte und -pflichten der Beamten einwirken. Das Laufbahn-, Besoldungs- und Versorgungsrecht in den Ländern soll ihm ganz entzogen sein und allein der Landesgesetzgebung unterfallen. Damit ist auf diesem Feld ein Auseinanderdriften des Beamtenrechts vorgezeichnet.

---

7 Erfasst werden „Das Arbeitsrecht einschließlich der Betriebsverfassung, des Arbeitsschutzes und der Arbeitsvermittlung sowie die Sozialversicherung einschließlich der Arbeitslosenversicherung".
8 So der neu zu fassende Art. 72 II GG u. a. für Art. 74 I Nr. 27 GG. Dafür wird lt. neu gefasstem Art. 74 II GG die Zustimmung des Bundesrates erforderlich. Über den Sinn dieser doppelten Umgestaltung kann man nur mutmaßen. Ohnehin bleibt der dogmatische Unterschied (mindestens sein systematischer Sinn) zwischen einer solcherart „entriegelten" konkurrierenden Bundesgesetzgebungszuständigkeit und einer ausschließlichen Regelungsbefugnis gänzlich unklar.

Mindestens unter den leistungsstärkeren und den leistungsschwächeren Ländern oder jedenfalls den beamtenrechtlich engagierten und den nicht interessierten Ländern werden sich auf die Dauer Unterschiede auftun.

Dies muss allerdings keinen Systembruch bedeuten. Denn schon bisher ist nach Art. 74 a III GG Divergenz möglich, wenn auch auf anderer Ebene, nämlich zwischen Bund und Ländern[9]. Und weiterhin besteht ja die zusammenhaltende Klammer des Art. 33 V GG, wonach bekanntlich das Beamtenrecht nur „unter Berücksichtigung der hergebrachten Grundsätze" des Metiers geregelt werden darf. Freilich versucht die Neukonzeption auch hier eine Lockerung zustande zu bringen, indem sie dem bisherigen Text der Formel die Worte anhängen möchte „... und fortzuentwickeln". Aber jeder Eingeweihte weiß, dass bei Einrichtungsgarantien – und dazu gehört eben auch die institutionelle Garantie des Berufbeamtentums – „eine Fortentwicklung des Systems keineswegs ausgeschlossen" ist und es nur darauf ankommt, dass „die Änderung im Sinne einer vernünftigen Fortentwicklung" erfolgt[10]. Tatsächlich also würde der materielle Rahmen für neue Formungen nicht erweitert. Die besondere Erwähnung mag nur als Ermunterung wirken.

III. Bewertung der Neukonzeption

Vor dem Hintergrund der allgemeinen Zielrichtung erforderlicher Föderalismusreform, nämlich die Verantwortung der beiden bundesstaatlichen Ebenen zu entflechten und dabei die Länder deutlich zu stärken, ist das propagierte Ergebnis durchaus zu begrüßen. Die Zurückdrängung des Bundes aus einer übergreifenden Regelung des öffentlichen Dienstes stärkt die Organisations- und Personalhoheit der Länder[11]. Diese können künftig auch im institutionellen Bereich eigene Akzente der Verwaltungspolitik setzen.

Auch hier wird also dem Wettbewerbsgedanken Raum geschaffen. Und die Bürger (Wähler) der einzelnen Länder müssen sich daran gewöhnen,

---

9 Nach Art. 74 a III GG kann der Bund für seine öffentlichen Bediensteten per Zustimmungsgesetz von den nach Art. 74 a I GG gesetzlich festgelegten Maßstäben „für den Aufbau oder die Bemessung der Besoldung und Versorgung einschließlich der Bewertung der Ämter oder anderer Mindest- oder Höchstbeträge" abweichen.
10 BVerfGE 23, 353 (367); 38, 258 (279); und bereits *Schmidt-Jortzig*, Die Einrichtungsgarantien der Verfassung (1979), S. 45 f.
11 Zur möglichen Verbesserung der vorgeschlagenen Formulierungen vgl. *Henneke*, AU 110 vom 15. 12. 2004, sub 3.

dass sie künftig ihre Regierung bzw. die kursbestimmende Landtagsmehrheit auch danach beurteilen, ob (und wie) sie dem Wunsch nach wirksamer, rechtstreuer administrativer Bedienung entsprechen kann. Dass unterschiedliche Verhältnisse bei Laufbahnen, Besoldung und Versorgung zu einer Wanderungsbewegung der leistungsfähigeren Beamten und Beamtenanwärter führen kann, muss deshalb nicht von vornherein als schädlich gelten. Auch hier gilt sicherlich die Devise „Konkurrenz belebt das Geschäft", und das Berufsbeamtentum braucht sich davor nicht zu fürchten. Vereinzelt allerdings wird auch Immobilität befürchtet[12], nur würde diese Folge sicher nicht die leistungsstärkeren Bediensteten erfassen (und die leistungsschwächeren streben ohnehin nicht fort).

Freilich ist der Reformansatz nicht konsequent durchgehalten worden. Wollte man die Einheitlichkeit bei den Statusrechten und -pflichten der Beamten in Deutschland als entscheidende Grundlage für den öffentlichen Dienst ansehen, so hätte zugunsten einer klaren Verantwortungstrennung für deren Regelung beherzt eine ausschließliche Gesetzgebungsbefugnis des Bundes eingeräumt werden können. Wollte man indessen die Organisations- und Personalhoheit der Länder weiter stärken, wäre auch für die Statusrechte und -pflichten die volle Gesetzgebungskompetenz der Länder die richtige Option gewesen, weil die inhaltliche Gewährleistungsklammer von Art. 33 V GG ja die Homogenität sichern würde. Offenbar jedoch war dazu der Mut nicht groß genug. Rechtssystematisch bleibt die Reform deshalb auf halbem Wege stecken.

Eine Bewertung der konzipierten Verfassungsreform muss allerdings auch die politischen Neugestaltungen einbeziehen, die für den öffentlichen Dienst auf anderer Bühne vereinbart worden sind. Im *nichtbeamteten* Verwaltungssektor etwa hat die Tarifrunde erst im vergangenen Monat ja eine umfassende Modernisierung beschlossen. Die Unterscheidung zwischen Arbeitern und Angestellten soll gestrichen werden, flexiblere Arbeitszeiten werden eingeführt, und es soll eine gezielte Leistungsbezahlung geben[13]. Zusammen mit der erreichten Entflechtung der gesetzlichen Regelungsbefugnisse von Bund und Ländern passt dies gut zur allseits geforderten Flexibilisierung der Verhältnisse im Arbeitsrecht. Hier werden Verkrustungen aufgebrochen; lähmende Einheitsformungen und starre Strukturen werden aufgemischt. Ob die ausgehandelte Reform des öffentlichen Tarifrechts in sich freilich optimal gelungen ist, mag man unterschiedlich beurteilen.

---

12 Vgl. Thür. Innenminister lt. FAZ vom 03. 02. 2005, S. 4: Allzu unterschiedliche Regelungen schränkten Mobilität und Flexibilität ein.
13 „Das Tarifrecht soll moderner werden", FAZ vom 08. 02. 2005, S. 10.

Was den *beamteten* öffentlichen Dienst anbetrifft, so scheint die zaghaft eingeläutete Regelungsdiversifizierung zusammen mit den politisch verabredeten „Neuen Wegen im öffentlichen Dienst"[14] indessen problematischer. Das öffentlich-rechtliche Dienst- und Treueverhältnis soll ja eine Sonderformung darstellen, mit welcher sich Unabhängigkeit, Überparteilichkeit, Rechtstreue und Staatsloyalität der vollziehenden Gewalt anstreben, weitgehend erreichen und bewahren lassen[15]. Dass nunmehr die Regelungskompetenzen für das Beamtenrecht auf die beiden föderativen Staatsebenen aufgeteilt werden sollen, ist deshalb nur solange unproblematisch, ja, unterstützenswert, wie die maßstabgebenden inhaltlichen Grundsätze stabil bleiben. Das aber wird zunehmend fraglich. Der Versuch einer Mobilisierung der institutionellen Garantie des Berufsbeamtentums in Art. 33 V GG bewirkt zwar – wie gesehen – noch nicht mehr als eine Ermunterung. Aber das im Herbst 2004 vereinbarte Neuordnungsprogramm tut ja ein Übriges. Das bestehende Laufbahnsystem soll aufgegeben werden, leistungsbezogene Bezahlung statt Alimentierung steht auf der Agenda, die Beamtenversorgung wird grundlegend geändert, die Arbeitszeitflexibilisierung schreitet voran, Fort- und Weiterbildung werden eigenständige Arbeitsleistungen usw. Insgesamt droht – wenn nicht alles täuscht – eine weitere Aufweichung des hergebrachten Beamtenrechts. Und da der Funktionsvorbehalt von Art. 33 IV GG schon seit längerem systematisch durchlöchert bzw. ignoriert wird[16], scheint der Trend zur Einebnung eines besonderen, beamteten Dienstverhältnisses nicht nur ungebrochen, sondern mit der partiellen Einigung bei der Föderalismusreform noch um ein weiteres Bauteil verstärkt.

---

14 Unter dieser Überschrift haben Bundesinnenminister, Deutscher Beamtenbund und die Dienstleistungsgewerkschaft Verdi am 04.10.2004 ihr einschlägiges „Eckpunktepapier" vorgelegt.
15 Zur verfassungsrechtlichen Begründung und Finalität des Berufsbeamtentums zuletzt mit vielfältigen Nachweisen *Remmert*, Warum muss es Beamte geben?, in: JZ 2005, 53 ff.
16 Nicht wenige Städte und Gemeinden rühmen sich beispielsweise heute, dass bei ihnen der Bürgermeister der einzige Beamte sei.

Peter M. Huber

Umweltkompetenzen im Spannungsverhältnis von europarechtlichen Anforderungen und landesgesetzlichen Gestaltungsbedürfnissen

I. Die paradigmatische Bedeutung der Richtlinie 96/61/EG über die integrierte Vermeidung und Verminderung der Umweltverschmutzung (EVU-Richtlinie)

Es ist gerade einmal 20 Jahre her, dass das deutsche Umweltrecht weltweit Benchmark-Funktion besessen hat. Mit seinen aus dem Gewerberecht stammenden, das Schutzprinzip konkretisierenden materiellen Schutzstandards, ihrer Weiterentwicklung zum Vorsorgeprinzip (precautionary principle) und dem Institut des Restrisikos gab es auch in Europa den Ton an. Es waren die Briten, die das Modell eines prozeduralisierten Umweltschutzes entgegengestellt und der EU-Kommission angedient haben[1]. In der UVP-RiL 85/337/EWG[2] hat dies seinen Niederschlag ebenso gefunden wie in der Öko-Audit-VO Nr. 1836/93[3] bzw. der VO/EG Nr. 761/2001[4], vor allem aber im Entwurf für die IVU-RiL 96/61/EG. Sie haben damit einen grundlegenden Paradigmenwechsel im europäischen Umweltrecht angestoßen, der im Ergebnis auch zu einem medienübergreifenden Ansatz und zur Einführung des abwägungsoffenen BAT-Standards (best available technique) geführt hat[5].

---

1 Zu den Wurzeln 5. Bericht der Royal Commission on Environmental Pollution, 1976; Environmental Protection Act (EPA 1990 c 43), in: Halsbury's Statutes of England and Wales, 4th ed. Vol. 35 (1993), S. 791.
2 RiL 85/337/EWG, ABl. EG 1985 Nr. L 175, 40.
3 VO/EG Nr. 1836/93, ABl. EG 1993 Nr. L 168/1.
4 VO/EG Nr. 761/2001, ABl. EG 2001 Nr. L 114/1.
5 Zur Bewertung *K. P. Dolde*, Die EG – Richtlinie über die integrierte Vermeidung und Verminderung der Umweltverschmutzung (IVU – Richtlinie) – Auswirkungen auf das deutsche Umweltrecht, NVwZ 1997, 313 ff.; *U. Di Fabio*, Integratives Umweltrecht, NVwZ 1998, 329 ff.; positive Konnotation bei *H. Kracht/A. Wasielewski*, Integrierte Vermeidung und Verminderung der Umweltverschmutzung, in: Rengeling (Hrsg.), EUDUR Band I, 2. Aufl., 2003, § 35 Rn. 118.

Die deutsche Europapolitik wurde von dieser Entwicklung zunächst kalt erwischt. Erst im Rahmen des Gesetzgebungsverfahrens gelang es ihr, den all zu flexiblen Ansatz der Richtlinie einzudämmen und zu einer stärker qualitätszielorientierten Ausrichtung beizutragen[6]. Am 24. September 1996 hat der Rat die Richtlinie sodann verabschiedet. Sie ist am 30. Oktober 1996 in Kraft getreten[7]. Die Richtlinie war bis zum 30. 10. 1999 in nationales Recht umzusetzen, was aus verschiedenen Gründen nicht gelang.

Zum einen scheiterte der Versuch, sie in das geplante UGB zu integrieren, an den Klippen der bundesstaatlichen Kompetenzverteilung im Umweltrecht. Die Integration in das sektoral ausgerichtete BImSchG und andere umweltrechtliche Fachgesetze bereitete ebenfalls nicht unerhebliche Schwierigkeiten[8] und gelang erst mit dem Gesetz zur Umsetzung der UVP-Änderungsrichtlinie, der IVU-Richtlinien und weiterer EG-Richtlinien zum Umweltschutz. Dieses enthielt eine Änderung des BImSchG, des WHG, des KrW-/AbfG, eine Anpassung des Katalogs der genehmigungspflichtigen Anlagen nach der 4. BImSchV sowie Änderungen des emissionsschutzrechtlichen Genehmigungsverfahrens in der 9. BImSchV[9]. Das Gesetz ist schließlich am 3. August 2001 in Kraft getreten[10]. Bis dahin hatte der BMU teilweise durch Versendung täglicher Telefaxe an die Emissionsschutzbehörden der Länder eine unionsrechtskonforme Handhabung des deutschen Umweltrechts sicherzustellen gesucht[11].

Betrachtet man die deutsche Rolle am Zustandekommen der IVU-RiL – und dabei handelt es sich nicht um einen Einzelfall –, so ist sie durch eine fehlende Gesetzgebungsstrategie, eine unzureichende Information über das Vorhaben der Kommission auf der Ebene von Bund und Ländern, hektische Abwehrversuche während des unionalen Rechtssetzungsverfahrens sowie erhebliche Umsetzungsschwierigkeiten gekennzeichnet, die den Tatbestand der Vertragsverletzung – Art. 10 i. V. m. Art. 226 EG – zweifelsfrei erfüllen.

---

6 *H. Kracht / A. Wasielewski*, Integrierte Vermeidung und Verminderung der Umweltverschmutzung, in: Rengeling (Hrsg.), EUDUR Band I, § 35 Rn. 118.
7 Die Richtlinie 96/61/EG des Rates über die integrierte Vermeidung und Verminderung der Umweltverschmutzung, ABL-EG 1996 Nr. L 257/26.
8 *R. Wahl*, Materiell-integrative Anforderungen an die Vorhabenzulassung – Anwendung und Umsetzung der IVU-Richtlinie, NVwZ 2000, 502 ff.; *M. Schmidt-Preuß*, Integrative Anforderungen an das Verfahren der Vorhabenzulassung – Anwendung und Umsetzung der IVU-Richtlinie, NVwZ 2000, 252 ff.
9 BT.-Drucks. 14/5750; 14/4599.
10 BGBl I 2001, 1950, d. h. knapp zwei Jahre nach Ablauf der Umsetzungsfrist.
11 Zur fehlenden Verbindlichkeit dieser Vorgehensweise siehe EuGHE 1986, 3645 ff. – Kommission /Belgien, Rz 7; 1997, I-1753/86 – Kommission/Deutschland; EuGH, NuR 1998, 194 f. – zur Richtlinie 92/43 EWG (FFH); *P.M. Huber*, Recht der Europäischen Integration, 2. Aufl., 2002, § 8 Rn. 99.

II. Verbundföderalismus und Europa

Das ist kein Zufall, denn dem deutschen Verbundföderalismus bereitet die Europäisierung des Rechts angesichts der Schwerfälligkeit seiner Entscheidungsprozesse besondere Schwierigkeiten[12] bei der Willensbildung in europäischen Angelegenheiten, der Wahrnehmung deutscher Mitgliedschaftsrechte im Rat und bei der Implementation des Unionsrechts in die deutsche (Teil-)Rechtsordnung.

1. Die innerstaatliche Willensbildung und die Wahrnehmung der Mitgliedschaftsrechte im Ministerrat

Das gilt zunächst für die innerstaatliche Willensbildung und die Wahrnehmung der Mitgliedschaftsrechte im Ministerrat, also das, was in anderen Mitgliedstaaten die „aufsteigende Phase" genannt wird (upstream phase, phase ascendente).

a)   Übermäßiger Koordinierungsbedarf

Hier wirft die effektive Durchsetzung nationaler Interessen schon auf der Ebene der Bundesregierung erhebliche Koordinationsprobleme auf. Sie kann trotz des Staatssekretärausschusses und der Europaabteilung des BMF insgesamt nur als notleidend bezeichnet werden[13]. Die Bundesressorts entwickeln – wie das Beispiel zeigt – kaum längerfristige Konzepte für die unionale Rechtsetzung; auf Vorschläge der Kommission reagieren sie typischerweise defensiv, statt diese für eigene Rechtsetzungsanliegen zu gewinnen. Das liegt neben einer fehlenden Ressortabstimmung und der mangelnden Ausübung der Richtlinienkompetenz durch den Bundeskanzler auch daran, dass die Bundesressorts mit der rechtzeitigen Bündelung der Interessen parteipolitisch unterschiedlich geprägter Landesregierungen sowie von Bund und Ländern häufig überfordert sind. Zudem verfügen sie angesichts des exekutiv-föderalistischen Systems häufig nicht über die notwendigen Vollzugserfahrungen, um den Bedarf nach einer unionalen Rechtsetzung oder ihrer Veränderung frühzeitig zu erkennen. Damit fehlen Deutschland schon die institutionellen und organisatorischen Voraussetzungen für eine konsistente Europapolitik auf der Fach-

---

12 *H. Bauer*, Entwicklungstendenzen und Perspektiven des Föderalismus in der Bundesrepublik Deutschland, DÖV 2002, 837 (841).
13 *P.M. Huber*, Recht der Europäischen Integration, § 11 Rn. 43 ff. mit weiteren Nachweisen.

ebene und für die Formulierung und effektive Durchsetzung seiner nationalen Interessen[14].

b) Der Ländervertreter

Dieser Befund wird durch die Institution des Ländervertreters nicht verbessert. Nach Art. 23 Abs. 6 GG soll, wenn mit einem Vorhaben auf Unionsebene im Schwerpunkt ausschließliche Gesetzgebungsbefugnisse der Länder betroffen sind (Art. 70 GG), die Wahrnehmung der Mitgliedschaftsrechte Deutschlands im Rat auf einen vom Bundesrat zu benennenden Vertreter der Länder im Ministerrang übertragen werden. Sie muss unter Beteiligung und in Abstimmung mit der Bundesregierung erfolgen, wobei die gesamtstaatliche Verantwortung des Bundes zu wahren ist (Art. 23 Abs. 6 Satz 2 GG). Eine nähere Ausgestaltung findet sich in § 6 Abs. 2 bis 4 ZusBRG.

Art. 23 Abs. 6 GG und § 6 ZusBRG sind zu Recht der Kritik ausgesetzt, weil sie eine effektive Verhandlungsführung auf deutscher Seite erheblich erschweren. So ist es etwa im Hinblick auf die im Rat üblichen „Paketlösungen" misslich, dass die Bundesregierung insoweit nicht über alle Verhandlungsgegenstände verfügen kann, da kaum erwartet werden kann, dass die anderen Mitgliedstaaten ihre Verhandlungslinie gerade an der bundesstaatlichen Kompetenzverteilung Deutschlands ausrichten werden. Die Folge ist, dass Deutschland bei der Kompromisssuche außen vor bleibt.

Die Beteiligungs- und Abstimmungserfordernisse zwischen der Bundesregierung und dem Bundesrat (Art. 23 Abs. 6 GG, § 6 Abs. 2 Satz 3 ZusBRG) mögen dieses Defizit zwar mildern; beseitigen können sie es nicht. Hinzu kommen die Schwierigkeiten, die Kontinuität der Verhandlungsführung sicherstellen zu müssen, da die Landesminister turnusmäßig wechseln und die Landesregierungen auch unterschiedliche parteipolitische Profile aufweisen.

Schließlich bleibt das Zeitproblem, wenn bei dringendem Entscheidungsbedarf die Standpunkte von 16 Ländern koordiniert werden müssen. Das gelingt – wie die Erfahrung lehrt – des Öfteren nicht[15]. Dass die Enthaltung im Brüsseler Jargon bereits „German vote" heißt, ist deshalb zwar nicht ausschließlich und nicht primär auf den Ländervertreter zurückzuführen; ganz unschuldig daran ist er jedoch nicht. Dieser negative

---

14 *E. Böhm-Amtmann*, Gestaltung und Umsetzung der EU-Umweltpolitik und Schlussfolgerungen für die Organisation einer Landesverwaltung, in: Haedrich/Schmitt (Hrsg.), Schillerhausgespräche 1999, 2000, S. 11 (14); SRU 1996, Teilziffer 214; SRU 1998, Teilziffer 380 – zur Umweltpolitik.

15 FAZ vom 28. Februar 1998: „Manche Länder missbrauchen Mitwirkungsrechte in der EU".

Befund erhielte freilich zusätzliche Dramatik, wenn den Ländern im Rahmen einer Föderalismusreform weitere Gegenstände zur ausschließlichen Gesetzgebung übertragen würden.

2. Die Implementation des Unionsrechts

Schwierigkeiten bereitet aber auch die absteigende Phase (downstream phase, phase descendente), d. h. die Implementation des Unionsrechts.

Da die Mitwirkung an der Rechtsetzung auf Unionsebene – von den geschilderten Ausnahmen abgesehen – in erster Linie Sache des Bundes ist, die Implementation des Unionsrechts sich nach dem Grundsatz der institutionellen und verfahrensmäßigen Autonomie der Mitgliedstaaten[16] jedoch nach der grundgesetzlichen Kompetenzordnung richtet (Art. 30, 70 ff., 83 ff. GG)[17], und daher sowohl durch den Bund als auch durch die Länder erfolgt, ergeben sich hier regelmäßig Diskrepanzen.

Weil dem Regierungsapparat auf Bundesebene in der Regel die Vollzugserfahrung fehlt und der Bund weder die Auswirkungen unionaler Regelungen auf die Verwaltungspraxis spürt noch mit den Kosten belastet ist (Art. 104 a Abs. 1 GG), besitzt er die Neigung, unionalen Rechtsetzungsvorhaben zuzustimmen, ohne die Konsequenzen für die Haushaltswirtschaft oder die nationale Rechtsordnung im Detail zu bedenken – d. h., die verfahrensrechtlichen Schwierigkeiten bei der Umsetzung und die Probleme bei der Einfügung unionaler Vorgaben in einen häufig ganz anderen dogmatischen Rahmen des nationalen Rechts. UVP-Richtlinien (RiL 85/337/EWG; RiL 97/11/EG[18]) und die IVU-RiL 96/61/EG mögen hier als Beispiele genügen.

Zudem fehlt dem Bund das notwendige Instrumentarium, um den aus Art. 10 EG abgeleiteten Anforderungen an eine effektive und gleichmäßige Geltung des Unionsrechts Rechnung zu tragen. Fehlt ihm die Gesetzgebungskompetenz oder ist sie – wie beim Naturschutz (Art. 75 Abs. 1 Nr. 3 GG) – auf Rahmenregelungen begrenzt, so bereitet die Erfüllung der unionsrechtlichen Verpflichtungen regelmäßig Probleme. Dass das nicht nur ein theoretisches Problem ist[19], zeigen zahlreiche Vertrags-

---

16 *P. M. Huber*, Recht der Europäischen Integration, § 22 Rn. 1 ff.
17 *P. M. Huber*, Recht der Europäischen Integration, § 22 Rn. 3.
18 Abl. EG 1997 Nr. L73/5; *F. J. Feldmann*, Umweltverträglichkeitsprüfung: EG-Richtlinie und ihre Umsetzung in Deutschland, in: Rengeling (Hrsg.), EUDUR, Band I, § 34 Rn. 21 ff.
19 20. Jahresbericht über die Kontrolle der Anwendung des Gemeinschaftsrechts (2002) vom 21. 11. 2003, KOM (2003) 669 endgültig, S. 82.

verletzungsverfahren, der 1996 gestellte Antrag der EU-Kommission auf Verhängung eines Zwangsgeldes gegen Deutschland wegen Nichtbefolgung von EuGH-Urteilen im Bereich des Umweltrechts[20] oder die Schwierigkeiten mit der innerstaatlichen Umsetzung der FFH-Richtlinie[21].

Zwar sind die Länder durch das Bundesstaatsprinzip und den Grundsatz der Bundestreue (Art. 20 GG)[22] gehalten, dem Bund die Erfüllung seiner unionsrechtlichen Verpflichtungen zu ermöglichen; auch wäre – je nach Lage der Dinge – der Einsatz der Bundesaufsicht (Art. 84 Abs. 3 bis 5, Art. 85 Abs. 3 und 4 GG) oder gar des Bundeszwangs (Art. 37 GG) denkbar[23]. Praktische Erfahrungen mit diesem Instrumentarium gibt es jedoch nicht. Hinzu kommt, dass ihre Anwendung typischerweise auch eine Klärung durch das Bundesverfassungsgericht erforderlich macht, sodass die hier in Betracht kommenden Verfahren zu schwerfällig und zu langwierig sind, um innerhalb der vom Unionsrecht in der Regel vorgegebenen engen Zeitspannen eine verbindliche Klärung herbeizuführen. Das gilt erst recht, wenn es hier auch noch der Durchführung eines Vorabentscheidungsverfahrens (Art. 234 EG) bedarf.

Selbst Haftungsansprüche zwischen Bund und Ländern gibt es in diesem Kontext nicht. Der insoweit in Betracht kommende Art. 104 a Abs. 5 GG findet auf das Handeln von Gesetzgeber und Regierung keine Anwendung, und auch für den nicht ordnungsgemäßen Vollzug des Unionsrechts hat das Bundesverwaltungsgericht die Möglichkeit einer analogen Anwendung – etwas zu schnell[24] – zurückgewiesen[25]. Insoweit bedarf es wohl erst einer Verfassungsänderung, bevor ein innerstaatlicher Ausgleich für fehlerhaft verausgabte Mittel der EU oder die Anlastung von Zwangsgeldern möglich wird[26].

---

20 Abl. EG 1997 Nr. C166/7 f.; konkret ging es um die Nichtumsetzung der Grundwasser-Richtlinie RiL 80/68/EWG, der Gewässerschutz-Richtlinie RiL 75/440/EG und der Vogelschutzrichlinie RiL79/409/EWG, für deren Umsetzung jedenfalls auch die Länder verantwortlich waren.
21 *M. Gellermann*, Biotop- und Artenschutz, in: Rengeling (Hrsg.), EUDUR, Band II, 1. Teilband, § 78 Rn. 47 ff.
22 Grundlegend *H. Bauer*, Die Bundestreue, 1992, S. 195; *M. Zuleeg*, DÖV 1977, 462 (466).
23 *P. M. Huber*, Recht der Europäischen Integration, § 22 Rn. 7.
24 Die Annahme des Gerichts, die Länder seien wegen der unmittelbaren Anwendbarkeit der EG-Verordnungen gegenüber der EU zum ordnungsgemäßen Vollzug verpflichtet und nicht gegenüber dem Bund, verwechselt die zweifellos bestehende objektiv-rechtliche Bindung der Länder und die unionsrechtliche Pflichtenstellung. Letztere besteht nur zwischen EU und Bund.
25 BVerwGE 116, 234 ff.
26 Zu diesem Problemkreis *M. Böhm*, JZ 2000, 382 ff.; *J. Hellermann*, in: von Mangoldt/Klein/Starck, Grundgesetz, Band III, 4. Aufl., 2001, Art. 104 a Rn. 204; *P.M. Huber*, Recht der Europäischen Integration, § 22 Rn. 7; *F. Littwin*, DVBl. 1997, 151 ff.

3. Die mangelnde Europaorientierung

Die in Deutschland maßgebliche Verfassungsordnung ist heute durch die Öffnung des nationalen Verfassungsrechts für das „Integrationsprogramm" gekennzeichnet, die es in materieller Hinsicht dazu zwingt, sich den von Art. 6 EU statuierten Homogenitätsanforderungen anzupassen, letztlich aber auch den Bedingungen und Strukturen unionaler Entscheidungsfindung. Insoweit bedeutet die Mitgliedschaft in der EU faktisch das Ende nationaler Verfassungsautonomie[27]. Dem tragen weder die Kompetenzordnung des Grundgesetzes noch die Vorschriften über die innerstaatliche Willensbildung in europäischen Angelegenheiten ausreichend Rechnung.

Als eines der zentralen Strukturprobleme des deutschen Föderalismus unter den Bedingungen des Mehr-Ebenen-Systems lässt sich somit ausmachen, dass das Grundgesetz, ungeachtet aller offenen Staatlichkeit, der es von Anfang an verpflichtet gewesen ist, nach wie vor als Verfassung eines sich selbst genügenden Nationalstaats konzipiert ist[28]. In ihm geht es in erster Linie darum, die Macht auf möglichst viele Träger zu verteilen. Dieser „introvertierte" Föderalismus trägt der europäischen Einbindung Deutschlands angesichts des mittlerweile erreichten Standes der Integration jedoch nicht (mehr) ausreichend Rechnung, ganz abgesehen davon, dass sich der Gedanke der vertikalen Gewaltenteilung angesichts der weitgehenden Übertragung von Zuständigkeiten auf die europäische Ebene bis zu einem gewissen Grad überlebt hat.

III. Die Staatszielbestimmung des Art. 23 Abs. 1 GG

1. Europatauglichkeit als Maßstab für eine neue Verantwortungsteilung

Zu den täglich drängender werden Herausforderungen an die bundesstaatliche Ordnung des Grundgesetzes gehört an erster Stelle der tiefgreifende Funktionswandel, den das nationale Verfassungsrecht durch seine immer weiter fortschreitende Europäisierung erfährt. Wenn es richtig ist,

---

27 *I. Pernice*, Europäisches Verfassungsrecht im Werden, in: Bauer u. a. (Hrsg.), Ius Publicum im Umbruch, 2000, S. 25 (35).
28 Positive Bewertung dagegen bei *H. Bauer*, DÖV 837 (841), der in der Kodifizierung der Mitwirkungsrechte nach Art. 23 Abs. 4 bis 6 GG einen Beleg für die Europaorientierung und innere Reformfähigkeit des deutschen Föderalismus sieht.

dass sich Bedeutung und Stellenwert der Verfassung nur erschließen, wenn man unter Zugrundelegung eines funktionalen Verfassungsbegriffs danach fragt, inwieweit sie die politische Einheitsbildung der Gesellschaft stets aufs neue aktualisiert[29], wenn man sie also „von der Aufgabe und Funktion ... in der Wirklichkeit geschichtlich-konkreten Lebens her"[30] zu erfassen sucht, wenn es richtig ist, dass das zunehmend an die Grenze seiner Leistungsfähigkeit stoßende[31] nationale Verfassungsrecht heute nicht mehr und das unionale Verfassungsrecht (noch) nicht zur gesellschaftlichen Einheitsbildung in der Lage sind[32], dass sich nur noch aus ihrer Zusammenschau die Grundordnung des politischen und sozialen Lebens in allen Mitgliedstaaten der EU erschließt und unionale und nationale Verfassung „Komplementär-Verfassungen"[33] sind, auf wechselseitige Ergänzung angelegte Teile eines „Mehr-Ebenen-Verfassungsverbundes"[34], je für sich jedoch auf die Rolle einer Teilverfassung[35] reduziert, wenn unionale und nationale Teilverfassung komplementäre Maßstäblichkeit besitzen und in jedem Mitgliedstaat die Funktion wechselseitiger Auffangordnungen haben[36], dann muss die bundesstaatliche Kompetenzordnung diesem tiefgreifenden Funktionswandel der nationalen Verfassung Rechnung tragen. Sie muss sich daran messen lassen, inwieweit sie die Erfüllung der wesentlichen Staatszwecke – Sicherheit nach innen und außen, soziale Gerechtigkeit, ökologische Zukunftsfähigkeit und die Bewahrung und Behauptung der die nationale Identität prägenden Kultur – gerade auch unter den institutionellen Bedingungen der europäischen Integration erfüllen kann. Konsequenterweise muss die Europatauglichkeit der bundesstaatlichen Ordnung des Grundgesetzes zu Beginn des

---

29 *K. Hesse*, Grundzüge des Verfassungsrechts der Bundesrepublik Deutschland, 20. Aufl., 1995, Rn. 6.
30 Konrad Hesse, a. a. O.
31 *U. Di Fabio*, Das Recht offener Staaten, 1998, S. 5; *J. Schwarze*, Deutscher Landesbericht, in: *ders.* (Hrsg.), Die Entstehung einer europäischen Verfassungsordnung, 2000, S. 109 (181).
32 *P. M. Huber*, Europäisches und nationales Verfassungsrecht, VVDStRL 60 (2001), 194 (199 ff.).
33 *I. Pernice*, Europäisches Verfassungsrecht im Werden, S. 25 (35); *ders.*, in: Dreier (Hrsg.), Grundgesetz, Band II, 1998, Art. 23 Rn. 20; *P. M. Huber*, VVDStrL 60 (2001), 194 (208); *ders.*, Recht der Europäischen Integration, § 5 Rn. 23.
34 Zum Begriff des „Verfassungsverbundes" *I. Pernice*, Europäisches Verfassungsrecht im Werden, S. 25 (26); *ders.*, in: Dreier (Hrsg.), Band II, Art. 23 Rn. 20; *ders.*, JZ 2000, 866 (870); zum politikwissenschaftlichen Hintergrund *M. Morlok*, Grundfragen einer Verfassung auf europäischer Ebene, in: Häberle/Skouris (Hrsg.), Staat und Verfassung in Europa, 2000, S. 73 (88).
35 Zur Vorstellung des Grundgesetzes als bloßer „Teilverfassung" *A. von Bogdandy*, Der Staat 39 (2000), 163 (166) (Fragmentarische Ordnung); *I. Pernice*, Europäisches Verfassungsrecht im Werden, S. 25 (26 f.), 33; *R. Steinberg*, ZRP 1999, 365 (373).
36 *P. M. Huber*, VVDStRL 60 (2003), 194 (227).

21. Jahrhunderts ein, wenn nicht der zentrale Leitgedanke für eine klarere Verantwortungsteilung von Bund, Ländern und Kommunen sein.

Soweit die Verflechtungen der bundesstaatlichen Ordnung strukturell mit dafür verantwortlich zeichnen, dass Deutschland seine unionsrechtlichen Verpflichtungen nicht erfüllen kann, kann sich aus der Staatszielbestimmung für das vereinte Europa in Art. 23 Abs. 1 GG[37] sogar eine verfassungsrechtliche Vorgabe ergeben, die Entscheidungsstrukturen des Bundesstaates „europatauglich" zu Ende zu gestalten. Denn diese Bestimmung schreibt die Mitgliedschaft Deutschlands in der EU verfassungsrechtlich fest, mit allen Konsequenzen, die das für eine Neuausrichtung der Balance zwischen Bund und Ländern haben kann.

2. Auffanggesetzgebung mit Zugriffsrecht als neuer Typus

a) Allgemeines

Unter dem Gesichtspunkt von Flexibilität und Innovationsfähigkeit der bundesstaatlichen Ordnung im Allgemeinen und ihrer Europatauglichkeit im Besonderen wird vor diesem Hintergrund die Einführung einer „Auffanggesetzgebung" des Bundes mit „Zugriffsrecht" der Länder als neuer Typus der Gesetzgebung gefordert. Der Vorschlag geht im Kern, und ohne europarechtlichen Bezug zurück auf das Sondervotum von *Heinsen* zur Enquête-Kommission „Verfassungsreform"[38] und wird – mit unterschiedlichen Nuancen – sowohl vom Föderalismus-Konvent der Landesparlamente, der Enquête-Kommission des Bayerischen Landtags, den Ministerpräsidenten als auch von zahlreichen Stimmen aus Wissenschaft und Gesellschaft befürwortet[39]. Dieser Gesetzgebungstyp würde dem Bund

---

37 *P. M. Huber*, Recht der Europäischen Integration, § 4 Rn. 8.
38 Sondervotum zu Abschnitt 4.1 „Neuverteilung der Gesetzgebungszuständigkeiten" von Senator a. D. *Heinsen*, Bundestagsdrucksache 7/5924, S. 137 f. mit dem Vorschlag für einen Art. 72a GG: „(1) Abweichend von Art. 72 Abs. 1 können die Länder im Bereich der konkurrierenden Gesetzgebung eine bundesgesetzliche Regelung durch Landesgesetz ersetzen, wenn nicht der Bundestag innerhalb von drei Monaten nach Zuleitung Einspruch erhebt. (2) Landesgesetze nach Abs. 1 werden dem Bundestag und der Bundesregierung durch den Präsidenten der Volksvertretung des Landes zugeleitet. Dabei sind die Vorschriften des Bundesrechts, von denen abgewichen wird oder die ergänzt werden, ausdrücklich zu nennen. Das Landesgesetz wird frühestens nach Ablauf der in Abs. 1 genannten Frist wirksam."
39 Siehe dazu MPK-Beschluss vom 27. 3. 2003, TOP 3, „Modernisierung der bundesstaatlichen Ordnung – Leitlinien für die Verhandlungen mit dem Bund"; Bayerischer Landtag (Hrsg.), Bericht der Enquête-Kommission des Bayerischen Landtags, Beiträge zum Parlamentarismus, 2002, S. 50 ff.; die Terminologie ist uneinheitlich; von „Vorranggesetzgebung der Länder" spricht *G. Robbers*, Entwicklungsperspektiven des Föderalis-

einerseits die Kompetenz einräumen, in den einschlägigen – eigentlich den Ländern zugeordneten – Materien Vollregelungen zu erlassen, es diesen aber gleichzeitig gestatten, durch einen „Zugriff" ohne weitere Voraussetzungen von den Vorgaben des Bundesrechts abzuweichen.

In der Sache wäre die „Auffanggesetzgebung mit Zugriffsrecht" damit in gewisser Weise ein Pendant zur konkurrierenden Gesetzgebung nach Art. 74 i. V. m. Art. 72 Abs. 1 GG[40]. Unterschiede bestünden allerdings insoweit, als das Bundesrecht durch den „Zugriff" eines Landes nicht „gebrochen"[41], sondern nur überlagert würde, dem Landesrecht also lediglich ein Anwendungsvorrang zukäme, sowie darin, dass ein solcher Zugriff nicht in Betracht kommen kann, wenn ihm zwingende verfassungs- oder unionsrechtliche Gründe entgegenstehen.

b) Die Implementation des Unionsrechts als wichtigster Anwendungsbereich

Diese Auffanggesetzgebung mit Zugriffsrecht bietet sich als neuer Typus einer Gesetzgebungszuständigkeit des Bundes insbesondere dort an, wo ein Kernbestand an Regelungen durch höher- oder vorrangiges Recht vorgegeben ist, eine Untätigkeit des Gesetzgebers aber nicht hingenommen werden kann und eine bundeseinheitliche Regelung letztlich verzichtbar erscheint. In solchen Fällen ist unter dem Blickwinkel der Subsidiarität und der Eigenverantwortlichkeit ein föderaler Wettbewerb möglich, wobei das notwendige Maß an Solidarität und Effektivität durch die bundesgesetzliche Wiedergabe und Abrundung zwingender unions- wie verfassungsrechtlicher Vorgaben sichergestellt werden kann.

Das gilt zuvörderst für die Implementation (Umsetzung, Operationalisierung) des Unionsrechts, soweit der Bund dazu nicht schon nach Maßgabe von Art. 74 ff. GG berufen ist[42]. Die Umsetzung von Unionsrecht ist aus der Sicht der EU ohnehin Sache des Bundes. Das unionsrechtliche Effek-

---

mus, in: Brenner u. a. (Hrsg.), FS Badura, 2004, S. 431 (439) mit Blick auf die Vorschläge des Föderalismuskonvents (krit.).
40 *M. Möstl*, ZG 18 (2004), 297 (303).
41 Dazu *P. M. Huber*, in: Sachs (Hrsg.), Grundgesetz, 3. Aufl. 2003, Art. 31 Rn. 13.
42 Seiner Zeit voraus hat *M. Zuleeg*, DÖV 1977, 462 (466), aus dem Grundsatz der Bundestreue bereits de constitutione lata „eine Art Ersatzkompetenz" des Bundes zur Implementation von Unionsrecht abgeleitet, „die von den Ländern wieder zurückgeholt werden kann, wenn sie die gemeinschaftliche Verpflichtung zu erfüllen bereit sind"; zu Recht kritisch *Mögele*, BayVBl 1989, 577 (583). Auf die innerstaatliche Willensbildung nach Art. 23 Abs. 2, 4 und 5 GG hätte dies keine Auswirkungen, da es bei den hier interessierenden Gegenständen um *Landes*kompetenzen geht.

tivitätsgebot⁴³ verpflichtet ihn sogar, das nationale Recht und die innerstaatliche Rechtsordnung so auszugestalten, dass die Durchsetzung unionsrechtlicher Vorgaben nicht praktisch unmöglich gemacht wird[44].

Ob dies in Deutschland wirklich der Fall ist, kann bezweifelt werden. Die Aufspaltung der Umsetzungszuständigkeiten nach Maßgabe der grundgesetzlichen Kompetenzverteilung bereitet – wie gezeigt – zum Teil erhebliche Schwierigkeiten. Deutschland gehört heute zu den Mitgliedstaaten, die die größten Probleme bei der Implementation des Unionsrechts haben[45]. Nicht selten beruhen Vertragsverletzungsverfahren (Art. 226 EG), in denen die Bundesrepublik Deutschland in die Haftung genommen wird, darauf, dass ein Land den unionsrechtlichen Anforderungen nicht gerecht geworden ist, was für den Bund u. U. weit reichende finanzielle Folgen haben kann (Art. 228 EG). Zwar verpflichten die Grundsätze der Bundesstaatlichkeit und der Bundestreue (Art. 20 GG) die Länder dazu, dem Bund die Erfüllung seiner unionsrechtlichen Pflichten zu ermöglichen[46]; über ein Instrumentarium, diese Verpflichtung innerstaatlich auch rasch und effektiv durchzusetzen, verfügt er – außer beim Vollzug unionsrechtlich veranlasster Bundesgesetze (Art. 84 Abs. 4 und 5, Art. 85 Abs. 3 und 4 GG) – jedoch nicht.

Der mit der Auffangkompetenz des Bundes verbundene Einbruch in die Gesetzgebungszuständigkeit der Länder mag gerade bei der Implementation des Unionsrechts auf den ersten Blick zurückschrecken lassen. Bei genauer Betrachtung relativiert sich dieser Eindruck jedoch. Denn die Länder würden hier über das Bundesrecht nur an unionsrechtlich ohnehin verpflichtende Vorgaben gebunden, könnten diese jedoch in ihr Landesrecht übernehmen und von darüber hinausgehenden Regelungen des Bundes (sog. Draufsatteln) sofort und ohne weiteres abweichen. Mit Blick auf die EU aber gestattete es dieser Typus von Gesetzgebungskompetenz der Bundesrepublik Deutschland, ihre europarechtlichen Verpflichtungen unabhängig von der bundesstaatlichen Verteilung der Gesetzgebungszuständigkeiten zu erfüllen und die Gefahr zu verringern, Vertragsverletzungsverfahren und Strafzahlungen unterworfen zu werden.

---

43 EuGHE 1990, I-3437 (3458), Rz. 19; 1998, I-4951 (4986 f.), Rz. 19, 34; 1989, I-4997 (5019), Rz. 18; 1998, I-6307 (6334), Rz. 25.
44 EuGHE 1976, 1989 (1998); 1976, 2043 (2053); 1980, 617 (629).
45 20. Jahresbericht über die Kontrolle der Anwendung des Gemeinschaftsrechts (2002), KOM (2003) 669 endgültig; nur auf den Binnenmarkt bezogen: Pressemitteilung der KOM vom 12. 01. 2004, IP/04/33.
46 *K.-P. Sommermann*, in: von Mangoldt/Klein/Starck (Hrsg.), Grundgesetz, Band II, 2000, Art. 20 Abs. 1 Rn. 40; allgemein BVerfGE 6, 309 (328, 361 f.).

3. Haftungsregelungen im Bund-Länder-Verhältnis (Art. 104 a Abs. 5 GG)

Reformbedürftig ist vor dem Hintergrund des bislang ausgeführten auch die Haftung im Bund-Länder-Verhältnis. Nach Art. 104 a Abs. 5 GG haften Bund und Länder einander für eine ordnungsgemäße Verwaltung. Das nähere soll durch Bundesgesetz bestimmt werden, das der Zustimmung des Bundesrates bedarf (Art. 104 a Abs. 5 Satz 2 GG).

Zu einem solchen Gesetz ist es angesichts seiner unüberschaubaren finanziellen Weiterungen bislang allerdings nicht gekommen. Das Bundesverwaltungsgericht hat Art. 104 a Abs. 5 Satz 2 2. Alt. GG in einem „Kernbereich" von vorsätzlichem und grob fahrlässigem Verhalten dennoch als unmittelbar anwendbare Anspruchsgrundlage anerkannt[47]; eine Haftung für geringere Verschuldensformen hat es jedoch ebenso abgelehnt wie für Schäden, die durch Regierungs- oder Gesetzgebungstätigkeit verursacht werden. Hier sei für eine analoge Anwendung ebenso wenig Raum[48] wie bei einer fehlerhaften Ausführung des Unionsrechts durch die Länder[49]. Deshalb besitzt der Bund weder bei der Verhängung von Zwangsgeld durch den EuGH (Art. 228 Abs. 2 EG)[50] noch bei der Auferlegung von Geldbußen Regressansprüche gegenüber den Ländern. Nach Auffassung des Bundesverwaltungsgerichts ließe sich dies selbst durch das Ausführungsgesetz nicht beheben, weil die verfassungsrechtliche Ermächtigung nicht auf die Haftung für unionsrechtliche Defizite zugeschnitten sei[51].

Sieht man einmal davon ab, dass diese restriktive Auslegung schon deshalb nicht überzeugt, weil sie dem Charakter des Grundgesetzes als „Teilverfassung" im europäischen Verfassungsverbund nicht ausreichend Rechnung trägt und die unter dem Blickwinkel einer systematischen Auslegung zu berücksichtigende Ausstrahlungswirkung von Art. 23 Abs. 1 GG auch auf Art. 104 a Abs. 5 GG verkennt, so dürfte sie darüber hinaus sogar unionsrechtswidrig sein: Wenn die Länder bei einem fehlerhaften Vollzug von Bundesrecht nämlich mit Haftungsansprüchen zu rechnen haben, der fehlerhafte Vollzug des Unionsrechts für sie jedoch folgenlos bleibt, enthält die deutsche Rechtsordnung für den ordnungsgemäßen Vollzug des natio-

---

47 BVerwGE 96, 45 (52 ff.); 100, 56 (60).
48 *A. A. J. Hellermann*, in: von Mangoldt/Klein/Starck (Hrsg.), Grundgesetz, Band III, Art. 104 a Rn. 204.
49 BVerwGE 116, 234 ff.; andere Ansicht *J. Hellermann*, in: von Mangoldt/Klein/Starck (Hrsg.), Grundgesetz, Band III, Art. 104 a Rn. 204; *P. M. Huber*, Recht der Europäischen Integration, § 22 Rn. 7.
50 *M. Böhm*, JZ 2000, 382 (386).
51 BVerwGE 116, 234 (241).

nalen Rechts bessere, jedenfalls mehr Vorkehrungen als für den Vollzug des Unionsrechts. Das aber verstößt gegen das sog. Diskriminierungsverbot, das der EuGH als definitive Grenze der institutionellen und verfahrensmäßigen Autonomie der Mitgliedstaaten herausgearbeitet hat[52].

Erhielte der Bund freilich die „Auffangkompetenz mit Zugriffsrecht" für die umfassende Implementation des Unionsrechts, so würde sich eine Änderung oder Klarstellung von Art. 104 a Abs. 5 GG jedenfalls für die Fälle erübrigen, in denen finanzielle Verpflichtungen/Lasten des Bundes heute auf Implementationsdefizite der Länder zurückzuführen sind. Der Bund könnte auf dieser Grundlage auch die notwendigen nationalen Vorschriften für die Umsetzung des Stabilitätspaktes, und die Kostenfragen für Geldbußen regeln, sähe sich freilich teilweise mit dem Risiko eines „Zugriffs" der Länder konfrontiert.

Eine Lücke verbliebe nach wie vor für Defizite beim Vollzug des Unionsrechts. Hier haftete der Bund gegenüber der EU etwa weiter für die rechtswidrige Vergabe von (z. B. umweltrechtlichen) Unionsbeihilfen, ohne bei dem für den Schaden verantwortlichen Land Regress nehmen zu können. Das führt im Ergebnis dazu, dass das Land für die rechtswidrige Ausreichung der Beihilfen auch noch belohnt wird. Da die Beihilfenempfänger typischerweise keinen Vertrauensschutz genießen[53], ist es grundsätzlich verpflichtet, entsprechende Bewilligungsbescheide zurückzunehmen und den öffentlich-rechtlichen Erstattungsanspruch nach § 49 a VwVfG durchzusetzen; an den Bund muss es die auf diese Weise erlangten Mittel mangels Anspruchsgrundlage gleichwohl nicht weiterleiten. Dass dies dem Grundgedanken bündischer Solidarität zuwider läuft, liegt auf der Hand. Deshalb sollte das Erfordernis des Ausführungsgesetzes in Art. 104 a Abs. 5 GG gestrichen und dieser so weit gefasst werden, dass Bund und Länder im Verhältnis zueinander umfassend für ein ordnungsgemäßes Handeln ihrer Organe haften und die durch sie rechtswidrig verursachten Schäden ersetzen müssen.

---

52 EuGHE 1998, I-4951 (4987) – st. Rspr., *P. M. Huber*, Recht der Europäischen Integration, § 22 Rn. 8.
53 Zum Vertrauensschutz bei Gemeinschaftsbeihilfen und co-finanzierten Beihilfen EuGHE 1983, 2633 (2669); 1998, I-4767 ff.; 2002, I-7699 ff.; BVerwGE 74, 357; 95, 213 (226 f.); BVerwG, NVwZ 1988, 349; 1992, 703; BayVGH, BayVBl. 2003, 152; *S. Kadelbach*, Allgemeines Verwaltungsrecht unter europäischem Einfluss, 1999, S. 458 f.

IV. Neuordnung des Europaverfassungsrechts

1. Allgemeines

Es gehört zu den Funktionsbedingungen europäischer Integration, dass Bundestag und Bundesrat in dem Maße an Entscheidungs- und Kontrollbefugnissen verlieren, in dem Aufgaben und Befugnisse auf die EU und ihre Gemeinschaften übertragen werden.

Auf das Parlament, den Bundestag, bezogen bedeutet dies, dass es in dem Maße aus seiner Rolle als oberstes Leitungsorgan des Staates zugunsten der im Rat vertretenen Regierung verdrängt wird, in dem Hoheitsrechte auf die EU übertragen werden[54]. Gestaltungsmacht besitzt er in diesem Zusammenhang nur noch über die Rolle der im Rat vertretenen Bundesregierung, und mit dem Ausbau von Mehrheitsentscheidungen (Art. 205 EG) wird auch diese Brücke immer brüchiger. Die verfassungsrechtlichen Grundentscheidungen der Volkssouveränität und der Demokratie geraten damit unter Druck[55], nicht nur in Deutschland[56]. Damit verliert – so das Bundesverfassungsgericht[57] – auch der einzelne Wahlberechtigte an Einfluss auf den demokratischen Willensbildungs- und Entscheidungsprozess. Das demokratische Legitimationsniveau sinkt. Konsequenterweise liegt das eigentliche „Demokratiedefizit" der EU daher weniger in den für unzulänglich gehaltenen Mitwirkungsrechten des Europäischen Parlaments begründet, als in der mit diesem Prozess verbundenen unzureichenden demokratischen Kontrolle des Rates und der in ihm vertretenen (Bundes-)Regierung[58].

Für den Bundesrat ergibt sich ein vergleichbarer – angesichts der unterschiedlichen Struktur von Demokratieprinzip und Bundesstaatlichkeit[59]

---

[54] *P. M. Huber*, Die parlamentarische Demokratie unter den Bedingungen der Europäischen Integration, in: Huber/Mößle/Stock (Hrsg.), Zur Lage der parlamentarischen Demokratie, 1995, S. 105, 114; *ders.*, Die Rolle der nationalen Parlamente bei der Rechtsetzung der Europäischen Union, 2001, S. 10.

[55] *P. Kirchhof*, Das Maastricht-Urteil des Bundesverfassungsgerichts, in: Hommelhoff/Kirchhof (Hrsg.), Der Staatenverbund der Europäischen Union, 1994, S. 11 (19).

[56] *P. M. Huber*, Die Rolle der nationalen Parlamente bei der Rechtsetzung der Europäischen Union, S. 10; *ders.*, VVDStRL 60 (2001), 194 (238).

[57] BVerfGE 89, 155 (182).

[58] *H. H. Friauf*, DVBl. 1964,781 (783); *P. M. Huber*, Die Rolle der nationalen Parlamente bei der Rechtsetzung der Europäischen Union, S. 15; *ders.*, Demokratie ohne Volk oder Demokratie der Völker? – Zur Demokratiefähigkeit der Europäischen Union, in: Drexel u. a. (Hrsg.), Europäische Demokratie 1999, S. 27 (56).

[59] Dazu *P. M. Huber*, Klarere Verantwortungsteilung von Bund, Ländern und Kommunen?, Gutachten D zum 65. Deutschen Juristentag 2004, D 37 ff.

allerdings verfassungsrechtlich weniger problematischer – Befund mit Blick auf die in Art. 20 und 50 GG enthaltenen Grundentscheidungen.

Zwar hat der verfassungsändernde Gesetzgeber den mit der Europäisierung verbundenen Einbruch in die Zuständigkeiten von Bundestag und Bundesrat durch die Regelungen von Art. 23 GG zu mildern versucht[60]. Bewährt haben sich die dort geregelten Instrumentarien nach allgemeiner Auffassung jedoch nicht[61]. Während bei ihrer Einführung zum Teil noch die Befürchtung geäußert wurde, dass die damit vorgezeichnete Parlamentarisierung der Europapolitik mit deren nachhaltiger Schwächung und einem Verlust an Berechenbarkeit erkauft sein könnte[62], lässt sich sowohl für den Bundestag als auch für den Bundesrat feststellen, dass sie politisch nicht willens oder in der Lage (gewesen) sind, von diesen Handlungsoptionen effektiv Gebrauch zu machen[63]. Indiz dafür mag auch sein, dass es bis heute nicht eine einzige gerichtliche Entscheidung aus diesem Bereich gibt.

Die Beschränkung des Bundestages auf Informationsrechte sowie das (schlichte) Berücksichtigungsgebot in Art. 23 Abs. 3 GG sind nicht geeignet, die mit der Europäisierung verbundenen Kompetenzeinbußen auch nur annähernd auszugleichen[64]. Zum einen übersteigt die Fülle von Unionsvorlagen die Kapazitäten von Bundestag und Europaausschuss (Art. 45 GG, §§ 93 f. GeschO-BT) und machte, soll sich die Beteiligung des Parlaments nicht in der bloßen Kenntnisnahme(-möglichkeit) erschöpfen, eine politische Gewichtung der Vorlagen notwendig[65]. Diese gelingt jedoch nur ansatzweise. Zum andern vermag es kaum zu überzeugen, wenn der deutsche Vertreter im Rat nach dem Art. 23 Abs. 3 GG kon-

---

60 BT-Sonderausschuss „Europäische Union", BT-Drucksache 12/3896, S. 19 f.; *R. Scholz*, in: Maunz/Dürig(Hrsg.) Grundgesetz, Stand 1996, Art. 23 Rn. 92.
61 C. D. Classen, in: von Mangoldt/Klein/Starck (Hrsg.), Band II, 2000, Art. 23 Abs. 2 Rn. 83; *P. M. Huber*, Die Rolle der nationalen Parlamente bei der Rechtsetzung der Europäischen Union, S. 35.
62 *P. Badura*, Die „Kunst der föderalen Form" – der Bundesstaat in Europa und die Europäische Föderation, in: Festschrift für Lerche, 1993, S. 369 (381); *C. D. Classen*, a. a. o., Art. 23 Abs. 2 Rn. 83.
63 *S. Hölscheidt*, Krit. V 77 (1994), 405 (421); *P. M. Huber*, Die Rolle der nationalen Parlamente bei der Rechtsetzung der Europäischen Union, S. 35; *R. Lang*, Die Mitwirkungsrechte des Bundesrates und des Bundestages in Angelegenheiten der Europäischen Union nach Art. 23 Abs. 2 bis 7 GG, 1997, S. 305; *I. Pernice*, in: Dreier (Hrsg.), Grundgesetz, Band II, Art. 23 Rn. 106, Art. 45 Rn. 10.
64 *U. Di Fabio*, Der Staat 23 (1993), 191 (209); *C. D. Classen*, in: von Mangoldt/Klein/Starck (Hrsg.), Grundgesetz, Band II, Art. 23 Abs. 2 Rn. 83; *V. Nessler*, EuR 29 (1994), 216 (229).
65 *P. M. Huber*, Die Rolle der nationalen Parlamente bei der Rechtsetzung der Europäischen Union, S. 36; früher schon *R. Kabel*, Die Mitwirkung des Deutschen Bundestages in Angelegenheiten der Europäischen Union, in: GS für Grabitz, 1995, S. 241 (259 f.).

kretisierenden Zusammenarbeitsgesetz zunächst die Position des Bundestages vertreten muss, dann jedoch frei sein soll, einer abweichenden Auffassung der Bundesregierung zu folgen[66].

Für den Bundesrat fällt der Befund ähnlich ambivalent aus. Obwohl Art. 52 Abs. 3 a GG – parallel zu Art. 45 GG – im Interesse einer zeitnahen und effektiven Mitwirkung der Länder die Einrichtung einer Europakammer vorsieht, hat diese zwischen 1993 und 2000 nur dreimal getagt[67]. Das mag unterschiedliche Gründe haben; eine zentrale Ursache dürfte auch im zu geringen Stellenwert einer kontinuierlichen und konsistenten Europapolitik für die Landesregierungen zu suchen sein[68].

Dass eine Neuordnung des Europaverfassungsrechts daher dringend geboten ist, liegt auf der Hand und wird auch durch politische Gesichtspunkte erhärtet. Denn zu einer strategischen, prospektiven Beteiligung an der unionalen Rechtsetzung ist Deutschland kaum in der Lage; die Wahrnehmung deutscher Interessen im Rat der EU lässt zu wünschen übrig, ebenso die Implementation des Unionsrechts. Das lässt sich an dem grundlegenden Paradigmenwechsel, den das Umweltrecht seit Ende der 1980er Jahre erfährt, und der die traditionell an materiellen Qualitätsstandards orientierte deutsche Herangehensweise bis zu einem gewissen Grad zugunsten einer prozeduralen abgelöst hat, besonders anschaulich festmachen[69]. Es wird durch den Umstand belegt, dass Deutschland der am häufigsten überstimmte Mitgliedstaat in der EU ist[70], aber auch dadurch, dass es seit Jahren auf einem der letzten Plätze bei der Umsetzung des Unionsrechts rangiert. Diese Defizite beruhen in erster Linie auf der mangelnden Strategiefähigkeit und -willigkeit der Bundesebene sowie den Reibungsverlusten des Ressortprinzips (Art. 65 Satz 2 GG). Ein Bundes-Europaministerium könnte hier deutliche Verbesserungen bringen.

Davon abgesehen streitet das Demokratieprinzip für eine strengere und effektivere Kontrolle der Bundesregierung durch den Bundestag, und der Grundsatz der Bundesstaatlichkeit dafür, dass die vom Grundgesetz austarierte Balance zwischen Bund und Ländern nicht durch eine Entscheidungsverlagerung auf die Ebene der EU zerstört wird. Eine Optimierung der Einfluss- und Kontrollmöglichkeiten von Bundestag und Bundesrat

---

66 *I. Pernice*, in: Dreier (Hrsg.), Grundgesetz, Band II, Art. 23 Rn. 106.
67 *W. Fischer/ C. D. Koggel*, Die Europakammer des Bundesrates, DVBl. 2000, 1742 ff.
68 *P. M. Huber*, Die Rolle der nationalen Parlamente bei der Rechtsetzung der Europäischen Union, S. 36; dass sich der Bundesrat daneben in erheblichem Umfang mit der Umsetzung und Operationalisierung von Unionsrecht beschäftigt, steht dem nicht entgegen.
69 Relativierend *H. Kracht/A. Wasielewski*, Integrierte Vermeidung und Verminderung der Umweltverschutzung, in: Rengeling (Hrsg.), EUDUR Band I, § 35 Rn. 118.
70 *M. Seidel*, EuZW 2000, 65.

hinsichtlich der Wahrnehmung der deutschen Mitgliedschaftsrechte durch die Bundesregierung ist vor diesem Hintergrund nicht nur legitim; sie ist verfassungsrechtlich geradezu indiziert. Allerdings müssten die Ausführungsgesetze nach Art. 23 Abs. 3 Satz 3 und Abs. 7 GG etwa durch Fristen zur Stellungnahme und Zustimmungsfiktionen sicherstellen, dass die im „Protokoll über die Rolle der einzelstaatlichen Parlamente" vorgesehenen Befassungsfristen von sechs Wochen[71] nicht überschritten werden. Für den Europaausschuss des Bundestages und die Europakammer des Bundesrates wäre dies eine nicht geringe Herausforderung.

2. Mitwirkungsrechte des Bundestages

Vor diesem Hintergrund hat sich zunehmend die Erkenntnis durchgesetzt[72], dass eine stärkere Beteiligung der nationalen Parlamente am Rechtsetzungsprozess der EU das wichtigste Vehikel ist, um die Legitimations- und Akzeptanzprobleme der EU zu lösen und die Funktionsfähigkeit der mitgliedstaatlichen Verfassungsordnungen, auf denen die EU beruht und auf die sie angewiesen ist, dauerhaft zu sichern[73]. Darüber hinaus zeigt die Erfahrung, dass in jenen Mitgliedstaaten, in denen die parlamentarische Rückkoppelung der nationalen Politik am besten funktioniert – in Dänemark und Großbritannien – die wenigsten Probleme mit der Implementation des Unionsrechts auftreten. Die Einbindung der nationalen Parlamente verbessert die Akzeptanz der unionalen Rechtsakte und erhöht die Bereitschaft zur Umsetzung[74].

a) Inhaltliche Reformansätze

Es gehört deshalb zu den Ungereimtheiten des Art. 23 GG, dass er dem Bundesrat das Recht auf eine „maßgebliche" Berücksichtigung zuspricht, wenn „im Schwerpunkt Gesetzgebungsbefugnisse der Länder, die Einrichtung ihrer Behörden oder ihr Verwaltungsverfahren betroffen sind", der Bundestag sich als einziges unmittelbar demokratisch legitimiertes Verfas-

---

71 Ziff. I.2 und 3 Protokoll über die Rolle der einzelstaatlichen Parlamente in der Europäischen Union (1997).
72 *P. M. Huber*, Die Rolle der nationalen Parlamente bei der Rechtsetzung der Europäischen Union, S. 47; für Großbritannien siehe *P. Birkinshaw*, British Report, in: Schwarze (Hrsg.), Die Entstehung einer europäischen Verfassungsordnung, 2000, S. 205 (252).
73 *Th. de Berranger*, Constitution Nationale et Construction Communautaire, 1995, S. 397; *R. Lang*, Die Mitwirkungsrechte des Bundesrates und des Bundestages in Angelegenheiten der Europäischen Union nach Art. 23 Abs. 2 bis 7 GG, S. 279 f.
74 *C. D. Classen*, in: von Mangoldt/Klein/Starck (Hrsg.), Grundgesetz, Band II, Art. 23 Abs. 2 Rn. 82.

sungsorgan des Bundes jedoch mit einem bloßen Berücksichtigungsanspruch zufrieden geben muss (Art. 23 Abs. 3 GG)[75].

Da das eigentliche Demokratiedefizit in der EU auf der mangelnden Kontrolle der Bundesregierung bzw. des Ländervertreters beruht, müsste eine überzeugendere Ausgestaltung der Mitwirkungs- und Kontrollrechte des Bundestages in Angelegenheiten der EU deshalb an dem Gebot ansetzen, dass die für das Zusammenleben in der Gesellschaft „wesentlichen" Angelegenheiten einer hinreichend bestimmten Regelung durch das Parlament bedürfen. Da diesen Anforderungen durch das Zustimmungsgesetz nach Art. 23 Abs. 1 GG und das dort niedergelegte „Integrationsprogramm" wegen seiner finalen Struktur nicht hinreichend Rechnung getragen werden kann[76], sollte eine Änderung des Grundgesetzes die dem Wesentlichkeitskriterium unterfallenden Angelegenheiten einer intensivierten Mitwirkung des Bundestags unterwerfen. Damit würde die von der Verfassung intendierte und durch die Europäisierung verschobene Funktionenordnung lediglich ein Stück weit wiederhergestellt.

Die Identifizierung dermaßen „wesentlicher" Angelegenheiten mag Schwierigkeiten bereiten. Diese sind jedoch zu bewältigen. So kann zunächst auf die außerordentlich umfangreiche Rechtsprechung und Literatur zurückgegriffen werden, wie sie sich im Gefolge der Strafgefangenen-Entscheidung des Bundesverfassungsgerichts entwickelt hat[77]. Auch kann der Blick auf Art. 207 Abs. 3 EG hilfreich sein, der den Rat unter dem – dogmatisch verwandten – Gesichtspunkt des Zugangs der Öffentlichkeit zu seinen Dokumenten (Art. 255 EG) verpflichtet, die Fälle festzulegen, „in denen davon auszugehen ist, dass er als Gesetzgeber tätig wird. ..."
Im Anhang zur Geschäftsordnung des Rates werden insoweit der Erlass rechtsverbindlicher Maßnahmen nach Art. 37, 251 und 252 EG aufgeführt. Da es hier ebenfalls um Demokratie und Transparenz geht, kann diese Kategorisierungsleistung auch für eine bessere demokratische Kontrolle durch die nationalen Parlamente genutzt werden[78].

---

[75] In diesem Sinn auch *I. Pernice*, in: Dreier (Hrsg.), Grundgesetz, Band II, Art. 23 Rn. 106.
[76] Zu den Problemen des Grundsatzes der begrenzten Einzelermächtigung in der Praxis: EuGHE 1993, I-565 (635), Rz. 27 ff; zum extensiven Ansatz des EuGH bei der Wahrnehmung seiner Prüfungskompetenzen siehe EuGHE 1998, I-2763 (2787 f.), Rz. 12 ff.; 1998, I-1831 ff.; 1998, I-1931 ff.; 2000, I-8419 ff.; EuGH, DÖV 2000, 421, Rz. 15 ff.; *J. Schwarze*, Deutscher Landesbericht, in: ders. (Hrsg.), Die Entstehung einer europäischen Verfassungsordnung, 2000, S. 109 (198); optimistischer zum Prinzip der begrenzten Einzelkompetenz und seiner Leistungsfähigkeit BVerfGE 89, 155 (187 f.), 191 ff.; 92, 203 (238 f.); 97, 350 ff.
[77] BVerfGE 33, 1 ff.; 49, 89 (126 ff.).
[78] Zu den unionsrechtlichen Ansatzpunkten für eine Kontrolle des Rates durch die nationalen Parlamente siehe Protokoll Nr. 9 über die Rolle der einzelstaatlichen Par-

In allen „wesentlichen" Angelegenheiten sollte deshalb die Stellungnahme des Bundestags „maßgeblich berücksichtigt" werden. Er würde dem Bundesrat damit im wesentlichen gleichgestellt (Art. 23 Abs. 5 Satz 2 GG) und die Bundesregierung – wie in Österreich (Art. 23 e Abs. 2 Satz 1 ÖstB-VG) – an die Stellungnahme des Bundestages grundsätzlich gebunden. Anders als § 5 Abs. 2 Satz 5 ZusBRG, der für eine solche Bindung einen mit zwei Dritteln seiner Stimmen gefassten Beschluss des Bundesrates vorsieht, muss der Bundestag eine solche Bindung im Hinblick auf die Wertung des Art. 67 Abs. 1 Satz 1 GG aber schon mit der Mehrheit seiner Mitglieder (Art. 121 GG) herbeiführen können.

Zur Erhaltung der Handlungsfähigkeit Deutschlands bedürfte es allerdings bestimmter Einschränkungen. Sie beträfen zum einen zwingende außen- und integrationspolitische Gründe[79]. Zum anderen bedürfte es zur Sicherung der parlamentarischen Verantwortlichkeit der Bundesregierung eines Art. 23 Abs. 5 Satz 3 GG nachgebildeten Vorbehalts, wonach in Angelegenheiten, die zu Ausgabenerhöhungen und Einnahmenminderungen führen können, die Zustimmung der Bundesregierung erforderlich ist. Sollte die Bundesregierung von einer entsprechenden, maßgeblich zu berücksichtigenden Stellungnahme des Bundestages abweichen wollen, hätte sie ihm bzw. dem Europaausschuss dies vorher rechtzeitig mitzuteilen. Der Bundestag könnte, wenn er die Abweichung nicht akzeptieren will, dann entweder mit einer einstweiligen Anordnung nach § 32 BVerfGG oder mit einem Misstrauensvotum reagieren. Das unionsrechtliche Institut der „scrutiny reserve" und das Protokoll über die Rolle der einzelstaatlichen Parlamente in der EU gewährleisten, dass solchen verfassungsrechtlichen Bindungen auch im Rahmen des Unionsrechts Rechnung getragen werden kann.

b) Mitwirkung des Bundestages bei Verfahren vor dem EuGH

Anders als § 7 ZusBRG kennt das ZusBTG bislang auch keine Verpflichtung der Bundesregierung, gegen einen Rechtsetzungsakt der EU und ihrer Gemeinschaften auf Verlangen des Bundestages Klage zu erheben. Das ist vor dem Hintergrund der verfassungsrechtlichen Ausgangslage nicht ganz folgerichtig, weil die Rechtsetzung auf Unionsebene primär zu

---

lamente in der Europäischen Union (1997), Ziff. I; VVE: Protokoll über die Rolle der nationalen Parlamente in der Europäischen Union, Ziff. I; Art. 1–11 Abs. 3 VVE i. V. m. Protokoll über die Anwendung der Grundsätze der Subsidiarität und der Verhältnismäßigkeit.

79 Der Gesichtspunkt spielt im Verhältnis zwischen Bundesregierung und Bundesrat schon de lege lata eine wichtige Rolle, siehe § 5 Abs. 2 Satz 2 ZusBRG; BVerfGE 92, 203 (236 f.).

seinen Lasten geht. Der Bundestag hat deshalb ein legitimes Interesse daran, dass das „Integrationsprogramm" durch die EG-Organe gewahrt, das Subsidiaritätsprinzip (Art. 5 Abs. 2 EG) beachtet und in die Grundrechte der Bürger nicht unnötig eingegriffen wird. Daher sollte das ZusBTG um eine Bestimmung ergänzt werden, die die Bundesregierung zur Erhebung einer Nichtigkeitsklage vor dem EuGH (Art. 230 EG) verpflichtet, wenn der betreffende Rechtsakt Gesetzgebungskompetenzen des Bundestages berührt und dieser eine Klageerhebung verlangt. Eine entsprechende unionsrechtliche Ermächtigung ist im Subsidiaritätsprotokoll zum VVE enthalten (Ziff. 7). Mit der Ratifizierung des VVE hat der Gesetzgeber diesem Anliegen nun Rechnung getragen.

3. Die Mitwirkung des Bundesrates nach Art. 23 Abs. 4 und 5 GG

Die Mitwirkungsrechte, die Art. 23 Abs. 2, 4 und 5 GG sowie das ZusBRG dem Bundesrat einräumen, gestatten ihm schon heute eine substanzielle, ja bestimmende Einflussnahme auf die Willensbildung des Bundes, wobei das Gebot „maßgeblicher" Berücksichtigung durch die gesamtstaatliche Verantwortung des Bundes begrenzt wird (Art. 23 Abs. 5 Satz 2 2. Halbsatz GG, § 5 Abs. 2 Satz 2 ZusBRG). Sie zu wahren ist Aufgabe der Bundesregierung.

Angesichts der geringen Schwierigkeiten, die diese Beteiligung der Länder an der Formulierung der deutschen Europapolitik bislang bereitet hat, erscheint es vertretbar, die komplizierte Regelung des Art. 23 Abs. 5 GG zu ändern und Bundesrat und Bundestag insoweit gleichzustellen, als die – mit der Mehrheit des Art. 52 Abs. 3 Satz 1 GG zu beschließende – Stellungnahme des Bundesrates überall dort „maßgeblich" zu berücksichtigen sein sollte, wo er innerstaatlich mitzuwirken hat.

Auch eine solche Bindung muss der Bundesregierung allerdings den notwendigen integrationspolitischen Bewegungsspielraum lassen und darf angesichts des institutionellen Gleichgewichts zwischen Bundestag und Bundesrat nicht zu einer Privilegierung des Bundesrates gegenüber dem Bundestag führen. Deshalb muss die Bundesregierung auch hier in der Lage sein, aus zwingenden außen- und integrationspolitischen Gründen oder aus zwingenden Gründen des gesamtstaatlichen Interesses nach vorheriger Ankündigung von der Stellungnahme des Bundesrates abzuweichen. Dies böte ihm die Möglichkeit, vor der Zustimmung der Bundesregierung im Rat der EU notfalls durch das Bundesverfassungsgericht klären zu lassen, ob ein Abweichen von seiner Stellungnahme gerechtfertigt ist oder nicht[80]. Damit wäre eine Bindung der Bundesregierung an das Votum des Bundesrates bei wesentlichen Rechtsetzungsvorhaben (!) die Regel, ein Abweichen die – rechtfertigungsbedürftige – Ausnahme.

4. Gemeinsamer Ausschuss

Um die Effektivität der deutschen Verhandlungsführung im Rat der EU nicht durch allzu schwerfällige Mitwirkungs- und Kontrollverfahren der beiden Kammern zu belasten, böte es sich an, einen aus jeweils 16 Mitgliedern bestehenden gemeinsamen Ausschuss von Bundestag und Bundesrat zu bilden, der – entsprechend der Zusammensetzung des Ministerrates – eine unterschiedliche personelle Besetzung aufweisen könnte und parallel zu den Tagungen des Rates seine Sitzungen abhalten müsste. Diesem gemeinsamen Ausschuss könnten – wie es heute bereits im Europaausschuss und der Europakammer der Fall ist – die Rechte des Plenums übertragen werden. Auf diese Weise ließe sich eine zeitnahe Rückbindung der Bundesregierung an das Parlament sicherstellen und dessen Einbeziehung in den europäischen Entscheidungsfindungsprozess verstärken[81].

5. Ländervertreter

So viel für eine Intensivierung der parlamentarischen Kontrolle im Innenverhältnis spricht, so problematisch ist die Durchbrechung der Zuständigkeit des Bundes für die Vertretung Deutschlands nach außen, namentlich durch den in Art. 23 Abs. 6 GG geregelten Ländervertreter.

Diese Bestimmung ist schon aus verfassungsrechtlicher Sicht kritikwürdig. Dem Landesminister fehlt es zwar nicht an der insitutionellen – die Bestimmung ist durch verfassungsänderndes Gesetz eingeführt worden –, wohl aber an der nur über den Bundestag zu vermittelnden personellen demokratischen Legitimation. Er unterliegt keiner vom Bundestag einzufordernden parlamentarischen Verantwortung und vermag dennoch für den Gesamtstaat verbindlich zu handeln[82]. Das senkt das demokratische Legitimationsniveau über die von der Europäisierung ohnehin verursachten „Einflussknicks" hinaus weiter ab.

---

[80] Siehe etwa BVerfGE 80, 74 ff.
[81] Diesen Vorschlag hat *C. O. Lenz* auf dem 65. Deutschen Juristentag 2004 in Bonn unterbreitet.
[82] *P. Badura*, in: FS für Redeker, 1993, S. 111/126; *P. M. Huber*, Recht der Europäischen Integration, § 11 Rn. 46 f.

Eine Auslegung von Art. 23 Abs. 6 GG, § 6 Abs. 2 ZusBRG im Lichte von Art. 20 GG und unter dem Blickwinkel der „Einheit der Verfassung" muss der Bundesregierung zumindest die Befugnis zuerkennen, in begründeten Fällen von der Übertragung abzusehen bzw. sie wieder rückgängig zu machen. Das ist insbesondere dann der Fall, wenn sich keine rechtzeitige Entscheidung des Bundesrates abzeichnet. Aber auch aus rechtspolitischen Erwägungen sind Art. 23 Abs. 6 GG, § 6 ZusBRG zu Recht der Kritik ausgesetzt, weil sie eine effektive Verhandlungsführung erheblich erschweren (können). Das ist im Einzelnen dargelegt worden.

Zwar wachen die Länder geradezu eifersüchtig über dieses Recht[83]; zehn Jahre Staatspraxis belegen jedoch eine erhebliche Kluft zwischen Anspruch und Wirklichkeit. Die Erfahrungen mit dem Ländervertreter sind, gelinde gesagt, ambivalent. Des Öfteren gelingt es nicht, die Standpunkte der Länder rechtzeitig zu koordinieren. Der Staatspraxis lässt sich zudem nicht entnehmen, dass mit diesem Instrument Wesentliches zur Sicherung der Länderautonomie geleistet worden wäre.

Die Architektur des Grundgesetzes, die die Außenvertretung in die Hände des Bundes legt (Art. 32 Abs. 1 GG), sowie die Leitlinien von Solidarität und die Effektivität sprechen deshalb dafür, die Vertretung Deutschlands in der EU (wieder) in den Händen des Bundes zu konzentrieren. Auch bei einer Streichung von Art. 23 Abs. 6 wäre der Bundesrat keineswegs entmachtet. Seine Informationsrechte existierten fort und seine Beteiligung an der innerstaatlichen Willensbildung wäre verstärkt. Sie wird ergänzt durch die unionsrechtliche Verpflichtung der Bundesregierung zu einer frühzeitigen und effektiven Einbeziehung der nationalen Parlamente, was auch zugunsten des Bundesrates gilt. Das vom VVE vorgesehene Frühwarnsystem (Art. 1–11 Abs. 3) käme dem Bundesrat ebenfalls zugute[84] und sicherte das in § 7 ZusBRG geregelte Klage(erzwingungs)verfahren sogar unionsrechtlich ab. Auch der „Länderbeobachter" existierte fort. Vor diesem Hintergrund spricht viel dafür, Art. 23 Abs. 6 ersatzlos zu streichen, wie es der 65. Deutsche Juristentag 2004 auch empfohlen hat[85].

---

[83] FAZ vom 24. 1. 2004, Nr. 20/4 D, S. 1 „Fairer Föderalismus".
[84] Ziff. 6 III des Subsidiaritätsprotokolls spricht von „Kammern nationaler Parlamente".
[85] Verhandlungen des 65. Juristentages Bonn 2004, Band II/1 Sitzungsbrichte, 2004, Beschluss-Nr. 42 P 138; ferner *P. M. Huber*, Gutachten D zum 65. Deutschen Juristentag, D 112, D 148 Ziff. 32.

V. Fazit

Um die Schwierigkeiten zu begreifen, mit denen der deutsche Bundesstaat im Staaten- und Verfassungsverbund der EU zu kämpfen hat, eignet sich das Umweltrecht in besonderer Weise. Die Aufspaltung der Gesetzgebungszuständigkeiten, die Probleme des Exekutivföderalismus und seine finanzverfassungsrechtlichen Konsequenzen treffen hier auf ein dynamisches Rechtsgebiet, in dem die EU im Jahr mehrere hundert Rechtsakte erlässt. Am Umweltrecht lässt sich deshalb auch exemplifizieren, dass das Kompetenzverteilungssystem des Grundgesetzes für den mit der europäischen Integration verbundenen Veränderungsdruck und seine rechtliche und politische Bewältigung nur unzureichend gerüstet ist. Änderung tut insoweit Not!

Horst Risse

Bildungs- und Hochschulwesen: Trennsystem oder Ingerenzen des Bundes?

I. Einleitung

Das Scheitern der Kommission zur Modernisierung der bundesstaatlichen Ordnung[1] ist von den beiden Kommissionsvorsitzenden, dem SPD- Partei- und Fraktionsvorsitzenden *Franz Müntefering* und dem bayrischen Ministerpräsidenten und Vorsitzenden der CSU Dr. *Edmund Stoiber,* mit unüberbrückbaren Differenzen über die Kompetenzverteilung im Bildungs- und Hochschulwesen begründet worden.[2] Auch wenn es öffentliche Spekulationen darüber gegeben hat, ob nicht in Wahrheit andere politische Erwägungen für das ebenso unerwartete wie wenig rühmliche Ende der Kommissionsarbeit ursächlich waren, spricht nichts dafür anzunehmen, dass die Vorsitzenden sich mit der von ihnen gelieferten Begründung in politischer Camouflage geübt haben. Der saarländische Ministerpräsident *Peter Müller* hat dies bei den Bitburger Gesprächen Anfang 2005 noch einmal nachdrücklich bekräftigt.[3]

Das Bildungs- und Hochschulwesen ist auch wichtig genug, um selbst für eine so bedeutende und letztlich eine unabsehbare Vielfalt von Politikfeldern betreffende Reformanstrengung wie die Bundesstaatsreform zum entscheidenden Stolperstein zu werden. In ihrem Programm „Deutschland 2010" erklärt die SPD die Bildung zum Thema Nr. 1 für die Zukunft Deutschlands,[4] und in der Union wird dieser Gegenstand sicher kaum tiefer gehängt sein. Deshalb erscheint es in der Tat sinnvoll, dem Thema und dem Versuch seiner Bewältigung in der Kommission noch einmal nachzugehen. Dabei kann es im Rahmen der hier anzustellenden Betrachtungen nicht darum gehen, einen bildungs- oder hochschulpolitischen Diskurs zu führen. Hier, wie auch in der Kommission, muss die kompetenzrecht-

---

1 Eingesetzt von Bundestag und Bundesrat durch Beschlüsse vom 16. und 17. 10. 2003, BT-Drs. 14/1685 und BR-Drs. 750/03.
2 *Müntefering*, 11. Sitzung, 17. 12. 2004, Sten. Bericht, S. 279 B; *Stoiber*, a. a. O., S. 281 D.
3 44. Bitburger Gespräche, 05.–07. 01. 2005, „Föderalismusreform".
4 „Weimarer Beschlüsse" des SPD Parteivorstands vom 10. 01. 2005, www.spd.de/servlet/PB/menu/1043658/index.html.

liche Verortung der Bildungszuständigkeiten im Mittelpunkt stehen. Dies gilt sowohl für die gegebene Rechtslage wie für die angestellten Reformüberlegungen.

II. Bildung und Hochschule in der Kompetenzordnung des Grundgesetzes de constitutione lata

Auch wenn mit dem Schlagwort von der „Kulturhoheit der Länder" in der öffentlichen Debatte oft eine sehr pauschale Zuständigkeitsklärung zu Gunsten der Länder vorgenommen wird, lohnt es sich, die gegebene Kompetenzverteilung zwischen Bund und Ländern genauer zu beleuchten. Dies ist in unserem Zusammenhang schon deshalb nötig, weil der Status quo auch der natürliche Maßstab für alle Reformüberlegungen in der Kommission war.

Die moderne Bildungspolitik setzt bereits weit vor dem herkömmlichen Beginn der Schulpflicht an und erfasst damit auch die Kleinst- und Kleinkinderbetreuung in Krippen und Kindergärten. Zwar überlässt der Bundesgesetzgeber dem Landesrecht die Regelung der Einzelheiten des Kinderbetreuungsrechts, aber er setzt die Maßstäbe, indem er den Umfang der sicherzustellenden Betreuung und die Zielsetzung festlegt. Dabei geht es neben der Betreuung der Kinder ausdrücklich auch um deren Erziehung und Bildung[5]. Gestützt sind diese bundesrechtlichen Regelungen aber auf den Kompetenztitel „öffentliche Fürsorge" (Art. 74 Abs. 1 Nr. 7 GG)[6].

Im eigentlichen allgemeinbildenden Schulbereich, also der Grund-, Haupt-, Real- und Gesamtschulen sowie den Gymnasien, ist vom Wirken des Bundesgesetzgebers hingegen zunächst nichts zu spüren. Ganz außen vor ist er aber dennoch nicht: Die schulrechtlichen Regelungen des Art. 7 GG beeinflussen zumindest die Schulaufsicht und das Privatschulwesen[7], deren Ausfüllung obliegt aber dem Landesgesetzgeber.

Seit 1969 ist der Bund aber über die Bildungsplanung gem. Art. 91 b GG auch im Schulbereich mit von der Partie. Allerdings ist sein insoweit tatsächlich gewonnener Einfluss überschaubar geblieben. Die Bund- Länder-

---

5 § 22 Abs. 3 SGB VIII.
6 BT-Drs. 15/4045, S. 42.
7 S. dazu *Müller*, Das Recht der freien Schulen nach dem Grundgesetz, 2. Aufl. 1982; *Johann Peter Vogel*, Das Recht der Schulen und Heime in freier Trägerschaft, 1984.

Kommission für Bildungsplanung und Forschungsförderung (BLK)[8] erstellte zwar 1973 einen Bildungsgesamtplan[9], der aber vor dem Hintergrund tiefgreifender ideologischer Unterschiede in den Auffassungen insbesondere zur Schulstruktur im Ergebnis folgenlos blieb[10].

Es kann deshalb festgehalten werden, dass der Bund als Gesetzgeber oder Kraft Planung keinen nennenswerten Einfluss auf die allgemein bildenden Schulen hat. Wenn ihm dennoch Möglichkeiten offen stehen, seine bildungspolitischen Vorstellungen zu befördern – immerhin unterhält er ein ganzes Ministerium zu deren Entwicklung –, dann vielleicht am wirksamsten über die Vergabe von Finanzhilfen (Art. 104 a Abs. 4 GG)[11]. Die Vorschrift ermöglicht es, unter bestimmten Voraussetzungen (z. B. zum Ausgleich unterschiedlicher Wirtschaftskraft) Finanzhilfen für besonders bedeutsame Investitionen der Länder und Gemeinden (Gemeindeverbände) zu gewähren.

Ein besonders anschauliches Beispiel für die Wirksamkeit dieses Mittels ist das Ganztagsschulprogramm der Bundesregierung von 2003. Mit beachtlicher medialer Begleitung bot die Bundesbildungsministerin 2003 den Ländern Investitionsmittel in Höhe von 4 Mrd. € (bis 2007) zum Ausbau von Ganztagsschuleinrichtungen an. Anfangs kündigten einige Kultusminister unionsgeführter Länder an, das Angebot ablehnen zu wollen, da mit ihm ein massiver Eingriff in die Kulturhoheit der Länder verbunden sei. Klar war, dass der ohnehin minimale finanzielle Spielraum der Kultusressorts durch das Programm weiter eingeschränkt wurde. Denn die Bundesmittel decken lediglich (einen Teil der) Investitionskosten bspw. für eine Schulcafeteria ab, deren Betrieb ist hingegen aus Landesmitteln zu finanzieren[12]. Das hierfür erforderliche Geld steht natürlich nicht mehr für die Umsetzung eigener schulpolitischer Entscheidungen des Landes zur Verfügung. Faktisch entscheidet so der Bund darüber mit, ob der Physiksaal ausgestattet oder Pausenräume eingerichtet werden, ob Lateinlehrer oder Hausaufgabenbetreuer eingestellt werden.

Am Ende sind alle Länder dem Lockruf des Geldes gefolgt[13], etwas anderes wäre politisch auch kaum durchzuhalten gewesen. Bei so viel schlussendlich erzielter Einigkeit erweist sich als Schelm, wer danach fragt, wel-

---

8 Verwaltungsabkommen vom 25. 06. 1970, Bulletin der BReg 1970, S. 891 f.
9 BT-Drs. 7/1474.
10 *Glotz/Faber*, HbVerfR, § 28, Rn. 51.
11 *Glotz/Faber*, a. a. O., Rn. 35.
12 Etwas anderes ließe Art. 104 a Abs. 4 auch gar nicht zu: „... Finanzhilfen für besonders bedeutende *Investitionen*...".
13 Verwaltungsvereinbarung vom 29. 04. 2003, http//www.ganztagsschulen.org/_down loads/Verwaltungsvereinbarung_IZBB.pdf. Dort auch weitere Hinweise zu dem Programm.

che der drei in Art. 104 a Abs. 4 GG genannten Bedingungen für die Gewährung von Finanzhilfen des Bundes eigentlich bei dem Ganztagsschulprogramm erfüllt sein soll[14]: Die „Abwehr einer Störung des gesamtwirtschaftlichen Gleichgewichts" oder „die Förderung des wirtschaftlichen Wachstums" wollen beide nicht recht einschlägig erscheinen, und die Verteilung der Finanzmittel auf alle 16 Länder lässt jedenfalls nicht erkennen, wie da wessen „unterschiedliche Wirtschaftskraft" ausglichen wird[15].

Im Bereich der beruflichen Bildung ist die Position des Bundesgesetzgebers ungleich gefestigter. Art. 74 Abs. 1 Nrn. 11 und 12 GG begründen seine Zuständigkeit für die betriebliche Berufsausbildung. Hier sind insbesondere das Berufsbildungsgesetz und die Handwerksordnung einschlägig. Da die Regelungen zur Berufsschulausbildung aber Ländersache sind, ist ein erheblicher Koordinierungsaufwand erforderlich, der auch die am Wirtschaftleben Beteiligten einbeziehen muss[16].

Auch im Hochschulrecht kann der Bund auf einer verfassungsrechtlich festen Kompetenzbasis agieren. Bedeutend ist zunächst seine Rahmenkompetenz für die „allgemeinen Grundsätze des Hochschulwesens" (Art. 75 Abs. 1 Nr. 1 a GG, s. dazu das HRG). Darüber hinaus verfügt er über die konkurrierende Gesetzgebungskompetenz für die Ausbildungsbeihilfen (Art. 74 Abs. 1 Nr. 13 GG, wahrgenommen vor allem durch das BAföG). Beide Zuständigkeitstitel sind 1969 geschaffen worden.

Über die Reichweite der Rahmenkompetenz des Art. 75 Abs. 1 Nr. 1 a GG hat es zwischen dem Bund und den Ländern immer wieder Streit gegeben[17], der durch das Fünfte und das Sechste HRG-Änderungsgesetz[18] mit der bundesrechtlichen Einführung der Juniorprofessur und dem Verbot von Studiengebühren einen Höhepunkt erreichte. Beide Verfahren waren parallel zur Arbeit der Kommission in Karlsruhe anhängig, das zur Juniorprofessur wurde auch während ihrer Beratungen entschieden[19]. Das BVerfG äußerte sich zum einen zur Bedeutung der Bedürfnisklausel des Art. 72 Abs. 2 GG[20], was die Kommissionsberatungen in vielfacher Hinsicht beeinflusste, zum anderen aber auch zu den Grenzen der Rahmenge-

---

14 Dazu – mit negativem Ergebnis – *Winterhoff*, JZ 2005, 62 ff.
15 Der Finanzverteilungsschlüssel hebt auf die Zahl der Schüler der Grundschulen und Sekundarstufe I in den verschiedenen Ländern ab, Art. 3, Fn. 1 der VerwVereinbarung, (Fn. 13).
16 Dazu allg. *Oppermann*, in: Isensee/ Kirchhof, HdStR VI, § 135, Rn. 64.
17 Erhebliche Differenzen gab es auch in der wiss. Diskussion, vgl. z. B. *Maunz*, in: Maunz/Dürig, Art. 75, Rn. 75–77 und *Degenhart*, in Sachs, GG, Art. 75, Rn. 17–24.
18 BGBl 2002 I, S. 693 und 3138.
19 BVerfG, 2 BvF 2/02 v. 27. 07. 2004, http://www.bverfg.de/entscheidungen/fs200407 27_2bvf000202.html.
20 BVerfG, a. a. O., Absatz-Nrn. 95–102.

setzgebung allgemein (Wahrung eines echten normativen Spielraums für den Landesgesetzgeber[21], Detail- oder unmittelbar geltende Regelungen nur in ganz engen Ausnahmefällen[22]) und schließlich speziell zu den Grenzen der Hochschulrahmenkompetenz. Hier betonte es die Reduzierung auf „Grundsätze", die auch noch „allgemein" zu sein haben[23]. Den Ländern müsse ein konzeptioneller Gestaltungsspielraum verbleiben. Hochschulrahmenrecht ist also „weniger" als sonstiges Rahmenrecht[24].

Diese Grenzen überschritten die Bestimmungen der §§ 44 bis 48 HRG, die den (nicht habilitierten) Juniorprofessor zum Modelltypus des erstberufenen Hochschullehrers machen wollten und dem Landesgesetzgeber nur noch marginale Ergänzungsregelungen ohne substantielles Gewicht zugestanden[25]. Damit erweist sich die hochschulpolitische Gestaltungsmacht des Bundesgesetzgebers als deutlich begrenzt. Sieht er sich in allen Bereichen der konkurrierenden und der Rahmengesetzgebung schon durch die neue Rechtsprechung des BVerfG zur Bedürfnisklausel des Art. 72 Abs. 2 GG[26] ungewohnten Restriktionen ausgesetzt, muss er auf dem Hochschulsektor noch einmal gesteigerte Beschneidungen der bislang gewohnten Gestaltungsfreiheit hinnehmen. Immer ist den Ländern ein substantieller Teil zur konzeptionellen Gestaltung zu lassen. Art. 75 Abs. 1 Nr. 1 a GG trägt die bundesgesetzliche Vorgabe einer einheitlichen Hochschulverfassung nicht[27].

Schließlich ist noch auf die Finanzierungszuständigkeit des Bundes im Hochschulbau[28] hinzuweisen. Auch diese Gemeinschaftsaufgabe geht auf die Verfassungsänderungen des Jahres 1969 zurück. Die Investitionsentscheidungen trifft der von Bund und Ländern paritätisch besetzte Planungsausschuss mit Dreiviertelmehrheit, faktisch also einstimmig, stets unter Mitwirkung des betroffenen Landes. Für die Bereitstellung der Mit-

---

21 BVerfG, a. a. O., Absatz-Nr. 86.
22 „schlechthin unerläßlich" ..., BVerfG, a. a. O., Absatz-Nr. 94.
23 BVerfG, a. a. O., Absatz-Nr. 107 f.
24 *Rengeling*, in: Isensee/Kirchhof, HbStR IV, § 100, Rn. 268.
25 BVerfG, a. a. O., Absatz-Nrn. 117, 119.
26 Grundlegend BVerfGE 106, 62 ff.
27 Im Gegensatz zum „Juniorprofessururteil" (Fn. 18) ist dem „Studiengebührenurteil", BVerfG, 2 BvF 1/03 vom 26. 1. 2005, http://bverfg.de/entscheidungen/fs200501 26_2bvf000103.html zu Art. 75 Abs. 1 Nr. 1 a GG nichts Einschränkendes zu entnehmen. Die Frage der Einführung von Studiengebühren fällt unter die „allgemeinen Grundsätze des Hochschulwesens" (Absatz-Nr. 65). Die Verfassungswidrigkeit des 6. HRG-ÄndG beruht auf einem Verstoß gegen Art. 72 Abs. 2 GG (kein Bedürfnis für eine bundesgesetzliche Regelung (Absatz-Nrn. 66–83).
28 S. zu den Regelungen im Einzelnen das Hochschulbauförderungsgesetz, BGBl 1969 I, S. 1556, zuletzt geändert BGBl 2004 I, S. 497; vgl. auch *v. Arnim*, in: Isensee/ Kirchhof, HbStR IV, § 103, Rn. 63 ff.

tel ist der jeweilige Haushaltsgesetzgeber verantwortlich. Der Bundesanteil (50 % der im Rahmen der GA getätigten Ausgaben) beträgt derzeit ca. 900 Mio. € pr., bei sinkender Tendenz[29]. Allgemein wird das schwerfällige Verfahren in den zuständigen Gremien kritisiert[30].

III. Die Reformdiskussion in der Kommission

Nach dieser tour d' horizon durch die Bundeskompetenzen in den Bereichen Bildung und Hochschule lässt sich festhalten, dass das Schlagwort von der Kulturhoheit der Länder durchaus seine Berechtigung hat. Aber ein Entscheidungs- und Gestaltungsmonopol ist den Ländern von Verfassungs wegen auch keineswegs eingeräumt. Vor diesem Hintergrund sollen nun die einschlägigen Diskussionen in der Kommission zusammengefasst und aufgezeigte Lösungsmöglichkeiten vorgestellt werden. Bekanntlich haben sich diese aber am Ende nicht als tragfähig erwiesen.

Wenn man so etwas wie den Ausgangspunkt der bildungs- und hochschulpolitischen Diskussion benennen will, so ist das von dem Abg. Dr. *Röttgen* (CDU/CSU) geprägte Schlagwort vom Bildungsbereich „vom Kindergarten bis zur Habilitation"[31] am geeignetsten. Zwar hat sich die Kommission nie darauf verständigen können, ein solches Kompetenzfeld zu schaffen. Aber die Idee, bei einer Reform der Kompetenzkataloge nicht von kleinteiligen Einzeltiteln, sondern von ganzen Politikfeldern auszugehen, hat die Debatten in der Kommission bis in ihre Arbeitsstrukturen hinein beeinflusst[32]. Der Gedanke wurde aufgegriffen und Gegenstand der Forderung der Länder nach einer Konzentration der Kompetenzen im Bildungs- und Erziehungsbereich auf ihrer Ebene[33]. Die Forderung nach einer „Vollkompetenz" im Bildungsbereich entwickelte sich zum Kern-

---

29 34. Rahmenplan 2005–2008, www.bmbf.de/press1370.php; vgl. zur Entwicklung der Ausstattung der Gemeinschaftsaufgabe: Bundesstaatskommission, Arbeitsunterlage (AU) 20, Tabelle 1. Dokumentation der Bundesstaatskommission, Veröffentlichung in der Schriftenreihe „Zur Sache" des Deutschen Bundestages. Zitierweise nach dem Ordnungssystem der Kommission, das in der Dokumentation beibehalten wird.
30 *Glotz/ Faber*, HbVerfR, § 28, Rn. 50.
31 *Röttgen*, Bundesstaatskommission, Arbeitsgruppe (AG) 1, 1. Sitzung, 15. 01. 2004, Protokollvermerk S. 2 f.
32 Die Kommission bildete später Projektgruppen, von denen sich vier bestimmten Kompetenzfeldern widmen sollten (neben Bildung/Hochschule: Öff. Dienstrecht, regional radizierte Themenbereiche, Umweltschutz).
33 Positionspapier der Ministerpräsidenten vom 06. 05. 2004, Kom-Drs 45, Ziff. 7.

Bildungs- und Hochschulwesen: Trennsystem oder Ingerenzen des Bundes?

punkt der Länderposition[34]. Daraus resultierte der Wunsch nach einem vollständigen Rückzug des Bundes aus dem Hochschulsektor[35]. Verbunden war dieser Wunsch mit deutlicher Kritik an der Einflussnahme des Bundes über die Gewährung von Finanzhilfen für Bildungseinrichtungen[36]. Die Kompetenzwahrnehmung sollte „ungestört" möglich sein.

Dass die Zielvorstellungen der Koalition in eine durchaus andere Richtung wiesen, wurde an einem Vorstoß deutlich, der das Bildungs- und Hochschulwesen gar nicht spezifisch betraf. In einem Vorschlag zur Regelung der Mischfinanzierungstatbestände der Art. 91 a, 91 b und 104 a Abs. 4 GG schlugen die Abg. *Kröning* und *Runde* (beide SPD) die Schaffung eines „Zusammenwirkenstatbestands" vor, der u. a. die Bereiche „Fortentwicklung des Bildungswesens sowie Förderung von Einrichtungen und Vorhaben der wissenschaftlichen Forschung und Hochschulen" umfassen sollte[37]. Die Vorlage dieses Papiers sorgte bei der Klausurtagung der Kommission am 10. Juni 2004[38] für einige Aufregung. Die Passage „Fortentwicklung des Bildungswesens" wurde daraufhin von den Initiatoren als streitig in „eckige Klammern" gesetzt; die Zielrichtung war aber klar markiert und der mit dieser verbundene Dissens offenkundig.

1. Hochschule

Die Debatte in der zuständigen Projektgruppe konzentrierte sich auf den Hochschulbereich und dort auf die Rahmenkompetenz des Bundes. Sie ergab in durchaus beachtlichen Teilbereichen Einigkeit[39]. Dies galt zunächst für die allgemeine Feststellung, dass den Hochschulen eine möglichst weit gehende Autonomie zugestanden werden soll[40]. Es kristalli-

---

34 *Teufel*, AG 1, 7. Sitzung, 30. 09. 2004, Protokollvermerk S. 14 f. Vgl. auch Projektgruppen-Arbeitsunterlage (PAU)-3/0016; für die Landtage: Kom-Drs. 83.
35 *Hoffmann* (HB), AG 1, 7. Sitzung, 30. 09. 2004, Protokollvermerk S. 15.
36 *Schön* (BY), AG 1, 2. Sitzung, 12. 02. 2004, Protokollvermerk S. 10; *Beck* (RP), Kom-Drs. 35, S. 3.
37 Kom-Drs. 57 neu überarbeitete Fassung in AU 100. Dort soll sich das Zusammenwirken von Bund und Ländern auf die „Förderung von bedeutsamen Vorhaben im Bildungswesen sowie von Einrichtungen und Vorhaben der wissenschaftlichen Forschung und der Hochschulen" beziehen.
38 Über diese Klausurtagung ist keine Niederschrift gefertigt worden.
39 Vgl. zu dem Folgenden die Zusammenfassung des Sprechers der Projektgruppe (PG) 3, Abg. Dr. *Krings* (CDU/CSU), PG 3, 3. Sitzung, 25. 08. 2004, Ergebnisvermerk S. 4.
40 Hierzu ins. der Abg. *Burgbacher* (FDP), PAU 3–0003 (= BT-Drs. 14/2402); Kommission, 9. Sitzung, 14. 10. 2004, Sten. Bericht, S. 225, unter Hinweis auf Stellungnahmen der Sachverständigen, Kom-Drs. 78, 78-a bis 78-f.

sierte sich auch schnell heraus, dass bundeseinheitliche Regelungen für die Hochschulzulassung, die Abschlüsse und die Qualitätssicherung allgemein für erforderlich gehalten wurden, wobei der Inhalt dieses etwas schillernden Begriffs allerdings nie präzisiert wurde. Streitig blieb die Frage, ob eine bundeseinheitliche besondere Regelung für das wissenschaftliche und künstlerische Personal nötig ist. Der Kernpunkt des Dissenses in der Projektgruppe war aber die Frage, auf welche Weise die bundeseinheitlichen Regelungen dieser drei bzw. vier Punkte bewirkt werden sollte[41]. Während die Vertreter der Länder, unterstützt von dem Vertreter der Bundestags- Unions- Fraktion Abg. Dr. *Krings*, im Sinne einer konsequenten Entflechtung die vollständige Aufgabe der Bundeskompetenz forderten und bundeseinheitliche Regelungen durch die Selbstkoordination der Länder (Staatsverträge) erreichen wollten, sprachen sich die Vertreterinnen der Koalitionsfraktionen (Abg. *Kressl*, SPD, und *Sager*, Bündnis90/Grüne) für eine konkurrierende Gesetzgebungskompetenz des Bundes aus. Die Regelung über Staatsverträge erschien ihnen zu umständlich und wegen des dabei herrschenden Einstimmigkeitsprinzips auch inhaltlich nicht zielführend (Einigung auf dem „kleinsten gemeinsamen Nenner"). Das war auch die Haltung der Bundesregierung[42].

Diese Meinungsunterschiede ließen sich auf der Ebene der Projektgruppe nicht beilegen und mussten folglich Teil des Gesamtlösungsvorschlags werden, der von den Vorsitzenden erwartet wurde. Zu dessen Vorbereitung fanden drei „Konsultationsrunden" statt, an den neben den Vorsitzenden die Obleute der Kommission und die Koordinatoren der beiden Arbeitsgruppen sowie die Vertreter der Bundesregierung teilnahmen[43]. Diesen Konsultationsrunden lagen „Sprechzettel" der Vorsitzenden zugrunde, die den jeweiligen Stand ihrer Beratungen wiedergaben. Weder in diesen Sprechzetteln[44] noch in dem Vorentwurf für einen Vorschlag der Vorsitzenden zum Abschluss der Kommissionsarbeiten vom 13. Dezember 2004[45] ist eine einvernehmliche Position zum Hochschulbereich enthalten. Dennoch erschien – jedenfalls nach der Wahrnehmung einiger Teilnehmer – nach der 2. Konsultationsrunde am 26. November 2004 ein Kompromiss denkbar. Danach hätte der Bund die konkurrierende Gesetzgebungskompetenz für den Hochschulzugang und die Hochschulab-

---

[41] Zu den Positionen vgl. für die Bundesregierung PAU-3/0012 und für die Länder PAU-3/0016.
[42] *Catenhusen* (BMBF), PG 3, 4. Sitzung, 07. 09. 2004, Ergebnisvermerk S. 1.
[43] Sitzungen am 10. 11. , 26. 11. und 03. 12. 2004. Der Teilnehmerkreis bestand aus insgesamt 25 Personen; außer je einem Mitarbeiter der Vorsitzenden und dem Leiter des Sekretariats waren keine Mitarbeiter zugelassen. Ein Protokoll wurde nicht geführt.
[44] Die Sprechzettel werden in der Dokumentation veröffentlicht.
[45] AU 104 neu.

schlüsse erhalten, während alle anderen Aspekte des Hochschulrechts den Ländern zugefallen wären. Diese Hoffnung – sollte sie überhaupt je begründet gewesen sein – erwies sich aber als trügerisch.

Ursächlich hierfür war womöglich das Verständnis, das der Bund insbesondere dem Begriff „Hochschulzugang" zugrunde legte. War dieser in den bisherigen Verhandlungen offenbar von vielen mehr oder minder synonym mit dem der „Hochschulzulassung" verwendet worden, stellte eine von Bundesseite beigefügte Anlage zu dem Sprechzettel vom 3. Dezember 2004 klar, dass keineswegs nur die Zulassung i. S. d. Numerus-Clausus-Urteils des BVerfG[46], sondern auch derzeit landesrechtlich geregelte Fragen wie z. B. der Zugang aufgrund beruflicher Qualifikation und die hochstrittige Frage der Studiengebühren gemeint seien. Auch tauchte in der Anlage der Begriff der Qualitätssicherung wieder auf, ohne dass er im Haupttext bei der Bezeichnung der angestrebten Bundeszuständigkeit genannt worden war. Da somit keine Einigung über einen Vorschlag möglich war, enthielt der Vorentwurf vom 13. Dezember 2004 lediglich einen Hinweis auf die andauernden Gespräche der Vorsitzenden und den Status quo, also die Beibehaltung des Art. 75 Abs. 1 Nr. 1 a GG.

Damit war in einem vor allem für die Länder (wenigstens deren Mehrheit) wesentlichen Punkt das Reformziel nicht erreicht: Es war nicht gelungen, ein bedeutendes Politikfeld in die alleinige Gestaltung der Länderebene zu überführen. Verfehlt war darüber hinaus das allseits verfolgte Ziel der Beseitigung der Rahmengesetzgebung als Kompetenzkategorie, da zumal auch bei den umweltbezogenen Rahmenkompetenzen keine Einigung gelang[47].

2. Finanzhilfen im Bildungsbereich

Der finanzrechtliche Teil des Vorentwurfs des Vorsitzendenvorschlags enthielt einen Art. 104 a Abs. 4 GG ersetzenden Vorschlag eines neuen Art. 104 b GG, dessen Abs. 1 Finanzhilfen des Bundes für Vorhaben ausgeschlossen hätte, die in die ausschließliche Gesetzgebung der Länder fallen[48]. Dieser Vorschlag hatte in den Diskussionen der Kommission und

---

46 BVerfGE 33, 331 f.
47 AU 104 neu, Vorbemerkung und Ziff. II 5.
48 AU 104 neu, Ziff. III 1.: Vorschlag eines Art. 104 b Abs. 1 GG: Der Bund kann den Ländern für besonders bedeutsame Investitionen der Länder und der Gemeinden (Gemeindeverbände) Finanzhilfen für Vorhaben, die nicht Gegenstand der ausschließlichen Gesetzgebung der Länder sind, gewähren, die 1. zur Abwehr einer Störung des gesamtwirtschaftlichen Gleichgewichts oder 2. zum Ausgleich unterschiedlicher Wirt-

ihrer Untergremien keine Rolle gespielt. Erstmals tauchte er als Prüfauftrag in dem Sprechzettel der Konsultationsrunde am 26. November 2004 auf, als Ersatzkonstruktion für die von den Ländern gewünschte und vom Bund abgelehnte Erhöhung des Zustimmungsquorums für Finanzhilfegesetze im Bundesrat.

Wäre dieser Vorschlag realisiert worden, wäre das ein durchaus beachtlicher Erfolg aus Ländersicht gewesen, hätte er Initiativen des Bundes wie das Ganztagsschulprogramm inhibiert[49]. Dabei ist allerdings zweifelhaft, ob diese Konsequenz hinreichend bedacht worden ist, denn in demselben Sprechzettel ist festgehalten, dass der Bund darauf besteht, dass es bei einer gemeinsamen Finanzierung und Gestaltung im Bildungswesen bleibt[50].

3. Gemeinschaftaufgabe Hochschulbau

Die Gemeinschaftsaufgabe Hochschulbau wurde in der Kommission sowohl unter bildungs- wie unter finanzrechtlichen Gesichtspunkten diskutiert. Von Beginn an waren die Gemeinschaftsaufgaben allgemein wegen des mit ihnen verbundenen Verwaltungsaufwands und ihrer Schwerfälligkeit kritisiert worden[51]. Ohne hier in die Einzelheiten einzusteigen, kann etwas vereinfachend festgehalten werden, dass dennoch alle Gemeinschaftsaufgaben gute Chancen hatten, die Kommissionsarbeit unbeschadet zu überstehen. Auf Länderseite waren dafür Unsicherheiten über die Kompensationsleistungen des Bundes verantwortlich, auf Bundesseite wollte man wohl den mit den Gemeinschaftsaufgaben verbundenen Einfluss in Länderzuständigkeiten hinein nicht aufgeben. Darüber hinaus ergaben die Erörterungen in der Kommission, dass jedenfalls bei den GA Regionale Wirtschaftsstruktur und Agrarstruktur wegen europarechtlicher Vorgaben auf eine umfassende Bund-Länder-Koordinierung nicht verzichtet werden kann, sodass die Beseitigung dieser Gemeinschaftsaufgaben auch keine Verwaltungsvereinfachung gebracht hätte. Es

---

    schaftskraft im Bundesgebiet oder 3. zur Förderung des wirtschaftlichen Wachstum erforderlich sind.
49 Nicht jedoch die zur Zeit ja auch diskutierte Bundesförderung von „Eliteuniversitäten" (Wettbewerb Exzellenzinitiative, www.bmbf.de/1321.php), denn diese wären auch weiterhin (wegen des Fortbestands von Art. 75 Abs. 1 Nr. 1 a GG) nicht Gegenstand der ausschließlichen Gesetzgebungskompetenz der Länder.
50 Sprechzettel vom 26.11.2004, Ziff. VII A, ebenso Sprechzettel vom 03.12.2004, Ziff. VII A.
51 Vgl. die Bemerkungen in den Ausgangspositionen von Ländern (27.03.2003, Ziff. II) und Bund (9.4.03, Abschnitt B 6).

zeichnete sich jedoch ab, dass die GA Hochschulbau eine allerdings recht begrenzte Ausnahme gemacht hätte, wäre die Kommission zu einem Ergebnis gekommen.

Art. 91 a Abs. 1 Nr. 1 GG, also die GA Hochschulbau, sollte gestrichen werden, freilich nicht ersatzlos, sondern dergestalt, dass die Beschaffung von Großgeräten (einschließlich der in diesem Zusammenhang notwendigen Baumaßnahmen) für Hochschulforschungszwecke als Maßnahmen von überregionaler Bedeutung im Rahmen einer neuen Gemeinschaftsaufgabe Forschungsförderung gemeinsam finanzierbar geblieben wären[52]. Bauten für Lehrzwecke und kleine Forschungsinvestitionen wären damit allerdings in die alleinige Verantwortung der Länder übergegangen. Strittig blieb hier aber die Kompensation. Während die Länder die „überregionalen Bestandteile" der im Rahmen der Art. 91 a Abs. 1 Nr. 1 und Art. 91 b GG getätigten Bundesausgaben mit 15 bis 20 % einschätzten, ging der Bund von 50 % dieser Aufwendungen aus, die bei ihm verbleiben müssten[53]. Hinter dieser Differenz von ca. 30 % steckt ein Betrag von mehreren Hundert Millionen Euro. Da auch dieser Dissens zu dem ungelösten Bildungsproblem gehört, ist die Kommission zum Teil also auch am Streit ums liebe Geld gescheitert.

4. Gemeinschaftsaufgabe Bildungsplanung

In dem schließlich noch anzusprechenden Bereich Bildungsplanung (Art. 91 b GG) waren die unterschiedlichen Ansätze von Anfang an offensichtlich. Keine der beiden Seiten wollte die bestehende Struktur unverändert fortführen. Während aber die Bundesseite aus der bislang optionalen Bildungsplanung einen verpflichtenden Verfassungsauftrag zur Formulierung bundesweit verbindlicher Bildungsstandards machen wollte[54], wollten die Länder die Gemeinschaftsaufgabe abschaffen[55]. Die Position der Länder fand bei der Bundestagsopposition Unterstützung[56], während die Auffassung der Bundesregierung seitens der SPD-Fraktion in Gestalt des schon erwähnten Vorschlags von *Kröning* und *Runde* modifiziert aufgegriffen wurde[57]. Dies allerdings mit einigen Änderungen: Nach dem *Kröning/Runde*-Vorschlag, der Art. 91 b GG ersetzen sollte, war das

---

[52] AU 104 neu, Ziff. III. 1, Art. 91 b. S. auch Zusammenfassung der Beratungsergebnisse PG 3, 5. Sitzung, Ergebnisvermerk S. 4.
[53] *Müntefering*, Kommission, 11. Sitzung, 17. 12. 2004, Sten. Bericht, S. 279.
[54] Positionspapier der BReg vom 9. 4. 03, Abschnitt B 6.
[55] MPK-Beschluss vom 27. 03. 2003, Ziff. II.
[56] Zusammenfassung der Ergebnisse PG 3, 3. Sitzung, 25. 08. 2004, Ergebnisvermerk S. 3.
[57] Kom-Drs. 57 neu, überarbeitet in AU 100.

Zusammenwirken freiwillig, also kein Verfassungsauftrag. Das bestehende Kompetenzgefüge sollte unangetastet bleiben, und es handelte sich bei dem vorgesehenen neuen Art. 104 b GG um eine Bestimmung der Finanzverfassung (Abschnitt X), nicht der Aufgabenverteilung. Dass man auf dieser Grundlage bundesweite Bildungsstandards hätte setzen können, erscheint ausgeschlossen.

Aus der Sicht der Länder waren diese Modifikationen allerdings nicht entscheidend. Auch der *Kröning/Runde*-Vorschlag zielte auf die „Fortentwicklung des Bildungswesens" bzw. in seiner überarbeiteten Fassung die „Förderung von bedeutenden Vorhaben im Bildungswesen" und damit in den Kern dessen, was die Länder als eigenes Gestaltungsfeld wollten[58].

IV. Schluss

Die Analyse der Hochschul- und Bildungsdiskussion in der Kommission[59] zeigt, dass die hier zu Tage getretenen Differenzen so schwerwiegend und grundsätzlich waren, dass das Scheitern der Arbeiten an dieser Stelle unvermeidlich wurde. Womöglich hatte jeder der beiden Vorsitzenden vor ihrem abschließenden Gespräch am 16. Dezember 2004 dennoch die Hoffnung, der jeweils andere werde am Ende in der Bildungsfrage nachgeben (können), wenn praktisch alle anderen Felder geklärt sein würden.

Das war am Schluss nicht möglich. Dabei mag auf Bundesseite bei dem einen oder anderen auch der maßgeblichen Vertreter die unausgesprochene, vielleicht sogar uneingestandene Überzeugung eine Rolle gespielt haben, dass „Wichtiges und sehr Wichtiges in Deutschland immer nur vom Bund allein oder mit dem Bund gelöst" werden kann[60]. Man könnte geneigt sein, dem Mitvorsitzenden *Stoiber* in der Feststellung Recht zu geben, dass so ein Denkansatz mit der Staatsqualität der deutschen Länder schwer zu vereinbaren ist[61] und deshalb die Grundlagen einer Föderalis-

---

58 Unbeschadet dessen war die Länderfront am Ende womöglich nicht mehr ganz geschlossen. Darauf deutet ein Kompromissvorschlag von *Beck* (RP) hin (Gemeinschaftsaufgabe für „lebenslanges Lernen"), s. *Müntefering* (SPD), Kommission, 11. Sitzung, 17. 12. 2003, Sten. Bericht, S. 279 f.). Auch den Ministerpräsidenten von Brandenburg und Mecklenburg- Vorpommern wurden Absetzbewegungen nachgesagt.
59 Nur der Vollständigkeit halber soll erwähnt werden, dass die Länder anfängliche Begehrlichkeiten in Bezug auf die berufliche Bildung am Ende nicht weiter verfolgt haben. Der Vorentwurf des Abschlussvorschlags sieht Wahrung des Status quo vor, ohne dass der Punkt noch angesprochen wird.
60 *Stoiber* (BY), Kommission, 11. Sitzung, 17. 12. 2004, Sten. Bericht, S. 281.
61 *Stoiber* (BY) a. a. O.

musreform in Frage stellt. Aber auch oder vielleicht gerade dann, wenn man diese Position teilt, wirkt die von vielen wegen der katastrophalen Haushaltslage in fast allen Ländern empfundene Unsicherheit darüber verstörend, ob die Länder etwas „wirklich Wichtiges" tatsächlich in ihrer Gesamtheit schultern können. Denn Bildung und Hochschule sind „wirklich wichtig".

Christine Steinbeiß-Winkelmann

Kompetenzverteilung im Umweltrecht sowie im Bildungs- und Hochschulwesen aus Sicht der Bundesregierung

Der Startschuss für die Verhandlungen zur Föderalismusreform zwischen Bund und Ländern auf der Regierungsebene fiel mit dem Beschluss der Regierungschefs vom Dezember 2001. In diese Regierungsverhandlungen war das Bundesministerium der Justiz als Verfassungsressort intensiv eingebunden. Nach der Einsetzung der Verfassungskommission durch Bundestag und Bundesrat im Spätherbst 2003 lag die Federführung für die Koordinierung der Regierungsarbeit beim Bundesministerium der Justiz. Dort war aus diesem Anlass eine Projektgruppe eingerichtet, die unter meiner Leitung stand.

I. Umweltrechtskompetenzen im Spannungsverhältnis von europarechtlichen Anforderungen und landesgesetzlichen Gestaltungsbedürfnissen

Die Kompetenzverteilung im Umweltrecht war für die Bundesregierung von Anfang an eines der zentralen Anliegen der Föderalismusreform. Es war und ist aus Regierungssicht unabdingbar, die Gesetzgebungskompetenzen des Bundes auf diesem Gebiet zu stärken und zu konsolidieren. Schon der Bericht der Bund/Länder-Arbeitsgruppe „Innerstaatliche Kompetenzordnung" zur „Bestandsaufnahme und Problembeschreibung", der im Zuge der Regierungsverhandlungen Ende 2002 vorgelegt wurde und als Arbeitsunterlage 0002 Eingang in die Kommissionsberatungen gefunden hat, bringt das deutlich zum Ausdruck. Gleiches gilt für das Positionspapier der Bundesregierung vom April 2003.

Nach geltendem Verfassungsrecht finden sich die umweltbezogenen Gesetzgebungskompetenzen des Bundes teils als Rahmenkompetenzen in Art. 75, teils als konkurrierende Kompetenzen in Art. 74 GG. Wir haben es also mit einer „Mosaikkompetenz" zu tun, die den heutigen Bedürfnissen nicht mehr gerecht wird.

Umweltrecht ist eine Querschnittsmaterie, und es ist in hohem Maß durch Vorgaben der EU geprägt. Das EU-Recht folgt beim Umweltschutz einem „medienübergreifenden" integrativen Ansatz. Das entspricht dem heutigen Erkenntnisstand zur Wechselbezüglichkeit zwischen den Umweltmedien Luft, Wasser, Boden. EU-Richtlinien betreffen deshalb zumeist alle oder mehrere Umweltmedien bzw. Umweltgüter. So ist etwa die Frage der Umweltschädlichkeit nach der IVU-Richtlinie bilanzierend zu beantworten. Es kommt – vereinfacht ausgedrückt – darauf an, ob ein Vorhaben der Umwelt „unter dem Strich" gut oder schlecht bekommt. Demgegenüber differenziert die deutsche Verfassung bei den Kompetenztiteln nach den einzelnen Umweltmedien und Umweltgütern, weil die heutigen Regelungsthemen des Umweltrechts bei Erlass des Grundgesetzes noch gar nicht absehbar waren. Für zentrale Bereiche, namentlich Wasser und Naturschutz, kann der Bund nur Rahmenrecht setzen, obwohl es hier um Materien geht, die grenzüberschreitenden Charakter haben. Eine kurzfristige und einheitliche Umsetzung von medienübergreifenden EU-Vorgaben ist auf dieser Kompetenzgrundlage nicht möglich.

Das große Vorhaben, ein einheitliches Umweltgesetzbuch zu schaffen, ist an dieser Kompetenzlage gescheitert, und es bleibt Utopie, solange man die Verteilung der Gesetzgebungsbefugnisse unverändert lässt. Daran kann jedenfalls nach der jüngeren Rechtsprechung des Bundesverfassungsgerichts zur Reichweite von Rahmenkompetenzen des Bundes kein Zweifel mehr bestehen. Diese Rechtsprechung hat – leider – den Befürchtungen der Verfassungsressorts der Bundesregierung Recht gegeben, die seinerzeit bei den Bemühungen zum Erlass eines UGB für die Einhaltung der Kompetenzgrenzen verantwortlich waren. Viele Befürworter des UGB-Projekts hielten damals unsere Einschätzung zu Art. 75 GG für zu eng. Vor allem aus der Wissenschaft kam die Aufforderung, man könne und müsse mit den Grenzen des Art. 75 GG deutlich großzügiger umgehen. „Europarechtskonforme extensive Auslegung" war eine Denkfigur, die sich auch die Kommission zur Vorbereitung des UGB-Entwurfs zueigen gemacht hatte. Demgegenüber mahnten Justiz- und Innenministerium wegen der seit 1994 geltenden Verschärfung der Artikel 72 Abs. 2 und 75 Abs. 2 GG vor allem hinsichtlich des Wasserrechts zu rahmenrechtlicher Zurückhaltung. Der Entwurf wurde schließlich zurückgezogen, weil er sich kompetenzrechtlich nicht „wasserdicht" machen ließ. Statt des UGB kam ein Artikelgesetz zur Umsetzung der IVU- und der UVP-Änderungs-Richtlinie. Das ist aus umweltrechtlicher Sicht zwar unbefriedigend. Möglicherweise ist dem Bundesgesetzgeber aber durch die Entscheidung, das UGB-Projekt auszusetzen, eine verfassungsgerichtliche Kassation à la Staatshaftungsgesetz erspart geblieben.

Das gescheiterte UGB ist nicht das einzige Beispiel für die Unzulänglichkeit der umweltrechtlichen Kompetenzlage. In der Gesetzgebungspraxis kommen immer wieder Fälle vor, in denen der Bundesgesetzgeber untätig bleiben oder jedenfalls Zurückhaltung üben muss, obwohl das – auch aus Sicht der Fachleute in den Ländern – nicht sachgerecht ist. Probleme im Hinblick auf Umsetzungsfristen und drohende Zwangsmaßnahmen sind die Folge. Eines der jüngsten Beispiele für die umweltrechtliche Kompetenzproblematik ist der Entwurf für das Gesetz zur Einführung einer strategischen Umweltprüfung.´

Eine Neuverteilung der Umweltkompetenzen tut also not. Um die Frage, wie eine solche Neuverteilung aussehen könnte, ist in der Verfassungskommission intensiv gerungen worden. Lange Zeit schien eine Verständigung kaum möglich, weil sich beim Thema Umweltkompetenzen Grundsatzfragen entzündeten. Die Bundesregierung hat Mitte 2004 eine Lösung vorgeschlagen, die aus umweltfachlicher Sicht am besten wäre, nämlich einen übergreifenden Kompetenztitel in Art. 74 GG, der die umweltbezogenen Einzelkompetenzen des Bundes bündelt und vereinheitlicht (Unterlage für die Projektgruppe 4 – PAU-4/0003). Demgegenüber verknüpften die Länder die Neuverteilung der Umweltkompetenzen mit einer ihrer Hauptforderungen, nämlich der Einführung einer neuen Gesetzgebungskategorie. Diese neue Kategorie hatte im Lauf der Verhandlungen unterschiedliche Namen und Erscheinungsformen: Parallelgesetzgebung, Leitgesetzgebung, Zugriffsgesetzgebung, Abweichungsgesetzgebung. Im Kern zielten alle Ansätze darauf ab, dem Bund (namentlich) im Wasser-, Naturschutz- und Raumordnungsrecht zwar statt der bisherigen Rahmenkompetenz eine Vollkompetenz zu geben. Im Gegenzug zu dieser Befreiung des Bundes von den „Fesseln" des Art. 75 GG wollten die Länder aber die verfassungsrechtliche Befugnis, auf den fraglichen Gebieten unabhängig von Bundesgesetzen eigenes Recht zu setzen.

Die Bundesregierung hat diesem neuen Gesetzgebungstypus immer große Skepsis entgegen gebracht und die Einführung einer „Parallel- oder Zugriffsgesetzgebung" nicht als verfassungsrechtlichen Fortschritt, sondern als Rückschritt bewertet: Man schafft auf diesem Weg neue Gemengelagen aus Bundes- und Landesrecht, die den Reformzielen Transparenz und Entflechtung diametral entgegenstehen (vgl. Unterlage für die Projektgruppe 1 – PAU-1/0014). Überdies zeigten sich in den Verhandlungen immer wieder Tendenzen, die Rechtsfigur der „Zugriffsgesetzgebung" nicht auf Ausnahmefälle zu beschränken, etwa nur auf die umweltbezogenen Kompetenzen des bisherigen Art. 75 GG, sondern auch für sonstige Kompetenzfelder vorzusehen. Damit bekamen die systematischen Bedenken zusätzliches Gewicht. Die Bundesregierung war mit dieser Skepsis durchaus in guter Gesellschaft: So wird im Berliner Entwurf des Bundesarbeitskreises Christlich-Demokratischer Juristen (BACDJ) vom Juni 2003 die Idee der Zugriffsgesetzgebung nicht aufgegriffen. In der Erklärung des „Konvents für Deutschland" vom Oktober 2004 heißt es: „Ein Zugriffsrecht der Länder gegenüber geltendem Bundesrecht kann es, wenn überhaupt, nur in eng umschriebenen Grenzen geben, weil andernfalls die Verbindlichkeit von Bundesrecht ganz allgemein aufgehoben würde".

Eine vermittelnde Lösung zwischen diesen Ausgangspunkten wurde lange gesucht. Die Bundesregierung hatte schon in den vorausgegangenen Verhandlungsrunden gegenüber dem Modell der Zugriffsgesetzgebung auf eine Alternative hingewiesen, die den Ländern in der Praxis größeren gesetzgeberischen Gestaltungsraum verschaffen könnte, aber die Nachteile einer „Parallelgesetzgebung" vermeiden würde: mehr einfachgesetzliche Öffnungsklauseln in Bundesgesetzen durch Erweiterung des verfassungsrechtlichen Spielraums für solche Klauseln. Derzeit ist eine Öffnung von Bundesgesetzen für abweichendes Landesrecht nur eingeschränkt möglich. Art. 72 Abs. 3 GG erfasst nur den Fall, dass bei einem ursprünglich erforderlichen Bundesgesetz die Erforderlichkeit nachträglich wegfällt. In neuen Bundesgesetzen kann eine Öffnungsklausel dagegen leicht den Nachweis der Erforderlichkeit im Sinne von Art. 72 Abs. 2 GG konterkarieren. Hier könnte durch Änderung des Art. 72 GG die Möglichkeit geschaffen werden, Bundesregelungen von vornherein für Abweichungen durch die Länder zu öffnen, indem man „offene" Bundesregelungen von den Voraussetzungen des Art. 72 Abs. 2 GG freistellt. Von den Ländern wurde dieser Lösungsansatz als unzureichend bewertet: damit gehe eine Abhängigkeit von der „Gnade" des Bundes einher.

Die ergänzenden Bemühungen der Bundesseite um eine Lösung im Umweltbereich konzentrierten sich auf eine Kompetenztrennung *innerhalb* der umweltbezogenen Einzelkompetenzen. Das Trennprinzip lautete: Überregionale Regelungsthemen zum Bund, Regelungsthemen mit spezifischem Regionalbezug zu den Ländern. Ein entsprechender Vorschlag war ausgearbeitet und mit den Fachleuten innerhalb der Bundesregierung abgestimmt. Die Signale deuteten aber darauf hin, dass auch dieser Trennvorschlag den Ländern nicht genügte. Die „Gefechtslage" ähnelte insofern dem Diskussionsstand im Österreich-Konvent: auch dort gibt es zum Umweltrecht einen Verteilungsvorschlag des Vorsitzenden, auf den man sich nicht verständigen konnte (Umweltschutz als Bundeszuständigkeit mit Ausnahme von Natur-, Boden- und Landschaftsschutz).

Ein weiterer Einigungsversuch zu den Umweltkompetenzen wurde schließlich am Tag vor der letzten Kommissionssitzung durch MdB *Benneter* vorgelegt (Arbeitsunterlage 0113). Kern des Vorschlags war die Überführung der bisherigen umweltbezogenen Rahmenkompetenzen in die konkurrierende Bundeskompetenz ohne Bindung an die Erforderlichkeitsklausel des Art. 72 Abs. 2 GG und Einräumung eines begrenzten Abweichungsrechts zu Gunsten der Länder. Von diesem Abweichungsrecht sollten die für ein UGB wichtigen Themen ausgenommen bleiben. Außerdem sollte abweichendes Landesrecht einer Korrekturmöglichkeit durch spätere Bundesgesetze unterliegen (lex-posterior-Regel).

Dieser Vorschlag hätte vielleicht zwischen den divergierenden Zielsetzungen in der Debatte „praktische Konkordanz" herstellen können:

Stärkung der Bundeskompetenzen zur Erhöhung der Europatauglichkeit,

Stärkung der Länderkompetenzen in regional geprägten Bereichen sowie

Ermöglichung eines Umweltgesetzbuches mit einheitlichen Standards.

Leider ist über diesen Kompromissvorschlag nicht mehr beraten worden.

II. Bildungs- und Hochschulwesen: Trennsystem oder Ingerenzen des Bundes?

Das Bildungs- und Hochschulthema umfasst einen kompetenzrechtlichen und einen finanzverfassungsrechtlichen Teil:

– Bei den Gesetzgebungskompetenzen steht die Frage nach der Zukunft der Hochschulgesetzgebung im Vordergrund, für die der Bund derzeit die Rahmenkompetenz hat. Zusätzlich gehören zum Thema die konkurrierenden Gesetzgebungsbefugnisse aus Art. 74 Abs. 1 Nr. 13 GG – Ausbildungsbeihilfen und Förderung der wissenschaftlichen Forschung – sowie die außerschulische berufliche Bildung als Teil des Wirtschaftsrechts (Art. 74 Abs. 1 Nr. 11 GG).

– Im Finanzverfassungsrecht geht es um die Gemeinschaftsaufgaben Hochschulbau nach Art. 91 a GG und Bildungsplanung/Forschungsförderung nach Art. 91 b GG; außerdem gehört in diesen Kontext die Frage der Finanzhilfen nach Art. 104 a Abs. 4 GG, auf den etwa das Ganztagsschulprogramm gestützt wurde.

1. Kompetenzfragen

Über die Bereiche Forschungsförderung und außerschulische berufliche Bildung (Art. 74 Abs. 1 Nr. 13 und 11 GG) ist in der Kommission vor allem während der Projektgruppenphase diskutiert worden. Bei der Forschungsförderung kam man relativ rasch überein, die konkurrierende Gesetzgebungsbefugnis des Bundes beizubehalten. Bei der außerschulischen beruflichen Bildung verhielt es sich anders. Die Bundesseite trat für einen Erhalt der Bundeskompetenz ein und wies dafür vor allem auf den Wirtschaftsbezug hin. Dies findet auch in der neueren Rechtsprechung des Bundesverfassungsgerichts Rückhalt, denn dort wird unter dem Aspekt der Wirtschaftseinheit im Sinne des Art. 72 Abs. 2 GG die Einheitlichkeit der beruflichen Ausbildung besonders akzentuiert (BVerfGE 106, 62/147; Urteil vom 26. Januar 2005 zur 6. HRG-Novelle, Umdruck Rn. 82). Demgegenüber forderte die Länderseite in den Projektgruppenberatungen unter Berufung auf Kulturhoheit und regionale Prägungen einen Kompetenzverzicht des Bundes für die außerschulische berufliche Bildung. Die Verhandlungsführer haben sich diese Sichtweise der Länder im Ergebnis nicht zueigen gemacht. Vielmehr zeichnete sich insoweit zum Ende der Verhandlungen folgende konsensfähige Lösung ab: Nach dem Vorschlag der Vorsitzenden vom 13. Dezember 2004 sollten sowohl Forschungsförderung als auch außerschulische berufliche Bildung und Ausbildungsbeihilfen in der konkurrierenden Gesetzgebung bleiben. Das entsprach dem Vorschlag der Bundesregierung vom 7. November 2004 zur Neuordnung der Gesetzgebungskompetenzen. Allerdings sollte es nach dem letzten Verhandlungsstand in der Verfassungskommission für die fraglichen Materien keine Ausnahme von der Erforderlichkeitsklausel des Art. 72 Abs. 2 GG geben. Eine Modifizierung des Art. 72 GG zur Schaffung größerer Spielräume für Öffnungsklauseln in Bundesgesetzen – wie im Umweltrecht angedacht – wäre deshalb auch in diesem Kontext von Vorteil gewesen.

Die Diskussion zur Hochschulkompetenz verlief deutlich wechselvoller. Im Anfangsstadium der Verhandlungen stand eine Schnittmenge im Raum, die durchaus aussichtsreich erschien. Man war sich einig über das Reformziel, die Autonomie der Hochschulen zu stärken. Weitgehende Einigkeit herrschte auch darüber, dass Hochschulzugang bzw. -zulassung und Hochschulabschlüsse in Deutschland einheitlich geregelt sein sollten. Wechselnd beurteilt wurde die Frage, ob es auch im Hinblick auf die Qualitätssicherung an Hochschulen und das Hochschulpersonal einen Bedarf für bundeseinheitliche Regelungen gibt. Während die dafür zuständige Projektgruppe 3 das noch mehrheitlich bejahte, zeichnete sich später die Tendenz ab, Bundeseinheitlichkeit nur noch für Zugang und Abschlüsse anzustreben.

Die Position zum Hochschulpersonal wurde von der Bundesseite zurückgezogen, nachdem die Forderung der Länder akzeptiert worden war, ihnen die Kompetenz für das Dienstrecht der Landesbeamten zu übertragen. In der Folge konzentrierte sich die Diskussion um die Hochschulkompetenzen bis zur Endphase auf das Stichwort „Qualitätssicherung". Was sich dahinter nach geltendem Recht verbirgt, kann man aus §§ 5, 6 HRG ablesen. Es geht hier im Wesentlichen um die Orientierungsbasis für staatliche Finanzierungsleistungen durch regelmäßige Evaluierung der Leistungen von Hochschulen in Forschung und Lehre und bei der Nachwuchsförderung unter Berücksichtigung des Gleichstellungsauftrages. Daran sollte sich – ausweislich eines Schreibens von Bundesministerin *Bulmahn* an die beiden Vorsitzenden von Ende November Dezember 2004 – auch durch die künftige Bundesgesetzgebung zur Qualitätssicherung an Hochschulen nichts Entscheidendes ändern: Intendiert ist danach eine Beschränkung auf die „Formulierung allgemeiner Grundsätze ..., welche die Position der Hochschulen im internationalen Wettbewerb verbessern", nicht hingegen eine Bewertung der Hochschulen durch den Bund, weil eine solche Bewertung dem notwendigen Wettbewerb unter den Hochschulen nicht dienlich sei. Ungeachtet dessen zeichnete sich in der letzten Verhandlungsphase auf der Bundesseite die Bereitschaft ab, auch die Position zur „Qualitätssicherung" zu räumen. Damit ging es am Ende nur noch um die Einheitlichkeit von Regelungen über Hochschulzulassung und Hochschulabschlüsse.

Ob aus der Notwendigkeit, ein Thema bundeseinheitlich zu regeln, das Ja zur Bundeskompetenz folgt, war allerdings schon in der Projektgruppenphase sehr streitig. Für die Bundesregierung und auch für die Koalitionsfraktionen war und ist diese Schlussfolgerung eine Selbstverständlichkeit. Im Bundesstaat ist die Herstellung von länderübergreifender Einheitlichkeit Sache der Bundesebene. Eine Stärkung von Länderkompetenzen unter Rückzug des Bundes ist zwar dort sinnvoll, wo die Länder diese Kompetenz auch zu eigenständiger Gestaltung nutzen. Wo das aber von vornherein nicht zur Debatte steht, sondern klar ist, dass es nur um einen gemeinsamen Nenner gehen kann, ist zur Herstellung dieses Nenners in einem Bundesstaat der Bund berufen. In diese Richtung weist auch die jüngste Entscheidung des BVerfG zur 6. HRG-Novelle, denn dort stellt das Gericht für die Erforderlichkeit einer bundesgesetzlichen Regelung darauf ab, ob ein Regelungsbedarf von den „Ländern durch eigenständige Maßnahmen entweder gar nicht oder nur durch mit den anderen Ländern abgestimmte Regelungen bewältigt werden kann" (Umdruck Rn. 78). Dass die Länder im Hochschulbereich sogar hinsichtlich solcher Lagen eine Streichung der Bundeskompetenz gefordert und auf Selbstkoordinierung durch Staatsverträge verwiesen haben, war Anlass für die Warnung, man dürfe nicht versuchen, vom Bundesstaat in den Staatenbund umzusteigen. Staatsverträge, die von den Länderparlamenten nur noch bestätigt werden können, sind keine Alternative zur Bundeskompetenz, wenn ein Regelungsthema einheitlich behandelt werden soll.

Im Raum stand zeitweilig die Überlegung, zwischen Bundeskompetenz und Staatsvertragsidee zu vermitteln. Rasch verworfen wurde dabei mit Recht die Idee, in das GG eine auflösend bedingte Bundeskompetenz zu schreiben. Diskutabel war und ist dagegen die Variante, ein Hochschulgesetz des Bundes – untechnisch gesprochen – zurücktreten zu lassen, wenn die Länder kraft staatsvertraglicher Einigung einheitliches Landesrecht erlassen. Das Vorbild für einen solchen Geltungsnachrang eines Bundesgesetzes ist § 1 Abs. 3 VwVfG.

Im letzten Stadium der Verhandlungen war man bei der Hochschulkompetenz wohl näher an einer Einigung, als es nach außen den Anschein hatte. Die Aufrechterhaltung einer Bundeskompetenz für Zulassung und Abschlüsse war am Vorabend des 17. Dezember zwischen den Vorsitzenden konsentiert. Offen war zwar noch die Frage nach dem Charakter dieser Kompetenz – konkurrierende (so die Bundesseite) oder Rahmenkompetenz (so die Länderseite). Insider meinen aber, dass dies lösbar gewesen wäre.

2. Finanzverfassungsfragen

Bei den Gemeinschaftsaufgaben Hochschulbau und Forschungsförderung lag zum Ende der Verhandlungen ebenfalls ein Ergebnis vor, mit dem man aus Sicht der Bundesregierung in der Sache gut hätte leben können: Abschaffung der GA Hochschulbau und Fortführung des Zusammenwirkens im Rahmen der verbleibenden GA Forschungsförderung bei Hochschulbauvorhaben mit überregionaler Bedeutung, d. h. vor allem bei Großgeräten mit Forschungsbezug.

Der Dissenspunkt an dieser Stelle betraf – abgesehen von noch nicht gelösten Definitionsfragen – vor allem die finanzielle Kompensation, d. h. die Verteilung der frei werdenden Hochschulbaumittel. Zur Zeit sind das 925 Mio. Euro, bezogen auf die Haushaltsjahre 2004 und 2005. Hier wollte der Bund eine 50/50 Verteilung, während die letzte Länderforderung bei 80 bis 85 % lag. Ob insoweit ein Treffen in der Mitte möglich gewesen wäre, um den Konsens im Übrigen nicht zu gefährden, kann und muss hier offen bleiben.

Die Zukunft der GA „Bildungsplanung" war in den Verhandlungen einer der schwierigsten Punkte. An dem veralteten Begriff „Bildungsplanung" aus den 60er Jahren wollte dabei niemand festhalten. Der Streit betraf die Frage: Streichung oder Modernisierung, und dabei ging es auch um die

Zukunft der Bund-Länder-Kommission für Bildungsplanung. Hier hat sich letztlich der Funke entzündet, der die Einigung insgesamt verhinderte.

Die Länder verlangten in diesem Kontext einen völligen Rückzug des Bundes bei voller Kompensation der bisherigen Finanzströme. Demgegenüber bestand die Bundesseite darauf, eine Mitgestaltungsmöglichkeit im Bildungswesen zu behalten, weil es hier um eine Zukunftsaufgabe geht, die – im klassischen Sinn der Gemeinschaftsaufgaben – auch künftig nur gemeinsam bewältigt werden kann. Bildung ist der entscheidende Faktor für die Sicherung sozialer Gerechtigkeit in der Zukunft. Von diesem Ansatz aus schlug die Bundesseite eine Verbesserung und Modernisierung des bisherigen GA-Instrumentariums vor.

Bei den Finanzhilfen nach Art. 104 a Abs. 4 GG bestand an sich ein gleichgelagerter Dissens: Die Länder wollten für die Zukunft solche Finanzhilfen in Bereichen ihrer ausschließlichen Gesetzgebung, d. h. vor allem im Bildungssektor, ausschließen. Der Bund wollte eine solche Einschränkung aus den gleichen Motiven wie bei der GA Bildungsplanung nicht in die Verfassung hineinschreiben. Auch in diesem Punkt war die Bundesseite aber – wie der letzte Vorschlag der Vorsitzenden dokumentiert – zum Einlenken bereit.

Trotz dieser beachtlichen Konzessionen war das Bildungsthema letztlich die Klippe, deren Umschiffung am 16. und 17. Dezember nicht mehr gelang. Wichtig erscheint in diesem Zusammenhang eines: Der Bund hat bei der Frage nach Mitgestaltung im Bildungswesen nicht „draufgesattelt", wie wiederholt zu hören war. Es ging und geht allerdings darum, auf die bisherige Präsenz nicht ganz zu verzichten. Dass ein solcher Verzicht nicht verantwortbar erscheint, hat die Bundesregierung immer in aller Deutlichkeit vertreten. Der nicht nur vereinzelt erhobene Vorwurf vom überraschenden Übergriff auf das „Hausgut" der Länder hat insofern keine Grundlage. Überraschend war statt dessen die „Alles oder Nichts"-Haltung, die die Länderseite erst kurz vor der letzten Kommissionssitzung einnahm, d. h. das Junktim zwischen dem Bildungsthema und der Einigung im Übrigen. Die differenzierenden Presseäußerungen der Ministerpräsidenten *Steinbrück* und *Beck* nach dem ergebnislosen Ende der Verhandlungen lassen das ahnen.

Die Mehrheit der Bevölkerung hätte für einen Totalrückzug des Bundes – wie ihn die Länder fordern – wohl kein Verständnis, wie die Infrateststudie „Einstellungen zum Bildungsföderalismus" vom August 2004 zeigt.

Welcher Auffassung man beim Konfliktthema Bildung folgt – pro Rückzug oder pro Bundespräsenz – ist keine Rechtsfrage, sondern eine politische Glaubensfrage. Ich bekenne mich in diesem Fall zur Bundeskonfession.

Dritter Abschnitt

Kompetenzrechtliche Fragen der öffentlichen Bildung, Erziehung und Betreuung von Kindern

Joachim Wieland

Öffentliche Bildung, Erziehung und Betreuung von Kindern als kompetenzrechtliches Problem

I. Einführung

Warum Bildung? Diese Frage wird immer wieder gestellt, wenn den Gründen für das Scheitern der Gemeinsamen Kommission von Bundestag und Bundesrat für die Reform der bundesstaatlichen Ordnung nachgegangen wird. Warum ließen sich gerade auf dem Feld der Bildungspolitik die unterschiedlichen Auffassungen von Bund und Ländern, Regierungsmehrheit und Opposition, Parlamenten und Regierungen, finanzstarken und finanzschwachen Ländern nicht in einem für alle Beteiligten tragbaren Kompromiss überbrücken? Wenn eine Modifikation der Verteilung der Gesetzgebungskompetenzen, eine neue Definition der Zustimmungsvorbehalte zu Gunsten des Bundesrates, die Teilhabe der Länder an der Integrationsgewalt in Brüssel, eine Modernisierung der Mischfinanzierungen, ein Steuertausch, eine stärkere Vereinheitlichung der Finanzverwaltung und ein Schutz der Kommunen vor kostenträchtigen Aufgabenzuweisungen durch den Bund erreichbar schienen, warum konnte dann nicht auch eine Einigung über die bundesstaatliche Ordnung der öffentlichen Bildung erreicht werden?

Eine Antwort scheint vordergründig: Jedes größere politische Projekt wie die Föderalismusreform benötigt zumindest eine Sollbruchstelle, weil die Akteure erst möglichst spät aufgrund einer Kosten-Nutzen-Abwägung ihre endgültige Haltung gegenüber dem Vorhaben festlegen wollen und nicht nur einen Erfolg, sondern auch einen Misserfolg in der Öffentlichkeit nachvollziehbar vertreten können müssen. Zustimmung oder Ablehnung hängen in einer parlamentarischen Demokratie von den erwarteten Vor- und Nachteilen der zu treffenden Entscheidung für die handelnden Politiker ab: Wer kann den Erfolg für sich verbuchen? Wem schadet ein Misserfolg? Wem werden Veränderungen des politischen Entscheidungsprozesses voraussichtlich nützen? Wem werden sie schaden? Mit anderen Worten: Wer wird die nächsten Wahlen gewinnen? Schon die relativ scharfe ablehnende Reaktion auf einen Vorschlag der SPD-Bundestagsabgeordneten *Kröning* und *Runde* im Frühsommer 2004, die Kompetenzen des Bundes im Bereich der Bildung zu stärken, ließ erkennen, dass die Verteilung von Kompetenzen in der Bildungspolitik die Sollbruchstelle für die Kommissionsarbeit bilden könnte. Als am 17. Dezember 2004 das Scheitern der Kommissionsarbeit deutlich wurde, konnten dann alle Beteiligten plausibel begründen, warum für sie ein Nachgeben in dieser Frage nicht möglich war: Die Mehrheit der Länder konnte darauf verweisen, dass gerade die Bildungspolitik traditionell ein Hausgut der Länder und damit eines der wenigen den Ländern noch verbliebenen Felder der autonomen Politikgestaltung darstellt. Umgekehrt konnte der Bund auf die herausragende Bedeutung der Bildungsförderung für den Standort Deutschland und die Wünsche der Bevölkerung nach einheitlichen Standards sowie einer ausreichenden Finanzierung des Bildungswesens abheben, die auch von den Ländern in der Staatspraxis akzeptiert worden sei. Selbstverständlich wäre auch auf diesem Politikfeld ein Kompromiss denkbar gewesen, wenn er denn gewollt worden wäre. Da er offenkundig zumindest von einigen Beteiligten nicht gewollt wurde, boten sich die unterschiedlichen Vorstellungen über die Verantwortungsverteilung im Bereich der öffentlichen Bildung als gut nach außen darstellbare Gründe für das Scheitern der Kompromissbemühungen und damit zugleich der geplanten Föderalismusreform an.

Sieht man von diesen nur scheinbar vordergründigen, in ihrer Wirkmächtigkeit aber nicht zu unterschätzenden politischen Kalkülen ab, bleibt die Frage, warum gerade die Verantwortungsverteilung im Bereich der Bildung als Stolperstein und letztlich unüberwindbare Hürde für die Einigung über eine – in ihren Auswirkungen überschaubare – Reform der bundesstaatlichen Ordnung gewirkt haben. Und warum entwickelt das Bundesverfassungsgericht seine neue Dogmatik der bundesstaatlichen Kompetenzabgrenzung gerade auf dem Feld des Hochschulwesens?

Die Antwort scheint mir darin zu liegen, dass wir in einer Wissensgesellschaft leben und dass Deutschland für die Stärkung seiner Position in einer globalen Wirtschaftsordnung dringend auf ein hohes Bildungsniveau seiner Bevölkerung angewiesen ist. Je mehr diese Erkenntnis in das Bewusstsein der Menschen vordringt, desto größer werden die Erwartungen an den Staat und die Politik im Bildungsbereich – jedenfalls solange Bildung noch als Staatsaufgabe verstanden wird und sich Privatisierungstendenzen nur sehr vorsichtig bemerkbar machen. Der Staat trägt in Deutschland nicht nur Verantwortung für Kinderbetreuung, Kindergärten, Schulen und Hochschulen, er gibt auch viel Geld für diese Einrichtungen aus. Das legt es für Politiker nahe, ihren Gestaltungswillen auf die Bildungspolitik zu richten und sich auf diesem Feld zu bemühen, den Wählerinnen und Wählern attraktive Verwendungen der stets knappen finanziellen Ressourcen vorzuschlagen, die deren Erwartungen möglichst weitgehend erfüllen. Und diese Erwartungen sind hoch!

Bildung vermittelt in Deutschland nicht nur Lebenschancen, sondern ermöglicht einen sozialen Aufstieg. Ohne Abitur und möglichst auch erfolgreichen Studienabschluss steigt die Gefahr, arbeitslos zu werden. Umgekehrt helfen formelle Bildungsqualifikationen, ein höheres Einkommen zu sichern. Ganztagsbetreuung und Ganztagsschulen für Kinder ermöglichen es beiden Elternteilen, sich auf dem Arbeitsmarkt um eine Sicherung und Steigerung des Familieneinkommens zu bemühen. Auch für die demographische Entwicklung darf die Bedeutung von Betreuungsangeboten und Ganztagsschulen nicht unterschätzt – allerdings auch nicht überschätzt – werden. Die Integration von Ausländern setzt ein möglichst frühzeitiges Bildungs- und Betreuungsangebot voraus. Schließlich werden Arbeitsplätze, die hohe Qualifikationen voraussetzen, eher in Deutschland zu halten sein als Stellen für nicht oder schlecht Qualifizierte.

Die gerade auf einem schwierigen Arbeitsmarkt notwendige hohe Mobilität der Arbeitsuchenden setzt allerdings zumindest eine gewisse Harmonisierung der Bildungsgänge voraus. Das gilt nicht nur für Deutschland, sondern auch für die Europäische Union, wie der so genannte Bolognaprozess zeigt. Auch die Wirtschaft ist an einheitlichen Ausbildungsstandards interessiert und lehnt eine Dezentralisierung etwa der beruflichen Bildung entschieden ab. Ein einheitlicher Markt stärkt also auch auf dem Feld der Bildung den Wunsch von Bevölkerung und Unternehmen nach einer Harmonisierung der Bildungsangebote. Zugleich wird allerdings die heilsame Kraft des Wettbewerbs betont, die notwendig ein gewisses Maß an Verschiedenheit erfordert. Diesem Spannungsverhältnis sieht sich die Politik gegenüber, hier gilt es für soviel Einheit wie nötig bei soviel Vielfalt wie möglich zu sorgen. Die Organisation des Bildungswesens spiegelt damit die grundsätzliche Problematik der Gestaltung der bundesstaatlichen Ordnung wie in einem Brennglas wider.

Ich werde im Folgenden die gegenwärtige Verteilung von Kompetenzen und Verantwortung im Bereich der öffentlichen Bildung skizzieren (II.), sodann einen kurzen Blick auf die Staatspraxis werfen (III.) und auf dieser Grundlage Reformansätze vorstellen, die in der Bundesstaatskommission diskutiert worden sind (IV.), bevor ich mit einem Ausblick (V.) schließe.

II. Gegenwärtige Kompetenzverteilung

Eine Analyse der gegenwärtigen bundesstaatlichen Kompetenzverteilung im Bereich der öffentlichen Bildung, Erziehung und Betreuung von Kindern zeigt ein differenziertes Bild. Zu unterscheiden ist zwischen der Zuständigkeit für die Betreuung von kleinen Kindern bis zu 3 Jahren (1.), von Kindergartenkindern (2.), von Schulkindern (3.) und der Zuständigkeit für das Hochschulwesen (4.).

1. Kleinkindbetreuung

Die Gesetzgebungskompetenz für die Betreuung von Kleinkindern, die noch nicht das Kindergartenalter erreicht haben, ist sowohl was materielle Regelungen angeht als auch bezüglich der Bestimmung der Behördeneinrichtung nach herrschender Auffassung in der Hand des Bundes. Grundlage der Inanspruchnahme der Bundeskompetenz für die öffentliche Fürsorge gemäß Art. 74 Abs. 1 Nr. 7 GG im Kinder- und Jugendhilferecht ist die großzügige Rechtsprechung des Bundesverfassungsgerichts. Das Gericht vertritt die Auffassung, der Begriff der öffentlichen Fürsorge sei „nicht eng auszulegen".[1] Er umfasse nicht nur die Jugendfürsorge im engeren Sinne, „sondern auch die Jugendpflege, die das körperliche, geistige und sittliche Wohl aller Jugendlichen fördern will, ohne dass eine Gefährdung im Einzelfall vorzuliegen braucht."[2] Hier droht die Gefahr, dass der Begriff der öffentlichen Fürsorge seine Konturen verliert und als Synonym für sozialstaatliche Leistungen im weitesten Sinne fehlgedeutet wird.

Ein weiteres Problem der Inanspruchnahme der konkurrierenden Gesetzgebungskompetenz für die öffentliche Fürsorge durch den Bundesgesetzgeber liegt in der Voraussetzung der Erforderlichkeit der bundesgesetzlichen Regelung gemäß Art. 72 Abs. 2 GG. Das Bundesverfassungsgericht hat in seiner neueren Rechtsprechung seit 2002 in Reaktion auf die 1994 erfolgte Verfassungsänderung die Anforderungen an die Erforderlichkeit erheblich verschärft. Es sieht den Tatbestand von Art. 72 Abs. 2 GG nur als erfüllt an, wenn sich die Lebensverhältnisse in den Ländern in erheblicher, das bundesstaatliche Sozialgefüge beeinträchtigender Weise auseinander entwickelt haben oder sich eine derartige Entwicklung konkret abzeichnet.[3] Angesichts des Landesrechtsvorbehalts in § 26 Satz 1 SGB VIII ist

---

[1] BVerfGE 88, 203 (329); 97, 332 (341); vgl. auch BVerfGE 106, 62 (133 ff.).
[2] BVerfGE 97, 332 (341).
[3] BVerfGE 106, 62 (144); BVerfG Urteil vom 27. 07. 2004, Rn. 98; näher dazu *Waldhoff* in diesem Band.

aber sehr zu bezweifeln, ob der Bundesgesetzgeber sich mit den Regelungen der §§ 22 ff. SGB VIII im Rahmen seiner Einschätzungsprärogative gehalten hat.[4]

a. Gesetzgebungskompetenz für die Behördeneinrichtung

Auf noch größere kompetenzrechtliche Bedenken stößt die Bestimmung der Kreise und kreisfreien Städte zu örtlichen Trägern der öffentlichen Jugendhilfe in § 69 Abs. 1 Satz 2 SGB VIII.[5] Art. 84 Abs. 1 GG erlaubt den bundesrechtlichen Durchgriff auf die Kommunen nur als eng begrenzte Ausnahme von der regelmäßigen Gesetzgebungskompetenz der Länder für die Behördeneinrichtung, wenn er für den Gesetzesvollzug unabweisbar ist. § 69 SGB VIII lässt aber selbst so viele Abweichungen von der Regelzuständigkeit der Kreise und kreisfreien Städte zu, dass deren Bestimmung zu örtlichen Trägern kaum als unabweisbar für den Gesetzesvollzug bezeichnet werden kann. Der verfassungsrechtlich verfehlte Durchgriff des Bundesgesetzgebers auf die Kommunen führt in der Konsequenz zu einer Durchbrechung des in den Landesverfassungen verankerten Konnexitätsprinzips, sodass die Kreise und kreisfreien Städte die finanziellen Lasten aus dem Vollzug des Kinder- und Jugendhilferechts ohne einen angemessenen Ausgleich tragen müssen.[6]

2. Kindergarten

Auf noch größere Bedenken stößt die Inanspruchnahme der Gesetzgebungskompetenz aus Art. 74 Abs. 1 Nr. 7 GG für das Kindergartenrecht. Der Bayerische Verfassungsgerichtshof hat schon 1976 auf die tatsächlichen Veränderungen im Kindergartenwesen hingewiesen: Aus dem ursprünglichen Bild des Kindergartens als einer fürsorgerischen Wohlfahrtseinrichtung hat sich in der Gesellschaft zunehmend das Verständnis des Kindergartens als Bildungseinrichtung entwickelt. Allgemeine Maßnahmen und Einrichtungen, die der altersgemäßen Erziehung und Bildung der Kinder vom vollendeten dritten Lebensjahr bis zum Beginn der Schulpflicht dienen, werden daher auch unter dem Gesichtspunkt des Schutzzweckes einer vorbeugenden Jugendpflege nach dieser gut begründeten Auffassung nicht mehr von dem Begriff der „öffentlichen Fürsorge" in Art. 74 Abs. 1 Nr. 7 GG umschlossen.[7] Dem ist das Bundesverfassungs-

---

[4] Zu dieser Einschätzungsprärogative BVerfG, Urteil vom 27. 07. 2004, Rn. 102.
[5] Näher zum Folgenden *Schoch/Wieland*, Aufgabenzuständigkeit und Finanzierungsverantwortung verbesserter Kinderbetreuung, 2004, S. 60 ff.
[6] Näher zum Ganzen *Schoch/Wieland* (Fn. 5), S. 47 ff.
[7] BayVerfGHE 29, 191 (206).

gericht 1998 nicht gefolgt. Es hat zwar eingeräumt, dass der Kindergarten auch „Bildungseinrichtung im elementaren Bereich" ist. Dieser Bildungsbezug entziehe die Regelung des Kindergartenrechts aber nicht der Gesetzgebungskompetenz des Bundes. Die fürsorgerischen und bildungsbezogenen Aufgaben des Kindergartens seien vielmehr untrennbar miteinander verbunden, sodass eine Aufspaltung der Gesetzgebungskompetenz anhand dieser Aspekte aus sachlichen Gründen nicht in Betracht komme.[8] Mit dieser Begründung ließe sich letztlich sogar der Bereich der Schulerziehung der „Jugendpflege" zuordnen.[9] Nachdem in der fachwissenschaftlichen Diskussion längst eine Zuordnung der Kindergärten zum Bildungswesen gefordert wird[10] und auch die Jugendministerkonferenz 2002 in Reaktion auf die PISA-Studie „die besondere Bedeutung des Bildungsauftrags der Einrichtungen der Kinderbetreuung im Vorschulalter" nachdrücklich betont hat,[11] dürfte es an der Zeit sein, dass das Bundesverfassungsgericht seine Rechtsprechung zur Kompetenzabgrenzung zwischen Bund und Ländern im Bildungswesen auch für den vorschulischen Bereich kritisch überprüft.[12]

3. Schulen

Die in Art. 7 Abs. 1 GG verankerte staatliche Schulaufsicht ist umfassend und dynamisch zu verstehen. Sie erstreckt sich über die schulische Wissensvermittlung hinaus auf eine umfassende Bildung und Erziehung zur Entwicklung der Persönlichkeit des Kindes je nach sich ändernden gesellschaftlichen Anforderungen. Der Staat muss seine Aufgaben so erfüllen, dass durchschnittlich entwickelte junge Menschen ihre Begabungen und Befähigungen entwickeln können. Nur dann wird er der Verantwortung gerecht, die er mit der Normierung der Schulpflicht übernommen hat. Aufgabe der öffentlichen Jugendhilfe ist hingegen primär die individuelle Unterstützung der Eltern bei der Ausübung ihres Erziehungsrechts aus Art. 6 Abs. 2 GG zum Ausgleich von Defiziten und sozialen Benachteiligungen. Im Gegensatz zur Schulpflicht besteht insoweit ein Wunsch- und Wahlrecht der Erziehungsberechtigten.[13] Die staatliche Schulaufsicht gemäß Art. 7 Abs. 1 GG umfasst also die Verwirklichung eines pädagogi-

---

8 BVerfGE 97, 332 (342).
9 *Oeter*, in: von Mangoldt/Klein/Starck, Das Bonner Grundgesetz, Kommentar, Band 2, 4. Aufl. 2000, Art. 74 Rn. 75.
10 *Hebenstreit-MüllerMüller*, np 2001, 533; *Prott*, FORUM Jugendhilfe 2/2002, 39.
11 Beschluss der Jugendministerkonferenz „Bildung fängt im frühen Kindesalter an" vom 06./07. 06. 2002, FORUM Jugendhilfe 3/2002, 19.
12 Näher *Schoch/Wieland* (Fn. 5), S. 55 ff.
13 *Schoch/Wieland* (Fn. 5), S. 203 ff.

schen Grundkonzepts, wie es etwa das in Sachsen-Anhalt entwickelte integrative Modell der Grundschule mit festen Öffnungszeiten darstellt.[14]

Das Bundesverfassungsgericht hat 2002 in seiner Altenpflegeentscheidung noch einmal betont, dass das Schulrecht Teil der Kulturhoheit der Länder ist. Schulrecht fällt folglich in die Gesetzgebungskompetenz der Länder. Nur Eingangsvoraussetzungen für die Ausübung eines Berufs bilden einen Teil des Berufsrechts, für das dem Bund eigene Gesetzgebungskompetenzen zustehen können. Ein Beispiel stellt insoweit etwa die Ausbildung der Altenpfleger dar, für deren Regelung sich der Bundesgesetzgeber auf die ihm aus Art. 74 Abs. 1 Nr. 19 GG erwachsende Gesetzgebungskompetenz berufen kann.[15] Als Zwischenergebnis kann damit festgehalten werden, dass die Einrichtung von Ganztagsschulen und anderen Formen ganztägiger Schulangebote Ausfluss des Bildungs- und Erziehungsauftrags des Staates ist und damit nach der Kompetenzverteilung des Grundgesetzes in die Gesetzgebungskompetenz der Länder fällt. Weisen sie den Kommunen Aufgaben in diesem Bereich zu, greift das landesverfassungsrechtliche Konnexitätsprinzip.[16]

4. Hochschulen

Im Hochschulwesen verzahnen sich nach geltendem Verfassungsrecht die Gesetzgebungskompetenzen von Bund und Ländern. Auf Art. 75 Abs. 1 Nr. 1 a GG gründet eine Rahmengesetzgebungskompetenz des Bundes für die allgemeinen Grundsätze des Hochschulwesens. Nach der neuen Verfassungsrechtsprechung ergibt sich aus der Rahmengesetzgebungskompetenz eine enge Grenze für in Einzelheiten gehende oder unmittelbar geltende Regelungen, die gemäß Art. 75 Abs. 2 GG nur in Ausnahmefällen zulässig sind. Das Bundesverfassungsgericht hat in seinem Urteil zur Juniorprofessur am 27. Juli 2004 zudem entschieden, dass derartige in Einzelheiten gehende oder unmittelbar geltende Regelungen nicht nur quantitativ die Ausnahme bleiben müssen, sondern auch inhaltlich nur den Anforderungen der Verfassung genügen, wenn sie für den Gesetzesvollzug schechthin unerlässlich sind.[17] Das Gericht hat die detaillierten Regelungen der §§ 44 bis 48 HRG zur Juniorprofessur als verfassungswidrige Überschreitung des bundesgesetzlich zulässigen Rahmens für das Hoch-

---

14 Näher dazu VerfG LSA, LKV 2003, 131, bestätigt durch BVerfG (Kammer), DVBl. 2002, 971.
15 BVerfGE 106, 62 (132).
16 *Schoch/Wieland* (Fn. 5), S. 255 ff.
17 BVerfG, Urteil vom 27. 07. 2004, Rn. 94.

schulwesen qualifiziert.[18] Auch das Verbot von Studiengebühren unterfällt nach dem Urteil des Zweiten Senats vom 26. Januar 2005 dem Verdikt der Verfassungswidrigkeit. Das Bundesverfassungsgericht hat in dem Verbot zwar eine Regelung der allgemeinen Grundsätze des Hochschulwesens im Sinne von Art. 75 Abs. 1 Satz 1 Nr. 1 a GG gesehen, jedoch die Erforderlichkeit der Regelung gemäß Art. 72 Abs. 2 GG verneint.[19] Legt man diese Rechtsprechung zugrunde, wird der Regelungsspielraum des Bundesgesetzgebers im Hochschulwesen zukünftig äußerst begrenzt sein. Die Rahmenkompetenz aus Art. 75 Abs. 1 Satz 1 Nr. 1 a GG dürfte dem Bund in der Staatspraxis kaum noch Gestaltungsspielraum geben. Bundeseinheitliche Regelungen werden eher durch Staatsverträge der Länder als durch ein Bundesgesetz geschaffen werden können. Es dürfte nicht übertrieben sein, insoweit von einem richterrechtlich bewirkten Verfassungswandel zu sprechen.

b. Hochschulbaufinanzierung

Gemäß Art. 91 a Abs. 1 Nr. 2 GG wirkt der Bund im Bereich von Ausbau und Neubau von Hochschulen bei der Erfüllung von Aufgaben der Länder mit. Umgesetzt wird diese Mitwirkung durch eine gemeinsame Rahmenplanung auf gesetzlicher Grundlage.[20] Diese Rahmenplanung hat sich nach allgemeiner Auffassung in der Staatspraxis als äußerst komplex und mühselig erwiesen.[21] Die Gemeinschaftsaufgaben insgesamt werden wegen der durch sie hervorgerufenen Verantwortungsverflechtung und Intransparenz seit langem kritisiert.[22]

c. Bildungsplanung und Forschungsförderung

Gemäß Art. 91 b GG zählen auch die Bildungsplanung und die Förderung der Forschung zu den Gemeinschaftsaufgaben von Bund und Ländern. Die Bildungsplanung ist Regierungsplanung. Sie räumt dem Bund keine Vollzugskompetenz ein. Die Forschungsförderung begründet eine Kompetenz des Bundes zur Mitverwaltung.[23] Aufschlussreich ist insoweit der

---

18 BVerfG, Urteil vom 27. 07. 2004, Rn. 114 ff.
19 BVerfG, Urteil vom 26. 01. 2005, Rn. 62 ff.; zu dieser Rechtsprechung *Waldhoff.*
20 Gesetz über die Gemeinschaftsaufgabe „Ausbau und Neubau von wissenschaftlichen Hochschulen" vom 01. 09. 1969, BGBl I S. 1556, zuletzt geändert am 03. 05. 2000, BGBl I S. 643.
21 Dazu etwa *Volkmann*, in: von Mangoldt/Klein/Starck, Das Bonner Grundgesetz, Band 3, 4. Aufl. 2001, Art. 91 a Rn. 2 ff., 16 und 23 ff.
22 Grundlegend *Scharpf/Reissert/Schnabel*, Politikverflechtung: Theorie und Empirie des kooperativen Föderalismus in der Bundesrepublik, 1976; J.J. Hesse (Hrsg.), Politikverflechtung im föderativen Staat, 1978.
23 *Heun*, in: Dreier (Hrsg.), Grundgesetz, Kommentar, Band III, 2000, Art. 91 b Rn. 11.

Finanzierungsschlüssel zwischen Bund und Ländern: Für Einrichtungen der Großforschung und die Fraunhofer-Gesellschaft beträgt dieser Schlüssel neunzig zu zehn, für Sonderforschungsbereiche fünfundsiebzig zu fünfundzwanzig und für die Deutsche Forschungsgemeinschaft, die Max-Planck-Gesellschaft sowie die Institute der Helmholtzgemeinschaft fünfzig zu fünfzig.[24] Die Gemeinschaft zwischen Bund und Ländern bei der Aufgabenerfüllung findet ihren Niederschlag also vor allem in einer großzügigen Finanzbeteiligung des Bundes. Im Übrigen stößt auch diese Gemeinschaftsaufgabe seit langem aus ähnlichen Gründen, allerdings deutlich verhaltener, als das für die Hochschulbaufinanzierung gilt, auf Kritik, weil sie den kooperativen Föderalismus manifestiere.[25]

II. Staatspraxis

Die Staatspraxis hat sich bislang durch eine extensive Inanspruchnahme der Bundeskompetenzen ausgezeichnet. Das gilt nicht nur für die Gesetzgebung des Bundes bezüglich Kindergärten und -tagesstätten auf der Grundlage des Kompetenztitels öffentliche Fürsorge und der Rahmenkompetenz für die allgemeinen Grundsätze des Hochschulwesens, sondern gerade auch für die Gemeinschaftsaufgaben. Insoweit hat sich die immer wieder zitierte Durchsetzungskraft der größeren Kasse gezeigt. Diese Durchsetzungskraft hat sich seit der Wiedervereinigung in Folge der Finanzschwäche der ostdeutschen Länder verstärkt. Wenn der Bund Geld einsetzt, um die Durchführung von Aufgaben im Bildungsbereich zu fördern, für die eigentlich die Länder zuständig sind, gilt für diese der Grundsatz: Erst protestieren und dann liquidieren. Beispiele sind die finanzielle Förderung von Ganztagsschulen sowie der Einrichtung von Juniorprofessuren und von Sprachkursen zur Integration von Ausländern aus der Bundeskasse. Noch gestritten wird um die vom Bund beabsichtigte Finanzierung von Eliteuniversitäten. Die Länder bevorzugen eine Förderung kleinerer Exzellenzzentren, wenden sich aber keinesfalls grundsätzlich gegen die finanziellen Ingerenzen des Bundes in ihren Bereich. Gerade diese Staatspraxis lässt die Frage nach der Notwendigkeit von Reformen der Kompetenzverteilung als nicht unberechtigt erscheinen.

---

24 *Heun*, in: Dreier (Hrsg.), Grundgesetz, Kommentar, Band III, 2000, Art. 91 b Rn. 12.
25 Dazu *Mager*, in: von Münch/Kunig, Grundgesetz- Kommentar, Band 3, 5. Aufl. 2003, Art. 91 b Rn. 31.

III. Reformansätze

Die Kommission zur Reform der bundesstaatlichen Ordnung hat auf dem Feld der öffentlichen Bildung anhand von drei Themenkomplexen Reformmöglichkeiten erörtert. Das waren die Gesetzgebungskompetenz des Bundes für die öffentliche Fürsorge (1.) sowie für das Hochschulwesen (2.) und schließlich die Hochschulbaufinanzierung (3.).[26]

1. Öffentliche Fürsorge

Nachdem die Bundesstaatskommission zu Beginn ihrer Beratungen über eine Stärkung der Länderkompetenzen im Bereich öffentliche Fürsorge diskutiert hatte, erhob sich ein erbitterter Widerstand der Lobby und der so genannten „Fachbruderschaften". Diese wandten sich unter Berufung auf dem Verfassungsauftrag zur Herstellung gleichwertiger Lebensverhältnisse energisch gegen eine Stärkung der Länderkompetenzen im Bereich der öffentlichen Fürsorge. Das gilt etwa für den Deutschen Verein für öffentliche und private Fürsorge, dessen Mitglieder ganz einhellig an der Bundeszuständigkeit festhalten wollten. Das Deutsche Institut für Jugendhilfe und Familienrecht in Heidelberg befürchtete eine „Zersplitterung des Kinder- und Jugendhilferechts, mit gravierenden Folgen zum Nachteil für die Betroffenen. Entsprechende politische Forderungen scheinen in keiner Weise fachlich motiviert oder an den Interessen von Kindern, Jugendlichen und ihren Familien orientiert."[27] Hier hat sich beispielhaft der unitarische Sozialstaat manifestiert, der sich auf dem Weg zu einer Europäischen Sozialunion jeglicher Stärkung der bundesstaatlichen Vielfalt widersetzt.

2. Hochschulwesen

Im Bereich des Hochschulwesens sind in der Kommission Einschränkungen der Kompetenz des Bundes zur Rahmengesetzgebung erörtert worden. Letztlich hat sich aber keine hinreichende Mehrheit für eine Änderung des Grundgesetzes gefunden. Insoweit zeigte sich der eingangs angesprochene Grundkonflikt zwischen Bund und Ländern im Bildungswesen. Zudem hat das Bundesverfassungsgericht durch sein Urteil zur Juniorprofessur vom 27. Juli 2004 die Beratungen der Kommission gleich-

---

[26] Näher zu den Beratungen *Risse* in diesem Band.
[27] Appell an die Mitglieder der Bundesstaatskommission vom 24. 06. 2004.

sam überholt und vermutlich dazu beigetragen, dass die Sollbruchstelle Kompetenzverteilung für die öffentliche Bildung sich realisiert hat.

3. Hochschulbaufinanzierung

Bis zum Scheitern der Beratungen der Bundesstaatskommission war Einigkeit über eine Abschaffung der Gemeinschaftsaufgabe Hochschulbaufinanzierung erzielt. Allerdings sollte eine neue Gemeinschaftsaufgabe Forschungsförderung unter Einbeziehung der überregionalen Bestandteile der Gemeinschaftsaufgabe Hochschulbau sowie Förderung von Großgeräten und Vorhaben nationaler Exzellenz begründet werden. Auch insoweit wäre also nur ein kleiner Schritt hin auf die Stärkung der Kompetenzen der Länder erfolgt. Es muss jedoch darauf hingewiesen werden, dass die Länder wegen der befürchteten Kostenbelastung auch auf diesem Feld nur begrenzten Enthusiasmus für eine Beschränkung der Bundeskompetenzen gezeigt haben.

IV. Ausblick

Wie sehen die Perspektiven für die bundesstaatliche Ordnung der Kompetenzen im Bereich öffentliche Bildung, Erziehung und Betreuung von Kindern aus? Mit Sicherheit lässt sich voraussagen, dass die Verantwortung für die öffentliche Bildung im bundesstaatlichen Spannungsverhältnis verbleiben wird. Die Gestaltungsinteressen von Bund und Ländern haben sich insoweit als relativ resistent gegenüber dem Versuch einer verfassungsrechtlichen Domestizierung in Form einer Änderung des Grundgesetzes erwiesen. Beide Seiten vertrauen insoweit ganz offensichtlich auf eigene Vorteile: Der Bund setzt auf seine größeren finanziellen Mittel, die es ihm auch in Zukunft erlauben könnten, Aufgaben zu fördern, die eigentlich in die Zuständigkeit der Länder fallen. Diese wiederum fühlen sich durch die neuere Rechtsprechung des Bundesverfassungsgerichts zu den Juniorprofessuren und zum Verbot von Studiengebühren in ihrer Rechtsstellung gestärkt und sind nicht bereit, für eine Verfassungsänderung Konzessionen an den Bund in anderen Regelungsbereichen zu machen.

Letztlich stellt sich dem Beobachter die Frage, ob bundesstaatliche Vielfalt von der Bevölkerung, der Wirtschaft und der Politik nicht nur theoretisch gefordert, sondern in der Praxis der Bildungspolitik auch wirklich gewünscht wird. Lässt man die Ereignisse der vergangenen Monate Revue passieren, so drängt sich der Eindruck auf, dass unitarische Lösungen für

Probleme der öffentlichen Bildung, Erziehung und Betreuung von Kindern mindestens eben so viele Befürworter haben wie die Stärkung bundesstaatlicher Vielfalt. Das muss auch ein Staatsrechtslehrer zur Kenntnis nehmen, der ein überzeugter Anhänger bundesstaatlicher Vielfalt ist.

Vierter Abschnitt

Diskussion und Ergebnisse

Hans-Günter Henneke

Bestandsaufnahme der Kommissionsarbeit und Umsetzungsperspektiven
– Zusammenfassung der Diskussion –

I. Gegenstände, Arbeitsweise und Ergebnisse der Föderalismuskommission

1. Neugliederung des Bundesgebietes?

Ehlers vertrat die Auffassung, dass das Scheitern der Föderalismuskommission ein Lehrstück für die politische Krise Deutschlands sei. Die vorgelegten Vorschläge seien durchaus als Fortschritt zu werten, wobei die Maßstäbe nicht zu niedrig angesetzt werden dürften. Seines Erachtens sei die Neugliederung des Bundesgebiets von zentraler Bedeutung. Hinsichtlich der Ergebniswahrscheinlichkeit sei es zwar verständlich gewesen, dass sich die Föderalismuskommission nicht mit Neugliederungsfragen befasst habe. Die Diskussion um die Neugliederung dürfe aber keinesfalls eingestellt werden. Auch müsse man sich von der Vorstellung verabschieden, dass man bei der Föderalismusreform nur Win-Win-Situationen schaffen könne. Die Kompetenzen seien nicht vermehrbar, daher dürfe man von vornherein nicht die Ausgangsvorstellung haben, alle Beteiligten zu beglücken.

Auch *Ruffert* hielt eine Neugliederung des Bundesgebietes für erforderlich. Man benötige im deutschen föderativen System eine klare Entflechtung. Entscheidungen müssten eindeutig auf bestimmte Einheiten verteilt werden, was die Schaffung entscheidungsfähiger Einheiten voraussetze. Insofern hänge die Kompetenzverteilung eng mit der Neugliederung zusammen. Die Möglichkeiten der Kompetenzverteilung seien unauflöslich mit Fragen der Länderneugliederung verbunden. Man müsse auf der Länderebene Einheiten schaffen, die durchweg für die Übernahme von Entscheidungsverantwortung kompetent und in der Lage seien.

Hesse äußerte sich ablehnend dazu, Fragen der Neugliederung und Finanzverteilung in die Föderalismusdebatte einzubringen. Es sei sehr ernsthaft zu fragen, ob es wirklich hilfreich sei, mit solchen Maximalforderungen der zu lösenden Aufgabe zu begegnen. Angesichts des Solidarpakts II sei der Finanzausgleich gegenwärtig nicht zu diskutieren. Bei der Neugliederung sei durchaus Bewegung erkennbar. Man nehme immer stärker kooperatives Verhalten von Landesregierungen nicht nur in peripheren Planungsbereichen, sondern auch im hoheitlichen Bereich wahr. Insoweit könne sich hier durchaus eine evolutionäre Entwicklung zu neuen Gebilden ergeben.

Wendt betonte ebenfalls, dass es richtig gewesen sei, die Föderalismusreform nicht mit Fragen der Länderneugliederung zu belasten. Die Lösung könne insoweit tatsächlich in stärkerer Kooperation von Ländern liegen, ohne dass dies zu neuen Gebietszuschnitten führe.

Auch *Gorrissen* machte deutlich, dass intensive Kooperationen, wie sie zwischen Hamburg und Schleswig-Holstein etwa der Fall seien, nicht dem Ziel einer Neugliederung dienten. Es gehe gerade umgekehrt darum, Neugliederungen zu vermeiden. Da es über die Frage einer Neugliederung keinen bundesweiten Konsens gebe, dürfe man die Föderalismusreform damit nicht belasten.

2. Ist die Kommission gescheitert und eine Totalrevision geboten?

Janssen warf grundlegend die Frage auf, was in Deutschland eigentlich noch passieren müsse, bis eine Einigung über die Reformnotwendigkeit des Föderalismus als zwingend angesehen werde. Der Staat sei total verschuldet. Die Entscheidungsebenen stimmten nicht mehr. Die der Föderalismuskommission zugrunde liegende Problemsituation sei viel dramatischer als bei den zuvor einzeln konkret zu lösenden Fragestellungen wie z. B. beim Länderfinanzausgleich und beim Solidarpaktfortführungsgesetz. *Janssen* stellte die These auf, dass die Kommission zur Modernisierung der bundesstaatlichen Ordnung deshalb gescheitert sei, weil sie nicht von vornherein die Dimension der zu lösenden Probleme wirklich deutlich gemacht habe. *Janssen* meinte, dass es gute Gründe für eine Totalrevision gebe. Änderungsbedarf bestehe jedenfalls in den Art. 23, 50 ff., 52, 72, 84, 91 a und 91 b, 105 ff. sowie Art. 109 Abs. 5 GG. Über viele zentrale Fragen sei überhaupt nicht gesprochen worden. So sei z. B. die Rundfunkgesetzgebung in den Ländern materiell nicht mehr als „Kaffeesatzleserei" aus den Entscheidungen des BVerfG. Man habe sich fragen müssen, ob die Gesetzgebungskompetenzen der Länder wirklich noch einmal zurückgewonnen werden sollten. Auch die Hochschulgesetzgebung sei im Wesentlichen nichts anderes als die Auslegung der Rechtsprechung des BVerfG. Wenn man sich die gesamte Problemlage vergegenwärtige, spreche viel für eine Totalrevision des GG.

Bei all dem müsse man sich sehr intensiv die Entstehungsgeschichte des GG vergegenwärtigen. Die konkret gefundene föderative Ordnung sei weitgehend auf Wünsche der Alliierten zurückzuführen, um so die deutsche Zentralgewalt zu schwächen. Der Hauptgrund der Einführung des föderativen Systems habe nicht in Demokratieaspekten bestanden, sondern in dem System von checks and balances. Als weiteres Ziel sei die Schwächung der Exekutive verfolgt worden. In der gegenwärtigen Zeit müsse es daher vor allem darum gehen, eine neue Unterfütterung in der Begründung für Autonomie und Föderalismus zu finden.

Janssen vertrat die Auffassung, dass die zentrale Fragestellung in Deutschland darin liege, wirksame Schritte zur Eindämmung der Staatsverschuldung einzuschlagen. Er fragte in diesem Zusammenhang, warum die vorhandenen Regelungen im Grundgesetz sich als nicht wirksam erwiesen hätten. So habe die Regelung des Art. 113 GG, wonach Gesetze, welche die von der Bundesregierung vorgeschlagenen Ausgaben des Haushaltsplanes erhöhen oder neue Ausgaben in sich schließen oder für die Zukunft mit sich bringen, der Zustimmung der Bundesregierung bedürfen, bisher keine Aktualisierung gefunden. Zu keiner Zeit habe die Bundesregierung oder eine Landesregierung sich geweigert, einen Haushalt anzuerkennen, weil er eine zu hohe Verschuldung vorsehe. *Janssen* meinte überdies, dass die Parteiendemokratie in der heutigen Ausprägung in Frage gestellt werden müsse und regte daher an, dass man zumindest über eine Direktwahl der Ministerpräsidenten in den einzelnen Ländern nachdenken müsse.

Nach Auffassung *Janssens* wird die aktuelle Föderalismusdiskussion angesichts der zunehmenden Europäisierung auch unter der Fragestellung geführt, ob der Bund oder die Länder erster oder zweiter Verlierer im europäischen Mehr-Ebenen-System würden. *Fritz Scharpf* habe in den 90er Jahren die These vertreten, dass im europäischen Mehr-Ebenen-System der Bund zum Verlierer werde, weil dessen Koordinierungsfunktion auf die europäischen Organe übergehe. Dann bekomme der Bund stattdessen die Funktion, die heute insbesondere der Bundesrat habe, die deutschen Fragestellungen zu koordinieren, die man gegenüber Europa vertreten wolle. Auf diese Funktion wolle sich der Bund nicht reduzieren lassen. Die Länder wollten sich aber auch behaupten. *Janssen* vertrat die These, dass es insbesondere beim Streit um die Bildungspolitik auch um die Frage gehe, wie sich Bund und Länder angesichts des zusammenwachsenden Europas in die Zukunft hinein positionierten. Insbesondere das reale Verhalten des Bundes auf diesem Sektor zeige, dass man die Vorgaben des

Grundgesetzes nicht mehr beachte, um sich im Kampf der Ebenen zu behaupten.

Wieland stimmte Janssen in dem Befund zu, dass es gut möglich sei, dass es im Vierebenensystem Europa/Bund/Länder/Kommunen langfristig auf Verlierer hinauslaufen könne. Die Annahme, dass ein Vierebenensystem auf Dauer nicht lebensfähig sei, erschien *Wieland* als nicht verfehlt. Dies habe selbstverständlich Konsequenzen für die Neuordnung der bundesstaatlichen Kompetenzverteilung.

Maurer war der Auffassung, dass man bei Fortsetzung der Beratungen zunächst die Grundsatzfragen klären müsse. Das seien die aufgeworfenen Fragen, ob es zu einer Neugliederung kommen solle oder nicht, ob der Minsterpräsident in den Ländern direkt gewählt werden solle oder nicht und ob sich an der Struktur des Bundesrates, der ja einzigartig auf der ganzen Welt sei, etwas ändern solle. Wenn diese Grundsatzfragen zunächst in den Vordergrund geschoben und geklärt würden, ließen sich die daraus resultierenden Schlussfolgerungen im Detail etwa hinsichtlich der Modifikation der Gesetzgebungskompetenzen oder der Neuregelung der Zustimmungserfordernisse schneller und einfacher lösen.

Hans Jörg Hennecke entgegnete Maurer, dass an der Struktur und Zusammensetzung des Bundesrates nichts geändert werden solle. Dieses Organ sei eine zutreffende Antwort auf die Zuständigkeitsverflechtung zwischen Bund und Ländern. Senatslösungen in föderativen Systemen finde man demgegenüber dort, wo sich eine starke Trennung der Ebenen im föderalen System etabliert habe.

Maurer wunderte sich darüber, dass in der gegenwärtigen Diskussion die Kompetenzentflechtung scheinbar unbestritten das Hauptziel einer Föderalismusreform bilde. Früher habe man demgegenüber den wesentlichen Vorteil des Föderalismus gerade in seiner gewaltenteilenden Funktion gesehen. Es solle gerade nicht ein Organ entscheiden, sondern eine zweite Kammer solle kontrollieren können und ein Veto-Recht haben. Daher sei die Frage zu erörtern, ob man auf die Sicherungen der zweiten Kammer ohne weiteres nur deshalb verzichten wolle, weil es bei den derzeitigen Mehrheitsverhältnissen Schwierigkeiten gebe. *Maurer* stellte ein solches Vorgehen in Frage.

Wendt schloss sich dem tendenziell an. Er verstehe nicht, warum man so weitgehende Erwartungen an die Kommission zur Modernisierung der bundesstaatlichen Ordnung hinsichtlich einer Revision des Grundgesetzes habe hegen können, sodass jetzt das große Wehklagen eingesetzt habe. Durch die Kommissionsarbeit sei es gelungen, das Bewusstsein für die Defizite der bestehenden föderativen Ordnung zu schärfen. Diese Fragestellungen seien im großen Kreis unter einer gewissen Anteilnahme der Öffentlichkeit diskutiert worden. Überdies seien Reformoptionen aufgezeigt worden. Das sei schon etwas. So verfüge man jetzt noch viel deutlicher als vorher über die Erkenntnis, dass in einem Mehrebensystem Sach- und Finanzverantwortung zusammengehörten. Auch *Wendt* hob hervor, dass die föderative Ordnung in Deutschland ein eingespieltes System der checks and balances darstelle. Dieser gewaltenteilende Effekt der checks and balances sei in der Bundesrepublik Deutschland historisch gewachsen. Man könne nicht etwas gänzliches Neues an die Stelle setzen. Für die durchzuführende Reform gehe es darum, sich auf das Machbare zu konzentrieren und sowohl einen übertriebenen Zentralismus wie einen übertriebenen Föderalismus zu vermeiden, zumal Letzterer in der Bevölkerung nicht wirklich verankert sei, sondern dort immer stärker ein Streben nach Egalitarismus bestehe. So erwartete sich *Wendt* von einer Übertragung steuerfinanzierter Fürsorgekompetenzen auf die Länder keine großen Absenkungen hinsichtlich einzelner Leistungen.

Auch *Schink* war der Auffassung, dass sich das föderative System im Grundsatz durchaus bewährt habe. Entgegen *Janssen* müsse man nicht über fundamentale Änderungen nachdenken, sondern darüber, wie man das überkommene System funktionsfähiger mache. Wer fundamental Neues wolle, müsse den Nachweis erbringen, dass Neues besser sei. An diesem Nachweis fehle es bisher. So sprach sich *Schink* auch gegen die von *Janssen* propagierte unmittelbare Wahl der Ministerpräsidenten aus. Man könne auf Länderebene keine Ersatzkönige gebrauchen. Mit der Direktwahl der Ministerpräsidenten würde deren politisches Gewicht steigen. Dies werde tendenziell nicht zu Fortschritten, sondern zu noch mehr Blockadeausübungen im föderalen System führen. Da auf Bundesebene Formen unmittelbarer Demokratie nicht im Entferntesten diskutiert würden, sei die Urwahl der Ministerpräsidenten auf der Länderebene auch kein Fortschritt, sondern vermutlich sogar ein spürbarer Rückschritt. *Hans Jörg Hennecke* unterstützte diese Einschätzung.

Ferdinand Kirchhof vertrat ebenfalls die Auffassung, dass man nicht sagen könne, dass die Föderalismuskommission gescheitert sei. Das sei inhaltlich falsch. Natürlich sei es nicht gelungen, ein Konsenspapier zustande zu bringen, welches eine doppelte Zweidrittelmehrheit in Bundestag und Bundesrat erreicht habe. Es seien aber die Ideen und Modelle, die zur Lösung in Betracht kämen, besprochen worden und in den Köpfen der Politik verankert. Auch sei es gut, dass die jeweiligen Akteure im Laufe der Kommissionsberatungen mehr oder minder deutlich Position bezogen hätten. Die gesamte Diskussionskulisse habe nunmehr einen enormen politischen Druck aufgebaut. Er sei sich nicht sicher, dass die Reformbemühungen nicht bereits vor 2006 wieder aufgegriffen würden. Die Gespräche auf höchster Ebene in kleinerem Kreise seien nicht beendet. Als Lösungsweg komme etwa in Betracht, kleinere Schiffchen mit konsensfähigen Punkten in separaten Gesetzgebungsverfahren auf die Reise zu schicken.

3. Föderalismus ohne Föderalisten?

Schmidt-Jortzig unterstützte *Janssen* darin, dass man sich des Sinns des Föderalismus stets neu vergewissern müsse. Er vertrat die Auffassung, dass die Kommission zur Modernisierung der bundesstaatlichen Ordnung gestrandet sei, weil der Wille zur Bundesstaatlichkeit bei den Akteuren nicht deutlich genug ausgeprägt gewesen sei. Insoweit genüge es nicht, auf Art. 79 Abs. 3 GG zu verweisen. Man müsse klar und deutlich fragen, ob und weshalb wir ein föderatives System wollen. In der Arbeit der Kommission zur Modernisierung der bundesstaatlichen Ordnung habe er mit fortschreitender Zeit zunehmend den Eindruck gewonnen, dass der Wille zum Föderalismus nicht hinreichend vorhanden gewesen sei. In der überregionalen Presse sei dies mit dem Stichwort: „Föderalismus ohne Föderalisten" charakterisiert worden. Für einen Erfolg der Föderalismusdebatte sei es unerlässlich, sich mit der Grundproblematik auseinander zu setzen, dass die Menschen in Deutschland vom Gedanken der Gleichwertigkeit der Lebensverhältnisse beherrscht seien. Von weiten Teilen der Bevölkerung werde entgegen den verfassungsrechtlichen Vorgaben dieser Gedanke als Staatsziel und tragendes Prinzip in der Bundesrepublik Deutschland begriffen, während der Föderalismus oft als störende, alles aufhaltende, ärgerliche Struktur empfunden werde. Damit müsse man sich nachhaltig auseinander setzen und die Vorteile des Föderalismus herausarbeiten und sich zu ihnen bekennen.

Hans-Günter Henneke zeigte sich enttäuscht darüber, dass am Ende der Kommissionsarbeit bei den Akteuren der Mut zur Stärkung der Länderkompetenzen gefehlt habe. So sei während der gesamten Kommissionsarbeit sehr intensiv über die von *Röttgen* in die Diskussion eingeführte Idee der Länderzuständigkeit im Bildungsbereich vom Kindergarten bis zur Habilitation diskutiert worden. Gemeinsame Umsetzungsschritte habe man insoweit aber nicht unternommen. Stattdessen habe man sich insbesondere beim Bildungsthema in Detailfragen des Art. 91a und b GG verzettelt, wobei es insbesondere auch um finanzielle Ausgleiche gegangen sei. Insofern sei die Kommission trotz beachtlicher Ergebnisse letztlich an Detailfragen gescheitert.

Dass eine Übertragung von Kompetenzen auf die Länder in der Öffentlichkeit und gegenüber Verbänden und anderen Lobbyisten hätte von den zentralen Akteuren der Föderalismuskommission verteidigt werden müssten, sei allen Beteiligten klar gewesen. Ein entsprechendes Vorgehen habe man im Frühjahr 2004 auch informell verabredet. Dann sei der Druck einzelner Interessenverbände, insbesondere der Jugendhilfe- und Sozialorganisationen, jedoch so groß gewesen, dass nach der Sommerpause eine vernünftige Sachdebatte über die Verlagerung von Gesetzgebungskompetenzen insbesondere im Bereich der Bildung und öffentlichen Fürsorge auf die Länder gar nicht mehr ernsthaft geführt worden sei.

Hinsichtlich der Bereitschaft zum Föderalismus hob *Wieland* hervor, dass er sowohl bei der Diskussion in der Kommission als auch darüber hinaus den Eindruck gewonnen habe, dass es insbesondere in der Wirtschaft und in der Bevölkerung eine starke Tendenz zur Unitarisierung gleichlaufend mit einem abstrakten Bekenntnis zum Föderalismus gebe. Von Seiten der Wirtschaft werde ganz klar formuliert, dass der gemeinsame Markt auf eine einheitliche Rechtsordnung dringe. Die neue Erfahrung im Rahmen der Kommissionsberatungen bestehe darin, dass dies wider Erwarten auch im Bereich des Sozialen ganz verstärkt geäußert werde. Viele Akteure hätten gerade im Sozialbereich einheitliche Regelungen gefordert. Zunehmend werde die Forderung aufgestellt, dass das, was als wichtig erachtet werde, vom Bund geregelt werden müsse. Diese Gleichsetzung: Bund = wichtig widerspreche eigentlich dem Föderalismus. Die gegenteilige Position sei aber nur schwer in das allgemeine Bewusstsein zu bringen. *Wieland* unterstrich, dass der Föderalismus – auch wenn es eine allgemeine Tendenz zur Unitarisierung gebe – seinen Sinn insbesondere darin haben könne, dass man versuche, jedenfalls für eine begrenzte Zeit einen Ideenwettbewerb auf der Länderebene zu organisieren, damit sich herausstellen könne, welches Modell sich durchsetze. Man dürfe sich aber nichts vormachen: Mittel- bis langfristig lägen einheitliche Lösungen auch in solchen Bereichen relativ nahe.

Oebbecke machte in der Föderalismusdiskussion sowohl ein Empirie- wie ein Theoriedefizit aus und stellte in Frage, ob die Länder wirklich zusätzliche Gesetzgebungskompetenzen haben wollten. Er bestritt auch, dass kleinere Länder Probleme mit der Verwaltungskraft hätten. Sie hätten dagegen Probleme mit der „Politikkraft". *Oebbecke* machte zudem eine Verkommunalisierung der Länder aus. Die Entwicklung sei immer stärker dahingegangen, dass es zu einer Nivellierung zwischen dem, was staatlich sei, und dem, was unter kommunale Autonomie falle, gekommen sei. *Huber* unterstrich die Beobachtung Oebbeckes. Die zu beobachtende Verkommunalisierung des Landesstaatsrechts habe ihre Ursache darin, dass die staatsrechtlichen und verwaltungsorganisatorischen Ebenen beim Hinzutreten Europas immer schwieriger abgrenzbar seien. Dies gelte erst recht, wenn sie in ein Entscheidungsnetzwerk eingebunden seien. Isensee habe daher die Länder als „Staaten ohne Ernstfall" qualifiziert. *Huber* war der Auffassung, dass man trennscharfe Abgrenzungskriterien zur Aufrechterhaltung der Staatlichkeit der Länder im europäischen Mehrebenensystem nur schwer werde finden können, wenngleich dies durch die Zuordnung von Gesetzgebungskompetenzen und die Inanspruchnahme des „Hausguts" beim öffentlichen Dienstrecht versucht werde.

Schink ergänzte, dass sich die Landesgesetzgebung immer stärker ausnehme wie die Ratsarbeit in einer westdeutschen Großstadt. Wegen der stark eingeschränkten originären Gesetzgebungskompetenzen der Länder befassten sich diese sehr stark mit dem Gesetzesvollzug einerseits und der – vermeintlichen – Verbesserung von Bundesgesetzen. *Schink* illustrierte diesen Befund am Beispiel des Abfallrechts, das in die konkurrierende Gesetzgebungszuständigkeit des Bundes falle und von der der Bund abschließend Gebrauch gemacht habe. Dennoch habe der Landesgesetzgeber in Nordrhein-Westfalen ein Landesabfallgesetz mit mehr als 50 sehr detaillierten Regelungen getroffen. Auch bei der EU-Trinkwasserrichtlinie habe nicht nur der Bund die Anforderungen des Vollzuges verschärft. Die Länder hätten – da es sich um Rahmenrecht handele – auch noch verschärfende Anforderungen gestellt. All dies führe letztlich dazu, dass die Regelungsmöglichkeiten der Kommunen immer weiter eingeschränkt würden. *Schink* schlussfolgerte daraus, dass die Kompetenzen der Länder in der Gesetzgebung sehr viel schärfer als in der Vergangenheit gegen die Kompetenzen des Bundes abgegrenzt werden müssten. Man müsse den Ländern Gesetzgebungskompetenzen belassen und geben, mit denen sie gestalterisch etwas anfangen könnten.

Hinsichtlich des von ihm unterstellten Theoriedefizits wies *Oebbecke* darauf hin, dass die Vorteile des Föderalismus theoretisch stets so beschrieben würden wie im Referat von *Kirchhof* geschehen. Man müsse sich aber fragen, ob man dies nicht präziser beschreiben könne. Hinsichtlich der stets angestellten Auslandsvergleiche vertrat *Oebbecke* die Auffassung, dass die positiven Beurteilungen anderer föderativer Systeme auf anderen Maßstäben beruhten. Wenn man mit den deutschen Erwartungen etwa den Föderalismus in den Vereinigten Staaten betrachte, erweise sich das dortige System als „totale Katastrophe". Rechtsvergleichende Betrachtungen könne man also nur anstellen, wenn die konkreten Erwartungen an ein föderales System geklärt seien.

Auch *Oebbecke* sprach sich dafür aus, zunächst eine Leitbilddiskussion zu führen. Dabei müssten Fragen der politischen Machbarkeit zunächst außer Betracht bleiben. Auf sie dürfe man erst eingehen, wenn man sich in einer umsetzungsnäheren Phase befinde. Ansonsten vergebe man sich viele potenzielle Lösungsalternativen.

Zusammenfassung der Diskussion

Hans Jörg Hennecke konzedierte, dass es an einem gemeinsamen Leitbild und gemeinsamen Zielvorstellungen in der Kommission zur Modernisierung der bundesstaatlichen Ordnung gehapert habe. Die Vorstellungen der Akteure seien viel stärker auseinandergefallen, als man dies aus der akademischen Debatte heraus zuvor erwartet hätte. Zudem sei die Debatte – wie dies regelmäßig auch bei Funktionalreformprozessen geschehe – geführt worden, ohne eine Aufgabenkritik bzw. Staatstätigkeitskritik vorzunehmen. Das Vorgehen habe daher die Chancen für konsensfähige Lösungen stark eingeschränkt. *Hans Jörg Hennecke* stimmte *Oebbecke* darin zu, dass die Interessenlage der Akteure auf der Länderebene sehr unterschiedlich gewesen sei. Es habe kein allgemeines Interesse gegeben, durchgehend stärkere Verantwortung bei den Ländern zu übernehmen. Dies sei hinter vorgehaltener Hand etwa auch im Beamtenrecht der Fall gewesen.

Schmidt-Jortzig ging auf die Rolle der kommunalen Spitzenverbände in der Kommission zur Modernisierung der bundesstaatlichen Ordnung ein und bedauerte, dass die „nominell beteiligten drei kommunalen Spitzenverbände" in vielen Fragen offenbar nicht zu einheitlichen Auffassungen gekommen seien. Auch sei die Bereitschaft, sich aktiv einzubringen, sehr unterschiedlich ausgeprägt gewesen, wobei der Deutsche Landkreistag sich äußerst aktiv eingebracht habe. *Schmidt-Jortzig* machte zwischen dem Deutschen Städtetag und dem Deutschen Landkreistag grundlegende Unterschiede über die Einschätzung der Bedeutung der Eigenverantwortlichkeit für die Zukunft der kommunalen Selbstverwaltung aus. Der Deutsche Städtetag habe nach seiner Beobachtung an vielen Punkten ein sehr fragwürdiges Verständnis der Delegation von eigener Verantwortung an den Tag gelegt. Dies entspreche dem Verhalten, das auch bei manchen Ländern zu beobachten gewesen sei. Er habe den Eindruck gewonnen, dass sich die Großstädte offenkundig in einer Paternalisierung durch den Staat ausgesprochen wohl fühlten und zumindest nicht ernsthaft dagegen aufbegehren wollten. *Schmidt-Jortzig* mahnte demgegenüber, dass die kommunale Selbstverwaltung wie andere Freiheitspositionen davon lebe, dass man die zuerkannte Freiheit haben und ausnützen wolle. Beim Agieren des Deutschen Städtetages habe es ihm partiell weh getan, dass man sich vor dem Gewinn an Freiheit „geradezu weggeduckt" habe. Dies sei seines Erachtens früher nicht so gewesen.

Gorrissen vermisste bei der Kommissionsarbeit eine Beachtung der Lehrsätze des Veränderungsmanagements. Daran sei die Kommission letztlich gescheitert. Wichtig sei, dass alle Prozessbeteiligten den notwendigen Änderungsbedarf akzeptierten. Dieser Konsens habe bereits gefehlt. Überdies brauche man eine in sich schlüssige logische Zukunftsvision. Wir hätten in Deutschland allerdings noch keinen Konsens darüber, wie der Bundesstaat künftig den Herausforderungen Europas zu begegnen habe. Ein Zielbild fehle insoweit. Überdies riet *Gorrissen* dazu, die Erkenntnis zu beachten, dass man beim Erstreben großer Veränderungsprozesse Meilensteine setzen und daher zwischendurch festhalten und sichern müsse, was man erreicht habe. Er riet daher dazu, sich künftig an diese Regeln des Veränderungsmanagements zu halten, um zu greifbaren Reformergebnissen zu kommen.

Steinbeiß-Winkelmann äußerte sich zu den Beiträgen zum Scheitern der Kommission dahingehend, dass man sehr wohl Leitbilder gehabt habe, diese hätten jedoch nicht immer mit der tatsächlichen Interessenlage der Beteiligten übereingestimmt. Die Interessenlage der einzelnen Akteure sei überdies nicht immer ehrlich, sondern z. T. verhandlungstaktisch präsentiert worden. Die Bundesregierung habe in der Kommission zwar Rede- und Antragsrecht, aber kein Stimmrecht gehabt und sei daher von Anfang an in eine merkwürdige Rolle gezwungen worden. Dieser Status habe zu einer undankbaren Rollenverteilung für die Bundesregierung geführt.

Steinbeiß-Winkelmann kam zu dem Befund, dass für das Scheitern einerseits Interessenunterschiede, ja Gegensätze zwischen den Ländern maßgeblich gewesen seien. Die Länder hätten sich seit Ende der 90er-Jahre intensiv mit der Föderalismusreformfrage beschäftigt. 1999 habe Ministerpräsident Clement dazu gedrängt, endlich Verhandlungen auf Regierungsebene aufzunehmen. Der Beschluss der Länderregierungschefs aus dem Jahre 2001 sei der Startschuss für Verhandlungen zwischen der Bundesregierung und den Landesregierungen gewesen. 2002 habe man eine Bestandsaufnahme und Problembeschreibung aus Sicht der Landesregierungen und der Bundesregierung erstellt. Diese Bestandsaufnahme sei früh in die Kommissionsarbeit eingebracht worden. Die seinerzeit auf der Regierungsebene erarbeiteten Einschätzungen hätten sich in weiten Teilen als tragfähig für die Kommissionsarbeit erwiesen.

Auf den immer wieder erhobenen Vorwurf, die Bundesregierung sei in der Föderalismuskommission weitgehend abgetaucht, entgegnete *Steinbeiß-Winkelmann*, dass die Bundesregierung bereits im April 2003 ein Positionspapier vorgelegt und darin wesentliche Anforderungen an eine Föderalismusreform niedergelegt habe. In diesem Positionspapier hätten sich auch die Leitbilder befunden, auf die sich alle Protagonisten hätten gut verständigen können, nämlich eine klarere Verantwortungsteilung, eine größere Ebenenverantwortung für Bund und Länder, mehr Transparenz und mehr Demokratie. Diese Leitbilder hätten auch dem Einsetzungsbeschluss der Föderalismuskommission zugrunde gelegen. Vor diesem Hintergrund seien Zugriffsrechte bei der Gesetzgebung keine Option

Zusammenfassung der Diskussion

gewesen, weil Zugriffsrechte das Gegenteil von Entflechtung bedeuteten. An diesem Beispiel zeige sich die Divergenz von Leitbildern einerseits und der tatsächlichen Interessenlage andererseits. Das Thema Zugriffsrechte werfe auch die Frage auf, ob die Länder wirklich Entflechtung und Aufgabentrennung gewollt hätten. Dazu habe es von Länderseite keine klare Aussage gegeben. Die Länder hätten immer wieder formuliert, dass sie Vollkompetenzen *oder* Zugriffsrechte wollten, eine klare Antwort in diesem Entweder/Oder aber verweigert.

In diesem Prozess habe sich die Bundesregierung in einer Weise verhalten, die als ausgesprochen zögerlich empfunden worden sei. Die Bundesregierung sei aufgefordert worden, sich zu positionieren. Gleichzeitig habe man skeptische Töne und die Warnung vor dem Umstieg vom Bundesstaat in einen Staatenbund gehört. Die Tatsache, dass die Bundesregierung nicht außenwirksam tätig geworden sei, habe seinen Grund schlicht darin gehabt, dass man sich um eine Kompetenztrennung auf einer fachlich belastbaren Grundlage bemüht habe. Das habe zu mühsamen Abstimmungsprozessen mit den Fachressorts geführt, um fundiert entscheiden zu können, welche Kompetenzen aus Bundessicht abgegeben werden könnten. Herausgekommen sei letztlich in einer psychologisch schon aufgeladenen Situation Anfang November 2004 der Vorschlag der Bundesregierung zur Trennung der Gesetzgebungskompetenzen. Dieser Vorschlag habe die Länder in hohem Maße durcheinander gewirbelt, da sie damit z. T. so nicht gerechnet hätten. Der Vorschlag der Bundesregierung sei von Länderseite als Überraschungsangriff gewertet worden, weil sich die Länder hinter Zugriffsrechten hätten verstecken wollen, die aber als verfassungsrechtlicher Rückschritt und nicht als Fortschritt zu werten gewesen seien.

Nachdem die Kompetenztrennungsangebote von Bundesregierungsseite auf den Tisch gelegt worden seien, habe sich keine wirkliche Konsensfähigkeit mit den Ländern herstellen lassen. Auch der Fächer von Kompetenztrennungsvorschlägen im Müntefering/Stoiber-Papier sei nicht wirklich konsensfähig gewesen. Genau an dieser Stelle seien die Länder im Ergebnis auseinander gedriftet. *Steinbeiß-Winkelmann* stellte die Vermutung auf, dass die Länder Kompetenzzuwächse gar nicht wirklich gewollt hätten, sondern flächendeckende Zugriffsrechte, die dazu geführt hätten, dass nur starke Länder abweichende Regelungen getroffen hätten. Dies hätte im Ergebnis das Gegenteil von Entflechtung bedeutet und zu einem Flickenteppich des Rechts geführt.

Kirchhof riet nachdrücklich davon ab, nunmehr rückwirkend Schuldzuweisungen vorzunehmen. Das sei Schnee von gestern. Hilfreich sei es nur, aus den gemachten Fehlern zu lernen und diese Fehler künftig zu vermeiden. Mit Blick auf *Oebbecke* hob *Kirchhof* hervor, dass die Länder in der Tat einen Zuwachs an Gesetzgebungskompetenzen wirklich gewollt hätten. Die Landesparlamente hätten deutliches Interesse an genuinen Gesetzgebungskompetenzen geäußert. Bei den Ministerpräsidenten sei dies zwar nicht ganz so deutlich geworden; die Länder hätten aber ernsthaft Kompetenzen beansprucht bei der steuerfinanzierten öffentlichen Fürsorge, bei der regionalen Wirtschaftspolitik, bei Teilen des Umweltrechts, bei der regionalen Arbeitsmarktpolitik und in den Bereichen der Art. 91 a und 91 b GG. Aus Sicht *Kirchhofs* sei die Bereitschaft der Länder zur Aufgabenübernahme sehr ernsthaft gewesen. Selbstverständlich hätten die Länder immer auch die Finanzierung der Aufgaben eingefordert. Dies habe insbesondere für die bisherigen Aufgaben nach Art. 91 a und 91 b GG gegolten.

Kirchhof räumte allerdings ein, dass sich in einem Fall die Länder blamiert hätten. Dies sei beim Angebot des Bundes zur Inanspruchnahme von Steuergesetzgebungskompetenzen bei denjenigen Steuern gewesen, deren Aufkommen den Ländern nach Art. 106 Abs. 2 GG zufließt. Hier habe der Bund Steuergesetzgebungskompetenzen angeboten, und die Länder hätten betreten zur Seite geschaut. Dies sei aber der einzige Fall gewesen, wo sich die Länder einem Kompetenzzuwachs verweigert hätten.

4. Kommissionszusammensetzung und Entscheidungsverfahren

Ausführlich wurde auch über die Zusammensetzung der Kommission, das gewählte Entscheidungsverfahren und die möglichen Perspektiven zur Realisierung der Föderalismusreform diskutiert. *Schmidt-Jortzig* bezeichnete das gewählte Kommissionsverfahren, letztlich alles in die Hände der Co-Vorsitzenden zu legen, als nicht glücklich. Die politischen Konkurrenten der Vorsitzenden Stoiber und Müntefering hätten kein wirkliches Interesse daran gehabt, die beiden Vorsitzenden zum Erfolg kommen zu lassen. Für die Zukunft könne man es durchaus mit einem Konventmodell nach dem Motto probieren: Zum Trockenlegen der Sümpfe darf man nicht die Frösche beauftragen. Letztlich müsse aber doch die Politik entscheiden.

Risse entgegnete *Schmidt-Jortzig*, dass er die Kritik am „Vorsitzendenverfahren" nicht teile. Er könne sich keine bessere Lösung als das Vorsitzendenverfahren vorstellen. Wenn man anders vorgegangen wäre, hätte man auch keine abschichtbaren Zwischenergebnisse bekommen.

Oebbecke warf die Frage auf, warum sich Bundestag und Bundesrat nicht mit jeweiliger 2/3-Mehrheit auf ein Konventsmodell verständigen sollten, der auf Zeit tage; dann könnten die einzelnen Fragestellungen auch wissenschaftlich besser vorbereitet werden. Mit einer solchen Lösung vergebe man sich nichts. An der Entscheidung durch die Politik komme man aber nicht vorbei.

Maurer stellte einen Vergleich mit dem europäischen Verfassungskonvent an. Vielleicht könne man hier Anleihen nehmen. Der europäische Verfassungskonvent sei schließlich zu einem Ergebnis gekommen, dass von den Staats- und Regierungschefs übernommen worden sei. Vielleicht habe ein wesentlicher Unterschied darin bestanden, dass dem Konvent nur ein Vorsitzender vorgestanden habe, der am Schluss seiner großen politischen Laufbahn stand und in die Beratungen besonderes Gewicht eingebracht habe, was die Umsetzungschancen erhöht habe. Auch *Schliesky* äußerte sich positiv zu einem Neustart durch Einsetzung eines Konvents. Dieser habe die Chance, einen Entwurf zu schaffen, der so viel Überzeugungs- und Durchschlagskraft habe, dass die Politik nicht anders könne, als ein solches Werk aus einem Guss entsprechend zu berücksichtigen. Sollte es zur Einsetzung eines solchen Konvents kommen, komme bei der inhaltlichen Ausrichtung auch der Europatauglichkeit künftiger Kompetenzabgrenzungen eine besondere Bedeutung zu.

Überwiegend wurde die Einsetzung eines Konvent dagegen als nicht zielführend betrachtet. *Wendt* wies darauf hin, dass man eine Parallele zum europäischen Verfassungskonvent nicht ziehen könne. Dieser habe auf jungfräulichem Boden agieren und Institutionen sowie Formen institutioneller Zusammenarbeit schaffen und verbessern können. In Deutschland habe man dagegen eine jahrzehntelange Entwicklung zu berücksichtigen, die weitestgehend von Sachgründen getragen sei. Daher könne man nicht mit einem Konvent quasi von Null auf wieder anfangen.

Auch *Hesse* teilte die Argumente für eine Konventslösung nicht. Insbesondere seien die Ergebnisse des europäischen Grundrechtekonvents und des Verfassungskonvents nicht zu übertragen. Der Grundrechtekonvent unter Leitung von Roman Herzog sei inhaltlich nicht wirklich kontrovers gewesen, da die nationalen Verfassungen jeweils über Grundrechtskataloge verfügt hätten. Der europäische Verfassungskonvent weise durchaus gravierende Nachteile auf. In dem Konvent sei der Souverän allerdings durchaus stark vertreten gewesen. Bei näherer Betrachtung der Regelungen stelle sich in der Umsetzung jedoch heraus, dass operative Fragestellungen bei weitem nicht ausreichend bedacht worden seien. Zahlreiche Artikel seien vielfältigen Interpretationen offen. Hier sei ein weiterer Praxistest geboten, bevor man sagen könne, das man so vorgehen solle. Auch der österreichische Konvent sei sehr ernüchternd zu beurteilen.

Nach ihrer persönlichen Einschätzung ging *Steinbeiß-Winkelmann* nicht davon aus, dass sich vor der Bundestagswahl 2006 noch ein neues Geschehen entwickeln werde. Die österreichische Konventlösung komme als Vorbild ebenfalls nicht in Betracht. Der dortige Konvent habe kein Ergebnis erzielt. Nur der Vorsitzende habe einen persönlichen Vorschlag unterbreitet, der allseits auf große Kritik gestoßen sei. Aus diesen Erfahrungen könne man mithin auch nicht wirklich lernen.

Diese Einschätzung wurde von *Hans Jörg Hennecke* geteilt. Von Österreich könne man insoweit nichts lernen. Abstrakt gesprochen könne ein Konvent zwar durchaus Chancen bieten, dies setze aber voraus, dass die verfassungsgebenden Organe quasi einen Blankoscheck ausstellten und die Ergebnisse akzeptierten. Damit sei nicht zu rechnen. Auch *Hans Jörg Hennecke* beurteilte die Ergebnisse des europäischen Verfassungskonvents sehr kritisch. Zwar werde das gefundene Ergebnis als Integrationsfortschritt gepriesen; er habe aber große Bedenken, ob die gefundenen Regelungen ordnungspolitisch alle in die richtige Richtung wiesen. Etliche materielle Probleme seien im europäischen Verfassungsentwurf verborgen, die noch detailliert zu Tage treten würden.

Risse hielt die Einsetzung eines Verfassungskonvents ebenfalls nicht für zielführend. Das Feld der föderalen Ordnung in Deutschland sei sehr beackert. Daher gehe die Föderalismusreform von sehr konkreten Ausgangspunkten aus. So sei auch die Föderalismuskommission von einer konkreten Status-quo-Analyse ausgegangen. Es bedürfe nicht weiterer wissenschaftlicher Erkenntnis hinsichtlich der Aufbereitung. Hinsichtlich der maßgebenden Fragen der Föderalismusreform habe man kein Erkenntnis-, sondern ein Entscheidungsproblem. Daher müsse man die Entscheidungsträger in Pflicht nehmen. Alles andere führe nicht weiter. Die Zusammensetzung der Föderalismuskommission sei mithin nicht falsch gewesen.

Maurer warf die Frage auf, ob die Kommission zur Modernisierung der bundesstaatlichen Ordnung richtig zusammengesetzt gewesen sei. Gegenüber der Gemeinsamen Verfassungskommission der frühen 90er-Jahre sei es ein Vorteil gewesen, nunmehr die Landesparlamente, die Bundesregierung und die kommunalen Spitzenverbände zu beteiligen. In der Kommission seien allerdings ganz unterschiedliche, institutionelle und personelle Aspekte vertreten gewesen. So seien die Vertreter der Bundesregierung in einer januskörpfigen Funktion sowohl als Regierungsvertreter wie als Parteipolitiker vertreten gewesen. Latent seien in der Kommission erhebliche Interessenkonflikte vorhanden gewesen. Bei einer Fortsetzung der Föderalismusreformarbeiten müsse die Frage der Zusammensetzung der Kommission daher neu bedacht werden.

Maurer fragte sich insoweit, ob es richtig sei, den Bundesrat, wie auch schon in der Gemeinsamen Verfassungskommission zu Beginn der 90er-Jahre, gleichberechtigt zu beteiligen. Das sei zumindest mit einem Fragezeichen zu versehen.

Schließlich ging *Steinbeiß-Winkelmann* auf die Struktur der Kommission ein. Die Zusammensetzung der Kommission und die Rolle der Bundesregierung seien durchaus ein Problem gewesen. In der Kommission habe es einerseits die Länder gegeben, die aufgrund ihrer vieljährigen intensiven Beschäftigung mit dem Föderalismusthema „bis an die Zähne bewaffnet" gewesen seien. Auf der anderen Seite hätten Bundestagsabgeordnete gesessen, die neu in die Thematik hätten einsteigen müssen. Offiziell seien die Länder immer für Entflechtung eingetreten, ohne dies in der Mehrheit aber tatsächlich zu wollen. Die Kräfte derer, die im Ergebnis keine Veränderung mehr wollten, hätten in der letzen Woche der Kommissionsberatungen zwischen dem 13. und 17. Dezember die Oberhand gewonnen. In diesem Zeitraum sei die politische Gewichtung gekippt. Bis zum 16. Dezember sei von allen Akteuren erwartet worden, dass es zu einem Ergebnis komme. Von Donnerstagabend bis Freitagmorgen sei aber die Kehrtwendung in der Einschätzung erfolgt. Die Herstellung eines Junktims zwischen der Einigung in Bildungsfragen mit den übrigen Themen sei erst in den letzten 2–3 Tagen erfolgt, um auf diese Weise den Ausstieg aus einer Entwicklung zu ermöglichen, die in Richtung Kompetenztrennung gegangen wäre.

5. Zum objektiven Leidensdruck und der Gunst der Stunde

Oebbecke meinte, dass der Zeitpunkt für die Föderalismusreform ungünstig gewesen sei. Man könne eine solche Reform etwas leichter regeln, wenn die Erwartung bestehe, dass die Verhältnisse künftig eher besser würden. Wenn alle, insbesondere aber die betroffenen Gruppen wie die Jugendhilfe- und Sozialorganisationen, davon ausgingen, dass die Verhältnisse künftig noch enger würden, wollten nahezu alle am Status quo nicht rühren lassen.

Held teilte diese Einschätzung und spiegelte sie mit Erfahrungen bei der Reformdiskussion um ein neues Kommunalverfassungsrecht in Nordrhein-Westfalen. Er ging davon aus, dass fundamentale Reformprozesse nur erfolgreich gestaltet werden könnten, wenn man allgemein einen objektiven Leidensdruck spüre. Dies habe er bei der Föderalismusdebatte bisher so nicht feststellen können. Überdies müssten Problemlösungen einsichtig gemacht werden. Man müsse erkennbar machen, wie einfach man Lösungswege gehen könne. Die Einsichtsfähigkeit in die Veränderung der föderalen Struktur sei nicht allgemein ausgeprägt. Die Situation bei der Reform der Kommunalverfassung in Nordrhein-Westfalen und Niedersachsen vor einem Jahrzehnt sei in etwas vergleichbar gewesen. Alle Akteure seien am geltenden Kommunalverfassungsrecht mehr oder minder vorbeigegangen, was aber sanktionslos geblieben sei. Es habe allerdings seinerzeit die Einsichtsfähigkeit erzeugt werden können, dass diese Situation verändert werden müsse. Dieser Prozess habe allerdings einen Zeitraum von zehn Jahren in Anspruch genommen. *Held* folgerte daraus, dass man für Veränderungsprozesse Zeit benötige. Man müsse einfache Ziele diskutieren und könne eine Reform „nicht einfach mal so zwischendurch" durchführen. Überdies benötige man erhebliche Ausdauer, aber auch die Gunst der Stunde zur Veränderung. Schließlich müsse man das Interesse aller Akteure berücksichtigen, Wahlen gewinnen zu wollen. Erst bei Berücksichtigung aller dieser Aspekte seien grundlegende Reformen erfolgreich durchführbar. Daher sei das Scheitern der Reformkommission nicht wirklich verwunderlich, zumal er den Eindruck habe, dass sich zum Schluss die Akteure im Gestrüpp der differenzierenden Betrachtungen verloren hätten.

Risse entgegnete *Oebbecke* und *Held*, dass sich zu Beginn der Kommissionsberatungen alle Akteure einig gewesen sein, dass der Zeitpunkt für eine Reform sehr günstig sei, zumal die Bundestagswahlen 2006 bei Einsetzung der Kommission im Jahre 2003 noch sehr weit entfernt gewesen seien. Die Bundesregierung habe sich in vielen Fragen der lästigen gegenläufigen Mehrheit im Bundesrat ausgesetzt gesehen, die Opposition habe steigende Umfragewerte registriert. Gerade die Unsicherheit über den Wahlausgang 2006 habe für die „Gunst der Stunde" gesprochen. Im Verlaufe der Beratungen habe sich das Blatt jedoch gewendet. Man habe zwar nicht den Eindruck bekommen, dass die Akteure im Gestrüpp die Orientierung verloren hätten, man habe aber diagnostizieren müssen, dass die Masse an Gemeinsamkeiten am Ende nicht ausgereicht habe, um zu umsetzungsfähigen Ergebnissen zu gelangen. *Risse* vertrat allerdings die Auffassung, dass das „Stranden" der Kommission eine ehrliche Lösung gewesen sei, die viel besser sei als eine schädliche Verständigung auf Formelkompromisse.

Schoch warf in Anknüpfung an *Schmidt-Jortzig* ebenfalls die Frage auf, wer ein reales Interesse an konkreten Ergebnissen der Kommission zur Modernisierung der bundesstaatlichen Ordnung gehabt habe. Er wies darauf hin, dass die Bundesregierung neben dem Kanzleramtschef, den Finanzminister und der Justizministerin durch die Verbraucherschutzministerin statt durch den Innenminister vertreten gewesen sei. Diese Zusammensetzung sei allein der politischen Szenerie geschuldet gewesen.

Dies sei ein Indiz dafür, dass der Machtaspekt bei den Gründen des Scheiterns in der Diskussion bisher unterbelichtet gewesen sei. In diesem Sinne könne man etwa fragen, ob der Bundeskanzler ein nachhaltiges Interesse daran gehabt habe, seinem Partei- und Fraktionsvorsitzenden in der Sache wirklich Erfolg zu wünschen. Genauso könne man fragen, ob die Ministerpräsidenten einzelner B-Länder oder die CDU-Parteivorsitzende und CDU/CSU-Fraktionsvorsitzende ein wirkliches Interesse an einem Triumph des Co-Vorsitzenden Stoiber gehabt hätten.

Wieland erwiderte darauf, dass das Interesse einzelner Akteure an einem Erfolg der Kommission durchaus begrenzt gewesen sei. Die beiden Co-Vorsitzenden der Kommission hätten sicherlich ein großes Interesse an einem Erfolg der Kommissionsarbeit gehabt und sich im Laufe der Beratungen sehr stark mit der Thematik identifiziert. Es habe aber andere wichtige Akteure gegeben, die nicht das gleiche Interesse gezeigt hätten. So habe sich die Bundesregierung sehr zurückgehalten. Öffentliche Äußerungen des Bundeskanzlers seien überdies für die Kommissionsberatungen nur wenig förderlich gewesen. Gleiches gelte hinsichtlich der fehlenden Mitwirkung des Bundesinnenministers, zumal sich der Kanzleramtschef nur sehr sporadisch an den Beratungen beteiligt habe. Sicherlich sei es auch nicht hilfreich gewesen, dass die CDU-Parteivorsitzende an den Beratungen überhaupt nicht beteiligt gewesen sei. Daher sei der Verdacht nicht ganz von der Hand zu weisen, dass es durchaus Akteure gegeben habe, die einen Misserfolg der Kommissionsarbeit als nicht völlig unangenehm angesehen hätten.

Zu Beginn der Kommissionsarbeit seien die Gelingensbedingungen günstiger gewesen. Dies habe auch daran gelegen, dass seinerzeit der Eindruck vorgeherrscht habe, dass der Ausgang der nächsten Bundestagswahl 2006 sehr offen sei und die Opposition durchaus eine reale Siegeschance habe. Nicht alle Beteiligten hätten das gleiche Interesse an einem Erfolg der Kommissionsarbeit gehabt. Auch sei der objektiv bestehende Leidensdruck durchaus unterschiedlich empfunden worden. So hätten auch einige Sachverständige die Auffassung vertreten, mit der gegenwärtigen bundesstaatlichen Ordnung durchaus gut leben zu können.

6. Wann, wie, was?

Hesse betonte, dass man im Moment nicht konkret sagen könne, in welche Richtung sich die Reform bewegen werde. Man finde derzeit eine enorme Unsicherheit sowohl im Bund wie bei den Ländern vor. Die Fragen richteten sich sowohl auf das „Wann?" als auf das „Wie?" und „Was?" der Reform. Hinsichtlich der Frage, wann man wieder einsteigen könne, ging

Hesse davon aus, dass dies angesichts der Polarisierungen in Schleswig-Holstein und der bevorstehenden Landtagswahl in Nordrhein-Westfalen wohl nicht vor 2006 geschehen könne. Die eigentliche Frage sei allerdings, was geregelt werden solle. Auch hier gebe es diverse Dissense. Dabei müsse man bedenken, dass sich die Ausgangssituation durch mehrere Entscheidungen des BVerfG beträchtlich verändert habe. Dies gelte sowohl für die Entscheidungen zur restriktiven Auslegung des Art. 72 Abs. 2 GG als auch für den freiwilligen Verzicht des Bundes auf Zustimmungspflichtigkeit etwa bei der Neuregelung der Lebenspartnerschaft. Fritz Scharpf habe eine Zurückhaltung des Bundes bei der Regelung verfahrensrechtlicher Bestimmungen als eleganten Weg für den Bund bezeichnet. Diese Ansicht sei durchaus zu hinterfragen. Anzuerkennen sei aber, dass sich durch die Rechtsprechung des BVerfG die relativen Gewichte von Bund und Ländern verändert hätten.

II. Europatauglichkeit der Reformvorschläge

Mit Blick auf die Verbesserung der Europatauglichkeit des GG wurde die Arbeit der Föderalismuskommission durchweg kritisiert. So war vom düstersten Kapitel der Kommissionsarbeit (*Hesse*), das mit „glatt mangelhaft" bewertet wurde (*Schliesky*), die Rede.

Zahlreiche Einzelaspekte wurden behandelt, wobei die Fragen der Weiterentwicklung des Art. 23 GG im Zentrum standen.

Ruffert machte darauf aufmerksam, dass es keine Rückverlagerung von Kompetenzen von der Europäischen Union auf die Mitgliedstaaten geben werde. Allein von den deutschen Vertretern seien bei den Konventsberatungen entsprechende Forderungen erhoben worden. Die Absicht, Kompetenzen der Europäischen Union zurückzuschneiden, sei von keinem anderen Mitgliedstaat ernst genommen worden, sodass diese Aspekte letztlich gar nicht ernsthaft diskutiert worden seien.

Angesichts des erreichten Standes europäischer Kompetenzen könne man heutzutage nicht mehr von der Motorfunktion des EuGH sprechen. Diese letzte Aussage *Rufferts* wurde von *Kirchhof* bestritten.

Janssen bedauerte, dass im Verhältnis der Europäischen Union zu den Mitgliedstaaten nicht das Prinzip der Zugriffs- oder Vorranggesetzgebung zum Tragen gekommen sei. Gerade hier habe ein solches Instrument große Berechtigung, da etwa die Beitrittsstaaten einen viel größeren Koordinierungsbedarf hätten als etwa Deutschland. Von dieser Möglichkeit habe man leider keinen Gebrauch gemacht.

Kluth machte ein fehlendes Bewusstsein für europäische Fragestellungen in Deutschland aus. Die fehlende Europatauglichkeit des Grundgesetzes beziehe sich insbesondere auf den Zeitpunkt der parlamentarischen Befassung. *Kluth* vertrat die Ansicht, dass das Hauptproblem in der Wertschätzung europarechtlicher Vorgänge in Deutschland liege und verwies vergleichend auf die Situation in Großbritannien. Dort würden die Gefahren Europas für die eigene Rechtsordnung traditionell höher als bei uns eingeschätzt. Gerade deshalb seien in den letzten Jahrzehnten in Großbritannien in erstaunlichem Maße neue organisatorische und verfahrensrechtliche Regelungen getroffen worden. Es sei geradezu überraschend, wie realitätsnah und pragmatisch man sich dort den Dingen gestellt habe. In Deutschland sei dies anders. Der Blick der Abgeordneten sei eher in den eigenen Wahlkreis als nach Brüssel gerichtet. So gebe es in Berlin eine parlamentarische Sommerpause, nicht aber in Brüssel. Dadurch würden viele Probleme verursacht. Für eine Lösung dieses Problems gehe es weniger um neue Kompetenz- und Verfahrensregelungen, als um das innere Problem, zu spät zu kommen und nicht mit der nötigen Ernsthaftigkeit die Dinge anzupassen. Auch die Fragen der mangelnden Einhaltung der zeitlichen Vorgaben bei der Richtlinienumsetzung hingen damit zusammen, dass man schlicht zu spät damit anfange. Der Wille zur Fristbeachtung sei nicht genügend gegeben. *Kluth* vertrat die Auffassung, dass man auch in einem Bundesstaat europakonform Richtlinien umsetzen könne, wenn man die Angelegenheiten nur ernster nehme. *Huber* teilte die Einschätzung von *Kluth*. Das Bewusstsein der deutschen Politik für europäische Fragestellungen sei nicht ausgeprägt. Dies gelte insbesondere für die Parlamente. *Huber* meinte aber, dass man dem dadurch abhelfen könne, dass man den Parlamenten mehr Kompetenzen gebe. Dies sei auch mit edukatorischen Effekten verbunden.

Schlebusch fragte kritisch, wenn *Huber* in seinem Vortrag das Ende nationaler Verfassungsautonomie konstatiert habe, stehe dies möglicherweise nicht mit den Aussagen der Maastricht-Entscheidung des BVerfG in Einklang. *Huber* erwiderte darauf, dass theoretisch alles beim Alten geblieben sei. Es sei aber zu konstatieren, dass der demokratische Einfluss über den Bundestag in Europafragen deutlich reduziert sei. Anders als bei der Behandlung von Gesetzgebungsvorhaben im Bundestag seien in europäischen Fragen Kontrolle, Transparenz und Einwirkungsmöglichkeiten der Zivilgesellschaft deutlich vermindert. Die Wahl zum europäischen Parlament möge hinsichtlich dieser Effekte eine gewisse abschwächende Bedeutung haben, sei aber kein adäquater und hinreichender Ersatz.

Zu den Auswirkungen Europas auf die Verteilung von Gesetzgebungskompetenzen machte *Kirchhof* darauf aufmerksam, dass in der Föderalismuskommission Ministerpräsident Steinbrück die These aufgestellt habe, dass bei der konkurrierenden Gesetzgebung die Erforderlichkeitsklausel nach Art. 72 Abs. 2 GG bei der Umsetzung von Richtlinien nicht mehr erfüllt sei. Wenn man schon europäische Richtlinien habe, brauche man keine bundeseinheitliche Regelung mehr für die konkurrierende Gesetzgebung. Die notwendige Einheitlichkeit werde schon europaweit hergestellt. Dann seien für die nationale Umsetzung immer die Länder zuständig. *Kirchhof* machte deutlich, dass er sich dieser Position nicht anschließe, sie sei in der Kommission aber intensiv erörtert worden. *Ruffert* schloss sich diesen Überlegungen an. *Janssen* stützte ebenfalls die These von Steinbrück. Er habe bereits in seinem Referat auf dem 65. Deutschen Juristentag ausgeführt, dass es bei der Umsetzung von EU-Richtlinien nicht zu einer unerträglichen Rechtzersplitterung komme und die europäische Rechtsordnung die bisher dem Bund zufallende Koordinierungsfunktion übernommen habe. Wenn sich diese Position durchsetze, könne man verfassungspolitisch die Gesetzgebungskategorie der konkurrierenden Gesetzgebung verabschieden und zu klaren Kompetenzzuweisungen an den Bund bzw. die Länder kommen. Für einzelne Materien wie die Raumordnung, das Verwaltungsverfahren und das öffentliche Dienstrecht, die für beide Ebenen thematisch gleichermaßen relevant seien, könne man sich dann auf die Kategorie der Grundsatzgesetzgebung verständigen. Die entscheidende Frage für die Europatransmissionskompetenz sei dann, welcher Materienschwerpunkt eingreife.

Huber widersprach den von Steinbrück in der Kommission entwickelten Ansätzen. Es sei keine Deckungsgleichheit zwischen europäischen Richtlinien und den Vorgaben und Bereichsaufteilungen nach dem GG festzustellen. Die Richtlinien seien zwar immer detailfreudiger geworden, erhöben aber nicht den Anspruch, eine Kodifikation darzustellen. Die Strukturierung der Materie im nationalen Bereich werde durch eine europäische Richtlinie nicht überflüssig, selbst wenn eine Richtlinie unmittelbar anwendbar sei. Daher seien die Fragezeichen hinter der Steinbrück'schen These mehr als groß.

Hinsichtlich der Umsetzung des Stabilitätspaktes bedauerte *Ehlers*, dass die Maastricht-Kriterien im nationalen Verfassungsrecht nicht auf die verschiedenen Ebenen bzw. die einzelnen Länder und Kommunen heruntergebrochen worden seien. Das 3 %-Kriterium sei auch im Müntefering/Stoiber-Papier nicht übernommen worden, obwohl die ausgreifende Staatsverschuldung eines der dringendsten Probleme der heutigen Zeit sei. Die Fragestellung sei bereits im Professorengespräch 1999 behandelt worden. Real geschehen sei aber nichts.

Kirchhof wies darauf hin, dass sich das Plenum der Föderalismuskommission mit dem Stabilitätspakt nur sehr wenig befasst habe, in der Finanzpro-

Zusammenfassung der Diskussion

jektgruppe sei man allerdings sehr weit gekommen. *Kirchhof* zeigte sich davon überzeugt, dass man konkrete Aufteilungsformeln im Verhältnis der Länder untereinander gefunden hätte. Die Frage der Aufteilung zwischen Bund und Ländergesamtheit sei nicht das Problem gewesen. Zwischen den Ländern habe eine Möglichkeit der Aufteilung in der „Versicherungslösung" mit der Folge bestanden, dass man dann eine Aufteilung nach bestimmten prozentualen Verhältnissen vertikal und horizontal vorgenommen hätte. Die zweite Lösungsmöglichkeit bestehe in einer echten Haftungslösung nach Grundsätzen der Kausalität. Das Problem bestehe dann darin, das die Länder, die am wenigsten leicht aus der Verschuldung herauskrabbeln könnten und sich u. U. in einer extremen Haushaltsnotlage befänden, die Zahler seien. Verschiedene Aufteilungslösungen wie das Haushaltsvolumen, die bestehende Verschuldung etc. seien erörtert worden. *Hans Jörg Hennecke* vertrat demgegenüber die Auffassung, dass es sich dabei um eine reine Phantomdiskussion handele. Er sei der festen Überzeugung, dass Deutschland niemals werde Sanktionszahlungen erbringen müssen. *Risse* machte darauf aufmerksam, dass die Fragen der EU-Haftung im Müntefering/Stoiber-Papier nicht vergessen, sondern in den strittigen Punkten zu Beginn genannt worden seien. Chancen auf Einigung habe es insoweit durchaus gegeben.

Hinsichtlich der Beteiligung Deutschlands an europäischen Rechtsetzungsakten machte *Kirchhof* deutlich, dass es vier potenzielle Interessenten an der Rechtsetzung gebe, nämlich die Bundesregierung, den Bundestag, den Bundesrat und das Europäische Parlament. Die Schaffung eines Gemeinsamen Ausschusses könne eine Beteiligung von Bundestag, Bundesrat und Bundesregierung sicherstellen, nicht aber das Demokratiedefizit auf der europäischen Ebene lösen. *Kirchhof* äußerte sich zu dem sog. dänischen Modell sehr kritisch. Die Dänen seien aus dem europäischen Verhandlungsraum regelmäßig draußen, wenn es an das Bargaining gehe. Die übrigen Mitgliedstaaten wüssten, dass der dänische Parlamentsausschuss immer mit dem dänischen Minister mitstimmen müsse. Beim: „Was gibst du mir, was geb' ich dir" seien die Dänen nicht beteiligt, da man deren Ausschussmeinung vorweg kenne und sich diese im laufenden Verhandlungsprozess nur schwer ändern lasse. Der Effekt sei, dass die dänische Position dann nicht wirksam einbezogen werden könne. Ein Gemeinsamer Ausschuss von Bundestag und Bundesrat stelle ein zusätzliches Verfassungsorgan dar. *Kirchhof* vertrat die Ansicht, dass man ein solches Gremium befürworten könne, wenn es sich um ein Gremium handele, in dem rein informiert werde und in dem Bundestag und Bundesrat dann gegenüber dem jeweiligen Fachminister Stellung nehmen könnten. Eine solche Konstruktion mit einer bloßen Information klinge zwar auf den ersten Blick sehr schwach, könne aber sehr effektiv sein. Weitergehende Mitwirkungslösungen hätten den Effekt des dänischen Modells.

Kirchhof kritisierte, dass die europarelevanten Diskussionen in Deutschland regelmäßig zu spät geführt würden. Hierzulande führe man Diskussionen erst, wenn es um den Umsetzungsakt gehe, nicht aber im Vorfeld, wenn es um den europäischen Rechtsetzungsakt in Brüssel gehe. Er forderte, dass die europäischen Rechtsetzungsprobleme auf den Tisch des Parlaments und der Öffentlichkeit bereits dann gehörten, wenn das Recht in Brüssel Gesetz werde und nicht erst, wenn es umgesetzt werde.

Risse befasste sich mit mehreren europabezogenen Einzelfragen. Hinsichtlich der Organisation der Bundesregierung wies er darauf hin, dass neben anderen Ressorts auch das Auswärtige Amt in Fragen der Europapolitik eine erhebliche Rolle spiele. Alle Bundesregierungen seit 1949 seien Koalitionsregierungen gewesen. Seit 1966 sei das Auswärtige Amt jeweils in der Hand des kleineren Koalitionspartners gewesen. Daher bestehe parteipolitisch keine Bereitschaft, im Interesse einer effizienteren Koordinierung der Europapolitik im Auswärtigen Amt auf diese Zuständigkeit zu verzichten, um eine Koordinierungszuständigkeit im Bundeskanzleramt oder in einem neu zu schaffenden Europaministerium anzusiedeln. Die Übertragungswahrscheinlichkeit sei auch für die Zukunft sehr gering. *Huber* entgegnete, dass dieser Einschätzung machtpolitisch nicht zu widerstreiten sei. Deutschland zahle aber auf Dauer insoweit für die Befriedigung koalitionspolitischer Eitelkeiten einen sehr hohen Preis, indem es Objekt und nicht Subjekt der europäischen Rechtsentwicklung sei.

Hinsichtlich des viel kritisierten Art. 23 Abs. 6 GG wiesen *Risse* und *Hesse* darauf hin, dass diese Konstellation nur sehr selten eintrete. Die Bedingungen, unter denen sich eine Außenvertretung durch die Länder ergeben könne, seien sehr restriktiv. Überdies handele es sich um eine Soll-Vorschrift und keine Muss-Vorschrift. Die tatsächlichen Probleme Deutschlands in Brüssel lägen deshalb nicht in der Frage des Fortbestandes oder der Abschaffung des Art. 23 Abs. 6 GG. *Huber* widersprach dieser Einschätzung im Ansatz. Art. 23 Abs. 6 GG sei schon ein Problem, wenn auch nicht von ganz zentraler Bedeutung. Die Problematik verschärfe sich weiter, wenn den Ländern im Rahmen der Föderalismusreform weitere ausschließliche Gesetzgebungszuständigkeiten übertragen würden. Mit jeder Materie, die die Länder bekämen, werde das Problem der Außenvertretung der deutschen Interessen gegenüber der Europäischen Union aufgrund des Art. 23 Abs. 6 GG gravierender.

Des Weiteren verwies *Risse* darauf, dass eine Beteiligung des Bundesrates an europäischen Themen nicht zu unzumutbaren zeitlichen Verzögerungen führe. Wenn der Hinweis gegeben werde, dass der Bundesrat mit seinen Stellungnahmen oft zu spät komme, sei das zwar nicht zu falsifizieren. Es sei aber darauf hinzuweisen, dass ein Drittel der im Bundesrat behandelten Tagesordnungspunkte aus EU-Beteiligungen bestehe. In der Masse funktioniere das Verfahren ganz gut. Wenn im Einzelfall eine Stellungnahme des Bundesrates fehlen sollte, sei die Bundesregierung nicht an eigenem Handeln gehindert, da sie schließlich nur das zu berücksichtigen brauche, was in der Welt sei.

Huber entgegnete *Risse*, dass es zwar durchaus Beschlussfassungen des Bundesrates vor den Beschlussfassungen des europäischen Rates gebe. Das Problem liege aber darin, dass man mit einer Beschlussfassung drei Tage vor Ultimo keinerlei Einfluss mehr auf das Ergebnis der europäischen Rechtsetzung ausüben könne. Dafür müsse man sehr viel früher ansetzen. Zu konzedieren sei, dass es mit der Bundesratseinbindung viel besser klappe als mit dem Bundestag. Letzten Endes komme es aber vielfach viel zu spät zu einer Klärung der deutschen Position; das sei letztlich die Ursache für das sog. „German Vote".

Schließlich sprach *Risse* die Umsetzungsprobleme bei der UVP und IVU-Richtlinie an. Dies sei einer der wenigen Fälle gewesen, wo es hinsichtlich des materiellen Gehalts massive Differenzen zwischen der Bundesregierung und dem Bundesrat gegeben habe, die ausführlich ausgetragen worden seien. Dabei habe es sich um einen klaren politischen Konflikt gehandelt. Der Bund habe die Richtlinie umsetzen wollen, die Mehrheit des Bundesrates habe sie nicht gewollt, sei aber mit einer Stimme unter der 2/3-Ablehnungsmehrheit geblieben. Dadurch sei ein Beharrungsbeschluss nach Art. 23 Abs. 5 GG nicht zustande gekommen.

Huber entgegnete, dass die Probleme in diesem Fall auch darauf zurückzuführen seien, dass der Bund für den Vollzug nicht verantwortlich sei und mit den Verwaltungsablaufprozessen nicht unmittelbar konfrontiert werde. Damit habe der Bund den Leidensdruck, dem ein Einheitsstaat oder ein Staat, der Kompetenzen nach dem Trennsystem verteile, ausgesetzt sei, nicht. Aus politischen Gründen habe es daher der Bund leicht gehabt, sich die Problemsicht der Länder nicht zu Eigen zu machen.

Schliesky ging auf die nationalrechtliche Umsetzung des im Entwurf des europäischen Verfassungsvertrages enthaltenen Subsidiaritätsprinzips ein. Das Gesetz über die Zusammenarbeit von Bund und Ländern kranke daran, dass die in Subsidiaritätsfragen eigentlich betroffenen Kommunen überhaupt nicht vorkämen. Beteiligt würden national nach dem Maastricht-Vertrag und dem Amsterdamer Vertrag immer nur Bund und Länder. *Schliesky* erinnerte daran, dass das europäische Mehrebenensystem ein Kommunikations- und Informationsnetzwerk sei. Dann sei es aber ein

Fehler, nur eine abgeschottete Diskussion zu führen und die eigentlichen Informationslieferanten, nämlich die Kommunen, aus dem ganzen Prozess herauszuhalten. Wenn es keine institutionalisierten Mitwirkungs- oder wenigstens Anhörungsrechte gebe, erhielten die Kommunen keine Gelegenheit, fundiert Argumente in der – auch noch sehr kurzen – Frist von sechs Wochen anzubringen. *Schliesky* erachtete es zur Abbildung eines europatauglichen Mehrebenensystems als zwingend, in der Föderalismusdiskussion diese Informationsstränge mit Blick auf Europa abzubilden. Insoweit seien die Ergebnisse der Kommission schlicht mangelhaft.

Huber teilte die Einschätzung von *Schliesky* nicht. Das europarechtliche Subsidiaritätsprinzip könne nicht auf den binnenstaatlichen Bereich angewendet werden. Es handele sich um eine Regel, die nur im Verhältnis zwischen Union und Mitgliedstaaten bestehe. Wenn man jetzt innerstaatlich noch eine dritte Ebene einschalten wolle, sei das Projekt einer wirksameren deutschen Beteiligung von vornherein zum Scheitern verurteilt, da es dann gegenüber dem Status quo zu keiner Verbesserung kommen könne.

Hesse kritisierte, dass bei Fragen der Europatauglichkeit auf allen Seiten die gebotene Selbstkritik fehle. So seien die Koordinierungsdefizite auf der Bundesebene ganz beträchtlich. Die operative Inkompetenz der Bundesregierung in der Europapolitik sei ein schwerwiegendes Problem. Die Europaministerkonferenz sei auch im Urteil derer entbehrlich, die sie mittrügen. Die positive Beurteilung des Prozederes in Großbritannien durch *Kluth* vermochte *Hesse* nicht zu teilen. Die Zentralisierung der britischen Europapolitik sei zwar verfahrensmäßig entscheidungsorientierter gestaltet, habe aber nicht die Wirkung, dass die europäische Politik in breitere britische Kreise hinein legitimiert werden könne. Auch sprach sich *Hesse* dagegen aus, nach dem Vorbild Dänemarks einen Gemeinsamen Ausschuss einzurichten. In der Geschichte des deutschen Regierungssystems habe es eine Reihe gemeinsamer Ausschüsse gegeben, deren Wirkungsweise im Ergebnis weitgehend nicht nur positiv gewesen sei. Meistens habe gerade das stattgefunden, was wir versuchten, mit der Föderalismuskommission aus der Politik herauszubringen, nämlich eine Verantwortungsvermischung.

Schink lehnte die Bildung eines Gemeinsames Ausschusses ebenfalls ab. *Huber* wies darauf hin, dass BMJ-Staatssekretär Geiger in der Föderalismuskommission auch immer gesagt habe, dass Dänemark insoweit kein Vorbild sei. Man müsse allerdings bedenken, dass die europäische Verfassung bei ihrem Inkrafttreten zum ersten Male die nationalen Parlamente ins Spiel bringe. *Huber* prognostizierte, dass andere Parlamente, insbesondere in den jüngsten Beitrittsstaaten, nicht alle ein so kupiertes Selbstverständnis hätten wie der Deutsche Bundestag. Gerade die Parlamente in den Beitrittsstaaten hätten durchaus einen Mitgestaltungsanspruch. Daher werde es künftig zu einer stärkeren Berücksichtigung der Stellungnahmen der nationalen Parlamente nach Inkrafttreten der europäischen Verfassung kommen. Dies werde wohl auch Auswirkungen auf Deutschland haben. Dies gelte zumal vor dem Hintergrund, dass im europäischen Rat die Bundesregierung materiell als Gesetzgeber tätig werde. Es sei nur den strukturellen Gegebenheiten der Europäischen Union geschuldet, dass die Bundesregierung hier eigentlich auf fremdem Terrain wildere. Setze man hier nicht grundsätzlich an, werde es nach Inkrafttreten des europäischen Verfassungsvertrages dazu kommen, dass der Bundestag ein Potemkin'sches Dorf werde.

III. Folgerungen aus dem 3-Ebenen-Verwaltungsaufbau

Die Vorschläge der Föderalismuskommission zur Unterbindung des Bundesdurchgriffs auf die Kommunen in Art. 84 Abs. 1 S. 6 GG-E sowie für ein neues Zustimmungserfordernis des Bundesrates nach Art. 104 a Abs. 3 a GG-E wurden überwiegend begrüßt. *Ehlers* kritisierte allerdings den Vorschlag, den Ländern in Art. 84 Abs. 1 GG ein Zugriffsrecht für das Verwaltungsverfahren einzuräumen. Damit könne er sich überhaupt nicht anfreunden. Dies führe in der Zeitachse zu einem rechtlichen Flickenteppich und zu nur noch partiellem Bundesrecht. Hinsichtlich der Einrichtung von Behörden vertrat *Ehlers* die Auffassung, dass der Bund überhaupt keine Kompetenz behalten solle, die Einrichtung der Behörden zu regeln. Anders sei dies beim Verwaltungsverfahren. Hier könne man die Erforderlichkeitsklausel des Art. 72 Abs. 2 GG bemühen. Wenn das Erforderlichkeitserfordernis nicht erfüllt sei, müsse demgegenüber eine ausschließliche Zuständigkeit der Länder gegeben sein.

Schmidt-Jortzig sprach sich nachdrücklich für eine Unterbindung des Bundesdurchgriffs auf die Kommunen aus, hielt das konkret gefundene Ergebnis zu Art. 84 Abs. 1 GG aber handwerklich und systematisch für eine mittlere Katastrophe. Die einzelnen Sätze passten nicht zueinander. Dann trete auch noch Art. 104 a Abs. 3 a GG-E hinzu. *Schmidt-Jortzig* vertrat die Ansicht, dass die letztlich vorgeschlagene Neufassung von Art. 84 Abs. 1 S. 1–5 GG-E ein Chaos angerichtet hätte, welches das BVerfG über Jahre hinweg beschäftigt hätte. Mit dieser Regelung hätte man alles nur verschlechtert, aber nichts gewonnen. Der letztendlich zu Art. 84 Abs. 1 S. 1–5 GG-E unterbreitete Vorschlag belegt nach Auffassung *Schmidt-Jortzigs* deutlich, dass es sinnvoll gewesen wäre, abschichtende

Zwischenbeschlüsse zu fassen. In einem frühen Stadium der Kommissionsberatung habe Einigkeit darüber bestanden, dem Bund nur die Befugnis zu geben, das Verwaltungsverfahren, nicht aber die Behördeneinrichtung zu regeln und den Ländern ein Abweichensrecht vom Verwaltungsverfahren einzuräumen. Politisch sei von dieser klaren Konzeption im Ergebnis nicht viel mehr übrig geblieben als ein Scherbenhaufen. *Risse* entgegnete Schmidt-Jortzig, dass man einen solchen abschichtenden Beschluss in einem frühzeitigen Beratungsstadium politisch nicht bekommen hätte.

Maurer war ebenfalls der Auffassung, dass das materielle Recht und das Verfahrensrecht eng zusammenhingen. Das zwinge aber nicht zur bundesgesetzlichen Regelung des Verwaltungsverfahrensrechts, da das Verfahrensrecht in Bund und Ländern weitgehend übereinstimme. Auch die Verwaltungsorganisation sei vergleichbar geregelt. Daher sei es nicht geboten, Verwaltungsvollzugsregelungen seitens des Bundes verfassungsrechtlich abzusichern und dem Bund zuzuschieben. Die grundsätzliche Trennbarkeit von materiellem Recht und Verfahrensrecht zeige sich auch an der Tatsache, dass in der Vergangenheit zahlreiche Gesetze bewusst getrennt worden seien, um hinsichtlich des materiellrechtlichen Teils der Zustimmungsbedürftigkeit seitens des Bundesrates zu entgehen.

Schliesky riet dazu, das zu Art. 84 Abs. 1 GG gefundene Ergebnis an den Maßstäben der Zukunftstauglichkeit und Europafähigkeit zu messen. Das Hauptproblem im deutschen Mehrebenensystem liege in dem Auseinanderfallen von Sach- und Finanzverantwortung. Die Unterbindung des Bundesdurchgriffs auf die Kommunen in Art. 84 Abs. 1 S. 6 GG-E sei bei isolierter Betrachtung aus kommunaler Sicht ein großer Gewinn, weil dann ein Aufgabendurchgriff des Bundes auf die Kommunen ohne Finanzzuweisung unterbleibe. Die Unterbindung des Bundesdurchgriffs sei aber im Verhältnis zur Normierung eines Konnexitätsprinzips zwischen Bund und Kommunen nur eine Notlösung. In den Ländern seien Konnexitätsregelungen flächendeckend vorhanden. Eine solche Regelung sei auch zwischen Bund und Kommunen vorzugswürdig. Die Unterbindung des Bundesdurchgriffs auf die Kommunen sei letztlich weder zukunftsfähig noch europatauglich. Am Beispiel der EU-Dienstleistungsrichtlinie wies *Schliesky* darauf hin, dass Deutschland flächendeckend eine Behörde als einheitlichen Ansprechpartner benennen müsse. Wenn die Behördeneinrichtung ausschließlich den Ländern überlassen sei, könne der Bund diese Pflicht gar nicht erfüllen. Der Bund könne dann in Deutschland nicht umsetzen, was er in Brüssel vorantreibe.

Als zweites Beispiel nannte *Schliesky* die ins Auge gefasste Zentralisierung der Kfz-Zulassung. Auch diese könne der Bund dann nicht regeln. Nach Auffassung *Schlieskys* geht es beim Aufgabendurchgriff letztlich nur um das Finanzierungsproblem, wobei insoweit ein Systembruch bestehe, dass nur in den Ländern, nicht aber im Bund das Konnexitätsprinzip vorhanden sei. Aus Sicht der kommunalen Selbstverwaltung gehe es zukünftig überdies nicht nur um finanzträchtige Aufgaben, die man abwehren möchte, sondern auch um Aufgaben, die man bekommen wolle. So sei es ein erstrebenswertes Ziel der Kommunen, bei der EU-Dienstleistungsrichtlinie als einheitlicher Ansprechpartner benannt zu werden. Bei Realisierung des Art. 84 Abs. 1 S. 6 GG-E dürfe der Bund den Kommunen diese Aufgabe nicht geben. Die Länder hätten an einer entsprechenden Aufgabenzuweisung dagegen kein Interesse, weil sie dann in den Anwendungsbereich des Konnexitätsprinzips fielen.

Schink machte deutlich, dass aus kommunaler Sicht erhebliche Erwartungen an die Föderalismuskommission bestanden hätten. Vorrangig sei es darum gegangen, den direkten Durchgriff des Bundes auf die Kommunen mit finanziellen Belastungen zu unterbinden, da der Bundesdurchgriff in der Vergangenheit zu erheblichen finanziellen Auszehrungen der kommunalen Ebene geführt habe. Die in der Kommission gefundene Lösung der Unterbindung des Bundesdurchgriffs auf die Kommunen unter Zustimmungspflicht des Bundesrates bei kostenträchtigen Gesetzen wäre aus kommunaler Sicht nach Auffassung *Schinks* ein entscheidender Durchbruch gewesen und hätte seines Erachtens die Probleme beim kommunalen Vollzug von Bundesgesetzen gelöst.

Wenn in der aktuellen Diskussion angeführt werde, dass es auch unterverfassungsrechtlich finanzielle Dotationen des Bundes bei kommunalen Aufgabenerfüllungen nach dem Grundsicherungsgesetz und nach dem SGB II gebe, so sei dem entgegen zu halten, dass diese Lösungen nicht ausreichten, die kommunalen Probleme zu lösen. Dem kommunalen Petitum könne letztlich nicht auf der einfachgesetzlichen Ebene Rechnung getragen werden. Dass dies nicht so sei, mache das Tagesbetreuungsausbaugesetz ganz deutlich, da der Bund hier keinerlei Mittel bereitgestellt habe. Beim Grundsicherungsgesetz und beim SGB II sei die finanzielle Dimension der neuen kommunalen Aufgaben so gewaltig, dass die Kommunen diese Finanzierungslasten offenkundig nicht allein tragen könnten. Die gefundene Lösung einer Bundesbeteiligung an den Kosten für Unterkunft und Heizung führe aber in concreto zu erheblichen Verwerfungen zwischen den einzelnen Kommunen. Auch hinsichtlich der Lasten aus dem Tagesbetreuungsausbaugesetz seien die finanziellen Belastungen einzelner Kommunen und die Entlastungen aus Hartz IV nicht deckungsgleich. Dies zeige, dass man die finanzrelevanten Fragestellungen nicht einfachgesetzlich lösen könne. Man benötige insoweit zwingend Veränderungen im Grundgesetz, damit die Kostenlast aus der Ausführung von Bundesgesetzen gebremst werden könne.

Schlebusch sprach sich ebenfalls für die von der Föderalismuskommission vorgeschlagene Lösung zu Art. 84 Abs. 1 S. 6 GG-E aus. Die Vorgänge um das Tagesbetreuungsausbaugesetz zeigten, dass der Bund zwar insoweit keine Gesetzgebungskompetenz habe, die Länder die Verfassungswidrigkeit des Gesetzes vor dem BVerfG aber nicht geltend machten. Dies werfe ein Licht auf die Ernsthaftigkeit des Bemühens der Länder um stärkere Gesetzgebungskompetenzen. Die Länder wollten auf diese Weise eigene Kostenbelastungen vermeiden. So könnten sie künftig nicht mehr verfahren, wenn der Bundesdurchgriff auf die Kommunen unterbunden würde.

Auch *Gorrissen* wies darauf hin, dass die Kommunen durch den unmittelbaren Bundesdurchgriff beim Grundsicherungsgesetz, beim Tagesbetreuungsausbaugesetz und bei Hartz IV mit den finanziellen Folgen allein gelassen worden seien. Durch die Nichteinhaltung bereits bestehender verfassungsrechtlicher Grenzen sei auf diese Weise auf kommunaler Ebene ein finanzielles Desaster ausgelöst worden. Daher sei der Vorschlag der Föderalismuskommission zur Unterbindung des Bundesdurchgriffs auf die Kommunen ein großer Fortschritt, zumal er im allgemeinen Konsens unterbreitet worden sei. Nach Auffassung *Gorrissens* brächte die Einführung des Konnexitätsprinzips zwischen Bund und Kommunen keine Verbesserung. Besser sei es, dem Bund zu untersagen, die Kommunen zur Durchführung von Bundesgesetzen heranzuziehen. Die Erfahrungen auf der Länderebene mit dem Konnexitätsprinzip seien sehr unterschiedlich. Es gebe sehr lange und intensive Diskussionen über das konkrete Ausmaß von Kostenfolgen. Oft komme man gar nicht zu einer Einigung. Dieses System solle nicht auf das Verhältnis von Bund und Kommunen übertragen werden. Angesichts dessen, dass hinsichtlich der Unterbindung des Bundesdurchgriffs auf die Kommunen ein breiter Konsens bestanden habe, forderte *Gorrissen* die gesetzgebenden Körperschaften auf, die Unterbindung des Bundesdurchgriffs auf die Kommunen möglichst schnell als isolierte Maßnahme zu normieren. Man könne nicht auf ferne Tage warten, bis eine neue Kommission die Gesamtfragestellung ganz neu angehe und den hier gefundenen Kompromiss wieder in Frage stelle. Dann laufe man Gefahr, durch das Drehen eines zu großen Rades letztlich gar nichts zu bekommen.

Hinsichtlich des Zusammenhanges von Gesetzgebungskompetenzen einerseits und Finanzverantwortung andererseits kritisierte *Kirchhof* das von der Föderalismuskommission gewählte Entscheidungsverfahren. Man habe über den Zusammenhang von Sachkompetenzen und Finanzverantwortung nicht direkt gesprochen, sondern insoweit zwei Körbe gebildet. Dabei habe man sich zunächst den Sachfragen zugewandt und die finanziellen Fragestellungen hinterher behandelt. Das sei vom Problemzugang her sehr problematisch gewesen. Man habe sogar die Fragen der Gesetzgebungskompetenzen in einer Arbeitsgruppe diskutiert und die Finanzfragen in einer anderen Arbeitsgruppe behandelt. Sodann hätten sich die Arbeitsgruppen noch in Projektgruppen aufgespalten, von denen eine nur Finanzthemen behandelt habe. Die Projektgruppen hätten natürlich dazu geneigt, nur ihr jeweiliges Thema zu sehen. Das sei für die Beratungen nicht gut gewesen. Insofern könne man über die letztlich gefundene Lösung zu Art. 84 Abs. 1 S. 6 GG-E und Art. 104 a Abs. 3 a GG noch sehr froh sein.

Risse verteidigte die zu Art. 84 und 104 a Abs. 3 a GG-E gefundenen Vorschläge mit Nachdruck. Er hielt den Ansatz der Kommission bei beiden Regelungen für glücklich gewählt. Es sei richtig, dass der Bund Verwaltungsverfahrensregelungen treffen dürfe, weil ansonsten jeweilige Ausführungsgesetze aller Länder zwingend seien. Das Abweichensrecht der Länder ersetze die bisherige Zustimmungsbedürftigkeit, was zur Folge habe, dass die Hälfte der Zustimmungserfordernisse künftig entfalle. Man könne auch nicht sagen, dass mit dem Vorschlag zu Art. 104 a Abs. 3 a GG-E Wasser in den Wein gegossen werde. Man habe in der Kommission insbesondere durch die Vorarbeiten von Ferdinand Kirchhof letztlich eine vernünftige Formel für Gesetze mit wesentlichen Kostenfolgen bei der notwendigen ex-ante-Betrachtung gefunden. *Risse* vertrat die Einschätzung, dass ein Gesetz wie das Tagesbetreuungsausbaugesetz unabhängig vom taktischen Vorgehen des Bundesgesetzsetzgebers im Ergebnis nicht zustimmungsfrei sein könne. Am Ende einer Föderalismusreform habe deshalb kein Ergebnis stehen können, wonach das Tagesbetreuungsausbaugesetz immer noch zustimmungsfrei gewesen wäre. Rechtspolitisch sei es geboten, dass solche Gesetze künftig zwingend der Zustimmung bedürften. Bei dem vorgesehenen Zustimmungserfordernis des Bundesrates bei Gesetzen mit wesentlichen Kostenfolgen könne der Bund künftig – anders als beim Zustimmungserfordernis wegen Verfahrensregelungen – keine Teilung des Gesetzes mehr vornehmen. Der Kommissionsvorschlag zu Art. 104 a Abs. 3 a sei auf der Ausgabenseite die konsequente Fortsetzung des Zustimmungserfordernisses auf der Einnahmenseite bei Art. 105 Abs. 3 GG. Bei Steuergesetzen, deren Erträge z. T. den Ländern zufließen, könne es keine andere Regelung als die in Art. 105 Abs. 3 GG getroffene geben. Die Neuregelungsvorschläge zu Art. 84 und 104 a Abs. 3 a GG-E seien unabhängig von der Bewertung der übrigen Kommissionsarbeit in sich ausgewogen, zumal eine Teilbarkeit von Bundesgesetzen künftig nicht mehr gegeben sei. Auf der Grundlage der Gesetzgebungsvorgänge des Jahres 2004 ergebe sich eine Reduktion des Anteils der zustimmungsbedürftigen Gesetze von bisher 52 % auf künftig 26–28 %. Eine empfindliche Lücke weise der Vorschlag allerdings auf. Es werde kein Weg gewiesen, wie man den Bund außerhalb der einschlägigen Vorschriften über

Finanzhilfen dazu zwingen könne, kompensatorische Zahlungen bei Gesetzen mit wesentlichen Kostenfolgen tatsächlich auch zu leisten.

Hans-Günter Henneke unterstützte diesen Schlussbefund und verwies darauf, dass er diesbezüglich einen entsprechenden Formulierungsvorschlag an die Kommission gerichtet habe. Im Übrigen reiche der gute Vorschlag zu Art. 84 Abs. 1 S. 6 GG-E hinsichtlich der vollständigen Unterbindung des Bundesdurchgriffs auf die Kommunen nicht aus, da er sich nur auf die Unterbindung künftiger Durchgriffe beziehe. Man benötige überdies auch eine Regelung für die Fälle künftig neuer materieller Regelungen, bei denen Zuständigkeitszuweisungen an die Kommunen bereits jetzt bestünden. *Henneke* illustrierte diese Fragestellung am Beispiel des Tagesbetreuungsausbaugesetzes. Hier treffe der Bund eine materielle Regelung mit Kostenfolgen. Nach Art. 104 a Abs. 3 a GG-E müsse der Bundesrat diesem Gesetz künftig zustimmen. Ohne eine verfassungsrechtliche Überleitungsregelung der bestehenden bundesgesetzlichen Zuständigkeitsbestimmung im KJHG auf die Länder hätten die Länder indes auch künftig keinerlei Kostenfolgen gegenüber den Kommunen zu tragen, da sie ja keine Zuständigkeitsbestimmung mehr vornehmen müssten, weil die Ausgangszuständigkeitsbestimmung im KJHG weiter gegolten hätte. Auf diesen Aspekt habe er in der Kommissionsarbeit intensiv hingewiesen, sei damit aber auf wenig unmittelbare Resonanz gestoßen. *Henneke* bedauerte überdies, dass der städtische Bereich die Vorschläge zur Unterbindung des Bundesdurchgriffs auf die Kommunen nur halbherzig unterstützt habe. Von Seiten des Städtetages sei immer wieder deutlich gemacht worden, dass viel „Herzblut" an der Bundeszuständigkeit und an der Aufrechterhaltung von Aufgabenübertragungsmöglichkeiten des Bundes auf die Kommunen bestehe. Dahinter stehe die Überlegung, die Kommunen als dritte Ebene im Bundesstaat zu etablieren. In der Behandlung dieser Fragestellung sowie in der Übertragbarkeit bisheriger Gesetzgebungskompetenzen im Bereich der steuerfinanzierten öffentlichen Fürsorge auf die Länder habe sich zwischen dem großstädtischen Bereich und dem kreisangehörigen Bereich eine erhebliche Konfliktlinie aufgetan.

Huber machte darauf aufmerksam, dass der Landkreistag zunächst auch für die Einführung eines eingeschränkten Konnexitätsprinzips zwischen Bund und Kommunen eingetreten sei. Für diese Forderung habe er auch Verständnis, da es letztlich komfortabler sei, als wenn man von der Gnade des jeweiligen Landes abhängig sei, zumal die Länder dann auch noch auf die Idee kommen könnten, die bestehenden Konnexitätsbestimmungen wieder abzumildern. Bei den Städten, die noch einen leichteren Zugang zur Bundesebene hätten, dürfe diese Überlegung, als Einrichtung unterer Staatsverwaltung von der Gnade des jeweiligen Landes abhängig zu sein, nicht vernachlässigt werden.

In Anknüpfung an den Vortrag von *Wieland* wurde auch die Frage der Zulässigkeit des Bundesdurchgriffs auf die Kommunen nach geltendem Verfassungsrecht erörtert. *Henneke* und *Schoch* brachten insoweit die Hoffnung zum Ausdruck, dass das BVerfG einen voraussetzungslosen Durchgriff des Bundes auf die Kommunen am Beispiel der Grundsicherung und des SGB II unterbinden werde. *Schoch* meinte, wenn die Kommunen in der Grundsicherungsverfassungsbeschwerde und in der SGB II-Verfassungsbeschwerde erfolgreich sein sollten, breche für den Bund einiges zusammen. Eine Reduktion des Bundeseinwirkens lasse sich aber nur auf diesem Wege erreichen. Allein politisch werde sich der Bund von diesem Wege nicht abbringen lassen. *Huber* warf die Frage auf, ob die neue Auslegung des BVerfG zur Erforderlichkeitsklausel in Art. 72 Abs. 2 GG auch für die Zulässigkeit des Bundesdurchgriffs auf die Kommunen gem. Art. 84 Abs. 1 GG fruchtbar gemacht werden solle. *Wieland* sah insoweit keinen direkten dogmatischen Zusammenhang zwischen der Bestellung der Kommunen zu Vollzugsorganen einerseits und der Erforderlichkeit bundesgesetzlicher Regelungen gemäß Art. 72 Abs. 2 GG andererseits, wies aber darauf hin, wenn das BVerfG es mit seiner neueren Rechtsprechung ernst meine und weit ausgedehnte Zuständigkeiten des Bundes begrenzen wolle, dann liege es nahe, diesen Gedanken auf das Verständnis der Auslegung des Begriffs der öffentlichen Fürsorge sowie auf das Verständnis von Art. 84 Abs. 1 GG auszudehnen. Eine strenge Einschränkung des Art. 84 Abs. 1 GG, wie sie bereits in der BVerfG-Entscheidung im 22. Band zum Ausdruck gekommen sei, entspreche jedenfalls der neuen Grundlinie. *Wieland* ergänzte, in der Wiederaufbausituation sei es naheliegend gewesen, Kompetenzen aufgrund der anderen Ausgangssituation stärker dem Bund zu überlassen. Jetzt sei – auch aufgrund der Verfassungsänderung des Art. 72 Abs. 2 GG – eine Gegenbewegung festzustellen. Insoweit sei es konsequent, die enge Auslegung des Art. 72 Abs. 2 GG nicht allein auf diese Vorschrift zu beschränken.

IV. Auswirkungen der Rechtsprechungswende in Art. 72 Abs. 2 GG auf die Föderalismusreform

Die neue Rechtsprechung des BVerfG zu Art. 72 Abs. 2 GG sowie zu Art. 75 und 125 a GG wurde in der Diskussion unterschiedlich bewertet. *Schmidt-Jortzig* unterstützte nachdrücklich die von *Waldhoff* vorgenommene Auslegung. Im Rahmen der Beratungen der Gemeinsamen Verfassungskommission sei 1994 sowohl Art. 72 Abs. 2 GG als auch Art. 74 GG in einigen Ziffern geändert worden. Überdies sei es zur Neufassung des

Art. 23 GG gekommen. Die Regelungsinhalte seien nach der Herstellung der deutschen Einheit davon geprägt gewesen, dass nicht nur die Vereinigungsfolgen zu bewältigen gewesen seien, sondern die Länder im Umfeld der Zustimmung zum Maastricht-Vertrag eine starke Position gehabt hätten. Sie hätten bestimmte Inhalte durchgedrückt, weil sie ansonsten dem Maastricht-Vertrag u. U. nicht zugestimmt hätten. Zu der Änderung des Art. 72 Abs. 2 GG sei es bewusst gekommen, um die bisher bundesfreundliche Rechtsprechung zu einer Kehrtwende zu zwingen. Ob man etwas in den Katalog des Art. 74 GG aufnehme oder Art. 72 Abs. 2 GG so eng fasse wie geschehen, sei geronnene Verfassungspolitik. Diese Entscheidungen seien vom BVerfG ernst zu nehmen. Das habe man seit langem erwarten können und nicht erst mit einer Verzögerung von fast zehn Jahren. Auf der Basis geltenden Verfassungsrechts sei die neue Rechtsprechungslinie des BVerfG nur zu unterstützen und richtig zu finden. Es sei demgegenüber ein Unding, vom BVerfG zu erwarten, selbst noch Verfassungspolitik betreiben zu wollen.

Wenn man demgegenüber die konkurrierende Gesetzgebungskompetenz von den strengen Anforderungen des Art. 72 Abs. 2 GG mit der strikten Erforderlichkeitsklausel wieder befreien wolle, führe das zwangsläufig zu einer Entriegelung und Enthemmung der konkurrierenden Bundesgesetzgebungskompetenz. Dies sei in den Vorschlägen des Müntefering/Stoiber-Papiers für Art. 74 GG angelegt, wenn vorgeschlagen werde, zahlreiche Materien von der Erforderlichkeitsklausel freizustellen. *Schmidt-Jortzig* fragte, wo dann noch der Unterschied zwischen der entriegelten konkurrierenden Gesetzgebung einerseits und der ausschließlichen Bundesgesetzgebung andererseits liege. Er sehe darin eher einen Etikettenschwindel als eine substanzielle Unterscheidung und fragte, warum die Kommission hier nicht Nägel mit Köpfen gemacht und die davon erfassten Materien nicht in die ausschließliche Gesetzgebungszuständigkeit des Bundes übertragen habe.

Schmidt-Jortzig unterstützte *Waldhoff* darin, das Kriterium der „Gleichwertigkeit der Lebensverhältnisse" unterhalb der Schwelle eines Staatsziels anzusiedeln. Die Gleichwertigkeit der Lebensverhältnisse sei lediglich ein Kriterium, um in die Gesetzgebungszuständigkeit hineinzukommen, aber kein Kriterium, um mit der dann vorgenommenen Gesetzgebung die Gleichwertigkeit auch zu erreichen. Das Gleichwertigkeitskriterium sei keine inhaltliche Vorgabe, sondern nur etwas, was als Potenzial notwendig sei, wenn man die Ausübung der Kompetenz anstrebe.

Kluth ergänzte, dass man das Kriterium der Gleichwertigkeit der Lebensverhältnisse aus der „Gefahrenabwehrperspektive" zu betrachten habe. Diese Betrachtungsweise unterscheide sich deutlich von einer Staatszielbestimmung, bei der es um Förderung gehe. *Hesse* entgegnete, dass hinter Art. 72 Abs. 2 GG etwas stehe, das wir über Jahrzehnte hinweg als Disparitätenabbau sowie ökonomische, soziale und kulturelle Chancengleichheit diskutiert hätten. Dies spreche dafür, insoweit auch auf den materiellen Gehalt zu schauen.

Ruffert vertrat die Auffassung, dass der Gesetzgeber die Homogenität auch für die Zukunft schaffen könne und sie nicht Voraussetzung sei. Diese Auffassung wurde von *Waldhoff* unterstützt. Die frühere Formulierung der „Wahrung der Einheitlichkeit" sei gleich in doppelter Hinsicht durch die Formulierung der Herstellung der Gleichwertigkeit modifiziert worden. Es finde sich daher ein gegenläufiges Element in der Neuformulierung, sodass gerade jetzt ein zukunftsbezogenes Element im Wortlaut enthalten sei. Damit sei der Streitstand zur alten Fassung positiviert worden. Ein zukunftsgerichtetes Element könne aber auch nach der Altenpflege-Rechtsprechung des BVerfG nicht völlig ausgeschlossen werden.

Burgi kritisierte die Rechtsprechung des BVerfG zu Art. 72 Abs. 2 GG und die positive Bewertung durch *Waldhoff*. In den Entscheidungen und in der Analyse *Waldhoffs* komme Art. 74 Abs. 1 GG überhaupt nicht vor. Dieser Absatz enthalte über dreißig Gegenstände, die z. T. sehr weit, z. T. sehr eng gefasst seien. Wenn man die Rechtsprechung des BVerfG gerade in der Auslegung durch *Waldhoff* ernst nehme, gebe es in Art. 74 Abs. 1 GG viele Gegenstände, bei denen die Voraussetzungen des Art. 72 Abs. 2 GG überhaupt nicht vorliegen könnten. Je enger die Gegenstände seien, desto weniger lägen die Voraussetzungen der Erforderlichkeit einer bundesgesetzlichen Regelung vor. Die Rechtsprechung des BVerfG setze voraus, dass man innerhalb des Gegenstandes Unterscheidungen vornehmen könne, was erforderlich sei und was nicht. Demgegenüber könne man sich bei sehr engen Gegenständen in Art. 74 Abs. 1 GG nicht vorstellen, dass die Rechts- oder Wirtschaftseinheit in der neuen Auslegung gefährdet sei, was zur Folge habe, dass die Voraussetzungen des Art. 72 Abs. 2 GG dann nicht bejaht werden könnten. *Burgi* kritisierte, dass sich das BVerfG nicht allein hätte auf Art. 72 Abs. 2 GG stützen dürfen, sondern auch Art. 74 Abs. 1 GG hätte mit in den Blick nehmen müssen.

Waldhoff entgenete, dass Art. 74 Abs. 1 GG ein „Gemischtwarenladen" sei. Art. 72 Abs. 2 GG habe daher nicht auf jeden einzelnen Kompetenzgegenstand die gleichen Auswirkungen. Diese Asymmetrie müsse man schlicht in Kauf nehmen. Dem BVerfG könne nur die Aufgabe zukommen, geltendes Recht zu interpretieren. Wenn rechtspolitisch die Zielsetzung verfolgt werde, den Katalog des Art. 74 Abs. 1 GG auf die Hälfte zu reduzieren, könne man auch über eine Änderung des Art. 72 Abs. 2 GG sprechen.

Überdies wies *Burgi* daraufhin, dass mit den BVerfG-Entscheidungen die Europatauglichkeit des GG nicht verbessert, sondern zusätzlich ganz massiv erschwert werde. Die Entscheidungen bezeichnete *Burgi* als vollkommen „europablind". Die Thematik des Mehrebenensystems werde in ihnen nicht einmal gestreift. *Burgi* machte auf eine fundamentale Auslegungsdivergenz auf europäischer Ebene einerseits und beim BVerfG andererseits hinsichtlich des Kriteriums der Wirtschaftseinheit aufmerksam. Die Europäische Union sehe den einheitlichen Wirtschaftsraum schon als betroffen an, wenn wenige Kommunen eine kommunale Zusammenarbeit eingingen. Darin sähen der EuGH aber auch die Europäische Kommission eine Beeinträchtigung des Binnenmarkts bis nach Portugal und Slowenien. Das BVerfG gehe hingegen hinsichtlich der Beeinträchtigung der Wirtschaftseinheit in Deutschland von sehr viel strengeren Kriterien aus.

Wenn man jetzt herangehe, einzelne Gesetzgebungsmaterien aus der Rahmengesetzgebungskompetenz in die konkurrierende Gesetzgebung zu überführen, nutze das auf dieser Grundlage nichts, weil der Bund davon wegen der strengen Anforderungen des Art. 72 Abs. 2 GG kaum Gebrauch machen könne. Von daher sei es richtig, wenn die Föderalismuskommission vorgeschlagen habe, künftig einen ganzen Katalog aus dem Anwendungsbereich des Art. 72 Abs. 2 GG herauszunehmen.

Göke kam in seiner Wertung der neuen Rechtsprechung zu Art. 72 Abs. 2 GG zu einem ambivalenten Befund. Das BVerfG habe das Ziel verfolgt, Art. 72 Abs. 2 GG in Befolgung des Willens des verfassungsändernden Gesetzgebers – vielleicht sogar in pointierter Übererfüllung – justitiabel zu machen. Die dem Bundesgesetzgeber auferlegte Darlegungslast sei eine Fehlentwicklung in der Rechtsprechung des BVerfG, die dem Charakter politischer Entscheidungen nicht gerecht werde. Auf diesen Umstand habe *Janssen* bereits seit längerem hingewiesen. Eine Kompetenzordnung habe lediglich zu sagen, *ob* eine staatliche Ebene entscheiden dürfe. Die Folgen eines diesbezüglichen politischen Entschlusses gehorchten demgegenüber nicht juristischen Abklärungen. Die Konstituierung von Darlegungslasten sei lediglich die Weitergabe des Schwarzen Peters an den Gesetzgeber.

Hinsichtlich der Entscheidung des BVerfG zum 6. HRGÄndG bezüglich der Studiengebühren hob *Göke* die knappe und harsche Diktion der Entscheidungsgründe nach dem Motto „kurz und verletzend" hervor. Es gehe dabei nicht um eine feinsinnige juristische Abwägung nach dem Kriterium der Erforderlichkeit in Art. 72 Abs. 2 GG, sondern um die Zurückweisung eines Machtanspruchs, den der Bund ganz unverhohlen im Bereich der Bildung – etwa auch auf den Feldern der Ganztagsbetreuung

Zusammenfassung der Diskussion

und Ganztagsschulen – geltend gemacht habe. *Göke* riet dazu, sich bei der Lektüre des Urteils vom Thema Studiengebühren zu lösen und die Begründung zu den Vorgaben hinsichtlich der verfassten Studierendenschaften zu lesen. Dann werde das von ihm Dargestellte noch deutlicher. Der Katalog der Zuständigkeiten der verfassten Studierendenschaften nach dem 6. HRGÄndG sei dem Bereich der Mutwilligkeit oder Provokation zuzurechnen. Um das zu erkennen, brauche man indes keine Darlegungslast des Bundesgesetzgebers.

Ruffert ergänzte, bei den sehr rigiden Kompetenzentscheidungen des BVerfG scheine mitzuschwingen, dass sich das BVerfG letztlich nicht traue, etwa zum Thema Juniorprofessur die Sachargumente mit auf den Tisch zu bringen. Er könne sich des Eindrucks nicht erwehren, dass das BVerfG zwar ausführlich begründe, warum der Bundesgesetzgeber die Juniorprofessur gestützt auf eine Rahmengesetzgebungskompetenz nicht regeln könne, aber eigentlich dieses Konstrukt in der Sache verhindern wolle.

Ehlers hielt *Burgi* entgegen, dass das BVerfG zu Recht nicht Art. 74 Abs. 1 GG in den Blick genommen habe. Art. 72 Abs. 2 GG sei eine Kompetenzausübungsschranke, was im Ergebnis darauf hinauslaufen könne, dass der Bund von Kompetenzen keinen Gebrauch machen könne. Auch *Burgis* Vergleich hinsichtlich der unterschiedlichen Verwendung des Begriffs der Beeinträchtigung der Wirtschaftseinheit widersprach *Ehlers*. Das von *Burgi* bemühte Beispiel der interkommunalen Kooperation stamme aus dem Vergaberecht und könne im vorliegenden Kontext nicht herangezogen werden. *Ehlers* verlangte allerdings, dass man sowohl in der Politik als auch in der Wissenschaft konsistent argumentieren müsse. Man könne nicht – wie dies in Deutschland geschehe – im europäischen Recht ständig die Einhaltung von Subsidiarität anmahnen und dieses Prinzip in Deutschland ganz hochhalten, um dann bei Art. 72 Abs. 2 GG völlig anders zu argumentieren. Angesichts der Rechtsprechungsentwicklung zur Erforderlichkeitsklausel schloss sich *Ehlers* dem Vorschlag der Föderalismuskommission an, bestimmte Felder der konkurrierenden Gesetzgebung von der Geltung der Erforderlichkeitsklausel auszunehmen.

Maurer unterstützte die Argumentation von *Göke* in zentralen Punkten. Bisher habe der Grundsatz gegolten, dass Zuständigkeitsregeln klar und eindeutig zu sein hätten. Das könne man für Art. 72 Abs. 2 GG in der nunmehrigen Auslegung nun wirklich nicht sagen. *Maurer* äußerte größte Bedenken, ob Art. 72 Abs. 2 GG überhaupt noch praktikabel sei, zumal das BVerfG lange Ausführungen benötige, um zum Ergebnis der Erforderlichkeit bzw. Nichterforderlichkeit zu kommen. Kritisch sah *Maurer* auch die Statuierung von Begründungspflichten des Gesetzgebers für die Erforderlichkeit. Verfassungspolitisch sei es höchst bedenklich, wenn Dinge so kompliziert geregelt seien, zumal dies geradezu eine Einladung an alle Anwälte darstelle, sich auf diese Vorschrift zu stürzen, um die Verfassungswidrigkeit bestimmter Gesetze geltend zu machen. Verfassungspolitisch müsse man sich überlegen, ob man die konkurrierende Gesetzgebung weiterhin mit einer so komplizierten Vorschrift wie Art. 72 Abs. 2 GG belasten wolle oder ein anderes Kriterium entwickele bzw. Art. 72 Abs. 2 GG ersatzlos abschaffe.

Oebbecke bemerkte dazu, dass die alte Fassung des Art. 72 Abs. 2 GG, die bis 1994 gegolten habe, auch nicht klar gewesen sei. Dies sei angesichts der problematischen Rechtsprechung zur Altfassung allerdings nicht zutage getreten.

Kirchhof ergänzte, dass *Maurer* damit die alte Frage aufgegriffen habe, ob man Politik in Berlin machen wolle oder fallweise Lösungen in Karlsruhe suche. Die sich jetzt darstellende harte Lösung bei Art. 72 Abs. 2 GG sei ihm zwar lieb; sie sei aber beim falschen Verfassungsorgan angesiedelt und überdies zu wenig zielgesteuert. Dies spreche für rechtspolitischen Änderungsbedarf.

Schliesky machte darauf aufmerksam, dass Föderalismus sowohl Verteilung als auch Rechtfertigung von Macht bedeute. Die neue Rechtsprechung des BVerfG stelle ganz stark auf materielle Kriterien bei der Kompetenzverteilung ab. Die Gleichwertigkeit der Lebensverhältnisse werde nicht als Staatsziel, sondern als materielles Kriterium angesehen, ob der Bund Gesetze erlassen dürfe oder nicht. Der Gesetzgeber müsse ex ante seine Gesetzgebung im Wege einer Gesetzesfolgenabschätzung verdeutlichen. Wenn das BVerfG einem Bundesgesetz die Rechtsgeltung wegen fehlender Erforderlichkeit abspreche, werde dem Gesetz zugleich auch die Legitimität abgesprochen. *Schliesky* knüpfte daran die Frage, ob wir auf diesem Wege das BVerfG als Hüter der Legitimität bekämen.

Schoch wertete Art. 72 Abs. 2 GG in der Interpretation, die diese Bestimmung durch das BVerfG gefunden habe, als besondere Form des „umgekehrten Zugriffsrechts". Die neue Rechtsprechung zu Art. 72 Abs. 2 GG führe von der Struktur her zu nichts anderem als zu einem Zugriffsrecht des Bundes. Das BVerfG gehe von einem strikten Regel-Ausnahme-Verhältnis im Bereich der konkurrierenden Gesetzgebung mit der Folge aus, dass die Erforderlichkeitshürde durch Darlegung besonderer Gründe überwunden werden müsse. Dann sei es nur konsequent, dass der Bund, wenn er den Zugriff wage, in die Darlegungslast komme. Sonst sei dieses Regel-Ausnahme-Verhältnis durch das BVerfG in seiner Einhaltung nicht zu überprüfen. Auf dieser Grundlage sei aber auch die Folgeerwägung des

BVerfG konsequent, dass der Gesetzgeber seine Darlegungen dokumentieren müsse.

Hendler vertrat die Auffassung, dass die neue Rechtsprechung des BVerfG zu Art. 72 Abs. 2 GG vor allem eine Frage des Maßes sei. Als Art. 72 Abs. 2 GG 1994 vom verfassungsändernden Gesetzgeber geändert worden sei, habe die ursprüngliche Position des BVerfG nicht mehr aufrechterhalten werden können. Dass das BVerfG aber so weit habe gehen können wie in der Altenpflegeentscheidung, sei vom verfassungsändernden Gesetzgeber des Jahres 1994 auch nicht erwartbar gewesen. Zwischen der alten und der neuen Position des BVerfG bestehe eine sehr große Diskrepanz. *Hendler* bekannte, dass er es für vorzugswürdig gehalten hätte, wenn das BVerfG irgendwo zwischen diesen Polen judiziert hätte.

Außerdem ergäben sich aus der Rechtsprechung des BVerfG zu Art. 72 Abs. 2 GG spannende Folgefragen etwa im Verhältnis zu Art. 75 Abs. 2 GG. *Hendler* warf die Frage auf, ob Gründe, die bereits für die Kompetenz-Inanspruchnahme nach Art. 72 Abs. 2 GG herangezogen würden, auch noch für eine vom Bund ausnahmsweise bis in die Einzelheiten gehende bzw. unmittelbare Regelung nach Art. 75 Abs. 2 GG verwertet werden könnten. Er sei der Auffassung, dass die für Art. 72 Abs. 2 GG herangezogenen Gesichtspunkte so gravierend sein könnten, dass sie auch noch im Rahmen des Art. 75 Abs. 2 GG Durchschlagskraft hätten. Dies werde allerdings z. T. anders bewertet. Wenn bisweilen zur Rahmengesetzgebungskompetenz angenommen werde, dass das BVerfG den Bundesgesetzgeber auf eine bloße Koordinations- oder Moderationsrolle reduziert habe, sei dies eine Überinterpretation der Rechtsprechung des BVerfG.

Waldhoff konzedierte, dass die Statuierung von Darlegungs- und Begründungslasten Unsicherheiten berge, die man bei der Kompetenzverteilung eigentlich nicht gebrauchen könne. Das sei aber der Preis dafür, wenn Justitiabilität der Erforderlichkeit wegen des subjektiv-historischen Willens des verfassungsändernden Gesetzgebers zwingend gefordert sei. Da es bei der bundesgesetzlichen Kompetenz-Inanspruchnahme um Prognoseentscheidungen, Tatsachenabschätzungen und einen Rest politischen Gestaltungsspielraums gehe, könne man dem nicht anders Rechnung tragen als über Darlegungs- und Begründungspflichten.

Das Kriterium der „Erforderlichkeit" wurde in der Diskussion auf der Grundlage des Vortrags von *Waldhoff* näher ausgeleuchtet. *Ruffert* vertrat dabei die Auffassung, dass das Verhältnismäßigkeitsprinzip nicht die Verhältnisse zwischen Kompetenzträgern steuere. Diese Auffassung wurde auch von *Maurer* vertreten, der daraus folgerte, dass man deshalb in Art. 72 Abs. 2 GG einen spezifischen kompetenzrechtlichen Erforderlichkeitsbegriff bekomme. *Kluth* und *Ehlers* waren anderer Auffassung. Unter Hinweis auf die Arbeit von Heusch zum Grundsatz der Verhältnismäßigkeit im Staatsorganisationsrecht wies *Kluth* einleitend darauf hin, dass die Dogmatik des Grundsatzes der Verhältnismäßigkeit viel facettenreicher sei und etwa auch bei Organrechten zum Tragen komme. Der Leitsatz aus der Rechtsprechung des BVerfG, dass der Verhältnismäßigkeitsgrundsatz nur im Staat-Bürger-Verhältnis zur Anwendung komme, sei nicht die ganze Wahrheit über dieses Rechtsprinzip.

Auch *Ehlers* sprach sich dagegen aus, den Verhältnismäßigkeitsgrundsatz gänzlich aus dem Staatsorganisationsrecht zu verbannen. So sei etwa bei Eingriffen in die kommunale Selbstverwaltungsgarantie die Heranziehung des Verhältnismäßigkeitsgrundsatzes sehr viel sachgerechter als die Darlegungen in der Rastede-Entscheidung. Bei Art. 72 Abs. 2 GG sei überdies allein von der „Erforderlichkeit" die Rede. Daher seien von vornherein nicht alle drei Komponenten des Verhältnismäßigkeitsprinzips erfasst. Die Verhältnismäßigkeit und Erforderlichkeit sagten überdies nichts über die Kontrolldichte aus. *Ehlers* unterstützte *Maurer* dahingehend, dass es unterschiedliche Verhältnismäßigkeitsbegriffe und -maßstäbe gebe. Dies gelte im Übrigen auch für die EU-Verfassung. Hier sei die Verhältnismäßigkeit bei der Grundrechtscharta auch eine andere als die kompetenzrechtliche in Art. 5 EGV.

Waldhoff nahm zu diesem Disput dahingehend Stellung, dass er klar dafür plädiere, den Begriff der Verhältnismäßigkeit nicht auf das Staatsorganisationsrecht zu übertragen und stattdessen zwischen einer verfassungsrechtlichen Güterabwägung einerseits und Verhältnismäßigkeit als Rechtsinstitut, das auf das Staat-Bürger-Verhältnis zu begrenzen sei, andererseits zu unterscheiden. Das Wort „erforderlich" bedeute selbstverständlich nicht automatisch die Rezeption einer ganzen Rechtsfigur. Sinnvariable Begriffe gebe es im GG an verschiedenen Stellen, was methodisch gar nichts Besonderes sei.

Ehlers entgegnend wies *Waldhoff* darauf hin, dass Erforderlichkeit nicht zwingend etwas mit Kontrolldichte zu tun habe. Bei Art. 72 Abs. 2 GG sei die geforderte Erforderlichkeit aber gekoppelt mit einer prognostischen Miteinbeziehung von Tatsachen. Wenn man dies zusammen nehme, komme man letztlich zu Fragen der Kontrolldichte und des richtigen Maßes. Der Hinweis von *Ehlers* auf die Heranziehung des Verhältnismäßigkeitsprinzips mit Blick auf die Garantie kommunaler Selbstverwaltung vermochte *Waldhoff* nicht in der Ausdehnungsfähigkeit des Arguments zu überzeugen. Die Garantie kommunaler Selbstverwaltung sei nun einmal mit einem ganz spezifischen ideengeschichtlichen Ballast verbunden. Auch habe die Sicherung des kommunalen Selbstverwaltungsrechts eine eigenständige verfassungsprozessuale Verfahrensart zugewiesen bekommen. Überdies sei im 19. Jahrhundert die kommunale Selbstverwaltung noch dem gesellschaftlichen Bereich zugeordnet worden. Dies stehe einer verallgemeinernden Übertragbarkeit der Überlegungen *Ehlers* entgegen.

Mit den Folgen der Rechtsprechung des BVerfG befassten sich *Maurer* und *Kluth*. *Maurer* bezeichnete die Übergangsregelung in Art. 125 a GG als eine der verfehltesten Regelungen der Verfassungsreform von 1994. Sie beinhalte zwei Alternativen. In einem Fall gelte das Bundesrecht weiter; wenn sich die Verhältnisse geändert hätten, könnten die Länder von sich aus gesetzgebend tätig werden. Das sei eine vernünftige Regelung. Nach Abs. 2 gelte Recht jedoch als Bundesrecht mit der Maßgabe weiter, dass es der Bund aufheben und für die Länder freigeben könne. Bisher sei eine solche Freigabe nicht erfolgt, wie das Ladenschlussrecht zeige. Hier liege das Problem darin, wer eigentlich noch Regelungen treffen könne. Das BVerfG habe versucht, sich aus der Problematik im Ergebnis herauszumogeln. Es habe zunächst herausgestellt, dass der Bund Regelungen treffen müsse. Er dürfe dabei aber nicht zu weit gehen, weil er nach Art. 72 Abs. 2 GG den Ladenschluss mangels bundeseinheitlichen Regelungserfordernisses nicht mehr regeln dürfe. Daher habe das BVerfG einschränkend ausgeführt, dass der Bundesgesetzgeber Regelungen nur noch modifizieren, nicht aber grundlegend ändern dürfe. Die eigentliche Krux des Art. 125 a Abs. 2 GG liege dabei in Art. 72 Abs. 2 GG. Dies führe letztlich dazu, dass manche Regelungsmaterien überhaupt nicht mehr geregelt werden könnten.

Kluth warf die Frage auf, wie der neue Art. 72 Abs. 2 GG sich bei der Novellierung einer ausgeübten Kompetenz auswirke. Zu fragen sei, wenn ein Gesetz vor der Änderung des Art. 72 Abs. 2 GG erlassen worden sei und in einer Reihe von Vorschriften novelliert werde, was dann für ein Kompetenzregime zur Geltung komme und was bei europarechtlich veranlassten Novellierungen gelte. *Waldhoff* betonte, dass Art. 125 a Abs. 2 GG durch die Ladenschlussentscheidung des BVerfG verbindlich ausgelegt worden sei. Das Dilemma bestehe darin, dass man einerseits keine Versteinerung des Rechts wolle, andererseits aber auch keine Mischgesetze, die aus Bundes- und Landeselementen zusammengesetzt würden.

Risse wies daraufhin, dass die Rechtsprechung zu Art. 72 Abs. 2 GG als Diskussionsgegenstand in der Föderalismuskommission immer wieder aufgetaucht sei. Die Rechtsprechung, die sich im Laufe der Kommissionsberatungen weiterentwickelt habe, sei dabei durchaus gewürdigt worden. Man müsse aber auch sehen, dass der Müntefering/Stoiber-Vorschlag eine erhebliche Relativierung der Bedeutung des Art. 72 Abs. 2 GG mit sich gebracht hätte. Von dem, was von Art. 74 GG nach der Abschichtung einzelner Materien auf die ausschließliche Gesetzgebungskompetenz noch übrig geblieben wäre, wäre überdies nur noch etwa die Hälfte der einzelnen Kompetenztitel dem Art. 72 Abs. 2 GG unterworfen geblieben. *Risse* bemerkte, dieses Ergebnis werfe durchaus ein interessantes Licht auf die Frage, wie die Länder den Erfolg, den sie durch die gemeinsame Verfassungskommission 1994 in Gestalt des neuen Art. 72 Abs. 2 GG erzielt hätten, heute bewerteten. Sie hätten im Lichte der jüngsten Rechtsprechung durchaus eine gewisse Korrekturbedürftigkeit anerkannt.

Nachdem *Waldhoff* sich in seinem Beitrag für eine Fruchtbarmachung des Autonomiebegriffs auf die Kompetenzen der Länder ausgesprochen hatte, hinterfragten *Kluth* und *Hesse* die Sinnhaftigkeit der Heranziehung dieses Begriffs. *Kluth* befürchtete, wenn man den Autonomiebegriff auf die Länder erstrecke, führe dies verfassungsdogmatisch zu einer Minerung der Länderposition, da verfassungsdogmatisch der Autonomiebegriff spezifisch für autonome Verwaltungseinheiten gelte. *Waldhoff* präzisierte daraufhin diese Begriffsverwendung. Er habe mit einem zugegebenermaßen belegten Begriff etwas Neues umschreiben wollen. Wenn Paul Kirchhof in einem FAZ-Artikel herausgestellt habe, dass Wettbewerb und Staatlichkeit Gegensätze seien, wolle er dem entgegnen, dass der Wettbewerbsbegriff insoweit verfehlt verwendet werde. Hinsichtlich der Verlagerung von Zuständigkeiten auf die Länder gehe es um den Ausbau von Regelungskompetenzen und Regelungsvielfalt auf der Länderebene. Wenn sich daraus wettbewerbsähnliche Situationen ergeben sollten, seien diese mitgewollt. Dieser Zuwachs an Autonomie sei nicht mit der Autonomie kommunaler Gebietskörperschaften und der funktionalen Selbstverwaltung gleichzusetzen.

Janssen unterstützte Waldhoffs Überlegungen und verwies darauf, dass Unruh in seiner Schrift über den Verfassungsbegriff des Grundgesetzes die Autonomie zum zentralen Begriff der westeuropäischen sowie der amerikanischen Verfassung erklärt habe. Wenn man eine verfassungsrechtliche Grenzziehung sinnvoll aufbauen wolle, müsse man – was die Position der Länder angehe – verstärkt über den Begriff der Autonomie nachdenken.

V. Neuordnung der Gesetzgebungskompetenzen

1. Öffentliches Dienstrecht

Die Vorschläge der Föderalismuskommission zur Neuverteilung der Gesetzgebungskompetenzen im öffentlichen Dienstrecht wurden überwiegend begrüßt. Es sei richtig, die bisherigen Zuständigkeiten des Bundes in Art. 74 a, 75 GG wieder auf die Länder zu übertragen, soweit es sich um Landes- und Kommunalbedienstete handele (*Kirchhof*). Dass sich das Müntefering/Stoiber-Papier nicht zu Art. 74 a GG geäußert habe, sei ein Redaktionsversehen (*Risse*). Da wäre es nur konsequent gewesen, die beim Bund verbleibende Statusgesetzgebung in die ausschließliche Gesetzgebungskompetenz des Bundes zu geben. Dies habe man zunächst auch versucht. Da letztlich Art. 74 a Abs. 1 Nr. 27 GG-E aber von der Erforderlichkeitsklausel des Art. 72 Abs. 2 GG hätte ausgenommen werden sollen, habe der Bund um diese Verlagerung nicht gekämpft (*Steinbeiß-Winkelmann*).

Schmidt-Jortzig hielt die mit einem Zustimmungserfordernis des Bundesrates verbundene Ansiedlung in Art. 74 Abs. 1 Nr. 27 GG-E insoweit für inkonsequent, als einerseits der Bundesgesetzgeber von der Erforderlichkeitsklausel habe befreit werden sollen, andererseits aber eine Zustimmungsnotwendigkeit des Bundesrates vorgesehen gewesen sei.

Burgi unterstützte die Änderungsvorschläge mit Nachdruck und fragte, welcher Kompetenzbereich sich mehr für eine Überführung in die Länderkompetenz anböte als dieser. Man müsse den Ländern beim eigenen Personal auch eigene Kompetenzen geben; das sei das Allernaheliegendste. Die Reform sei unter dem föderalen Aspekt insoweit rundum positiv zu bewerten. Selbst wenn die Motive fiskalischer Art gewesen sein sollten, entspreche die Reform der Dienstrechtskompetenzen allen Leitbildern. Es komme zu einem Abbau von Verflechtungen, zu einer Ausschöpfung von Kreativitätspotenzialen sowie zu einer Etablierung des Wettbewerbs um die Aufgabenerfüllung und um die Staatsfinanzen. *Burgi* prognostizierte, dass es bei Umsetzung dieser Vorschläge ganz neue Besoldungsmodelle und erleichterte Formen der Aufstiegsmöglichkeiten geben werde. Auf diese Weise könne sehr Kreatives entstehen, ohne dass die Gefahr bestehe, ein materielles Mindestniveau zu unterschreiten, da dagegen Art. 33 Abs. 5 GG schütze. Die Reform der Kompetenzverteilung im öffentlichen Dienstrecht sei daher risikolos.

Schmidt-Jortzig entgegnete *Burgi*, dass er seine positive Einschätzung der reinen Kompetenzneuordnung teile. Man könne die Kompetenzneuordnung aber nicht völlig isoliert betrachten. Wenn man ein ohnehin in

Auflösung begriffenes Schutzgut auch noch in der Regelungskompetenz diversifiziere, dann beinhalte dies Potenzierungseffekte für Auflösungserscheinungen. Diese mittelbare Wirkung müsse auch in die Betrachtung mit einbezogen werden.

Steinbeiß-Winkelmann machte darauf aufmerksam, dass einigen Ländern der Zugewinn an Gesetzgebungskompetenzen im Dienstrecht gar nicht behagt habe, einzelne schwächere Länder hätten sogar Angst vor einem Kompetenzzuwachs gehabt. *Göke* entgegnete, man solle nicht immer auf die schwächeren und ärmeren Länder verweisen, die einen Kompetenzzuwachs angeblich nicht wollten. Man müsse gelegentlich auch jemanden „zum Jagen tragen". Im Übrigen belege die Empirie zur tatsächlichen Besoldung, dass die Furcht der armen Länder unbegründet sei. Betrachte man sich die tatsächliche Besoldung in den einzelnen Ländern, könne keine Rede davon sein, dass man ein starres Recht habe. Es gebe schon jetzt eine ganze Reihe von Wettbewerbselementen unterhalb der bundesrechtlich geregelten Normen. Beispielhaft verwies *Göke* etwa auf die großzügigen Regelungen der Amtsordnung des weder reichen noch großen Landes Schleswig-Holstein.

Schoch fragte nach dem Einfluss von Realfaktoren bei der Neuordnung der Gesetzgebungskompetenzen im öffentlichen Dienstrecht. Die Reform des Jahres 1971 habe versucht, Änderungen im Realbereich aufzunehmen. So habe die unterschiedliche Entwicklung der Lehrerbesoldung in den einzelnen Ländern zur Einfügung des Art. 74 a GG geführt. *Schoch* fragte, ob bei der jetzigen Diskussion der Realbereich und die Folgenorientierung, also die Frage, was man mit der Reform bewirken wolle, überhaupt keine Rolle gespielt hätten. Die von Schmidt-Jortzig vorgetragenen Erwägungen hätten vorwiegend normativistisch geklungen.

Schliesky äußerte sich sehr kritisch zur geplanten Reform der Gesetzgebungskompetenzen im öffentlichen Dienst und meinte, sie hielten einem Abgleich am Prüfungsmaßstab der Zukunftstauglichkeit nicht stand. Im Beamtenrecht sei 1971 gerade erst die Kompetenz des Bundes begründet worden. Daher müsse man fragen, was sich so Wesentliches geändert habe, dass man diese Konzeption nunmehr wieder über den Haufen werfen müsse. Wegen etwaiger regionaler Unterschiede auf dem Wohnungsmarkt müsse man jedenfalls nicht die Kompetenzordnung hinsichtlich der Beamtenbesoldung verändern. *Schliesky* warnte vor der Etablierung eines Wettbewerbssystems in diesem Bereich. Wettbewerb setze faire und gleiche tatsächliche Rahmenbedingungen voraus. Wenn bei der Beamtenbesoldung ein Wettbewerb zwischen den Ländern etabliert werde, bestehe die Gefahr, dass sich die ohnehin schon bestehenden demografischen Probleme noch verschärften. In den sich entvölkernden

Zusammenfassung der Diskussion

Bereichen sei man dann nicht mehr in der Lage, in einem Besoldungswettbewerb um qualifizierte Bedienstete mitzuhalten. Das eigentliche Motiv für die Rückverlagerung von Gesetzgebungskompetenzen auf die Länder seien deren Finanzprobleme. Es gehe den Ländern vorrangig um Haushaltssanierung und um das Problem der Pensionslasten. *Schliesky* äußerte sich skeptisch, ob neue Gesetzgebungskompetenzen den Ländern helfen könnten. Jedenfalls lasse sich damit das Pensionsproblem nicht lösen.

Oebbecke widersprach der Einschätzung *Schlieskys* vehement. Seiner Positionierung liege ein ganz grobes Missverständnis dessen zugrunde, was Wettbewerb ausmache. Man könne keinesfalls die These aufstellen, dass man Wettbewerb nur dort etablieren könne, wo die tatsächlichen Verhältnisse gleich seien. Das sei so, als wenn man bei einem 100-m-Lauf nicht nur darauf achten müsse, dass alle Läufer eine gleich lange Strecke hätten, sondern dass sie auch alle gleich lange Beine haben müssten. Der Sinn von Wettbewerb sei es, eine vernünftige Allokation zu erreichen. Angesichts der höchst unterschiedlichen individuellen Bedürfnisse einzelner Beamter habe die Forderung nach gleicher Besoldung letztlich zur Wirkung, dass die Hochpreiszonen schlechteres Personal bekämen als die Billigpreiszonen.

Schliesky entgegnend vertrat *Schmidt-Jortzig* die Auffassung, dass sich gegenüber 1971 die Einschätzung zu Einsparpotenzialen gravierend verändert habe. Das Beispiel der Lehrer in Schleswig-Holstein, die jahrelang als Angestellte eingestellt worden seien, um dann später nach einem Einschätzungswechsel als Beamte berufen zu werden, um die Pensionslasten auf die Zukunft zu verschieben, zeige, dass Einschätzungen der Wandlung unterliegen könnten. Gegenwärtig sei die Vorstellung absolut dominant, dass man bei Verfügung über Gesetzgebungskompetenzen hinsichtlich der Beamten in diesem Bereich Einsparpotenziale erschließen könne. Die von *Schoch* angemahnten Folgebetrachtungen oder außerrechtlichen Faktoren seien in der Kommission nicht zur Sprache gekommen. Die Landesregierungen hätten sich bereits vor Beginn der Kommissionstätigkeit auf die Fahnen geschrieben, in diesem Bereich zu einer Manövriermasse zu gelangen. Es sei zwar unübersehbar gewesen, dass manche Länder Angst vor der eigenen Verantwortung gehabt hätten, dennoch seien die Länder in diesem Punkt – ob der Solidarität geschuldet oder aus welchen Motiven auch immer – sehr einvernehmlich vorgegangen.

Gorrissen kritisierte den Positionswandel in einzelnen Ländern am Beispiel Schleswig-Holsteins. Der dort gebildete Rückstellungsfonds für Beamtenpensionen sei vor längerer Zeit aufgelöst worden. Dazu müsse man schlicht feststellen, dass nicht die Beamten dem Staat teuer kämen; vielmehr könne der Staat mit Rückstellungen nicht umgehen. Viele gegenwärtige Entscheidungen des Gesetzgebers seien nicht von sachgerechten Erwägungen zur Wahrung des Berufsbeamtentums, sondern allein von der allgemeinen Haushaltslage geprägt. *Gorrissen* kritisierte, dass die hergebrachten Grundsätze des Berufsbeamtentums so zu einer Fiktion verkämen, der man nur scheinbar nachlaufe.

Neben der Frage der Neuordnung der Gesetzgebungskompetenzen im öffentlichen Dienstrecht spielten die Fragen der Änderung des Art. 33 Abs. 5 GG um eine Fortentwicklungsklausel sowie der sog. Funktionsvorbehalt in Art. 33 Abs. 4 GG in der Diskussion eine große Rolle.

Steinbeiß-Winkelmann unterstützte die Position von *Schmidt-Jortzig* im Grundsatz, dass es sich bei der angedachten Erweiterung des Art. 33 Abs. 5 GG um eine Fortentwicklungsklausel verfassungsrechtlich nur um „weiße Salbe" gehandelt habe, da man selbstverständlich eine institutionelle Garantie fortentwickeln könne. Dennoch dürfe man die Wirkung einer solchen Regelung nicht unterschätzen. Der Bund habe sich immer für eine solche Fortentwicklung ausgesprochen. Die Länder seien dazu in der Breite erst bereit gewesen, nachdem der BayVerfGH angefangen habe, die hergebrachten Grundsätze des Berufsbeamtentums sehr restriktiv zu interpretieren und die Beförderung eines Beamten auf Probe für damit nicht vereinbar zu erklären.

Huber ergänzte, einzelne A-Länder hätten den Vorschlag gemacht, Art. 33 Abs. 5 GG ganz zu streichen. Die unionsgeführten Länder hätten dem widersprochen. Nachdem aber der BayVerfGH die zweimalige Verlängerung eines Probebeamtenverhältnisses (insgesamt 10 Jahre) für verfassungswidrig erachtet und als ein Einfallstor für Ämterpatronage angesehen habe, sei das Festhalten auch der unionsgeführten Länder am hergebrachten Beamtentum begrenzt gewesen. Selbst wenn die beabsichtigte Textänderung des Art. 33 Abs. 5 GG nur gering sei, stelle diese Änderung einen „Versuchsballon" dar, um mit dem öffentlichen Dienst- und Treueverhältnis mittelfristig Schluss zu machen. Insoweit könne man die beabsichtigte Textänderung des Art. 33 Abs. 5 GG durchaus als „Einstieg in den Ausstieg" aus dem Berufsbeamtentum ansehen. Diese Einschätzung wurde von *Schmidt-Jortzig* in dieser Schärfe zwar nicht geteilt, wohl aber machte auch er Erosionserscheinungen hinsichtlich des Fortbestandes des Berufsbeamtentums aus.

Diese Einschätzung wurde von *Göke, Oebbecke* und *Schlebusch* nicht geteilt. *Göke* wies darauf hin, dass die Länder die Erfahrung gemacht hätten, dass Beamte nicht streiken dürfen und deren Besoldung durch Gesetz geregelt werde. Alles andere sei für die Länder sekundär. Die Erfahrung, dass einzelne Länder mit ihren gesetzlichen Sonderzuwendungsregelungen erhebliche finanzielle Entlastungen hätten erzielen können, habe einen ausgeprägten Hang zum Föderalismus, aber auch zum Festhalten am Berufsbeamtentum entstehen lassen.

Schlebusch vertrat ebenfalls die Einschätzung, dass die finanzielle Lage die gegenwärtige Diskussion und die Kompetenzverteilung im öffentlichen Dienstrecht bestimme. Die gesetzgeberischen Gestaltungsmöglichkeiten sprächen für eine Aufrechterhaltung des Berufsbeamtentums. Im Vergleich zum Angestelltenbereich verfüge der Gesetzgeber hier über bessere und komfortablere Lösungen, um zu Einsparungen zu kommen. Diese Motive schützten damit eine Institution, die *Schlebusch* in der Sache selbst für äußerst verteidigenswert erachtete. Zugleich kritisierte *Schlebusch* einzelne Entwicklungselemente der Modernisierung des Beamtenrechts. So werde die Ermöglichung von Führungsfunktionen auf Probe und auf Zeit immer stärker aus parteipolitischen Gründen missbraucht. *Schlebusch* riet dringend davon ab, aus Gesichtspunkten der vermeintlichen Flexibilisierung die hergebrachten Grundsätze des Berufsbeamtentums leichtfertig preiszugeben.

Oebbecke schloss sich dem in der Sache an und kritisierte, dass die Diskussion über das Dienstrecht durch Kurzatmigkeit gekennzeichnet sei. Man verzichte nahezu völlig darauf, zu erörtern, worum es in der Sache eigentlich gehe. Wenn man sich vergegenwärtige, dass man Personal langfristig binden wolle und das gewonnene Personal in den eingenommenen Positionen unabhängig agieren solle, könne man dies nicht viel besser regeln, als dies gegenwärtig im Beamtenrecht normiert sei. Man müsse allerdings überlegen, in welchen Bereichen man Beamte wirklich benötige. So vertraten *Oebbecke* und *Schmidt-Jortzig* die Auffassung, dass Lehrer und Hochschullehrer nicht Beamte sein müssten. Auch *Burgi* diagnostizierte das Problem, das insbesondere in Westdeutschland in vielen Nichthoheitsbereichen Beamte eingesetzt worden seien, sodass das System überfrachtet worden sei.

Kirchhof machte darauf aufmerksam, dass es Aufgabe der Föderalismuskommission gewesen sei, Vorschläge zur Kompetenzverteilung im Bereich des öffentlichen Dienstrechts zu machen. Mit Blick auf Art. 33 Abs. 4 und Abs. 5 GG habe die Kommission dagegen über keinen Auftrag verfügt. Die diesbezügliche Reform sei quasi „handstreichartig" mit eingebracht worden. Insoweit habe man in der Kommission eine Diskussion ohne Auftrag geführt.

Hinsichtlich des Funktionsvorbehalts bekannte sich *Kirchhof* dazu, den Einsatz von Beamten auf Hoheitsaufgaben zu konzentrieren und Angestellte mit Leistungsaufgaben zu betrauen. Man sei mit der Institution des Beamten in der Vergangenheit verschwenderisch umgegangen, sodass nunmehr ein Volumenproblem bestehe. Auch in der Leistungsverwaltung seien zu viele Beamte eingesetzt worden. So könne man fragen, ob man etwa in der Arbeitsverwaltung überhaupt Beamte benötige. Wenn man in dieses System wieder eine saubere Trennung hineinbrächte, könne die Diskussion für die Zukunft ganz anders geführt werden. *Schliesky* vertrat die Auffassung, dass die Ausübung hoheitlicher Befugnisse nach Art. 33 Abs. 4 GG schon immer schwer abzugrenzen gewesen sei. Insoweit habe sich in den vergangenen Jahrzehnten nichts Grundlegendes verändert. Gerade wenn man aber zu einer stringenten Abgrenzung komme und den Einsatz von Beamten auf die Ausübung hoheitlicher Befugnisse begrenze, spreche erst recht nichts mehr dafür, regionale Besonderheiten zum Tragen kommen zu lassen.

Relativ breit wurde über die materielle Weiterentwicklung des öffentlichen Dienstes gesprochen. *Wendt* betonte, dass man seit mindestens 45 Jahren eine Diskussion um ein einheitliches öffentliches Dienstrecht führe. Dies einzuführen sei mit einem Schlag zwar nicht gelungen, seit mehr als einem Jahrzehnt sei jedoch eine Erosion des Berufsbeamtentums festzustellen. *Wendt* nannte insoweit die Kategorien des Beamten auf Zeit, des Beamten auf Probe, den Teilzeitbeamten sowie die Aufgabe des Alimentationsprinzips bei Einführung leistungsorientierter Bezahlung. Auch komme es im Bereich der Versorgung zu nivellierenden Anpassungen. *Wendt* kritisierte diese Entwicklung und bekannte sich zu einer traditionellen Auffassung. Überdies wies er daraufhin, dass bereits im herkömmlichen Beamtenrecht Instrumente für Leistungsorientierung vorhanden seien, die von den Vorgesetzten nur nicht in der Breite eingesetzt würden. Die eingeführten Flexibilisierungen öffneten der parteipolitischen Patronage Tür und Tor.

Gorrissen schloss sich dieser Position nicht an. Er vertrat die Auffassung, dass das überkommene Berufsbeamtentum keine Zukunftsoption darstelle. Versuche der Weiterentwicklung des Dienstrechts seien untauglich, weil sie sich einer Reformation entzögen. Stellenbesetzungen im kommunalen Bereich mit Beamten oder Angestellten erfolgten in der Regel nicht nach dem Funktionsvorbehalt, sondern aufgrund interner Ausschreibungen. Nicht die Funktion bestimme, ob eine Stelle von einem Angestellten oder einem Beamten besetzt werde, sondern die Verfügbarkeit von Mitarbeitern. *Gorrissen* verwies zudem darauf, dass zahlreiche Beamtenanwärter für den gehobenen Dienst ausgebildet würden. Wenn sie die Fachhochschulausbildung abgeschlossen hätten, seien häufig keine Beamtenstellen verfügbar. Die Mitarbeiter würden dann häufig als Angestellte übernommen werden und diesen Status ein Leben lang beibehalten.

Gorrissen sprach sich anlässlich des kommunalen Hintergrundes dafür aus, das Berufsbeamtentum auf einige wenige Bereiche restriktiv zu reduzieren und insoweit eine Regelungskompetenz des Bundes zu schaffen, weil der Wettbewerb in diesen Bereichen dann problematisch sei. Eine klare bundeseinheitliche Regelung für das Beamtenrecht in den notwendigerweise verbleibenden Bereichen könne verknüpft werden mit einem einheitlichen öffentlichen Dienstrecht in den Landes- und Kommunalverwaltungen, das Gesichtspunkten der Wettbewerbstauglichkeit und Flexibilität Rechnung trage. Gerade im Angestelltenbereich könne man vertragliche Gestaltungen viel flexibler vornehmen, als dies gegenwärtig regelmäßig geschehe. Die vermeintlichen Flexibilitätsvorteile des Beamtenrechts, die leichtere Umsetz- und Versetzbarkeit, könnten durch kluge vertragliche Gestaltungen aufgefangen werden.

Göke widersprach dieser Flexibilitätseinschätzung heftig. Im Angestelltenbereich habe man die von Gorrissen angemahnte Flexibilität i. d. R. gerade nicht. Im Beamtenbereich könne man viel flexibler regeln. Dies habe sich in Niedersachsen etwa bei den Sonderzuwendungen erwiesen. Die von *Ruffert* aufgeworfene Frage, ob bei der Überführung bisheriger Beamtentätigkeiten in Angestelltentätigkeiten das Streikrecht keine Rolle spiele, wurde unter Hinweis auf die vorhandenen Streikmöglichkeiten etwa im Krankenhaussektor und in der Abfallwirtschaft verneint. *Schmidt-Jortzig* vermochte sich der Einschätzung von *Gorrissen* nicht anzuschließen. Auch im kommunalen Bereich sei der Funktionsvorbehalt des Art. 33 Abs. 4 GG durchaus ein Begriff, zumal man im Stellenplan bei der Haushaltsplanung entsprechende Festlegungen vorzunehmen habe. Für viele Dienstgruppen sei allerdings in der Tat nicht einzusehen, warum sie Beamte seien. In anderen Feldern sei die Aufrechterhaltung des Beamtentums allerdings schon wichtig. Es sei ein nicht zu unterschätzender Faktor der Sicherung von Rechtsstaatlichkeit in der Bundesrepublik und wirke insofern geradezu als Schutzwall.

Göke, der sich ebenfalls für eine Aufrechterhaltung des Berufsbeamtentums aussprach, machte deutlich, dass es im Versorgungsrecht erheblicher Änderungen bedürfe. Eine große Gefahr sah er darin, dass insoweit nicht das an Veränderungsnotwendigkeit aufgegriffen werde, was zur Verbesserung höherer Mobilität aufgegriffen werden müsse. Am herkömmlichen Versorgungssystem könne man nicht festhalten, ohne dass es zu einer Übertragung der Versorgung in die Rentenversicherung kommen müsse. Aus finanziellen Gründen wie aus Mobilitätsaspekten müsse das System der Versorgung neu in der Weise geregelt werden, dass man die in einer bestimmten Zeit im öffentlichen Dienst erworbenen Versorgungsansprüche in jedes andere – öffentliche wie privatwirtschaftliche – System mitnehmen könne.

Oebbecke und *Schmidt-Jortzig* kritisierten die jüngste Tarifeinigung im öffentlichen Dienst zwischen dem Bund und der Vereinigung der kommunalen Arbeitgeberverbände auf der einen Seite und den Gewerkschaften auf der anderen Seite. *Oebbecke* bezweifelte, ob Bund und Kommunen eine Meistbegünstigungsklausel mit verdi hätten vereinbaren dürfen. Diese Vereinbarung mit einem Monopolisten, wonach die Länder nicht etwas Besseres vereinbaren könnten, führe de facto zu einer starken Einschränkung des Regelungsspielraums der Länder, was mit dem Grundsatz der Bundestreue nur schwer vereinbar sei. *Schmidt-Jortzig* hielt es für eine besondere List der Regelung, die Last für einen Dritten als Begünstigung für sich selbst darzustellen.

Hans-Günter Henneke wies daraufhin, dass die Meistbegünstigungsklausel einen anderen Hintergrund gehabt habe. So sei in der Vergangenheit bei Verwaltungsstrukturreformen wie etwa in Baden-Württemberg oder im Saarland hinsichtlich der Dynamisierung der Kostenerstattung auf die Angestelltenvergütung einer bestimmten Vergütungsgruppe verwiesen worden. Davon nähmen die Länder nunmehr Abschied. So werde im Verwaltungsstrukturreformgesetz des Landes Baden-Württemberg von Mitte 2004 auf die Vergütung von Angestellten im Landesbereich verwiesen und für die nächsten sieben Jahre eine Degressionsregelung von 2–3 % jährlich vorgesehen, die innerhalb dieses Zeitraums zu einer sog. Effizienzrendite von 20 v. H. führe. Die kommunale Situation sei vor diesem Hintergrund die gewesen, dass man befürchtet habe, dass die Länder, die bei den Tarifverhandlungen nicht dabei gewesen seien, bessere Ergebnisse erzielen könnten, die den Kommunen in der Verwaltungsstrukturreform dann entgegengehalten würden. Die Zielsetzung der Meistbegünstigungsklausel sei nicht etwa eine Knebelung der Länder gewesen, keine besseren Ergebnisse zu erzielen, sondern im Gegenteil die Hoffnung, von einem besseren Abschneiden der Länder selbst partizipieren zu können, um auf diese Weise den ansonsten eintretenden Effekt auszuhebeln, dass auf Länderebene erzielte Verbesserungen bei der Flexibilisierung der Arbeitszeit oder bei der Vergütung den Kommunen nicht zugute kämen, ihnen diese Effekte bei den Kostenausgleichen aufgrund von Funktionalreformen aber angerechnet würden und sie so Gefahr liefen, auf Dauer auf nicht abrechnungsfähigen Kosten sitzen zu bleiben. *Schmidt-Jortzig* unterstrich einerseits diese Darlegung, wonach die Abschlüsse aus kommunaler Arbeitgebersicht nach oben hin verbessert werden könnten, wies andererseits aber auf die damit faktisch verbundene politische Knebelung der Länder hin, die allerdings rechtlich nicht zu fassen sei.

Hans-Günter Henneke machte überdies darauf aufmerksam, dass die im Herbst 2004 vorgestellten Überlegungen des Bundesinnenministers, des deutschen Beamtenbundes und von verdi zur Flexibilisierung des öffentlichen Dienstrechts entgegen den absehbaren Vorschlägen der Föderalismuskommission nicht von einer Übertragung von Gesetzgebungszuständigkeiten auf die Länder ausgegangen seien, sondern eine bundeseinheitliche Regelungsbefugnis zugrunde gelegt hätten. Dieses Vorgehen insbesondere seitens des Bundesinnenministers sei angesichts der laufenden Beratungen der Föderalismuskommission schon ein bemerkenswerter Vorgang.

2. Umweltrecht als Bundeskompetenz?

Während *Oebbecke* darauf hinwies, dass eine von ihm angeregte Untersuchung vor einiger Zeit zu dem Ergebnis gekommen sei, dass die Umsetzung von EU-Richtlinien durch die Länder im Durchschnitt ganz gut geklappt habe und auch nicht länger gedauert habe, als wenn der Bund die Richtlinien allein umgesetzt habe, sah *Schink* im Umsetzungsbedarf von Richtlinien im Umweltrecht ein entscheidendes Argument dafür, sich für eine volle Gesetzgebungskompetenz des Bundes im Umweltrecht auszusprechen. *Schink* vertrat die Auffassung, dass man am Beispiel des Umweltrechts besonders gut aufzeigen könne, wie schwierig es einerseits sei, unsere Verfassungsordnung europarechtskonform zu machen und andererseits den berechtigten Interessen der Länder Rechnung zu tragen und ihnen mehr Gesetzgebungskompetenzen zu geben. Das europäische Umweltrecht sei sehr häufig verfahrensbezogen und medienübergreifend. In Deutschland bestünden erhebliche Probleme, das Europarecht umzusetzen. Als Beispiel nannte *Schink* die UVP-Richtlinie, die SUP-Richtlinie und die Umweltinformationsrichtlinie. In den Bundesregelungen seien am Schluss immer Teile enthalten, die bestimmten, was die Länder noch regeln könnten. *Schink* hielt dies für nicht sachgerecht. Noch sachwidriger sei es, was im Bereich der Umweltinformation geschehen sei. Hier habe der Bund ein Gesetz gemacht, das nur für den Bund gelte. Aufgrund der Umweltinformationsrichtlinie müssten die Länder aber inhaltsgleiche Regelungen für ihren Verwaltungsbereich treffen. Das sei im Ergebnis nicht sinnvoll.

Angesichts der bestehenden Umsetzungsdefizite in einzelnen Mitgliedstaaten seien die Richtlinien der Europäischen Union im Umweltrecht mittlerweile so ausgefeilt, dass eine unmittelbare Geltung jedenfalls in der Regel in Betracht komme. Wenn das aber so sei, liege nach der gegenwärtigen Systematik des Grundgesetzes die Erforderlichkeit für eine bundesgesetzliche Regelung nach Art. 72 Abs. 2 GG nicht mehr vor, da auch ohne bundesgesetzliche Regelung eine Beeinträchtigung der Rechts- und Wirtschaftseinheit durch bloße Umsetzung der Länder nicht bestehe.

Schink erachtete eine gestufte Umsetzung von europäischen Richtlinien durch Bund und Länder nicht für sachgerecht und verwies insoweit auf das Beispiel der FFH-Richtlinie zur Ausleuchtung der zeitlichen Dimension der Umsetzung. Bei der FFH-Richtlinie hätten die Länder Gebiete melden müssen. Insoweit hätten die Länder zunächst aber auf das Rahmenrecht des Bundes im BNatSchG gewartet. Der Bund habe diese Regelungen nach ausführlicher Diskussion erst sehr spät getroffen. Die Länder hätten danach noch das Rahmenrecht in Landesnaturschutzrecht umformen müssen, und erst dann hätten sie endlich die geforderten Gebiete benannt. In der Zwischenzeit sei die Umsetzungsfrist längst abgelaufen gewesen. Die Ist-Situation im Umweltrecht führe also zu erheblichen inhaltlichen wie zeitlichen Problemen bei der Umsetzung in Deutschland. *Schink* schlug deshalb vor, die Kompetenzen im Umweltrecht ausschließlich dem Bund zuzuweisen, soweit es um die Umsetzung von europäischem Recht gehe. Dies gelte seines Erachtens auch für das Naturschutzrecht. Zugleich wies *Schink* daraufhin, dass man bei einem solchen Vorgehen die Zuständigkeiten der Länder etwa im Gewässerschutzrecht und Naturschutzrecht ganz erheblich entleere. Dennoch müsse man bei einer europarechtskonformen Gestaltung hier zu einer Kompetenzzuweisung an den Bund kommen. Öffnungsklauseln und Zugriffsrechte für die Länder seien in diesem Bereich auch wenig sinnvoll. Auf Feldern, wo es um eine europarechtskonforme Ausgestaltung gehe, sei es daher äußerst schwierig, zu vermehrten Gesetzgebungskompetenzen der Länder zu gelangen.

Hendler schloss sich der Beurteilung von *Schink* weitestgehend an und sprach sich ebenfalls für eine Gesetzgebungskompetenz des Bundes im Umweltrecht aus. Umweltrechtlich wie umweltpolitisch benötige man eine einheitliche Gesetzgebungskompetenz, weil das Umweltrecht eine einheitliche, medienübergreifende Materie darstelle. Der integrative Umweltschutz sei von Europa nach Deutschland gekommen. Das sei sinnvoll und sachgerecht. Insoweit sei das Umweltrecht ein schlechtes Referenzbeispiel für die Vertretung deutscher Belange. Wenn die deutschen Belange sich auf der europäischen Bühne durchgesetzt hätten, hätte man den integrativen Umweltschutz u. U. nicht bekommen und den medienspezifischen Umweltschutz behalten, ohne die Wechselwirkungen zu beachten. *Huber* stimmte *Hendler* zu, dass das Europarecht Deutschland im Umweltrecht, aber auch im Vergaberecht erst „auf die Sprünge" geholfen habe. Dies gelte ganz besonders für das Vergaberecht, wo das nationale Rechtssystem seit über 50 Jahren im vorkonstitutionellen Stadium verharrt sei. Ihm sei es aber nicht um die materielle Bewertung des integrierten Umweltschutzes, sondern allein um das Entscheidungsverfahren gegangen.

Hendler vertrat überdies die Auffassung, dass eine einheitliche Richtlinienumsetzung durch den Bund bei weitem weniger fehleranfällig sei als eine 16fache Umsetzung durch die Länder. Außerdem spreche viel dafür, dass der Bund in seinen Ministerien über eine höhere Professionalität als die einzelnen Länder verfüge und deshalb Richtlinien sachgerechter und wirkungsvoller umsetzen könne.

Der von *Schink* angesprochenen Auffassung, dass wegen der Detailliertheit des Europarechts die Anforderungen des Art. 72 Abs. 2 GG nicht mehr erfüllt seien, folgte *Hendler* im Ergebnis nicht.

Schoch schloss sich der Bewertung von *Schink* und *Hendler* mit der Bemerkung an, die Föderalismuskommission hätte gut daran getan, zunächst das Europarecht in den Blick zu nehmen. Das Umweltrecht sei ein signifikantes Beispiel dafür. Dann wäre ein Großteil der Probleme, die in der Kommission diskutiert worden seien, aus Sachgründen „auf die hinteren Bänke gerückt". Im methodischen Zugriff der Föderalismuskommission habe insoweit ein erhebliches Problem gelegen. Auf die Bedeutung europäischer Vorgaben für die Zuordnung der Umweltgesetzgebungskompetenzen sei bereits in den Professorengesprächen 2001 in Syke und 2004 in Saarlouis hingewiesen worden.

3. Bildungskompetenz aus einer Hand?

Hans-Günter Henneke bezeichnete es als großes Manko, dass es in der Föderalismuskommission nicht gelungen sei, die Großbegriffe „Recht der öffentlichen Fürsorge" in Art. 74 Abs. 1 Nr. 7 und „Recht der Wirtschaft" in Art. 74 Abs. 1 Nr. 11 GG zeitgemäß neu aufzugliedern und zu restrukturieren. Mit einer Restrukturierung insbesondere des überholten Begriffs des Rechts der öffentlichen Fürsorge hätte man das von Wieland vorgeführte Kompetenzwirrwarr im Bereich der Kinderbetreuung und auf anderen Feldern auflösen können. *Henneke* vertrat die Auffassung, dass es das Ziel hätte sein müssen, im Bereich der steuerfinanzierten öffentlichen Fürsorge mindestens zu einer Abschichtung dessen zu kommen, was die Schnittmenge von öffentlicher Fürsorge und Bildung darstelle, um wenigstens diesen Bereich komplett der Regelungszuständigkeit der Länder mit der Folge zu überantworten, dass man dann in diesem Bereich eine einheitliche Gesetzgebungskompetenz der Länder für den schulischen und vorschulischen Bereich bekommen hätte. Eine solche einheitliche Gesetzgebungskompetenz der Länder hätte dann in der Folge auch eine einheitliche Ausführungskompetenz der Kommunen ermöglicht. Bisher bestehe die widersinnige Situation, dass dort, wo eine Gesetzgebungszuständigkeit des Bundes bestehe – nämlich im Kinder- und Jugendhilferecht – eine Ausführungszuständigkeit der Kommunen gegeben sei und dort, wo die Gesetzgebungskompetenz bei den Ländern liege – im Schulwesen –, auch die Ausführungszuständigkeit bei den Ländern liege.

Henneke fügte hinzu, dass die „Große Koalition von Bund und Ländern" mit dieser Situation ganz gut leben könne, weil sie dasjenige an Aufgaben, was sie auf den kommunalen Bereich verlagern wolle, bei Etikettierung als Jugendhilfeaufgaben nicht bezahlen müsse. Diese Situation gehöre aus Sachgründen, aber auch aus Geschichtspunkten der Zusammenführung von Gesetzgebungs- und Finanzierungsverantwortung neu geregelt.

Burgi schloss sich dem an und forderte, dass man viel stärker eine Aufgabenkritik durchführen müsse. Von Aufgabenkritik rede man immer nur dann, wenn es um Privatisierung gehe. Man müsse von Aufgabenkritik aber auch dann sprechen, wenn es um eine Neuordnung der Zuständigkeiten innerhalb des Staates gehe. Das Grundgesetz nenne insbesondere in Art. 73 ff. zahlreiche Aufgaben und ordne sie Katalogen zu. Die Föderalismuskommission habe sich daran orientiert, sich aber nicht mit den Aufgaben als solchen beschäftigt. Der Bereich des Werdens eines Kindes zum Erwachsenen habe sich seit Bestehen des Grundgesetzes aber so grundlegend verändert, dass die überkommenen Aufgabenbegriffe wie öffentliche Fürsorge, Hochschulbau etc. völlig willkürlich bausteinartig herausgezogene Teile darstellten, die den Gesamtwerdegang überhaupt nicht (mehr) abbildeten. Aufgabenfelder wie die Ganztagsbetreuung und Zuwandererintegration hätten bei Erlass des Grundgesetzes so noch gar nicht bestanden. Der Aufgabenkatalog der Art. 73 ff. GG beinhalte kein ganzheitliches Konzept, zumal sich dieses jeweils im Laufe der Jahrzehnte vollkommen verändere.

Burgi hielt es für das Gebot der Stunde, das Gesamtaufgabenpaket rund um die Bildung anzusehen und neu aufzuschlüsseln. Dann seien neue Unterkategorien zu bilden, die überholte Kategorien wie öffentliche Fürsorge, Hochschulbau etc. ersetzen müssten. Erst dann sei zu fragen, welcher Ebene man welche Aufgaben zuweise. Die eigentliche Aufgabe liege darin, das sich verändernde Aufgabenpanorama neu zu strukturieren. Diese Aufgabe stelle sich nicht nur im Bildungswesen, sondern auch im Umweltrecht, wo man bisher auch immer die überkommenen Kategorien wie Abfallbeseitigung, Luftreinhaltung etc. aufrechterhalten habe, statt sich die Aufgaben ganzheitlich anzusehen.

Oebbecke sprach sich dafür aus, den Bildungsbereich im Wesentlichen den Ländern zuzuordnen. Die Diskussion um die Zuordnung der Bildungskompetenzen in der Föderalismusreform habe deutlich gemacht, dass keine Besinnung auf die Frage erfolge, nach welchen Kriterien man in einem dezentralen System wie einem Bundesstaat Zuständigkeiten verteile. Unbestreitbar sei, dass man auf der Bundesebene Anerkennungsregeln von Bildungsabschlüssen benötige, um bei einem Umzug für die Betroffenen das Allernotwenigste sicherzustellen. Die meisten anderen Zuständigkeiten könnten demgegenüber bei den Ländern liegen. Eine Zuordnung von Gesetzgebungskompetenzen zu den Ländern sei immer dann nützlich, wenn man nicht richtig wisse, was die beste Sachlösung sei. Dies sei im Bildungsbereich der Fall. Bei der Diskussion um die richtigen Schlussfolgerungen aus der PISA-Studie stocherten in Wahrheit alle mit der Stange im Nebel. In einer solchen Situation sei es vernünftig, unterschiedliche Lösungen in den Ländern ausprobieren zu lassen. Nach relativ kurzer Zeit werde sich dann herausstellen, welche Lösungen zu besseren Ergebnissen führten. Darauf werde sich das System dann mittelfristig einpendeln. Dass der Bund Bildungszuständigkeiten haben wolle, könne man zwar verstehen, das könne aber kein Verteilungskriterium sein. Wenn es auf bestimmten Feldern dagegen nur eine richtige Lösung gebe, könne man sich umgekehrt fragen, ob diese Materie auf Dauer bei den Ländern angesiedelt sein könne, weil dann dort relativ hohe Transaktionskosten entstünden.

Oebbecke warnte überdies vor der Erwartung, dass jede Zuweisung von Gesetzgebungszuständigkeiten an die Länder zwingend dazu führen müsse, dass davon alle Länder einen gleichermaßen vernünftigen Gebrauch machten. Es könne immer nur ein relativ schmales Zuständigkeitsspektrum geben, in dem die einzelnen Länder jeweils besonders innovativ tätig würden. In anderen Bereichen würden sie das machen, was alle anderen auch täten.

Huber prognostizierte, dass Fragen der Bildungspolitik das zentrale Wahlkampfthema für 2006 bilden würden, da sich mit der Arbeitsmarkt- und Wirtschaftspolitik schlecht Wahlkampf führen lasse. Das sei aus seiner Sicht der entscheidende Grund dafür, dass es völlig unrealistisch gewesen sei, im Bereich der Bildung auf eine völlige Entflechtung zu hoffen, die von der Sache her seines Erachtens außerordentlich nahe liegend sei.

Zur Frage, ob im Bildungsbereich die notwendigen bundeseinheitlichen Regelungen durch Bundesgesetz oder durch Staatsverträge der Länder herbeigeführt werden sollten, vertrat *Huber* die Auffassung, dass dies nur durch Bundesgesetze geschehen könne. Wenn die Länder meinten, vom Instrument der staatsvertraglichen Regelung Gebrauch machen zu müssen, belegten sie dadurch nur, dass sie mit den dort zu verankernden Regelungsgegenständen überfordert seien und diese Regelungsgegenstände in die Kompetenz des Bundesgesetzgebers gehörten. Man dürfe bei der Kompetenzzuordnung auch die demokratischen Konsequenzen nicht aus den Augen verlieren, die mit den Reformanliegen der Föderalismuskommission auf das Engste verknüpft seien. Der zentrale Gedanke für die Entflechtung habe gerade darin bestanden, den Landtagen wieder eine stärkere Stellung zukommen zu lassen. Diese Wirkung sei durch staatsvertragliche Regelungen nicht erreichbar. Dann würden Regelungswerke von den jeweiligen Fachreferenten entworfen, und die Landtage könnten diese Regelungen nur noch abnicken, ohne dass es außer einer formellen parlamentarischen Beratung noch eine inhaltliche Auseinandersetzung damit gebe. Das Grundanliegen der Föderalismusreform werde mit Kompetenzverteilungen, die staatsvertragliche Lösungen zur Folge hätten, völlig verfehlt.

Göke sprach sich ebenfalls dafür aus, die Bildungsthemen in die Gesetzgebungszuständigkeit der Länder zu überführen. Der Bund benötige insoweit weder Gesetzgebungs- noch Finanzierungskompetenzen. Es gehe darum, eine größere Transparenz des Systems herzustellen. Insoweit könne der Bund durchaus eine Rolle spielen, in dem die Bundespolitik die Länder hinsichtlich ihrer unterschiedlichen Lösungen an den Pranger stellen könne. Der Bund könne ohne weiteres darauf beschränkt werden, festzustellen, wie die einzelnen Länder die Aufgabe erfüllten, was sie ausgeben, welche Ziele und Qualitäten sie erreichten. Auf diese Weise könne der Bund in der Sache viel mehr erreichen als mit eigenem Geldeinsatz. Überdies sprach sich *Göke* für eine konsequente Entstaatlichung der Hochschulen aus.

4. Zugriffsrechte der Länder?

Die Ermöglichung von Zugriffsrechten der Länder wurde überwiegend kritisch gesehen bzw. abgelehnt. *Ehlers* sprach sich dezidiert gegen Zugriffsrechte aus. *Hesse* hielt diese ebenfalls nicht für zielführend. Es reiche nicht, über die Instrumente der Auffanggesetzgebung und der Zugriffsrechte institutionell ein wenig herumzubasteln. Gerade die Position einzelner Länder sei insoweit sehr kritisch zu sehen. Einen etwas abweichenden Akzent setzte *Hesse* hinsichtlich der verflochtenen Politikbereiche wie regionale Wirtschaftsförderung, öffentliche Fürsorge, Bildungs- und Hochschulfragen sowie Umweltpolitik. Hier müsse man erweiterte Zugriffsrechte der Länder unter dem Aspekt einer vertikalen Koordination durchaus diskutieren. Zwar würden aus ästhetischen Gesichtspunkten diese Ausfransungen nicht gern gesehen. Die Frage sei aber, ob man in diesen anders nicht zu befördernden Politikbereichen zu neuen Abgrenzungen von Bund und Ländern in verflochtenen Feldern kommen müsse. Anders als bisher könne dies etwa durch die Setzung von Mindeststandards seitens des Bundes geschehen. Hinsichtlich der Instrumente müsse insoweit an die Phantasie appelliert werden. Dies gelte auch für den Bildungsbereich, wo bei einer vorzusehenden Vollkompetenz zugunsten der Länder vorstellbar sei, eine gemeinsame Bildungsberichterstattung der Länder mit dem Bund zu etablieren, die zu einer Bewertung der Ergebnisse in Analogie zur Methode der offenen Koordinierung führen könne. *Hesse* riet dazu, in solche Flexibilisierungsformen Kraft in der Hoffnung auf Bewegung zu investieren, um bei einem Wiederaufgreifen der Verhandlungen das Eintreten erneuter Blockadesituationen zu verhindern.

Auch *Hans Jörg Hennecke* äußerte sich ausgesprochen skeptisch zur Zugriffsgesetzgebung und hielt sie nur beim Verwaltungsverfahren und der Behördenorganisation für tauglich. *Schmidt-Jortzig* machte hinsichtlich der Zugriffsgesetzgebung ein deutliches Wissenschaftsdefizit aus und wies darauf hin, dass schon im bisherigen Verfassungsrecht Ansatzpunkte für eine Abweichungsgesetzgebung bestünden, die bislang überhaupt nicht wissenschaftlich aufbereitet worden seien. Er nannte insoweit Art. 72 Abs. 3, 125 a Abs. 1 S. 2, aber auch Art. 74 a Abs. 3 GG. Zu all diesen Vorschriften finde man in der wissenschaftlichen Befassung nichts Substanzielles. Daher könne es nicht verwundern, dass auch die Kommission insoweit nicht wirklich weitergekommen sei.

Risse bekannte sich dazu, seine Position zur Zugriffsgesetzgebung im Laufe der Kommissionsberatungen verändert zu haben. Die Zugriffsgesetzgebung sei ihm zunächst als ganz zündender Gedanke erschienen, zumal eine Neugliederung nicht stattfinde. Man müsse schlicht von der Prämisse ausgehen, dass die Länder so fortbestünden, wie sie gegenwärtig geschnitten seien. Wenn man aber asymmetrische Länder habe, sei die Lösung über Zugriffsrechte in das materielle Recht hinein eine Möglichkeit, diese Asymmetrie zu kompensieren. Im Verlaufe der Kommissionsarbeit sei die Begeisterung für die Eröffnung von Zugriffsrechten allerdings immer geringer geworden. Der Länderseite sei es im Verlauf der Kommissionsberatungen nicht gelungen, einen überzeugenden Lösungsansatz für die Umsetzung im Detail zu präsentieren. Am Ende habe eine Minimallösung auf dem Tisch gelegen mit dem Vorschlag, die Lex-posterior-Regel anzuwenden. Der Einwand, dass dann ein Ping-Pong-Spiel zwischen Bund und Ländern ermöglicht werde, habe letztlich nicht widerlegt werden können.

Eine grundsätzlich andere Position nahm *Oebbecke* ein. Er habe mit einer Zugriffsregelung kein Problem. Es sei völlig ausreichend, wenn der Bund ein Auffangnetz zur Verfügung stelle und Länder, denen etwas Besseres einfalle, etwas Besseres regeln könnten. Wenn die Länderregelung wirklich besser sei, würden andere Länder nachfolgen. Die Argumentation, dass so kein geschlossenes Bild entstehe, Regelungen nicht stringent seien und ein Flickenteppich herbeigeführt werde, seien alles Argumente von zentralen Funktionsträgern. Dies erinnere ihn an die jahrzehntelang geführte Diskussion über ein einheitliches Kommunalrecht in Deutschland, dessen Hauptbetreiber der Deutsche Städtetag gewesen sei. Die Bedeutung zentral organisierter Institutionen sinke natürlich erheblich, wenn es unterschiedliche Entwicklungen in einzelnen Ländern geben könne. Das sei aber kein Argument für Einheitlichkeit. Gerade in Bereichen, wo Veränderung notwendig sei, man aber nicht ganz genau wisse, in welche Richtung diese Veränderung gehen solle, seien Zugriffsrechte durchaus sinnvoll.

VI. Gemeinschaftsaufgaben und Finanzhilfen

Wegen des Finanzierungsprogramms des Bundes für die Ganztagsschulen sowie wegen der Debatte insbesondere um die Hochschulbaufinanzierung spielten Fragen der Gemeinschaftsaufgaben und Finanzhilfen in der Diskussion in Anknüpfung an das Referat *Wielands* eine bedeutende Rolle. *Schmidt-Jortzig* bedauerte es, dass man in der Kommission nicht zum Vorschlag einer schlichten Streichung der Art. 91 a und b GG gekommen sei, damit die Länder dann mit der Aufgabenwahrnehmung wieder alleine stünden. Die fehlende Streichung sei letztlich auf ein Fehlverständnis zurückzuführen. Ein Streichungsvorschlag sei nicht zustande gekommen, weil sich die Länder nicht in der Lage gesehen hätten, die in Art. 91 a und b GG normierten Aufgaben allein zu finanzieren. Darum gehe es bei Art. 91 a und b GG indes nicht. Am Beispiel des Küstenschutzes hob *Schmidt-Jortzig* hervor, dass der Bund hinsichtlich der fachspezifischen Kenntnisse der Aufgabe natürlich nicht näher stehe als Schleswig-Holstein oder Mecklenburg-Vorpommern. Wenn die Länder sich nicht für die Abschaffung des Art. 91 a GG ausgesprochen hätten, liege dies daran, dass sie nicht danach unterschieden hätten, dass es bei Art. 91 a GG eigentlich vorrangig um die Regelungszuständigkeit und nicht um die Finanzierungszuständigkeit gehe. Die Finanzierungslast sei nur die Folge der gemeinschaftlichen Regelung in Art. 91 a GG, während sie bei Art. 104 a Abs. 4 GG eine konkrete Einzelfallregelung für Aufgaben der Länder sei. Die Vorstellung, dass man etwas nicht finanzieren könne, was man eigentlich selber regeln müsse, sei in Art. 91 a GG falsch kanalisiert. Ziel der Landespolitik in Schleswig-Holstein, Mecklenburg-Vorpommern und Niedersachsen müsse es sein, auch den Küstenschutz in die eigene Regelungszuständigkeit zu bekommen und dort, wo man dies nicht finanzieren könne, einen spezifischen Finanzhilfetatbestand in Art. 104 a Abs. 4 GG zu schaffen. Man dürfe sich aber nicht insgesamt aus Angst vor der Finanzierungslast den Schneid abkaufen lassen. Art. 91 a GG sei im Konzept eines funktionierenden Föderalismus ein Fremdkörper, und in Sachen Verantwortungsentflechtung sei es ein vorrangiges Ziel, diese Bestimmung abzuschaffen.

Ehlers unterstützte diese Ausführungen nachdrücklich. Von Seiten der Wissenschaft sei man gegen Gemeinschaftsaufgaben, aber auch gegen Zweckzuweisungen eingetreten. Das gerate alles in Gefahr, vergessen zu werden, weil die Länder gerne an den Topf von Bundesdotationen heranwollten. Gerade im Bereich der Gemeinschaftsaufgaben müsse es zu einer klaren Aufgabenteilung kommen. Wenn man aus einzelnen bisherigen Aufgaben den Bund nicht herausbekommen könne, wie dies etwa bei der Großforschungsförderung der Fall sei, dann müsse der Bund die Finanzierungsverantwortung allein übertragen bekommen. Ketzerisch fügte *Ehlers* hinzu, er glaube zwar nicht, dass die Eliteförderung ein richtiger Weg sei, wenn man in der Politik aber meine, diesen Weg einschlagen zu sollen, könne man auch darüber nachdenken, diesbezüglich dem Bund eine Aufgaben- und Finanzierungszuständigkeit zu geben.

Göke vertrat die Auffassung, dass die finanzielle Basis, die den Föderalismus erst ermögliche, in den letzten Jahrzehnten völlig kollabiert sei. Ohne eine Gesundung der Staatsfinanzen auf den Ebenen von Bund, Ländern und Kommunen laufe die Föderalismusdiskussion leer. Wegen der überbordenden Verschuldung erodiere die Kompetenzordnung und infolgedessen auch das Rechtsbewusstsein für die Wahrung der Kompetenzordnung. Genau das führe zu den verfassungswidrigen Übergriffen, die das BVerfG in der Studiengebührenentscheidung zurückgewiesen habe.

Am Beispiel der Kinderbetreuung und Ganztagsschulförderung machte *Hans-Günter Henneke* deutlich, dass es gleich in vierfacher Hinsicht an einer Kompetenz des Bundes mangele – jedenfalls sei ihr Vorliegen höchst zweifelhaft. Zunächst sei fraglich, ob die Voraussetzung des Art. 74 Abs. 1 Nr. 7 GG erfüllt sei, ob es sich also noch um öffentliche Fürsorge handele. Selbst ein weiter Begriff der öffentlichen Fürsorge werde bei Kinderbetreuungsangeboten, die Regelangebote darstellten, überdehnt. Zudem sei es höchst fraglich, ob die Erforderlichkeitsklausel des Art. 72 Abs. 2 GG erfüllt sei. Überdies lägen die Voraussetzungen für einen unmittelbaren Bundesdurchgriff auf die Kommunen nach Art. 84 Abs. 1 GG nicht vor, da ein Bundesdurchgriff auf die Kommunen zum wirksamen Vollzug des Bundesgesetzes nicht zwingend geboten sei. Bei der Ganztagsschulförderung lägen überdies die Fördertatbestände des Art. 104a Abs. 4 GG ebenfalls nicht vor. Dies sei von *Risse* deutlich aufgezeigt worden. *Henneke* hob hervor, dass alle vier Voraussetzungen kumulativ nicht vorlägen. Für das Nichtbestehen einer Bundeskompetenz reiche es demgegenüber bereits aus, wenn nur eine Voraussetzung nicht vorliege. Dann verfüge der Bund entweder nicht über die Gesetzgebungskompetenz bzw. nicht über die Durchgriffskompetenz oder Mitfinanzierungskompetenz. Trotz dieses offenkundigen Befundes habe man in der Kommission zur Modernisierung der bundesstaatlichen Ordnung die dahinter stehende Thematik von kommunaler Seite den anderen Akteuren nicht wirklich nahe bringen können. Dies sei mehr als bedauerlich.

Göke vertrat die Auffassung, dass die Gemeinschaftsaufgaben und die Kompetenzverteilung im Bildungsbereich den pathologischen Zustand des Föderalismus offenbarten. Woran es im Föderalismus „klemme" könne man daran wunderbar ablesen. Zum Küstenschutz sei von *Schmidt-Jortzig* das Richtige gesagt worden. Diese Aufgabe gehöre in Art. 104 a Abs. 4 GG, nicht aber in Art. 91 a GG. Auch im Bereich des Hochschulbaus funktioniere die Gemeinschaftsaufgabe in Art. 91 a GG nicht. Was geschehe, sei vielmehr eigentlich eher die Verhinderung vernünftiger Hochschulbaustrukturen. Bauprojekte nähmen in der Planung viele Jahre in Anspruch. Wenn die Planung fertig sei, sei die Entwicklung der Wirklichkeit häufig eine ganz andere geworden. Außerdem sei die Förderung des Hochschulbaus „herrlich missbrauchsanfällig", was die Voraussetzungen anbelange, um in die Förderung hineinzugelangen.

Regelungsgehalt und Rechtsanwendungspraxis zu Art. 104 a Abs. 4 GG lösten unterschiedliche Reaktionen aus. *Schmidt-Jortzig* wies eingangs darauf hin, dass die geltende Regelungsordnung auch durch die Bundesstaatspraxis gekennzeichnet sei, in der die Scheckbuchpolitik des Bundes eine erhebliche Rolle spiele. An *Wieland* gerichtet führte *Schmidt-Jortzig* aus, die Aussage, wonach die Durchsetzungskraft der größten Kasse maßgeblich sei, sei nur relativ richtig, da die Haushaltsnotlage auf der Ebene des Bundes nicht geringer als auf der Länderebene ausgeprägt sei. Sarkastisch fügte er hinzu, es komme nur darauf an, wie viel von dem nicht vorhandenen Geld man in die Hand nehme, um ein bestimmtes Projekt damit fördern zu können. Wenn sich die Berliner Politik in den Kopf gesetzt habe, bestimmte bildungspolitische Ziele zu verwirklichen, dann könne man natürlich etwas machen. Die Finanzschwäche der Länder sei allein allerdings kein Argument, das die Dinge automatisch dem Bund zuwüchsen. Auch wenn die Länder die Möglichkeit hätten, bestimmte Dinge im Bildungsbereich zu bewirken und in der Summe den gleichen Betrag aufbrächten, könne man genauso vorgehen. *Schmidt-Jortzig* kritisierte nachdrücklich, dass die Scheckbuchpolitik des Bundes die Voraussetzungen des Art. 104 a Abs. 4 GG mit seinen drei Alternativen außer Acht lasse, aber dennoch faktisch bedeutsam sei. Das jüngste Aufbegehren der Länder gegen die Ausdehnung der Regelungsansprüche des Bundes sei darauf zurückzuführen, dass sich die Länder in der Sache nicht gut bedient gefühlt hätten. Solange der Bund Aufgaben der Länder finanziere und auf die inhaltliche Zustimmung der Länder stoße, hätten die Länder nichts dagegen. Sobald der Bund aber inhaltlich Einfluss ausüben möchte und dieser Sacheinfluss aus Ländersicht in die falsche Richtung gehe, begehrten die Länder auf. *Schmidt-Jortzig* wagte die These, dass sich gegen eine Bundesdotation von Juniorprofessuren kein einziger Kläger gefunden hätte, wenn Bund und Länder gemeinsam der Auffassung gewesen wären, dass das Institut der Juniorprofessur zur Qualitätssteigerung im Hochschulbereich tauglich sei. Wenn eine Bundesdotation aus Sicht der Länder die richtige Politik fördere, laufe sie völlig unproblematisch und reibungslos.

Ehlers schloss nahtlos daran an. Bei den Finanzhilfen gebe es nicht zu wenig, sondern bisweilen zu viel Geld. Auch gebe es hier nicht nur Streit zwischen Bund und Ländern bzw. zwischen den politischen Parteien, sondern häufig eine All-Parteien-Koalition. Dies sei regelmäßig bei dem der Fall, was *Schmidt-Jortzig* als Scheckbuchpolitik des Bundes gekennzeichnet habe. Dann komme es zu Erscheinungsformen, die *Wieland* als „praeter constitutionem" charakterisiert habe. Auf dieses Feld müsse die besondere Aufmerksamkeit der Wissenschaft gerichtet werden, gerade weil sich die Politik insoweit nicht gegenseitig neutralisiere. Daher sei es die Aufgabe der Wissenschaft und von anderen, auf diesen Aspekt hinzuweisen. Man dürfe das, wofür man bei der Föderalismusreform gemeinsam angetreten sei, nicht aus den Augen verlieren. Stattdessen müsse man das Ziel der Entflechtung versuchen durchzusetzen. Daran anknüpfend vertrat *Huber* die Einschätzung, dass der goldene Zügel immer funktioniere. Dies gelte sowohl bei der Co-Finanzierung beim Europäischen Regionalfonds als auch bei Finanzhilfen des Bundes. Der goldene Zügel habe selbst bei der Juniorprofessur bei Ländern funktioniert, die gegen die Regelung geklagt hätten. Sie seien nach dem explizit artikulierten Motto vorgegangen: „Prinzipien haben wir schon, aber dumm sind wir nicht." – was zur Folge gehabt habe, dass einzelne Universitäten quasi gezwungen gewesen seien, solche Juniorprofessuren auch einzurichten.

Schlebusch vertrat nachdrücklich die Auffassung, dass das ganze Dilemma, welches überhaupt zur Föderalismusreformdebatte geführt habe, sich am Beispiel Bildung exemplarisch veranschaulichen lasse. Er bezeichnete es nahezu als Unverfrorenheit, mit der auf diesem Sektor gegen das Grundgesetz verstoßen werde. Dies treibe ihn sehr um und veranlasste ihn zu der sarkastischen Bemerkung, dass gegen die zehn Gebote und die Straßenverkehrsordnung zwar auch, aber mit ungleich schlechterem Gewissen verstoßen werde. Überdies erfolgten insoweit die Verstöße heimlicher und im Verborgenen.

Am Beispiel der Ganztagsschulfinanzierung machte *Schlebusch* deutlich, dass hier ein ganz offener Verfassungsverstoß begangen worden sei. Offensichtlich läge keine einzige der Voraussetzungen des Art. 104 a Abs. 4 GG vor. *Schlebusch* stellte sodann das Thema der Finanzhilfen und des Aufgabendurchgriffs auf andere Ebenen in den Zusammenhang mit der ausgreifenden Staatsverschuldung. Bund und Länder legten immer häufiger Haushalte vor, die mit der Verfassung nicht in Einklang stünden. Man sei schon dankbar dafür, wenn dies offen zugegeben werde. *Schlebusch* fragte mahnend, welche Auswirkungen ein solches Vorgehen auf das Rechtsbewusstsein der Bevölkerung habe, wenn der Staat mit seinen höchsten Repräsentanten wie selbstverständlich über die Verfassung hinweggehe und die einzige Hoffnung darin bestehe, dass das BVerfG ein solches Vorgehen wieder kassiere. Die von *Wieland* angesprochene Durchsetzungskraft der größeren Kasse sei deutlich zu beobachten. So schreibe der Bund vor, dass und wie viele Kindergartenplätze geschaffen werden sollten. Unmittelbar finanziere er dies allerdings nicht. Durch dieses Auseinanderfallen von Aufgabenkreierung und Finanzierungsverantwortung werde ein zentraler Grund für die allseits beklagte Überschuldung des öffentlichen Gemeinwesens gelegt. Am Beispiel der Errichtung von Ganztagsschulen zeige sich, was beispielhaft für die Fehlentwicklungen in vielen Bereichen sei. Man schaue immer zuerst danach, wer etwas finanziere und frage nicht primär, wo eine Aufgabe richtig anzusiedeln sei, um dann nachzufragen, wie diese Aufgabe finanziert werden müsse. Bei der Ganztagsbetreuung und beim Kindergartenausbau müsse man fragen, wie man örtliche Gegebenheiten am besten berücksichtigen könne und ob in Großstädten ein gleiches Angebot wie auf dem flachen Lande vorgehalten werden solle. Wenn man hier zu differenzierten Antworten komme, spreche dies dafür, die Regelung den Ländern zu überlassen. Davon gehe man indes völlig ab und frage nur, wo man das Geld herbekomme. Es seien immer dieselben Grundsätze, die uns in die Irre führten, nämlich Zentralisierung und Gleichmacherei. So gebe es einen Sog hin zur zentralen Ebene, nicht nur mit Blick auf den Bund, sondern sogar mit Blick auf die Europäische Union. Je zentraler man Aufgaben regle, desto leichter entferne man sich allerdings weg vom Machbaren hin zum Wünschbaren, das dann allerdings nicht mehr finanzierbar sei. Dieser ganze Prozess werde von den jeweiligen Fachbruderschaften, die auch von den Ländern und von den kommunalen Spitzenverbänden beschickt würden, mit großem Beifall begleitet. Von diesen Fachbruderschaften, bei denen *Schlebusch* beispielhaft auf den Deutschen Verein verwies, würden unerfüllbare Forderungen in den Raum gestellt. Dieser Prozess sei letztlich für das Dilemma, das in die geradezu ausweglose Staatsverschuldung geführt habe, verantwortlich.

Göke und *Oebbecke* begrüßten die Ausführungen von *Schlebusch* mit Nachdruck. *Oebbecke* ergänzte, man könne sich in der Tat fragen, was es solle, an der Verfassung mühsam herumzuändern, wenn sich hinterher niemand darum kümmere. In den von *Schlebusch* angesprochenen Bereichen müsse man sich fragen, ob unser System der Durchsetzung von Verfassungsrecht in sich stimmig sei. Manches spreche inzwischen dafür, in Finanzierungsfragen eine Popularklage zuzulassen. Politiker würden nur dann vorsichtig, wenn sie auch auf der Verliererseite stehen könnten. Bei der Finanzierung der Kinderbetreuung und der Ganztagsschulen sei das Risiko gegenwärtig denkbar gering.

Göke skizzierte näher, dass insbesondere durch das Gemeindeverkehrsfinanzierungsgesetz falsche Anreize durch das gesetzt würden, was der Bund fördere. Hinsichtlich der finanziellen Einflussnahme des Bundes auf die Ganztagsschulen fragte *Göke* allerdings, ob man durch Geld wirklich Einfluss nehmen könne. Wenn der Bund für bestimmte Programme Geld anbiete, nähmen die Ministerpräsidenten es an, sagten aber quasi zynisch, dass sie damit etwas Vernünftiges machen würden. *Göke* prognostizierte, dass der Bund damit seine originären Ziele nicht erreichen könne und die Länder das finanzierten, was sie ohnehin zu finanzieren beabsichtigten. Wenn man überdies das vom Bund bereitgestellte Geld auf die einzelnen Länder und – am Beispiel der Ganztagsschulbetreuung – auf die einzelnen Schulen herunterbreche, sehe man, dass es sich im Detail um Kleinbeträge handle. Dennoch lasse sich nicht völlig verkennen, dass die Entscheidungsträger bereit seien, sich „in einem kommoden System ein wenig korrumpieren zu lassen".

Wieland entgegnete *Schlebusch* hinsichtlich der Steuerungskraft des Rechts und des Rechtsbewusstseins, dass Juristen fraglos dazu neigten, die Steuerungskraft des Rechts zu überschätzen. Er wies ausdrücklich daraufhin, dass für die Akteure auf der politischen Ebene das Recht nur *ein* System sei, welches ihr Verhalten leite; dieses System stehe im Wertesystem der Politik aber neben vielen anderen. *Wieland* mahnte, wenn man die Steuerungskraft des Rechts erhalten wolle, müsse man darum bemüht sein, dass die Verfassungsordnung nicht leer laufe. So sehe er auch bei der Diskussion um den Fortbestand des Berufsbeamtentums die Gefahr, dass man etwas hochhalte, was keine wirkliche Steuerungswirkung mehr entfalte. Besonders wichtig sei die Durchsetzung des Steuerungsanspruchs des Rechts in der Finanzverfassung. Zwar habe das Bundesverfassungsgericht diesen deutlich herausgestellt, in der Politik bestehe aber mehr oder minder der Eindruck, dass dies nicht ganz so ernst zu nehmen sei. Häufig werde die Finanzverfassung als „Soft-law" qualifiziert, da schließlich gezahlt und nicht eingesperrt werde. Die Auffassung sei verbreitet, dass derjenige, der zahle, sich auch in Grauzonen bewegen könne. Das sei in der

Bundesrepublik Deutschland auch nichts Neues. Die große Finanzverfassungsreform des Jahres 1969 sei letztlich nur der normative Nachvollzug dessen gewesen, was sich zuvor über 20 Jahre hinweg entwickelt habe und von der Troeger-Kommission aufgearbeitet worden sei.

Wieland konzedierte, dass man dies bedauern möge; es schien ihm indes eine unverrückbare Tatsache zu sein. Er mahnte, dass man sich mit den normativen Regelungen nicht zu weit von dem entfernen könne, was real passiere. Ansonsten verliere man jede faktische Einflussmöglichkeit. Hinsichtlich der sog. „Durchsetzungskraft der großen Kassen" handele es sich um eine Realanalyse und nicht um eine normative Aussage. Nachdrücklich müsse er betonen, dass dieses Prinzip funktioniere. Mit Summen, die aus Sicht der höheren Einheit relativ klein seien, könne auf der unteren Ebene relativ viel bewirkt werden. Wenn man Fragestellungen regeln wolle, müsse man sich diese Mechanismen deutlich vor Augen führen, ansonsten könne man nicht steuern.

Abschließend befasste sich *Risse* mit Finanzhilfen des Bundes und ihren Wirkungen. Er gestand die Beschreibung der Ist-Situation durchaus zu, riet für die künftige Betrachtung aber doch zu differenzierten Lösungen. Bei den Ländern habe es in den Beratungen der Föderalismuskommission eine große Sensibilität gegeben. Viele Länder hätten dieses „süße Gift" von sich weggedrückt wissen wollen. Dieser Befund sei im Vorschlag zu einer Neufassung des Art. 104 b GG-E, der maßgeblich von Ministerpräsident Koch stamme, deutlich zum Ausdruck gekommen. Danach wäre es zur Unterbindung von Finanzhilfen in den Bereichen gekommen, in denen die Länder eine ausschließliche Gesetzgebungskompetenz haben. Die Länder hätten das Ziel verfolgt, diese Kompetenzen ungestört wahrnehmen zu können. Diese Änderung sei von der Erkenntnis geprägt gewesen, dass selbst für den Fall, dass der Bund Investitionskosten voll übernehme, die Länder die Folgekosten zu tragen hätten und von seitens des Bundes getragenen Investitionskosten erhebliche Lenkungswirkungen für die Folgeaufgabenwahrnehmung ausgegangen wären, die zu einer Präjudizierung des Ländermitteleinsatzes geführt hätten. Unter den Ländern sei die Auffassung sehr verbreitet gewesen, dieses für die Zukunft nicht mehr zu wollen.

Helmuth Schulze-Fielitz

Defizite und Schwerpunkte der Reformdiskussion
– Ein Gesprächsfazit –

Wenn wir die im Vergleich zu früheren Professorengesprächen besonders reichhaltige Diskussion Revue passieren lassen, dann ist hinter der Oberfläche eines allgemeinen Reformwillens doch eine Vielfalt von Dissonanzen erkennbar; diese vereinfachend auf eine klare Botschaft zu bringen, ist freilich eine schwierige Aufgabe.

Ich gehe in drei Schritten vor. Ich möchte zunächst ein paar Worte verlieren über die Art unserer Diskussion, also *wie* wir hier diskutiert haben (I.). Ich möchte in einem zweiten Schritt über die Inhalte der Diskussion Tendenzaussagen zusammenfassender Art machen (II.), um schließlich zu einem kurzen Ausblick zu kommen: Wie geht es denn nun weiter (III.)?

I. Art der Diskussion

1. Zunächst einmal zu dem „Wie" der Diskussion. Hier sitzen 20 Staatsrechtslehrer zusammen, die etwa bei *Isensee* gelesen haben, der Bundesstaat sei ein gewachsenes Unikat[1]: Es ist historisch in einer bestimmten Art und Weise entwickelt worden, und Herr *Hans Jörg Hennecke* hat uns gesagt, es sei ein „evolutionärer Prozess". Und Staatsrechtslehrer lehren weiterhin: Verfassungen sind auf Dauer angelegtes Recht, das nicht nur sehr erschwert änderbar ist; Verfassungstexte kristallisieren das, was besonders wichtig ist, auf Dauer heraus, und man sollte deshalb möglichst wenig ändern. Wenn wir unter diesen Gesichtspunkten unsere Diskussion sehen, dann fällt auf: Wir haben ein sehr instrumentelles Verhältnis zur Verfassung erkennen lassen. Wie man „mal eben" an vielen verschiedenen Stellen „schraubt", gründet natürlich in der Themenstellung einer Föderalismusreform, die zunächst einmal verfassungspolitischer Art ist; aber es zeigt sich auch – und das ist eine Parallelerscheinung zu dem oft fehlenden

---

1 Vgl. *Isensee*, Idee und Gestalt des Föderalismus im Grundgesetz, in: HbStR IV, 2. Aufl. 1999, § 98 Rn. 1.

Verfassungsbewusstsein hinsichtlich des positivierten Verfassungsrechts, das Herr *Schlebusch* angemahnt hat –, dass wir, vielleicht die Deutschen allgemein und die Staatsrechtslehrer im Besonderen, uns im Umgang mit unserer Verfassung doch schon die beliebige politische Veränderbarkeit dieser besonderen Art von Rechtsnormen neben anderen und damit des gewachsenen deutschen Bundesstaates in einer gewissen technokratischen Perspektive zu eigen gemacht haben. Ich persönlich finde deswegen die Ansicht nicht zwingend, dass die Föderalismuskommission „gescheitert" oder „gestrandet" ist. Dem Fehlen einer abschließenden Entscheidung kann man zumindest eine hinter dem Bewusstsein der Akteure tiefer liegende Dimension abgewinnen, indem man so argumentiert: Es ist gut, dass die Verfassung jedenfalls nicht schlechter geworden und nicht zu sehr instrumentalisiert worden ist.

2. Meine zweite Überlegung, die unsere Art zu diskutieren betrifft, gilt der Frage: Welche Rolle spielt eigentlich die Wissenschaft? Weil Professoren etwas sagen, sind ihre Aussagen ja noch nicht schon deshalb Wissenschaft. Wir haben vielmehr verschiedene Dimensionen und Status von Argumenten gesehen. Wir haben teilweise Erfahrungsberichte aus dem Realbereich gehört. Wir haben teilweise verfassungsdogmatische Argumente bei der Auslegung der Verfassung und der Rechtsprechung des Bundesverfassungsgerichts gehört; das ist unser eigentliches Metier. Wir haben aber über dieses engere Metier hinaus, was die empirische Wissenschaft betrifft, etwa im Sinne von politikwissenschaftlicher Theoriebildung, relativ wenig gehört. Besonders plastisch fand ich es, als Herr *Oebbecke* sagte, wir müssten doch einmal darüber nachdenken, was eigentlich Wettbewerb sei, darüber müsse man gründlicher reden; oder wir müssten fragen, nach welchem System eigentlich die Kompetenzen verteilt würden. Mit anderen Worten: Ich glaube, dass wir oft auf einer – rein wissenschaftlich gesehen – relativ oberflächlichen Ebene argumentiert haben, die nicht weit entfernt ist vom Pragmatismus der Politiker. Ich frage mich im Vergleich auch zu den Sachverständigen der Kommission: Ist eigentlich der Status der Argumente der Sachverständigen qualitativ so völlig anders, als wenn Politiker in der Kommission argumentieren? Es geht um Interessen: Wer gewinnt etwas und wer verliert etwas? Und diese Interessen werden klein gearbeitet auf einzelne Punkte, also Zustimmung hier nach Art. 84 Abs. 1 GG oder dort bei Finanzhilfen nach Art. 104 a Abs. 4 GG. Wenn aber der föderale Bundesstaat ein historisch gewachsenes komplexes System ist, dann scheint es mir nicht unproblematisch zu sein, nur die einzelnen Stellschrauben zu betrachten, ohne die Rückwirkungen aufs gesamte System in den Blick zu nehmen. Und diese Perspektive der Rückwirkung auf das gesamte föderale System ist unterbelichtet geblieben, weil wir immer die isolierten „herauspräparierten" Teilprobleme behandelt haben. Föderalis-

mus ist eine Spannung zwischen Zentralität und Mitgliedstaaten, und dieses Spannungsverhältnis auf vielen Ebenen muss eben auch in vielerlei Dimensionen betrachtet werden. Diese Vielfalt der Dimensionen ist vielleicht für Politiker oder auch für uns hier nicht so leicht erfassbar, betrachtet man es nicht als Kritik, sondern als Schwierigkeit, mit wissenschaftlich angeleiteter Föderalismuspolitik zu Rande zu kommen. Die Analysetiefe ist aber nicht so, wie sie vielleicht wissenschaftlich wünschenswert wäre. Wir sind z. B. wie selbstverständlich immer davon ausgegangen, die bisherigen Entwicklungen müssten irgendwie rückgängig gemacht werden zugunsten der Länder. Doch die Frage, *warum* sich eigentlich diese unitarisierende Entwicklung so abgespielt hat, *warum* der verfassungsändernde Gesetzgeber immer mehr zentralisiert hat – solche Fragen nach dem „Warum?" sind gar nicht mehr aufgenommen worden und damit auch nicht die Frage: Kann man das eigentlich durch einen voluntaristischen Akt beliebig ändern und damit u. U. Zwangsläufigkeiten rückgängig machen? Diese Problemebene, meine ich, hätte man durchaus vertiefen müssen.

II. Zentrale Inhalte der Diskussion

1. Ich komme damit zu den Problemen, über die wir diskutiert haben, zu den sachlichen Gegenständen. Da gibt es eine oberflächliche Gemeinsamkeit, denn alle haben irgendwie ein bisschen gesagt: Es gibt Reformbedarf. Auch Herr *Wendt*, der ein bisschen zurückhaltender war, würde nicht sagen, man könne nicht irgendetwas positiv ändern. Aber hinter der abstrakten Einigkeit über Wunschlisten (auch die von Herrn *Kirchhof*) nach Flexibilität und Subsidiarität und all diese Dinge und den damit verbundenen Leitbildern verbirgt sich doch ein gewisser Dissens, und zwar in zweierlei Hinsicht.

a) Der erste Grunddissens betrifft die Frage: Wie weit ist die Föderalismusreform eigentlich öffentlich „kommunizierbar" (wie man neudeutsch sagt)? Herr *Wieland* etwa hat vorhin die skeptische Bemerkung gemacht, dass Volk tendiere eigentlich eher zur unitarischen Gleichheit. Gestern hat Herr *Schmidt-Jortzig* vom fehlenden „Willen zur Bundesstaatlichkeit" gesprochen, und es sind auch andere entsprechende Tendenzen angesprochen worden. Ein Leitbild mag es geben, ob von der Bundesregierung erarbeitet oder von Wissenschaftlern. Aber wenn eine Verfassungsreform tiefgehenden Erfolg haben soll – muss nicht auch der Bevölkerung dieses Leitbild gegenwärtig sein? Die Frage lautet: Sind eigentlich die Leitbilder von Föderalismus außerhalb von Expertenkreisen auch in der öffentlichen Debatte nachhaltig diskutiert worden? Ich habe da Zweifel. Aber selbst auf der Ebene der Experten ist die Frage der Konkretisierung der Leitbilder, wenn es um die konkrete Umsetzung geht, außerordentlich kontrovers. Und das muss auch so sein, denn hinter der Vielfalt von Leitbildern verbergen sich ja In-Sich-Konflikte des Föderalismus. Einerseits fordern wir alle „Entflechtung". Das scheint das Gebot der Stunde zu sein; seit den ersten Thesen etwa von *Scharpf*, der den Wettbewerb zwischen den Regionen auch in wirtschaftlicher Hinsicht seit bald 20 Jahren auf diese Weise ankurbeln will[2], ist das bis in die Köpfe der Juristen und der Politiker vorgedrungen. Aber gleichzeitig – Herr *Maurer* hat gestern darauf hingewiesen – ist die Frage der Entflechtung auch ein Stück Aufhebung von Gewaltenteilung (i. S. von Gewaltenhemmung). Noch vor wenigen Jahren, etwa zum Jubiläum von 40 Jahren Grundgesetz, haben viele den Föderalismus als System der Gewaltenteilung positiver gesehen[3]. Beide Gesichtspunkte sind gleichermaßen wichtig, verlangen aber eine Auflösung von Fall zu Fall, von Problem zu Problem. Und da findet man sehr unterschiedliche Antworten in jedem Detailbereich, wo wir uns auch sehr schnell in Kontroversen wiederfinden.

b) Ein zweiter Grunddissens bei den Leitbildern ergibt sich aus Folgendem: Wenn wir ein Leitbild haben und die damit verknüpften konkreten Vorstellungen – haben wir eigentlich immer bei den Konkretisierungen begründet, dass diese dem abstrakten Leitbild entsprechen? Ich meine: Nein! Wir haben die Veränderungsmöglichkeiten diskutiert mit pro und contra, haben aber oft die Frage, inwieweit etwa das Leitbild Wettbewerb, inwieweit Entflechtung damit unter Berücksichtigung der anderen Veränderungen, die damit verbunden sind, geleistet wird, letztlich außen vor gelassen. Mit anderen Worten: An dieser Stelle der Leitbilddiskussion, ihrer Konkretisierung, bleibt eine Spannung erhalten, die vielleicht auch erklärt, weshalb die Föderalismusreform nicht erfolgreich sein konnte: weil diese vielen Spannungen nicht richtig diskutiert oder aufgenommen worden sind. – Ein kleines Beispiel am Rande dafür, dass wir oft auch ambivalent argumentieren. Einerseits wurde teilweise in kritischer Intention historisch argumentiert, die Alliierten hätten uns dieses föderale System irgendwie „aufgedrückt"; aber das war ja gerade das, was den Föderalismus und die Länder tendenziell stärken sollte, und das liegt eigentlich parallel zu dem laufenden gedanklichen Prozess derer, die die Föderalismusreform anstreben, und kann dann schlecht als Gegenargument verwendet werden.

---

2 Vgl. etwa *Scharpf*, Regionalisierung des europäischen Raumes (1988), in: *ders.*, Optionen des Föderalismus in Deutschland und Europa, 1994, S. 92 (114 f. u. ö.).
3 Vgl. *Schenke*, Föderalismus als Form der Gewaltenteilung, JuS 1989, 698 ff.; *Ossenbühl*, Föderalismus nach 40 Jahren Grundgesetz, DVBl. 1989, 1230 (1236).

Defizite und Schwerpunkte der Reformdiskussion – Ein Gesprächsfazit –

c) Die Leitbilddiskussion ist schließlich nicht auf die Betrachtung der Föderalismuskommission zu verengen. Sie gilt sowohl für die Veränderung der Verfassung im verfassungspolitischen Sinne – also mit Änderung des Textes – als auch für die Veränderung der Verfassung ohne Textänderung. Diese beiden Ebenen – wie ändern wir den Verfassungstext, und wie ändert sich die Verfassung – haben wir im Laufe der letzten 24 Stunden immer mehr oder weniger miteinander vermengt, weil sie ja auch sachlich zusammengehören. Aber man muss sich klar machen: Verfassung ist auch unterhalb der Ebene einer Föderalismusreform durch Textänderung ein permanenter Prozess – bis hin zur Auslegung von Art. 33 Abs. 5 GG. Und wenn Herr *Schmidt-Jortzig* gestern sagte: „1994 ist Art. 72 Abs. 2 GG geändert worden. Das Bundesverfassungsgericht hat das nur angewendet", dann meine ich: Die Art und Weise, *wie* das Bundesverfassungsgericht das angewendet und interpretiert hat, ist ein zentrales Stück Richterrecht. Es gibt viele andere Varianten bei der Auslegung des Art. 72 Abs. 2 GG, die in der jetzt geltenden Form vom neuen Text mit Sicherheit nicht „erzwungen" worden ist. Allein schon die Wirkungen der Änderungen des Art. 72 Abs. 2 GG durch die Rechtsprechung des Bundesverfassungsgerichts verschiebt und verändert wohl unsere ganze Bundesstaatsstruktur. Dazu braucht es im Kompetenzsystem u. U. gar keiner Verfassungstextänderung mehr. Vorhin wurde gesagt: Die Veränderung im Realbereich (was den Öffentlichen Dienst betrifft) habe Rückwirkungen auf die Auslegung der Verfassung. Sehr wohl, aber das kann nur für einen über Jahrzehnte andauernden Prozess gelten.

Solche Rückwirkungen auch der Staatspraxis spielen selbst in der Frage der Neugliederung des Bundesgebiets eine Rolle. Ich halte es nicht nur für erstens unhistorisch, zweitens unpolitisch und nicht realisierbar und drittens auch die kulturelle Dimension des Föderalismus nicht angemessen erfassend, wenn man eine Neugliederungsdebatte lostreten will. Vor allem: Schon längst gibt es Formen der Zusammenarbeit zwischen den einzelnen Staaten (Bundesländern), die möglicherweise diese Neugliederung zu einem großen Teil entbehrlich machen. *Scharpf* und *Benz* haben ja vor einem Jahrzehnt für Hamburg ein Gutachten erstellt[4] mit der Empfehlung, angesichts der Aussichtslosigkeit einer Neugliederung die Zwischen-Länder-Zusammenarbeit zu stärken: Auch das ist eine Veränderung der Verfassung unterhalb einer Verfassungstextänderung. Wer Reformen des Föderalismus will, in welchen tiefen Dimensionen auch immer, darf sich nicht darauf fixieren, dass wir den Föderalismus nur ändern, wenn wir den Verfassungstext ändern; sondern in vielen kleinen Bereichen bis hin

---

4 Vgl. *Scharpf/Benz*, Kooperation als Alternative zur Neugliederung?, 1991.

zur Rechtsprechungsänderung reformieren wir ständig das föderale System (und das ist vielleicht auch ganz sinnvoll).

Auf der anderen Ebene der Verfassungstextänderung bestand unter uns ein gewisser Konsens, dass entgegen den ersten Aufgeregtheiten auch in der Öffentlichkeit das „Gescheitert-Sein" und das „Wie war das möglich, dass etwas nicht stattfindet?" hier nicht die vorherrschende Stimmung war. Es hat offenbar „nicht sollen sein" – ich habe das z. B. bei Herrn *Wendt* herausgehört, vielleicht auch, weil es meine Meinung ist. Gescheitert ist eine Verfassungstextänderung, aber das ist nicht unbedingt *die* „Katastrophe". Denn man kann auch mit dem Status quo – wie auch 50 Jahre lang zuvor – halbwegs brauchbar weiterleben. Und das erklärt auch – Stichwort: „Leidensdruck" –, dass eben der Veränderungsdruck hin zur Verfassungstextänderung nur begrenzt war. Die Option auszusteigen oder nichts zu entscheiden, wie uns Herr *Hans Jörg Hennecke* zu Beginn dargelegt hat, war und ist eben eine reale Option, keine Katastrophenoption. Eine solche Option muss man im Hintergrund sehen neben vielen anderen. Wenn man die Bestrebungen zur Verfassungsänderung konkretisiert, dann werden wir sehr viele Inkonsistenzen zwischen den Akteuren feststellen: Länder, die einig schienen, aber nicht einig waren; was die Ministerpräsidenten als Exekutive verändern wollten und was die Parlamentspräsidenten einst verändern wollten; Differenzen zwischen großen und kleinen Ländern (die zwischen den A- und den B-Ländern haben hier gestern und heute merkwürdigerweise keine große Rolle gespielt); die Angst bestimmter Länder vor neuen Kompetenzen u. a. m. Ich will die einzelnen Gesichtspunkte insoweit nicht besonders betonen, aber die Interessendivergenz ist wohl vielfältiger als unsere Diskussion es auf den ersten Blick offenbart hat.

2. Damit komme ich zu dem, was auf unserer Suche nach dem Konsens hinter diesem Reformanliegen, nach den Leitbildern, uns Sorgen bereitet. Wir haben im Grunde über fünf spezielle Themen gesprochen.

a) Die erste Schicht von Erörterungen galt der Zurückschneidung der Zustimmungsbedürftigkeit von Gesetzen nach Art. 84 und 85 GG; Herr *Risse* hat ja interessanterweise als präzise Zahl, die ich vorher so nicht gelesen habe, einen Rückgang des Anteils zustimmungsbedürftiger Gesetze von 52 % auf 26–28 % nennen können, weil er das so ausgerechnet hat. Wenn ich richtig sehe, ist diese Tendenz zur Zurückschneidung unter uns relativ einmütig; es gab keinen Widerspruch dagegen. Freilich bleibt die Frage: Muss man die Verfassung ändern, wenn der Bund sich im Gesetzgebungsverfahren schon jetzt so verhalten würde wie er es könnte (nach Art. 84 Abs. 1 GG)? Dann hätten wir das Problem gar nicht, d. h. auch da gibt es einen politischen Handlungsspielraum des Bundes bereits nach geltendem

Defizite und Schwerpunkte der Reformdiskussion – Ein Gesprächsfazit –

Recht, ohne jede Verfassungsänderung. Die fehlende Änderung von Art. 84 und 85 GG erscheint in dieser Hinsicht ebenfalls nicht als eine „Katastrophe" (vielleicht mit der Ausnahme des Durchgriffsverbots des Bundesgesetzgebers auf die Kommunen: Es herrscht hier sicher auch ein Konsens, dass es schön gewesen wäre, wenn man dies ausdrücklich in der Verfassung formuliert hätte).

b) Der zweite Themenschwerpunkt war die Diskussion der Änderung der Rechtsprechung des Bundesverfassungsgerichts zu Art. 72 Abs. 2 GG. Herr *Waldhoff* hat sie uns positiv vorgestellt, aber wir haben auch eine ganze Reihe von Bedenken gehört (etwa von Herrn *Maurer*): der Verlust an Klarheit; die Politisierung dadurch, dass der Beurteilungsspielraum der politischen Instanzen zurückgenommen worden ist zu Gunsten einer Interpretationshoheitsmacht, die auf einen Richtervorbehalt hinausläuft, einen Verfassungsgerichtsvorbehalt; die Umpolung des Zugriffsrechts (Herr *Schoch* hat gesagt: „Im Grunde ändert sich die Bundeskompetenz hin zu einem Zugriffsrecht des Bundes.") und die Folgen für die Gesetzgebung mit Begründungs- und Dokumentationspflichten. Die Begründungspflicht für Gesetzgeber gilt zwar auf europäischer Ebene, aber ich fürchte, darin sind Dinge angelegt, die – wenn man ausreizen würde, was das Bundesverfassungsgericht jetzt so formuliert hat – geradezu Politisierungs- und Schädigungsprozesse für den Bundesstaat androhen, die in dieser Form noch nicht abzusehen sind. Ich bin mir auch nicht so sicher, ob der Erste Senat so ganz mit dem Zweiten übereinstimmt: Er nimmt zwar Bezug auf die Rechtsprechung des Zweiten Senats, aber ich denke, es gibt auch im Bundesverfassungsgericht selbst Differenzierungsbedürfnisse, doch deren Konkretisierungen dauern halt eine Weile. Wir müssen abwarten, wie sich das weiterentwickelt.

c) Der dritte Schwerpunkt der Diskussion war die Verteilung einzelner bestimmter Kompetenzen. Wir waren einig, einen Durchgriff des Bundes auf die Kommunen möglichst zu verhindern. Bei der Beamtenrechtskompetenz und der Bildungskompetenz haben wir ausführlich über Vor- und Nachteile diskutiert. Aber speziell bei der Beamtenrechtsdiskussion war ich mir nicht so sicher, ob die grundsätzlich positive Grundeinschätzung allgemein geteilt wird, ob diese geplante Fortentwicklung nicht im Grunde der Einstieg in die Abschaffung des Berufsbeamtentums gewesen wäre. Gerade angesichts der Dynamik, die eine Rechtsprechung und eine Auslegung der Verfassung durch die Staatspraxis hat, sollte man sehr sorgfältig auf diese Art der Formulierung zurückgreifen, wenn man das nicht will (und die Entwicklung wie vorhin z. B. Herr *Held* eher in Erosionskategorien betrachtet).

d) Der vierte Gesichtspunkt, den wir vertieft diskutiert haben, war die europäische Dimension. Da schien mir ein weitgehender Konsens erkennbar, dass offenbar die Beteiligung der Länder, die Umsetzung von europäischem Recht und die Teilhabe der politischen Körperschaften bei uns suboptimal verläuft. Ich glaube, es war auch Konsens, dass Bundestag und Bundesrat gleichberechtigt beteiligt werden sollten, dass die zeitliche Dimension der Entscheidungsfindung verbessert werden kann. Worüber ich mir nicht sicher war: Ist das immer auch ein spezifisch föderalistisches Problem? Gäbe es nicht viele Probleme, wie sie uns Herr *Huber* am Beispiel des Umweltschutzes klar gemacht hat, auch dann, wenn wir gar keine föderalistische Struktur hätten, sodass die allgemeine Europäisierungsdiskussion und die spezifische Problematik: „Was hat das für die Bundesländer zur Folge?" teilweise miteinander vermengt worden sind. Die Verfassungskommission (besser: das Konsenspapier der Vorsitzenden) hat uns ja hier mit konkreten Vorschlägen im Stich gelassen: Das ist ein offenes Problem, über das wir noch arbeiten müssen in Wissenschaft und Politik, wie es auch unter angemessener Berücksichtigung der Bundesinteressen weitergehen sollte.

e) Unser fünfter Schwerpunkt in der Diskussion bezog sich auf die Bildung. Wenn ich das richtig sehe, bestand ein relativer Konsens darüber, dass der Zugriff des Bundes auf die Bildung in Überdehnung des geltenden Verfassungsrechts erfolgt und man auch fragen sollte, ob solches wünschenswert ist. Ich denke, die Änderung des Art. 72 Abs. 2 GG – Herr *Wieland* hat das angesprochen – wird auch da einige Rückwirkungen haben, die diesen Zugriff für die Zukunft erschweren.

Langer Rede kurzer Sinn: Unsere Übereinstimmung im Grundsätzlichen erlaubt eine vielfältige Diskussion im Detail, die wir auch in dieser Sitzung nicht haben abschließend klären können.

III. Ausblick

Damit komme ich zu meinem Ausblick. Leider werden die Sammelbände der Professorengespräche nach meinen Beobachtungen sehr schlecht in der Wissenschaft rezipiert. Auch dort, wo sie unmittelbar einschlägig sind, werden sie nicht immer in dem Maße zitiert, wie es nötig wäre. Gleichwohl hat unser Treffen vielleicht doch Sinn. Wir haben z. B. diskutiert über das Verfahren: Ist eine Konventslösung eine Alternative? War das Verfahren dieser Kommission fehlerhaft strukturiert? Hätte die Zusammensetzung anders sein müssen? Das kann man diskutieren. *Grimm* hat vor über zehn Jahren bei der Gemeinsamen Verfassungskommission 1992 – etwas zugespitzt – gemeint[5]: Gebt ja nicht die Änderung der Verfassung den Berufspolitikern in die Hände! Ja, möchte man antworten, wem denn sonst? Wir werden nicht, auch nicht durch noch so feine Konstruktionen, vermeiden können, dass in der Demokratie Politiker entscheiden, ob als Verfassungspolitiker oder als sonstige Entscheider im Rahmen des demokratischen Prozesses. Mit denen haben wir zu leben. Herr *Oebbecke* hat gestern gesagt: „Bessere Politiker kriegen wir nicht.". So ist das. Und wir müssen auch die Vertreter von Verbandsinteressen und all das, was da eine Rolle spielt, nicht nur die kommunalen Spitzenverbände, sondern auch die Wohlfahrtsverbände und Ähnliches, nehmen, wie sie nun einmal sind.

Gleichwohl bleibt das Problem: Gibt es „die" richtige Organisationsform und „den" richtigen Verfahrensgang für eine Föderalismusreform? Ich halte die Organisationsform eher für zweitrangig; es müssen machtvolle Politiker dabei sein, ob es nun zwei Vorsitzende sind oder ein neutraler ist; auch die beiden Vorsitzenden der Föderalismuskommission wollten beide letztlich etwas erreichen. Das Entscheidende ist: Die Dominanz der Politik muss bleiben. Dass die Sachverständigen immer nur „Beiwerk" sind, das ist in der Demokratie nun einmal der Regelfall. Politiker müssten vielleicht besser vorbereitet werden können – nicht nur die Vertreter der Länder, sondern auch die Vertreter des Bundestages, von denen wir gestern gehört haben, dass sie anfangs eher schlecht vorbereitet waren. Aber letztlich ist es doch wohl so, dass der Leidensdruck und der politische Druck sehr hoch sein müssen, damit sich etwas ändert. Deswegen spricht vieles dafür, dass ein neuer Start der Föderalismusreform vorerst nicht erfolgen wird, sondern vielleicht erst nach 2006 mit einem Neuanlauf. Dann müssten die konkreten Föderalismusprobleme so lösungsbedürftig sein, dass alle Beteiligten darunter sehr leiden. Insoweit bin ich mir nicht so sicher, weil es viele Auswegoptionen gibt. Aber jedenfalls ein Zeitpunkt kommt: 2019, wenn der Finanzausgleich zu Ende ist. Dann wird möglicherweise der Leidensdruck so hoch sein, dass alle politischen Kräfte irgendetwas machen wollen. Das ist jetzt vielleicht ein schlechter Ausblick, weil er uns heute zu einer „Vorratsdiskussion" auf Jahrzehnte „verdammt" hat – aber Spaß gemacht hat es trotzdem!

---

5 Vgl. *Grimm*, Verfassungsreform in falscher Hand?, Merkur 1992, 1059 (1060, 1071).

Anhang

Hans-Günter Henneke

Ausgewählte Beiträge zur Arbeit der Kommission zur Modernisierung der bundesstaatlichen Ordnung

I. Vermeintliche Verknüpfungen zwischen der Neufassung des Art. 84 Abs. 1 GG und dem gebotenen verfassungsrechtlich abgesicherten Sonderbelastungsausgleich optierender Kommunen nach § 6 a SGB II (Arbeitsunterlage 046 vom 09. 03. 2004)

In der politischen Diskussion der letzten Tage und Wochen ist eine vermeintliche Verknüpfung zwischen der in der Kommission zur Modernisierung der bundesstaatlichen Ordnung am 12. 02. 2004 erörterten Neufassung des Art. 84 Abs. 1 GG einerseits und des davon in der Sache völlig zu trennenden verfassungsrechtlich abzusichernden Sonderbelastungsausgleichs einzelner optierender Kommunen nach § 6 a SGB II ausgemacht worden, die zu einem scheinbar unauflöslichen Dilemma für das bis April 2004 zu verabschiedende sog. Optionsgesetz geführt hat:

– Verzichtet man insoweit auf eine verfassungsrechtliche Regelung, kann den Vorgaben des § 6 a SGB II in Verbindung mit gleichlautenden Entschließungen von Bundestag und Bundesrat vom 19. 12. 2003 nicht Rechnung getragen werden. Ein dennoch zu verabschiedendes Optionsgesetz etwa auf der Basis eines Organleihe-Modells liefe ins Leere.

– Inhalt und Intention des § 6 a SGB II in Verbindung mit den o. g. Entschließungen kann nur mit einer darauf bezogenen Änderung des GG Rechnung getragen werden. Dazu ist die Bundesregierung derzeit nicht bereit, um nicht auf diese Weise die Beratungen der Kommission zur Modernisierung der bundesstaatlichen Ordnung zu präjudizieren.

Eine derartige Präjudizierung ist auch von den das Optionsgesetz befürwortenden Kommunen keineswegs beabsichtigt. Daher wird vorgeschlagen, das Optionsgesetz entsprechend Inhalt und Intentionen des § 6 a SGB II in Verbindung mit den Entschließungen von Bundestag und Bundesrat jetzt wie beabsichtigt zu beraten und zu verabschieden, die dafür notwendige Sonderregelung in der Finanzverfassung durch Einfügung einer weiteren Sonderbelastungsausgleichsregelung neben dem seit nahezu 50 Jahren bestehenden Art. 106 Abs. 8 GG aber erst nach den Grundsatzentscheidungen in der Kommission zur Modernisierung der bundesstaatlichen Ordnung zur Neufassung des Art. 84 GG und zur Neuregelung der Kostenfolgen von Bundesgesetzen zu beraten und zu verabschieden, um so zunächst ohne jegliche Präjudizierung die grundsätzlichen verfassungsrechtlichen Fragen generell-abstrakt für die Zukunft zu entscheiden. Nach Abschluss dieser Phase, die selbstverständlich nicht schon ein im Detail ausformuliertes Gesamtkonzept enthalten muss, sollte zum Jahresende 2004 dann die Einzelproblematik des Sonderbelastungsausgleichs einzelner Kommunen gegenüber dem Bund geregelt werden.

1. Das Grundanliegen der Neufassung des Art. 84 Abs. 1 GG und evtl. finanzverfassungsrechtlicher Folgen aus kommunaler Sicht

In der zweiten Sitzung der Arbeitsgruppe „Gesetzgebungskompetenzen und Mitwirkungsrechte" der Kommission zur Modernisierung der bundesstaatlichen Ordnung (dazu Protokollvermerk vom 18. 02. 2004, S. 15 ff.) wurde von Minister Gerhards (S. 15, S. 17), Staatssekretär Dr. Geiger (S. 16) und Prof. Dr. Henneke (S. 17 f.) vorgeschlagen, dass der Bund künftig keine Regelungsbefugnis zur Einrichtung von Behörden mehr haben soll, nachdem eine entsprechende Überlegung von Staatssekretär Dr. Geiger bereits in einer früheren Sitzung angestellt worden war. Das BMJ wurde gebeten zu prüfen, ob die Regelungsbefugnis des Bundes hinsichtlich der Einrichtung der Behörden gestrichen werden könne, und beauftragt, entsprechende Formulierungsvorschläge zu unterbreiten.

In der dritten Sitzung der Arbeitsgruppe „Finanzbeziehungen" vom 12. 02. 2004 (dazu Protokollvermerk vom 18. 02. 2004) wurde von Staatssekretär Dr. Geiger zugesagt, bis zum 11. März 2004 einen entsprechenden Formulierungsvorschlag vorzulegen (S. 2). Staatssekretär Halsch verdeutlichte in dieser Sitzung, dass die Bundesregierung an einer genaueren Abgrenzung des Verhältnisses zwischen Bund und Kommunen Interesse habe (S. 13 f.). Deshalb sei es künftig erforderlich, Fälle des Durchgriffs des Bundes auf die Kommunen zu vermeiden oder einen Mechanismus zu finden, der sicherstelle, dass in diesen Fällen die finanzielle Verantwortung für die Ausstattung der Kommunen bei den Ländern liege. Ich habe darauf erwidert (S. 16 f.).

Der angekündigte Formulierungsvorschlag liegt bisher nicht vor. Die Bundesvereinigung der kommunalen Spitzenverbände hat in ihrer in Arbeitsunterlage 33 abgedruckten Stellungnahme zu dem Regelungskomplex ausführlich Stellung genommen. Außerdem habe ich mich dazu mit Stellungnahme vom 09.02.2004 (Arbeitsunterlage 33) geäußert. Danach besteht Konsens in der Zielsetzung, künftig einen unmittelbaren Aufgabendurchgriff des Bundes auf die Kommunen ganz zu unterbinden bzw. zumindest die Durchgriffsbefugnis in Art. 84 GG zu präzisieren (so der Vorschlag der Bundesvereinigung der kommunalen Spitzenverbände). Nur für die Fälle des fortbestehenden unmittelbaren Aufgabendurchgriffs des Bundes auf die Kommunen fordern die Kommunen eine unmittelbare Finanzbeziehung zwischen Bund und Kommunen, da in diesen Fällen die Geltung der landesverfassungsrechtlichen Konnexitätsregeln ausgehebelt wird.

Würde Art. 84 Abs. 1 GG im eingangs beschriebenen Sinne geändert werden, bedürfte es überhaupt keiner Begründung einer unmittelbaren Finanzbeziehung zwischen dem Bund und der *kommunalen Ebene.* Für *bestehende* Aufgabenzuweisungsnormen bedarf es allerdings ebenfalls einer Lösung im vorgenannten Sinn, da diese Aufgaben bei Modifikationen durch den Bundesgesetzgeber ohne eine entsprechende Anpassung nicht von den landesverfassungsrechtlichen Konnexitätsprinzipien erfasst würden.

Auch die Problematik unterschiedlicher gesetzgeberischer Lastenverursachung bei Einräumung von Zugriffs- bzw. Abweichensrechten wäre damit gelöst. In welcher Weise bei einer Änderung des Art. 84 GG den Belangen der Länder hinsichtlich der Kostenfolgen von Bundesgesetzen Rechnung zu tragen ist (etwa Einführung eines materiellen Konnexitätsprinzips, Präzisierung des Deckungsquotenverfahrens bzw. Zustimmungserfordernis des Bundesrates bei wesentlichen Kostenfolgen), hätte für die Kommunen keine unmittelbaren Auswirkungen. Maßgeblich für sie ist allerdings, dass die Länder finanziell in den Stand versetzt werden, bei finanzwirksamen Bundesgesetzen ihren Verpflichtungen den Kommunen gegenüber aus den landesverfassungsrechtlichen Belastungsausgleichsregelungen gerecht zu werden.

Anhang

2. Sonderbelastungsausgleich für optierende Kommunen

Eine von diesen grundlegenden Entscheidungen völlig zu trennende Frage ist die, ob und wie der atypischen Sonderregelung in § 6 a SGB II in Verbindung mit den Entschließungen von Bundestag und Bundesrat Rechnung getragen werden kann. Dabei geht es nicht um Finanzbeziehungen zwischen dem Bund und der *kommunalen Ebene,* sondern um den Ausgleich von Sonderbelastungen bei *einzelnen* optierenden Kommunen, die bei diesen im Vergleich zu nicht optierenden Kommunen ungleich anfallen und zugleich den Bund ohne einen entsprechenden Sonderbelastungsausgleich einseitig entlasten würden.

Die Besonderheit dieser Finanzierungsregelung liegt in drei Punkten:

- direkter finanzieller Ausgleich zwischen Bund und einzelnen optierenden kommunalen Trägern,
- Sonderbelastungsausgleich erfasst abweichend von der Grundregel in Art. 104 a Abs. 5 GG ausdrücklich auch Verwaltungsausgaben,
- Bund verzichtet auf Qualifizierung der Aufgabe als Selbstverwaltungsangelegenheit oder als Weisungsangelegenheit, wobei es sich aber selbstverständlich um eine Aufgabe der Kreise und kreisfreien Städte und nicht um eine Organleihe handelt.

Wegen der Einzelheiten wird auf den in der Anlage (II.) von mir erarbeiteten und näher erläuterten Vorschlag zur Einführung eines Art. 106 Abs. 8 a GG verwiesen, der der Bundesregierung und den Ländern seit dem 06. 02. 2004 vorliegt. Die Aspekte einer Organleihe konnten in dem Vorschlag noch nicht berücksichtigt werden, da entsprechende Überlegungen der Bundesregierung den Kommunalen Spitzenverbänden erst am 16. 02. 2004 eröffnet wurden.

Das Bundesverfassungsgericht (E 63, 1, 31 ff. = NVwZ 1983, 537 = DVBl. 1983, 539; dazu: *Henneke*, ZG 2003, 137, 154 ff.) hat einmal definiert, was unter Organleihe zu verstehen ist. Wörtlich heißt es dort:

„Das Institut der Organleihe ist dadurch gekennzeichnet, dass das Organ eines Rechtsträgers ermächtigt und beauftragt wird, einen Aufgabenbereich eines anderen Rechtsträgers wahrzunehmen. Das entliehene Organ wird als Organ des Entleihers tätig, dessen Weisungen es unterworfen ist und dem die von diesem Organ getroffenen Maßnahmen zugerechnet werden. Kennzeichnend für die Organleihe ist weiterhin, dass die ‚entliehene' Einrichtung Verwaltung für die ‚entliehende' ausübt. Der entliehenen Einrichtung wachsen keine neuen (eigenen) Zuständigkeiten zu. Es werden nicht Kompetenzen auf diese Einrichtung ‚verlagert'; ‚verlagert' werden vielmehr personelle und sachliche Verwaltungsmittel von der entliehenen Einrichtung zu der entliehenden Einrichtung."

Klarer kann man nicht formulieren, dass mit einem solchen Konstrukt, das im Verhältnis zwischen Bund und Kommunen ohne Beispiel ist und zwischen Ländern und Kommunen insbesondere im Bereich polizeilicher Aufgaben seinen Platz hat, keine kommunale Aufgabenträgerschaft, sondern lediglich ein Weisungsstrang mit Fach- und Dienstaufsicht zu kommunalen Mitarbeitern bei Herauslösung aus der kommunalen Organisation begründet wird. Die Organleihe erweist sich damit als Instrument, auch bei Einschaltung kommunaler Bediensteter die zentralistische Steuerung sicherzustellen und originäre kommunale Gestaltungskraft und damit Wettbewerb um die effizientesten Vermittlungs- und Verwaltungslösungen im Keim zu ersticken.

In einer Verständigung zwischen je fünf Vertretern der A- und B-Seite vom 20. 02. 2003 unter Federführung von Bundeswirtschaftsminister Clement und Ministerpräsident Koch wurde der Lösungsansatz über eine Organleihe zu Recht verworfen. Die Kommunalen Spitzenverbände waren an der Erörterung nicht beteiligt und wurden auch nicht unmittelbar über die Gesprächsergebnisse unterrichtet. Sie sind daher auf allgemein zugängliche Quellen angewiesen. In der Tagespresse vom 21. 02. 2004 wurde über die Verständigung ausführlich berichtet. So heißt es in der Süddeutschen Zeitung vom 21. 02. 2004:

> „SPD-Arbeitsmarktsprecher Klaus Brandner bestätigte, dass die Koalition nicht mehr grundsätzlich gegen eine Verfassungsänderung sei, solange sie auf diesen konkreten Fall bezogen sei. Als Vorbild soll ein Entwurf von Hans-Günter Henneke, dem Geschäftsführer des Landkreistags, dienen. Demnach soll Art. 106 GG um einen Absatz ergänzt, demzufolge der Bund nicht nur die Kosten für die Hilfeleistungen an Arbeitslose, sondern auch für die Verwaltung direkt erstattet. Wegen der strikten Aufgabentrennung von Bund, Ländern und Gemeinden war dies bisher nicht möglich. Als Vorbild für die Grundgesetzänderung dient ein Absatz, der die Bedingungen regelt, unter denen die Bundeswehr sich in Kommunen ansiedelt. Clement wollte das Verhältnis ursprünglich über ein kompliziertes Rechtsinstrument namens Organleihe regeln, was die Union aber strikt ablehnte. Selbst Brandner räumte ein, dass dies den Zusagen an die Union im Vermittlungsausschuss vom vergangenen Dezember nicht entsprochen hätte."

Trotz dieser Erkenntnis will die Bundesregierung jetzt wieder zu einem Organleihemodell zurückkehren. Dies wird von den grundsätzlich optionswilligen Kommunen strikt abgelehnt, da es auf diese Weise nicht zu dem vom Optionskonzept angestrebten Systemwettbewerb kommen kann. Überdies wirft ein Organleihemodell mit Blick auf Art. 83 ff. GG gravierende verfassungsrechtliche Fragen auf.

3. Lösungsvorschlag

Daher kann die Konfliktlösung nur in einer einfachgesetzlichen Regelung einer kommunalen Aufgabenträgerschaft mit Gestaltungsspielraum bei abgesicherter Finanzierung hinsichtlich der Geldleistungen und der Verwaltungskosten liegen. Diese Finanzierungsregelung sollte in § 46 SGB II getroffen werden. Sie tritt – anders als die verfahrensbezogenen Regelungen zur Ausübung der Option – erst am 01. 01. 2005 in Kraft.

Daher erscheint es vertretbar, dass die gebotene verfassungsrechtliche Absicherung, die den Intentionen der Beratungen der Kommission zur Modernisierung der bundesstaatlichen Ordnung nicht zuwiderläuft, sondern umgekehrt eine notwendige Ergänzung im Sinne eines Lückenschlusses zum vierstufigen Bund-Länder-Finanzausgleichssystem und zum kommunalen Finanzausgleich darstellt, erst zum Jahresende 2004 normiert wird, sofern ein entsprechender politischer Wille in Anknüpfung an die einstimmig gefassten Entschließungen von Bundestag und Bundesrat vom 19. 12. 2003 umgehend bekundet wird.

II. Verfassungsrechtlich normierter Sonderbelastungsausgleich für optierende Kommunen nach § 6 a SGB II geboten

1. Ausgangslage

Im SGB II ist mit Gesetz vom 24. 12. 2003[1] die Grundsicherung für Arbeitsuchende neu geregelt worden. Gem. § 6 Ziff. 1 SGB II ist die Bundesagentur für Arbeit Träger der Leistungen, soweit Ziff. 2 nichts anderes bestimmt. In Ziff. 2 ist geregelt, dass die kreisfreien Städte und Kreise bzw. andere durch Landesrecht bestimmte Träger für bestimmte Betreuungsleistungen nach § 16 Abs. 2, die Leistungen für Unterkunft und Heizung nach § 22 sowie bestimmte Sonderleistungen nach § 23 Abs. 3 SGB II zuständig sind.

In § 6 a SGB II ist die Option kommunaler Trägerschaft geregelt. Danach sind abweichend von § 6 die kreisfreien Städte und Kreise auf ihren Antrag und mit Zustimmung der zuständigen obersten Landesbehörde anstelle der Agenturen für Arbeit vom Bundesminister für Wirtschaft

---

[1] BGBl I 2003, 2954.

und Arbeit durch Rechtsverordnung als Träger der Aufgaben nach dem SGB II zuzulassen. Das Nähere soll ein Bundesgesetz regeln.

In § 46 Abs. 1 SGB II ist normiert, dass der Bund die Aufwendungen der Grundsicherung für Arbeitsuchende trägt, soweit die Leistungen von der Bundesagentur erbracht werden. Er erstattet der Bundesagentur hierfür die Verwaltungskosten. In den Fällen des § 6 a soll danach das zu erlassende Bundesgesetz eine entsprechende Finanzierung regeln, wobei eine Pauschalierung zulässig ist.

Die Finanzverantwortung für die von allen Kreisen und kreisfreien Städten wahrzunehmenden Aufgaben nach § 6 Ziff. 2 SGB II liegt bei den entsprechenden Kommunen.

In jeweiligen Entschließungen vom 19. 12. 2003 haben der Bundestag[2] und der Bundesrat[3] Vorgaben für das zu erlassende Bundesgesetz gemacht, in denen es u. a. heißt:

> „Darüber hinaus räumt es den kreisfreien Städten und Kreisen die Option ein, ab dem 1. 1. 2005 anstelle der Agenturen für Arbeit auch deren Aufgaben – und damit alle Aufgaben im Rahmen der Grundsicherung für Arbeitsuchende – wahrzunehmen. Hierzu soll eine faire und gleichberechtigte Lösung entwickelt werden, die sicherstellt, dass die optierenden Kommunen nicht gegenüber den Agenturen für Arbeit benachteiligt werden."

Hinsichtlich der Finanzierung heißt es in Ziff. 6 der Entschließungen konkretisierend:

> „Der Bund zahlt den kommunalen Trägern für die anstelle der Agenturen für Arbeit wahrgenommenen Aufgaben für die Bedarfsgemeinschaften entsprechende Fallpauschalen für die Eingliederungsleistungen und die Verwaltungskosten. Er erstattet die Kosten für das Arbeitslosengeld II bzw. das Sozialgeld. Die Auszahlung der Mittel an die Kommunen erfolgt durch die Bundesagentur für Arbeit."

Mit einem solchen bundesgesetzlich geregelten Aufgabenzugriff einzelner Kommunen auf eine nach § 6 Ziff. 1 SGB II grundsätzlich dem Bund obliegende Verwaltungsaufgabe ist unter föderalen Gesichtspunkten Neuland betreten worden.

Mit der zu treffenden Finanzierungsregelung soll sowohl sichergestellt werden, dass die optierenden kommunalen Träger nicht gegenüber den Agenturen für Arbeit finanziell benachteiligt werden als auch, dass optierende Kommunen im Vergleich zu nicht optierenden Kommunen trotz der

---

2 BT-Drs. 15/2264.
3 BR-Drs. 943/03.

Anhang

zusätzlichen Aufgaben- und Ausgabenlast im Ergebnis finanziell nicht benachteiligt werden. Daher ist in der Entschließung vorgesehen,

- dass der Bund – abgewickelt über die Bundesagentur – gegenüber den optierenden kommunalen Trägern einen direkten finanziellen Ausgleich vornimmt,
- dieser Ausgleich – ebenso wie gegenüber der Bundesagentur – auch die Verwaltungskosten erfasst, wobei
- auf eine Qualifizierung der von den kommunalen Trägern wahrgenommenen Aufgabe als Selbstverwaltungsangelegenheit oder als Weisungsangelegenheit bundesgesetzlich bewusst verzichtet worden ist.

Vor diesem Hintergrund stellt sich die Frage, ob die Ermöglichung dieser in der Entschließung formulierten Vorgaben ohne Grundgesetzänderung möglich ist. Falls eine Grundgesetzänderung zwingend erforderlich ist, soll diese die derzeitige Arbeit der Kommission zur Modernisierung der bundesstaatlichen Ordnung nach den Vorstellungen von Bund und Ländern keinesfalls grundsätzlich präjudizieren, sondern sich ausschließlich auf die verfassungskonforme Bewältigung der durch das Optionsmodell hervorgerufenen Finanzierungsfolgen beschränken.

2. Verfassungsrechtslage

Die Finanzverfassung des Grundgesetzes geht in Art. 104 a ff. GG grundsätzlich von einer Zweistufigkeit von Bund und Ländern aus. Davon finden sich zwei Ausnahmen, nämlich bei der Steuerverteilung in Art. 106 Abs. 5, 5 a und 6 GG und beim Sonderbelastungsausgleich in Art. 106 Abs. 8 GG.

In den Entschließungen von Bundestag und Bundesrat ist dazu – in der Sache zutreffend zur Bewältigung von finanziellen Sonderlasten optierender kommunaler Träger bei gleichzeitiger Vermeidung unsachgemäßer Entlastungen des Bundes – die Begründung unmittelbarer Finanzbeziehungen zwischen dem Bund und den optierenden Kommunen vorgesehen, wobei die Ausgleichshöhe die Verwaltungskosten mit berücksichtigen soll – und zur Vermeidung der sonst eintretenden Ungleichbehandlung auch berücksichtigen muss.

Mit den geltenden verfassungsrechtlichen Regelungen sind diese Zielsetzungen nicht zu erreichen:

a. Art. 104 a Abs. 5 GG

Art. 104 a Abs. 5 GG gibt vor, dass der Bund und die Länder (einschl. der in sie inkorporierten Gemeinden und Gemeindeverbände) die bei ihren Behörden entstehenden Verwaltungskosten tragen. Davon kann ohne eine bereichsspezifische Ausnahme auf Verfassungsebene einfachgesetzlich nicht abgewichen werden.

b. Art. 104 a Abs. 3 GG

Art. 104 a Abs. 3 GG sieht zwar vor, dass Bundesgesetze, die Geldleistungen gewähren, bestimmen können, dass die Geldleistungen ganz oder z. T. vom Bund getragen werden. Aber auch diese Vorschrift vermag die angestrebten Ziele gleich in mehrfacher Hinsicht nicht zu legitimieren:

- Zunächst gibt sie den optierenden kommunalen Trägern *keinen Anspruch* auf Kostenausgleich.

- Überdies kann sie die Verwaltungskosten und die Leistungen für Eingliederungsleistungen nicht erfassen, sondern ist auf *reine Geldleistungen* beschränkt.

- Des Weiteren begründet Art. 104 a Abs. 3 GG keine unmittelbaren Finanzbeziehungen zwischen dem Bund und den optierenden kommunalen Trägern, sondern sieht nur Finanzbeziehungen zwischen Bund und Ländern vor.

- Schließlich ordnet Art. 104 a Abs. 3 S. 2 GG für Geldleistungen an, dass bei mindestens hälftiger Kostentragung des Bundes die auszuführende Aufgabe im Auftrage des Bundes durchgeführt wird, was mit § 6 a SGB II kontrastiert, wo gerade keine Qualifizierung der Aufgabe durch den Bundesgesetzgeber vorgenommen wird und davon auszugehen ist, dass die Aufgabe von den optierenden Kommunen als Selbstverwaltungsangelegenheit ausgeführt wird, sofern nicht – erst zu schaffendes – Landesrecht Abweichendes bestimmt.

c. Art. 106 Abs. 8 GG

Mit Art. 104 a GG ist die beabsichtigte Ausgleichsregelung des Bundes gegenüber den Kommunen daher nicht zu vereinbaren. Ist die von den optierenden Kommunen zu übernehmende Aufgabe als Selbstverwaltungsangelegenheit zu qualifizieren, gilt nach Art. 104 a Abs. 1 GG vielmehr der Grundsatz, dass der Bund und die Länder (einschl. der in diese inkorporierten Gemeinden und Kreise) gesondert die Ausgaben tragen, die sich aus der Wahrnehmung ihrer Aufgaben ergeben, soweit nicht dieses Grundgesetz etwas anderes bestimmt.

Als einzige „andere Bestimmung des GG" kommt Art. 106 Abs. 8 GG in Betracht. Danach gewährt der Bund den erforderlichen Ausgleich, wenn er in einzelnen Gemeinden (Gemeindeverbänden) besondere Einrichtungen veranlasst, die diesen Gemeinden (Gemeindeverbänden) unmittelbar Mehrausgaben oder Mindereinnahmen (Sonderbelastungen) verursachen, wenn und soweit den Gemeinden (Gemeindeverbänden) nicht zugemutet werden kann, die Sonderbelastungen zu tragen.

Genau um diese Ausgangskonstellation geht es vorliegend. Art. 106 Abs. 8 GG ermöglicht – ebenso wie die 1923 geschaffene Vorläuferregelung in § 62 RFAG – ausnahmsweise unmittelbare Finanzbeziehungen zwischen Bund und Kommunen und führt für diesen Fall auch nicht zur Umwandlung bisheriger Selbstverwaltungsaufgaben in Bundesauftragsverwaltung.

Dennoch ist die Vorschrift weder unmittelbar einschlägig, weil sie nur für „vom Bund veranlasste Einrichtungen" gilt, noch kann sie ausdehnend ausgelegt werden, weil der Begriff der „Einrichtung" für die hier einschlägige Fragestellung keinen Anknüpfungspunkt bildet. Im Blick hat die bestehende Regelung insbesondere Sonderbelastungen von Garnisonsstandorten und der Bundeshauptstadt. Insoweit gibt es allerdings seit Jahrzehnten einen unbestritten weiten faktischen Anwendungsbereich.

3. Systemkonforme Lösung: Einfügung eines Art. 106 Abs. 8 a GG

Mit dem geltenden Verfassungsrecht stehen die Vorgaben in den Entschließungen von Bundestag und Bundesrat für die Finanzierungsregelungen in dem zu schaffenden Optionsgesetz damit nicht in Einklang. Daher bedarf es zur Erreichung der in den Entschließungen formulierten und in der Sache zwingenden Zielsetzungen einer Verfassungsänderung.

Als Standort einer verfassungsrechtlichen Regelung bietet sich Art. 104 a GG als Grundsatznorm nicht an. Vielmehr drängt sich die Schaffung einer Parallelnorm zu Art. 106 Abs. 8 GG geradezu auf, da damit die zu Grunde liegende Fragestellung sachlich befriedigend gelöst und in die Gesamtsystematik der Finanzverfassung ohne darüber hinaus gehende Verwerfungen eingefügt werden kann. Ein neu zu schaffender Art. 106 Abs. 8 a GG könnte wie folgt lauten:

> „Gemeinden und Kreisen, die anstelle der Agenturen für Arbeit Träger der Grundsicherung für Arbeitsuchende sind, gewährt der Bund den erforderlichen Ausgleich der den kommunalen Körperschaften durch die Aufgabenwahrnehmung entstehenden Mehrausgaben; der finanzielle Ausgleich umfasst auch die Verwaltungsausgaben. Das Nähere regelt ein Bundesgesetz mit Zustimmung des Bundesrates."

Bevor der Neuregelungsvorschlag im Detail erläutert werden soll (5.), ist auf Regelungsziel und -inhalt des bestehenden Art. 106 Abs. 8 GG einzugehen (4.), da der Neuregelungsvorschlag hieran angelehnt ist.

4. Regelungsziel und -inhalt von Art. 106 Abs. 8 GG

Art. 106 Abs. 8 GG knüpft an den Regelungsgedanken in § 62 RFAG aus dem Jahre 1923 an. Diese Bestimmung sah eine Ausgleichspflicht des Reiches vor, „wenn einzelnen Ländern oder Gemeinden (Gemeindeverbänden) durch Verträge, Gesetze oder Verwaltungsmaßnahmen des Reiches besondere Kosten erwachsen".

a. Notwendige Ergänzung zum vierstufigen Finanzausgleichssystem

Mit verfassungsänderndem Gesetz vom 24. 12. 1956[4] wurde die Vorläuferregelung des heutigen Art. 106 Abs. 8 GG in das Grundgesetz aufgenommen.

Art. 106 Abs. 8 GG schließt eine Lücke, die das vierstufige System des bundesstaatlichen Finanzausgleichs und auch der kommunale Finanzausgleich schon von ihrer jeweiligen Struktur her (Abstellen auf *generelle* Aufgabenverteilung) offen lassen müssen[5]. Diese Regelung mit ihrem Ausnahmecharakter bildet daher die notwendige Ergänzung zum System des Finanzausgleichs[6].

Art. 106 Abs. 8 GG erfüllt die Funktion, untypische Lasten, die auf Veranlassung des Bundes nur *einzelne* Kommunen (oder auch Länder, wiewohl diese Alternative bisher ohne praktische Relevanz geblieben ist) treffen, insoweit auszugleichen, als das allgemeine Finanzausgleichssystem dazu nicht in der Lage ist[7].

Für die Kommunen gilt überdies, dass sich die in Art. 106 Abs. 8 geregelten Sonderbelastungen weder durch den kommunalen Finanzausgleich noch

---

[4] BGBl I, 1077.
[5] *Henneke*, Öffentliches Finanzwesen, Finanzverfassung. Eine systematische Darstellung, 2000, Rn. 795; *Meis*, Verfassungsrechtliche Beziehungen zwischen Bund und Gemeinden, 1989, S. 107; *Maunz*, in: Maunz/Dürig, GG, Art. 106 Rn. 97; *Schwarz*, in: von Mangoldt/Klein/Starck, GG – Bonner Grundgesetz, Bd. 3, 4. Aufl. 2001, Art. 106 Rn. 147; *Heintzen*, in: von Münch/Kunig, Grundgesetzkommentar (GGK), Bd. 3, 5. Aufl. 2003, Art. 106 Rn. 55.
[6] *Henneke* (Fn. 5), Rn. 795; *Meis* (Fn. 5), S. 107; *Maunz* (Fn. 5); *Heun*, in: Dreier, GG Kommentar, Bd. III, 2000, Art. 106 Rn. 41; *Birk*, in: GG-Alternativkommentar, Art. 106 Rn. 46.
[7] *Henneke* (Fn. 5), Rn. 795; *Heun* (Fn. 6), Art. 106 Rn. 41; *Maunz* (Fn. 5), Art. 106 Rn. 96.

durch Zweckzuweisungen des Landes oder eigene Steuern ausgleichen lassen.

b. Sonderbelastung einzelner Kommunen statt Mehrbelastung der kommunalen Ebene

Dem klaren und eindeutigen Wortlaut der Norm zufolge ist die *Sonder*belastung *einzelner* Kommunen Voraussetzung für die Gewährung eines Bundesausgleichs[8]. Die Norm will einen individuellen Anspruch für atypische Situationen gewähren[9]. Der Sonderbelastungsausgleich setzt schon begrifflich voraus, dass der Bund nicht allen Gemeinden gleichmäßig Mehrbelastungen auferlegt, sondern dass einzelne Gebietskörperschaften ungleich und unzumutbar betroffen sind[10].

Die Kommunen werden in Art. 106 Abs. 8 gerade nicht als Ebene, sondern als jeweiliger Rechtsträger angesprochen[11]. Es geht also um einen konkret-individuellen Ausgleich ausschließlich des Bundes[12]. Art. 106 Abs. 8 GG ist keine Hintertür, über die das GG den Gemeinden die Eigenschaft einer dritten Ebene zuerkennt[13]. Mehrbelastungen, die allgemein in Ländern und/oder Kommunen durch den Vollzug eines Bundesgesetzes verursacht werden, können von Art. 106 Abs. 8 GG nicht erfasst werden[14]. Sie sind vielmehr nach Maßgabe von Art. 106 Abs. 4 S. 2 GG auszugleichen[15].

Eine Sonderbelastung ist dadurch gekennzeichnet, dass sie im Verhältnis zum regulären Finanzbedarf und zur Finanzausstattung der betroffenen Gebietskörperschaft übermäßig ins Gewicht fällt und ohne die spezifische Aufgabe nicht bestünde[16]. Der Sonderbelastungsausgleich ist auf Grund seiner Funktion in doppelter Weise begrenzt: Zum einen in Bezug auf die Anspruchsberechtigten (einzelne Körperschaften) und zum anderen in Bezug auf den besonders engen Zusammenhang zwischen der vom Bund veranlassten Aufgabe und dem finanziellen Ausgleich[17].

---

[8] *Maunz* (Fn. 5), Art. 106 Rn. 96; *Mückl*, Finanzverfassungsrechtlicher Schutz der kommunalen Selbstverwaltung, 1998, S. 167.
[9] *Mückl* (Fn. 8), S. 168; *Meis* (Fn. 5), S. 109.
[10] *Maunz* (Fn. 5), Art. 106 Rn. 97; *Heun* (Fn. 6), Art. 106 Rn. 43.
[11] *Mückl* (Fn. 8), S. 168; *Meis* (Fn. 5), S. 110; *Maunz* (Fn. 5), Art. 106 Rn. 99; *Hidien*, in: Bonner Kommentar, Art. 106 GG, Rn. 1182.
[12] *Hidien* (Fn. 11), Art. 106, Rn. 1182.
[13] *Maunz* (Fn. 5), Art. 106 Rn. 99; *Meis* (Fn. 5), S. 110.
[14] *Mückl* (Fn. 8), S. 167; *Schwarz* (Fn. 5), Art. 106 Rn. 147.
[15] *Schwarz* (Fn. 5), Art. 106 Rn. 149.
[16] *Heintzen* (Fn. 5), Art. 106 Rn. 61 i. V. m. 59.
[17] *Meis* (Fn. 5), S. 109.

Die ungleiche Beanspruchung einzelner Gemeinden stellt eine Ungleichbehandlung in sachlicher Hinsicht dar, die ihrerseits eine Ungleichbehandlung in finanzieller Hinsicht (Ausgleichsleistungen an betroffene Gemeinden) nicht nur rechtfertigt, sondern fordert[18]. Art. 106 Abs. 8 enthält damit das Gebot, eine entstandene Sonderbelastung durch eine Ungleichbehandlung (Sonderausgleich) zu beseitigen[19]. Die Gemeinden dürfen die Bestimmung des Art. 106 Abs. 8 GG nicht benutzen, um besser gestellt zu werden als die anderen vergleichbaren Gemeinden, die keine vom Bund veranlassten Einrichtungen haben[20]. Der Sonderbelastungsausgleich wird daher von zwei Seiten begrenzt: Dem Bund ist es verwehrt, direkten Einfluss auf die Finanzgebaren der Gemeinden zu nehmen und diese zu kontrollieren. Umgekehrt ist der Sonderlastenausgleich für die Gemeinden kein Mittel, sich auf diesem „Umweg" zusätzliche Finanzquellen zu erschließen[21].

c. Unmittelbare Ausgleichspflicht des Bundes

Nach Art. 106 Abs. 8 GG ist es nicht erforderlich, dass die vom Bund hervorgerufene Sonderbelastung einseitig und mit verpflichtender Wirkung vom Bund ausgesprochen worden ist. Auch wenn eine Gemeinde oder ein Gemeindeverband sich freiwillig verpflichtet, kann die Ausgleichspflicht des Bundes entstehen[22].

Bei Vorliegen der Tatbestandsvoraussetzungen steht der Ausgleichsverpflichtung des Bundes ein Rechtsanspruch der betroffenen Gebietskörperschaften auf Sonderbelastungsausgleich gegenüber[23]. Die Ausgestaltung des Rechtsanspruchs der betroffenen Kommunen, der ein Ermessen des Bundes ausschließt, zeigt allerdings die Bedeutung, die der Verfassungsgeber dem Sonderbelastungsausgleich zugemessen hat[24].

Zwischen der betroffenen Gemeinde bzw. dem Gemeindeverband und dem Bund entstehen direkte Finanzbeziehungen, ohne dass die Länder zwischengeschaltet werden[25].

---

18 *Meis* (Fn. 5), S. 107.
19 *Schwarz* (Fn. 5), Art. 106 Rn. 148.
20 *Maunz* (Fn. 5), Art. 106 Rn. 98.
21 *Meis* (Fn. 5), S. 111.
22 *Maunz* (Fn. 5), Art. 106 Rn. 101.
23 *Henneke* (Fn. 5), Rn. 795.
24 *Schoch/Wieland*, Finanzverantwortung für gesetzgeberisch veranlasste kommunale Aufgaben, 1995, S. 84; *Mückl* (Fn. 8), S. 166.
25 *Henneke* (Fn. 5), Rn. 795; *Birk* (Fn. 6), Art. 106 Rn. 46; *Maunz* (Fn. 5), Art. 106 Rn. 99; *Schwarz* (Fn. 5), Art. 106 Rn. 147 u. 149; *Schoch/Wieland* (Fn. 24), S. 84; *Mückl* (Fn. 8), S. 166; *Meis* (Fn. 5), S. 110; *Heintzen* (Fn. 5), Art. 106 Rn. 55.

Direkte Finanzbeziehungen zwischen Bund und Kommunen sind demnach der geltenden Finanzverfassung des GG ebenso wenig fremd wie direkte Beteiligungen der Kommunen an den Erträgen bestimmter Steuern. Die Kommunen sind also keineswegs vollständig durch die Länder mediatisiert, sondern können von Verfassungs wegen durchaus auch in direkten Finanzbeziehungen zum Bund stehen[26]. Das BVerfG[27] hat in der Maßstäbegesetz-Entscheidung daher zutreffend festgestellt, dass die gestärkte finanzwirtschaftliche Unabhängigkeit und Verselbstständigung der Kommunen die bisherige Zweistufigkeit der Finanzverfassung modifiziert hat[28].

Der grundsätzliche Dualismus der Finanzverfassung steht derartigen unmittelbaren Beziehungen zwischen Bund und Kommunen nicht entgegen, sofern sie sachgerecht sind. Wann dies nach geltendem Recht der Fall ist, bestimmt die Finanzverfassung abschließend[29].

d. Verwaltungsrechtsweg

Für Streitigkeiten über den Anspruch aus Art. 106 Abs. 8 GG ist keine Zuständigkeit des Bundesverfassungsgerichts gegeben. Vielmehr handelt es sich um eine öffentlich-rechtliche Streitigkeit nicht verfassungsrechtlicher Art, für die die allgemeine Leistungsklage im Verwaltungsrechtsweg gegeben ist[30].

Art. 106 Abs. 8 GG gibt den Kommunen einen verfassungsunmittelbaren, vor den Verwaltungsgerichten einklagbaren Anspruch der Kommunen gegen den Bund auch dann, wenn die Länder für die Kommunen kassenmäßig eingeschaltet werden[31].

e. Zusammenfassende Einordnung

Hinsichtlich seiner Rechtsnatur wird Art. 106 Abs. 8 GG überwiegend als staatsorganisationsrechtlicher Aufopferungsanspruch[32] qualifiziert. Konkret handelt es sich um einen – wenn auch begrenzten – Aufgaben-Ausgaben-Ausgleich, der den allgemeinen Konnexitätsgrundsatz in Art. 104 a

---

26 *Schoch/Wieland* (Fn. 24), S. 84 f.
27 BVerfGE 101, 158 (230).
28 Dazu: *Henneke* (Fn. 5), Rn. 696; *Hans Meyer* hat darüber hinausgehend sogar formuliert: „Mittlerweile wissen wir, dass die Kommunen notwendig die dritte Säule im Finanzverfassungssystem sind." VVDStRL Bd. 52 (1993), S. 159.
29 *Schoch/Wieland* (Fn. 24), S. 84 f.
30 *Maunz* (Fn. 5), Art. 106 Rn. 113; *Heintzen* (Fn. 5), Art. 106 Rn. 55; *Schwarz* (Fn. 5), Art. 106 Rn. 157.
31 *Heintzen* (Fn. 5), Art. 106 Rn. 55.
32 *Heintzen* (Fn. 5), Art. 106 Rn. 55.

Abs. 1 GG derogiert und bundesseitige Einwirkungen für jeweils konkrete Aufgaben des Bundes kompensiert[33]. Durch ein spezielles Ausgabenverteilungssystem kompensieren zweckfreie Ausgleichsmittel bundesseitig veranlasste konkrete, individuell spezifische Sonderbelastungen, die zugleich die Berechnung der Ausgleichsleistungen nach oben begrenzen[34].

Zusammenfassend beruht die Besonderheit des Art. 106 Abs. 8 GG darauf, dass er für einen engen Aufgabenbereich

- den Konnexitätsgrundsatz des Art. 104 a Abs. 1 GG derogiert,
- die Staatsaufgabenträger individualisiert und
- die staatsrechtliche Mediatisierung der Kommunen durch die Länder aufhebt[35].

5. Zum Neuregelungsvorschlag im Einzelnen

Der Neuregelungsvorschlag knüpft im Einzelnen nahtlos an Regelungsziel und -inhalt des Art. 106 Abs. 8 GG an und überträgt die dort vorgesehene Regelung auf die § 6 a SGB II zu Grunde liegende Konstellation, ohne darüber hinausgehend ausgelegt werden zu können. Mit dem Vorschlag zur Neuregelung des Art. 106 Abs. 8 a GG kann der Inhalt von Ziff. 6 der Entschließungen von Bundestag und Bundesrat inhaltlich punktgenau verfassungssystemkonform umgesetzt werden.

Hinsichtlich der Anspruchsberechtigten kann entsprechend des begrenzten Anwendungsbereichs der Norm entsprechend der Terminologie des Art. 28 Abs. 1, S. 2 u. 3 GG explizit auf Gemeinden und Kreise abgestellt werden. Alternativ könnte auch die erweiternde Formulierung „Gemeinden (Gemeindeverbänden)" gewählt werden, wenngleich die in § 6 a SGB II bestimmten Kreise und kreisfreien Städte in concreto in ihrer Funktion als Gebietskörperschaft und nicht als Gemeindeverband angesprochen sind.

Des Hinweises auf die anstelle der Agentur für Arbeit übernommenen Aufgaben bedarf es explizit, um eine Erstreckung der Vorschrift auf die Aufgaben und Ausgaben nach § 6 Ziff. 2 SGB II i. V. m. §§ 16 Abs. 2 Ziff. 1 bis 4, 22 und 23 Abs. 3 SGB II auszuschließen. Bei diesen Aufgaben und daraus resultierenden Ausgaben handelt es sich um Mehrbelastungen der *kommunalen Ebene*, die über den Sonderbelastungsausgleich für einzelne

---

[33] *Hidien* (Fn. 11), Art. 106 Rn. 1186; *Meis* (Fn. 5), S. 106 f.
[34] *Hidien* (Fn. 11), Art. 106 Rn. 1187.
[35] *Hidien* (Fn. 11), Art. 106 Rn. 1218.

Kommunen weder ausgeglichen werden können – noch nach dem Willen des Gesetzgebers ausgeglichen werden sollen.

Der Sonderbelastungsausgleich soll sich gem. der Entschließung auf das Arbeitslosengeld II, das Sozialgeld und Fallpauschalen für die Eingliederungsleistungen und die Verwaltungskosten erstrecken. Dies wird mit der gewählten Formulierung der „durch die Aufgabenwahrnehmung entstehenden Mehrausgaben" ebenso ermöglicht wie eine Pauschalierung mit der Begrenzung auf „den erforderlichen Ausgleich". Wegen des Abweichens von der Grundregel des Art. 104 a Abs. 5 GG bedarf es der ausdrücklichen Erstreckung des Sonderbelastungsausgleichs auf die Verwaltungsausgaben.

Weiterer Regelungen auf der Verfassungsebene bedarf es nicht. Insbesondere bedarf es – anders als in Art. 106 Abs. 8 GG – nicht einer Begrenzung auf „unmittelbare" Mehrausgaben, da der Ausgleichsumfang anders als bei dem offeneren und unbestimmten Begriff der vom Bund „veranlassten Einrichtungen" auf Grund der von § 6 a SGB II umfassten Aufgaben klar konturiert ist. Aus demselben Grund bedarf es anders als in § 106 Abs. 8 GG überdies weder einer Zumutbarkeits- noch einer Vorteilsanrechnungsklausel.

III. Diskussionsbeitrag zur Neuregelung des Rechts der öffentlichen Fürsorge vom 08. 09. 2004 (Projektarbeitsgruppe 5)

Auf Grund der Beratungen der Gemeinsamen Verfassungskommission von Bundestag und Bundesrat ist es mit Gesetz vom 27. Oktober 1994 zu einer Grundgesetzänderung in Art. 72 Abs. 2 gekommen. Dadurch wurden die Anforderungen für die Inanspruchnahme der konkurrierenden Gesetzgebungskompetenz des Bundes erheblich verschärft.

Dort wurde der bisherige Begriff der Einheitlichkeit der Lebensverhältnisse durch den der Gleichwertigkeit ersetzt. Auch wurde die Vorschrift im Übrigen hinsichtlich der Inanspruchnahme der Gesetzgebungskompetenz des Bundes verschärft. Lange Zeit schien es, als sei diese Änderung folgenlos geblieben. Seit dem 24. Oktober 2002[36] hat sich in der Rechtsprechung des Bundesverfassungsgerichts jedoch Entscheidendes getan. In inzwischen vier Entscheidungen hat das BVerfG auf Grund des veränder-

---

[36] BVerfGE 106, 62 (148 ff.) = DÖV 2003, 119 (121).

ten Verfassungstextes seine bisherige Rechtsprechung an die Anforderungen für die Inanspruchnahme der konkurrierenden Gesetzgebungskompetenz bzw. der Rahmengesetzgebungskompetenz seitens des Bundes gemäß Art. 72 Abs. 2 GG nachdrücklich modifiziert[37] und ausgeführt:

> „Der Zweck des Art. 72 Abs. 2 GG, die Bundeskompetenzen einzuschränken, würde an Kraft verlieren, wäre es dem Bund erlaubt, irgendwelche Verbesserungen, die immer möglich und wünschenswert sind, ohne Weiteres zum Anlass für einen Eingriff in das grundsätzlich bestehende Gesetzgebungsrecht der Länder zu nehmen.
>
> Das bundesstaatliche Rechtsgut gleichwertiger Lebensverhältnisse ist vielmehr erst dann bedroht und der Bund erst dann zum Eingreifen ermächtigt, wenn sich die Lebensverhältnisse in den Ländern der Bundesrepublik in erheblicher, das bundesstaatliche Sozialgefüge beeinträchtigender Weise auseinander entwickelt haben oder sich eine derartige Entwicklung konkret abzeichnet. Die Wahrung der Rechts- oder Wirtschaftseinheit betrifft unmittelbar institutionelle Voraussetzungen des Bundesstaates und erst mittelbar die Lebensverhältnisse der Bürger. Weder die Zielvorgaben der Rechts- oder Wirtschaftseinheit noch das Tatbestandsmerkmal des gesamtstaatlichen Interesses geben dem Bundesgesetzgeber die Erlaubnis, ausschließlich zur Verfolgung von sonstigen Gemeinwohlinteressen oder auch nur mit dem allgemeinen Ziel einer Verbesserung der Lebensverhältnisse tätig zu werden. Das GG lässt unterschiedliche rechtliche Ordnungen in den Gliedstaaten zu und begrenzt insoweit auch eine Berufung auf Art. 3 Abs. 1 GG.
>
> Eine Gesetzesvielfalt auf Länderebene erfüllt die Voraussetzungen des Art. 72 Abs. 2 GG erst dann, wenn sie eine Rechtszersplitterung mit problematischen Folgen darstellt, die im Interesse sowohl des Bundes als auch der Länder nicht hingenommen werden kann."[38]

Diese Ausführungen aus der sog. Altenpflegeentscheidung sind 2004 in den Entscheidungen zur Strafbarkeit der Kampfhundehaltung, zum Ladenschluss und zur Juniorprofessur bestätigt und intensiviert worden. Die Messlatte für den Bund beim Zugriff auf die konkurrierende Gesetzgebungskompetenz ist mittels der veränderten verfassungsrechtlichen Begrifflichkeit des Jahres 1994 durch die Gemeinsame Verfassungskommission also deutlich höher gelegt worden. Das BVerfG hat dies eindrucksvoll herausgearbeitet.

Das eigentliche Problem bildet heute aber weniger die Inanspruchnahme neuer Regelungsbefugnisse, da der Bund die meisten Materien bereits geregelt hat. Vielmehr liegt das Hauptproblem der Gegenwart und Zukunft darin, deregulierend mit dem Altbestand fertig zu werden.

---

[37] BVerfGE 106, 62 (148 ff.); BVerfG, DVBl. 2004, 698; DVBl. 2004, 889 sowie Urt. v. 27. 07. 2004, Az.: 2 BvF 2/02.
[38] BVerfG, DÖV 2003, 119 (121).

Bei den gegenwärtigen Beratungen der Kommission zur Modernisierung der bundesstaatlichen Ordnung geht es im Hinblick auf die Neuordnung der Gesetzgebungskompetenzen im Detail um wesentliche Fragestellungen. Dabei muss darauf geachtet werden, dass das Ziel einer Stärkung der Gesetzgebungskompetenzen der Länder realiter auch in politisch bedeutsamen Materien erreicht wird. Insoweit steckt der Teufel im Detail.

Die – sachlich völlig unbegründete – Furcht vor einer Verschlechterung des Status quo für den Fall der Übertragung einzelner Gesetzgebungsmaterien auf die Länder ist sowohl in der Kommission als erst recht bei die Kommissionsarbeit begleitenden Interessenverbänden weit verbreitet. Die spezifischen Chancen, die sich aus einem Wettbewerb der Regelungssysteme für das Gesamtsystem ergeben und damit das Herzstück von Bundesstaatlichkeit darstellen, werden demgegenüber wenig betont. Dies liegt auch daran, dass nicht nur der Bund ein hohes Interesse an bundeseinheitlichen Regelungen insbesondere in politisch relevanten Bereichen hat, was durch die Vertreter der Bundesregierung in der Kommission weit stärker artikuliert wird als durch die in der Kommission vertretenen Bundestagsabgeordneten, sondern auch zahlreiche kleinere und weniger leistungsfähige Länder immer wieder „Angst vor der eigenen Courage" haben –, sei es, weil sie den Wettbewerb zwischen den Ländern fürchten – so etwa bei der Besteuerung oder bei der Beamtenbesoldung –, sei es, weil sie es sich auf Grund der personellen Ressourcen in der Landesregierung nicht zutrauen, deutlich verbreiterte Gesetzgebungszuständigkeiten sachangemessen aufbereiten zu können. Aus diesem Grunde ist gerade von weniger leistungsfähigen Ländern der – verantwortungsverunklarende – Gedanke einer Zugriffsgesetzgebungskompetenz der Länder in die Diskussion eingeführt worden, ohne dass diese Idee in den bisherigen Beratungen der Kommission eine zentrale Rolle gespielt hat. Sachgerechter wäre es gewesen, Fragen der Länderneugliederung nicht – wie geschehen, um überhaupt zur Einsetzung der Kommission zu gelangen – völlig zu tabuisieren.

Angesichts der Heterogenität der Länderinteressen ist die Gefahr nicht ganz von der Hand zu weisen, dass es im Ergebnis sogar zu einer Stärkung der Gesetzgebungskompetenzen des Bundes kommt. Dafür spricht in einzelnen Materien die zu Recht beabsichtigte Stärkung der Europafähigkeit des bundesstaatlichen Handelns. In Verknüpfung mit der Diskussion um die Abschaffung der Rahmengesetzgebung zeichnet sich insbesondere im Umweltrecht eine Stärkung der Gesetzgebungszuständigkeit des Bundes ab, zumal die bisherige medienbezogene Zuordnung von Gesetzgebungskompetenzen auf Bund und Länder (Boden, Wasser, Luft) angesichts zunehmender integrativer Regelungskonzepte – gerade auch seitens der EU – überholt erscheint.

Wenn dies aber so ist, dann sollte nachdrücklich der Versuch unternommen werden, Kompetenzneuzuordnungen auf Bund und Länder schwerpunktmäßig nicht innerhalb einzelner abgrenzbarer Regelungsmaterien vorzunehmen, sondern gerade bei einer gestärkten Regelungskompetenz des Bundes etwa im Umweltrecht andere in sich geschlossene regional radizierbare Materien komplett den Ländern zu übertragen.

1. Öffentliche Fürsorge

Dies gilt insbesondere für den Sektor Bildung, aber auch für weite Teile der öffentlichen Fürsorge. Viel spricht dafür, diesen weiten Begriff des Art. 74 Abs. 1 Nr. 7 GG deutlich zu verengen und jedenfalls alle Schnittmengen zur Bildung – etwa im Jugendhilfebereich – vollständig in die Regelungszuständigkeit der Länder zu überführen. Damit würde der nicht erst seit PISA geforderten Stärkung des Bildungsauftrags in der Jugendhilfe und insbesondere in der Kindertagesbetreuung Rechnung getragen. Eine Verzahnung mit dem Bereich Schule nach den jeweiligen Bildungskonzepten würde ermöglicht. Die dringend erforderliche Abstimmung zwischen Schule und Jugendhilfe könnte leichter bewerkstelligt werden, es käme zu einer ganzheitlichen Bildungs- und Erziehungspolitik. Denn auch für noch nicht schulpflichtige Kinder muss der Bildungsauftrag umgesetzt werden, sei es durch eine stärkere Ausrichtung der Kindertagesbetreuung, sei es durch Umgestaltung zur Vorschule. Und für schulpflichtige Kinder muss der schulische Bereich mit dem außerschulischen Bereich verzahnt werden, damit die immer wieder angemahnte Abstimmung der Nachmittagsförderung mit dem Unterricht auf Landesebene erfolgen kann. Zugleich muss die Kinder- und Jugendhilfe nach den Erfordernissen vor Ort umgesetzt werden, denen durch Landeskompetenzen besser Rechnung getragen werden kann.

Gleiches muss für den Bereich der Sozialhilfe gelten. Bereits jetzt gibt es nach dem Bundessozialhilfegesetz in den Ländern unterschiedliche Sätze für Leistungen zum Lebensunterhalt, und zwar für die laufenden wie für die einmaligen Leistungen. Diese Verantwortung in den Ländern und insbesondere den Kommunen, die als Sozialhilfeträger das Gesetz in finanzieller Eigenverantwortung umsetzen, ist zu stärken, indem den Ländern auch die entsprechende Gesetzgebungskompetenz zugesprochen wird.

Neben den diskutierten Aspekten insbesondere der Aktualisierung des Subsidiaritätsprinzips für die Aufgabenzuordnung scheint zweierlei für die Diskussion um eine Stärkung der Gesetzgebungskompetenzen der Länder in diesem Bereich maßgeblich zu sein.

a. Bundeseinheitliches Regelungserfordernis

Gerade angesichts der intensiven Ausformung des Sozialstaatsprinzips durch den Bundesgesetzgeber erscheint die Rechtsprechungswende des BVerfG zur Auslegung des Art. 72 Abs. 2 GG in nunmehr vier Entscheidungen seit dem Herbst 2002 von besonderer Relevanz. Das führt dazu, dass schon nach geltendem Verfassungsrecht in zahlreichen Materien, die der Bund bisher gestützt auf Art. 74 Abs. 1 Ziff. 7 GG normiert hat, ein bundeseinheitliches Regelungserfordernis nicht gegeben ist.

Am aktuellen Beispiel des Entwurfs der Bundesregierung für ein Tagesbetreuungsausbaugesetz vom 13. August 2004[39] lässt sich dies besonders eindrucksvoll nachweisen. Der Gesetzentwurf begründet die Gesetzgebungskompetenz des Bundes wie folgt:[40]

> „Die Änderungen, insbesondere im Bereich der Förderung von Kindern in Tageseinrichtungen und in der Kindertagespflege, sind zur Wahrung der Rechtseinheit erforderlich. Gegenwärtig ist in den Ländern nicht nur eine Vielfalt unterschiedlicher Regelungen vorzufinden, vielmehr sind wichtige Teilbereiche, wie die öffentlich finanzierte Kindertagespflege als Element qualitätsorientierter Förderung von Kindern in der Mehrzahl der Länder überhaupt nicht Gegenstand einer gesetzlichen Regelung. ... Die daraus resultierende Rechtszersplitterung kann sowohl im Interesse des Bundes als auch dem der Länder nicht hingenommen werden. Angesichts der von Land zu Land unterschiedlichen Zugangskriterien zu den Tageseinrichtungen und des völligen Fehlens einer verlässlichen Rechtsgrundlage für die Inanspruchnahme der Kindertagespflege können Eltern, die eine Erwerbstätigkeit mit Pflichten in der Familie vereinbaren wollen und angesichts der Anforderungen der Wirtschaft ein hohes Maß an Mobilität aufbringen müssen, nicht darauf vertrauen, in allen Ländern ein im Wesentlichen gleich verlässliches Angebot an qualitätsorientierter Tagesbetreuung vorzufinden. Aus demselben Grunde können auch überregional agierende Unternehmen nicht damit rechnen, in allen Ländern auf ein Potenzial qualifizierter weiblicher Arbeitskräfte zurückgreifen zu können, da die örtlich und regional fehlenden Betreuungsmöglichkeiten an einer Erwerbstätigkeit hindern.
>
> Bis heute besteht ein erhebliches Gefälle in der Angebotsstruktur zwischen den westlichen und den östlichen Bundesländern, das auf eine unterschiedliche gesellschaftspolitische Bewertung der Tagesbetreuung für Kinder in den alten Bundesländern und den neuen Bundesländern zurückzuführen ist. ... Vor diesem Hintergrund ist der Bundesgesetzgeber gefordert, eine bundesgesetzliche Regelung zur Herstellung gleichwertiger Lebensverhältnisse im Bundesgebiet und zur Beseitigung der Folgen der deutschen Teilung zu treffen.

---

39 BR-Drs. 586/04.
40 a. a. O. S. 36 ff.

Darüber hinaus sind die Regelungen insbesondere erforderlich zur Wahrung der Wirtschaftseinheit. Die derzeit unterschiedlichen landesrechtlichen Regelungen ... schaffen Hindernisse für den wirtschaftlichen Verkehr im Bundesgebiet und verzerren die Verteilung des wirtschaftlichen (personellen und sachlichen) Potenzials. Ein zentraler Faktor für die Attraktivität des Wirtschaftsstandorts Deutschland in einer globalisierten Wirtschaftsordnung ist das Potenzial gut ausgebildeter Fachkräfte ...

Die bundesgesetzlichen Regelungen zur Wahrung der Wirtschaftseinheit liegen auch im gesamtstaatlichen Interesse. Vor dem Hintergrund einer sich abzeichnenden Belebung der Konjunktur ... ist eine bundesweit ausgebaute Tagesbetreuung von zentraler Bedeutung für die Funktionsfähigkeit der Gesamtwirtschaft.

Nur einheitliche Basisnormen im Bundesgebiet schaffen die Voraussetzungen für die Mobilität, die von den Eltern heute im Arbeitsleben erwartet wird. Deshalb ist ein bedarfsgerechtes Angebot an qualifizierter Tagesbetreuung in allen Teilen der Bundesrepublik heute eine zentrale Voraussetzung für die Attraktivität Deutschlands als Wirtschaftsstandort in einer globalisierten Wirtschaftsordnung. Engpässe in der Versorgung mit Betreuungsplätzen in einzelnen Regionen haben unmittelbare Folgen für die Rekrutierung qualifizierter Arbeitskräfte und damit für die Wettbewerbsfähigkeit dieser Region."

Träfen diese Überlegungen zur Begründung der Inanspruchnahme der Bundeskompetenz aus Art. 72 Abs. 2 GG zu, könnte man die Bemühungen der Kommission zur Modernisierung der bundesstaatlichen Ordnung mit dem Ziel einer stärkeren Reföderalisierung schlicht einstellen. Indes: Diese Begründung hält schon den Anforderungen *geltenden* Verfassungsrechts nicht stand.

b. Ausführungs- und Finanzierungszuständigkeit von Ländern und Kommunen

Hinzu kommt, dass schon jetzt bei den in Rede stehenden Materien regelmäßig eine Ausführungszuständigkeit der Länder (und zwar in der Regel bei den Kommunen) gegeben ist, was nach Art. 104a Abs. 1 GG die Finanzierungsverantwortung einschließt. Gerade Regelungsmaterien der öffentlichen Fürsorge sind es, bei denen der Bund besonders häufig unmittelbar eine Aufgaben- und damit Finanzierungsverantwortung der Kreise und kreisfreien Städte statuiert hat. Genannt seien nur §§ 69 KJHG, 96 BSHG, 4 GSiG, 6 SGB II, 3 SGB XII – was dem Bundesgesetzgeber künftig verfassungsrechtlich untersagt werden soll.

2. Resümee

Eine Verlagerung von Gesetzgebungszuständigkeiten aus diesem Bereich auf die Länder würde mithin die Finanzbeziehungen zwischen Bund und Ländern sowie zwischen einzelnen Ländern nicht nur nicht verändern, sondern im Gegenteil die Regelungszuständigkeit dort hinbringen, wo die Ausführungs- und Finanzierungsverantwortung bereits liegt, was gesamtstaatlich zur Folge hätte, dass diejenige staatsorganisatorische Ebene, die die Kostenlast für die Aufgaben bereits trägt, künftig durch die Regelungszuständigkeit auch die Ausgabenhöhe in einem ganz anderen Maße bestimmen könnte, als dies gegenwärtig allein durch die Ausführung der Gesetze mit sehr detaillierten bundesgesetzlichen Vorgaben der Fall ist.

IV. Mitwirkungsrechte der kommunalen Spitzenverbände (Arbeitsunterlage 052 vom 29. 03. 2004)

Im Positionspapier der Bundesvereinigung der kommunalen Spitzenverbände (AU 23) sind verbesserte Anhörungsrechte der Kommunen im Gesetzgebungsverfahren in Art. 28 Abs. 2 GG in systemkonformer Weise in die Diskussion des Themenkomplexes „Mitwirkungsrechte" eingebracht worden. Diese Fragestellung ist in den bisherigen Beratungen der AG 1 allerdings nicht behandelt worden.

Ich bitte daher gerade wegen des angekündigten Formulierungsvorschlags zu Art. 84 Abs. 1 GG darum, die Fragestellung einer Verankerung der Anhörungsrechte der Kommunalen Spitzenverbände in Art. 28 Abs. 2 GG mitzubehandeln. Hinsichtlich der kommunalen Argumentation darf ich auf Ziff. 3 des Positionspapiers (AU 23) verweisen. Zur materiellen Unterfütterung dieses Begehrens darf ich nachstehend einen Überblick über die bisherige Rechtslage auf der Ebene des Bundes und der Länder übermitteln. Daraus leitet sich folgender Formulierungsvorschlag zur Ergänzung des Art. 28 Abs. 2 GG ab:

> „Bevor durch Gesetz oder Verordnung allgemeine Fragen geregelt werden, welche die Gemeinden oder Kreise unmittelbar berühren, sind die [auf Bundesebene bestehenden] Kommunalen Spitzenverbände rechtzeitig zu hören."

Auf der Bundesebene finden sich derzeit folgende Anhörungsrechte:

1. Geschäftsordnung des Deutschen Bundestages (GO BT)

- § 66 Abs. 2 GO BT („*Berichterstattung*")

   „[...] Die Berichte müssen die Beschlussempfehlung des federführenden Ausschusses mit Begründung sowie die Ansicht der Minderheit und die Stellungnahmen der beteiligten Ausschüsse enthalten. Wenn kommunale Spitzenverbände im Rahmen des § 69 Abs. 5 Stellung genommen haben, müssen, sofern Informationssitzungen nach § 70 Abs. 1 stattgefunden haben, sollen die dargelegten Auffassungen in ihren wesentlichen Punkten im Bericht wiedergegeben werden."

- § 69 Abs. 5 GO BT („*Nicht-öffentliche Ausschusssitzungen*")

   „Berät der Ausschuss eine ihm überwiesene Vorlage, durch die wesentliche Belange von Gemeinden und Gemeindeverbänden berührt werden, soll den auf Bundesebene bestehenden kommunalen Spitzenverbänden vor Beschlussfassung im Ausschuss Gelegenheit zur Stellungnahme gegeben werden. Dies gilt insbesondere bei Entwürfen von Gesetzen, die ganz oder teilweise von den Gemeinden oder Gemeindeverbänden auszuführen sind, ihre öffentlichen Finanzen unmittelbar betreffen oder auf ihre Verwaltungsorganisation einwirken. Von der Bestimmung des Satzes 1 kann bei Regierungsvorlagen abgesehen werden, wenn aus der Begründung der Vorlagen die Auffassungen der kommunalen Spitzenverbände ersichtlich sind. Die Rechte des Ausschusses aus § 70 Abs. 1 bleiben unberührt."

- § 70 Abs. 1 GO BT („*Öffentliche Anhörungssitzungen*")

   „Zur Information über einen Gegenstand seiner Beratung kann ein Ausschuss öffentliche Anhörungen von Sachverständigen, Interessenvertretern und anderen Auskunftspersonen vornehmen. [...]."

2. Geschäftsordnung des Bundesrates (–)

3. Geschäftsordnung der Bundesregierung (–)

4. Gemeinsame Geschäftsordnung der Bundesministerien (GGO)

- § 41 GGO („*Interessenermittlung*", Kap. 6, Abschnitt 1 „*Vorbereitung von Gesetzesvorlagen der Bundesregierung*")

   „Zur Vorbereitung von Gesetzesvorlagen, die Belange der Länder oder der Kommunen berühren, soll vor Abfassung eines Entwurfs die Auffassung der Länder und der auf Bundesebene bestehenden kommunalen Spitzenverbände eingeholt werden."

- § 47 Abs. 1 GGO („*Beteiligung von Ländern, kommunalen Spitzenverbänden, Fachkreisen und Verbänden*", Kap. 6, Abschnitt 3 „*Beteiligungen und Unterrichtungen*")

  „Der Entwurf einer Gesetzesvorlage ist Ländern, kommunalen Spitzenverbänden und den Vertretungen der Länder beim Bund möglichst frühzeitig zuzuleiten, wenn ihre Belange berührt sind. […]"

- § 62 Abs. 2 GGO („*Rechtsverordnungen*")

  „Für Entwürfe von Rechtsverordnungen gelten die Bestimmungen über die Vorbereitung und Fassung der Gesetzesentwürfe (§§ 42, 43 Abs. 1 Nr. 5 bis 9, §§ 44 bis 50 und § 61) entsprechend. […]."

- § 70 Abs. 1 GGO („*Aufbau und Vorlage von Verwaltungsvorschriften*")

  „Der Entwurf der Verwaltungsvorschrift ist zu begründen, wenn er nicht ohne Weiteres aus sich heraus verständlich ist oder eine solche Einführung aus anderen Gründen sachdienlich ist. Im Übrigen gelten die §§ 44, 45, 47, 48, 49, 51 und 61 Abs. 1 und Abs. 2 entsprechend."

- § 74 Abs. 5 GGO („*Vorhaben im Rahmen der Europäischen Union*")

  „Das federführende Bundesministerium hat die anderen sachlich berührten Bundesministerien (Anlage 8) und Beauftragten (Anlage 3) möglichst frühzeitig zu beteiligen, um ihnen eine rechtzeitige und umfassende Mitprüfung des Vorhabens zu ermöglichen. Kommunale Spitzenverbände sollen, Fachkreise und Verbände können beteiligt werden; insoweit ist § 47 entsprechend anzuwenden."

5. Verankerung von Anhörungsrechten in den Landesverfassungen

In allen Kommunalverfassungen der Länder sind Anhörungsrechte der Kommunalen Spitzenverbände verankert. Von einer Wiedergabe wird daher abgesehen. Überdies finden sich Verankerungen in zahlreichen Landesverfassungen. Diese Bestimmungen sind im Nachfolgenden abgedruckt.

a. Baden-Württemberg

Art. 71 Abs. 4 Verf. BW (*2. Hauptteil, Abschnitt VI „Die Verwaltung"*)

„Bevor durch Gesetz oder Verordnung allgemeine Fragen geregelt werden, welche die Gemeinden und Gemeindeverbände berühren, sind diese oder ihre Zusammenschlüsse rechtzeitig zu hören."

b. Bayern

Art. 83 Abs. 7 BayVerf. (*7. Abschnitt „Die Verwaltung"*)

„Die kommunalen Spitzenverbände sollen durch die Staatsregierung rechtzeitig gehört werden, bevor durch Gesetz oder Rechtsverordnung Angelegenheiten geregelt werden, welche die Gemeinden oder die Gemeindeverbände berühren. Die Staatsregierung vereinbart zur Umsetzung des Konnexitätsprinzips (Abs. 3) ein Konsultationsverfahren mit den kommunalen Spitzenverbänden."

c. Berlin

Art. 68 Verf. Bln. (*Abschnitt VI „Die Verwaltung"*)

„(1) Den Bezirken ist die Möglichkeit zu geben, zu den grundsätzlichen Fragen der Verwaltung und Gesetzgebung Stellung zu nehmen.

(2) Zu diesem Zweck finden regelmäßig, mindestens einmal monatlich, gemeinsame Besprechungen des Regierenden Bürgermeisters und des Bürgermeisters mit den Bezirksbürgermeistern oder den Stellvertretenden Bezirksbürgermeistern als Vertretern des Bezirksamts statt (Rat der Bürgermeister).

(3) Alles Nähere wird durch Gesetz geregelt."

[Art. 66 Abs. 2 Verf. Bln.

„Die Bezirke erfüllen ihre Aufgaben nach den Grundsätzen der Selbstverwaltung. Sie nehmen regelmäßig die örtlichen Verwaltungsaufgaben wahr."]

d. Brandenburg

Art. 97 Abs. 4 Verf. Bbg. (*„Kommunale Selbstverwaltung", 3. Hauptteil, 4. Abschnitt „Die Verwaltung"*)

„Die Gemeinden und Gemeindeverbände sind in Gestalt ihrer kommunalen Spitzenverbände rechtzeitig zu hören, bevor durch Gesetz oder Rechtsverordnung allgemeine Fragen geregelt werden, die sie unmittelbar berühren."

e. Niedersachsen

Art. 57 Abs. 6 Nds. Verf. (*„Selbstverwaltung", 7. Abschnitt „Die Verwaltung"*)

„Bevor durch Gesetz oder Verordnung allgemeine Fragen geregelt werden, welche die Gemeinden oder die Landkreise unmittelbar berühren, sind die kommunalen Spitzenverbände zu hören."

f. Saarland

Art. 124 Verf. Saarl. (*2. Hauptteil, 8. Abschnitt „Kommunale Selbstverwaltung"*)

„Bevor durch Gesetz oder Verordnung allgemeine Fragen geregelt werden, welche die Gemeinden und Gemeindeverbände unmittelbar berühren, sollen die kommunalen Spitzenverbände gehört werden."

g. Sachsen

Art. 84 Abs. 2 Sächs. Verf. (*7. Abschnitt „Die Verwaltung"*)

„Bevor durch Gesetz oder Rechtsverordnung allgemeine Fragen geregelt werden, welche die Gemeinden und Gemeindeverbände berühren, sind diese oder ihre Zusammenschlüsse rechtzeitig zu hören."

h. Thüringen

Art. 91 Abs. 4 Verf. Thür. (*2. Teil, 7. Abschnitt „Die Verwaltung"*)

„Bevor auf Grund eines Gesetzes allgemeine Fragen geregelt werden, die die Gemeinden und Gemeindeverbände betreffen, erhalten diese oder ihre Zusammenschlüsse grundsätzlich Gelegenheit zur Stellungnahme."

V. 65. Deutscher Juristentag fordert klarere Verantwortungsteilung von Bund, Ländern und Kommunen (Kommissionsdrucksache 076 vom 28. 09. 2004)

1. Einleitung

Im Rahmen der Beratungen des 65. Deutschen Juristentages in Bonn vom 21. bis 24. September 2004 befasste sich die Abteilung Öffentliches Recht in unmittelbarem Vorfeld der entscheidenden Beratungen in der Kommission von Bundestag und Bundesrat zur Modernisierung der bundesstaatlichen Ordnung mit einer klareren Verantwortungsteilung von Bund, Ländern und Kommunen. Die Diskussion wurde durch das Gutachten des Münchener Hochschullehrers *Prof. Dr. Peter Michael Huber* und die Referate von Landtagsdirektor Prof. *Dr. Albert Janssen* (Hannover), Geschäftsf. Vorstandsmitglied des Landkreistages Mecklenburg-Vorpommern, *Dr. Hubert Meyer* (Schwerin) und Prof. *Dr. Stefan Korioth* (München) hervorragend vorbereitet. Besonderer Wert wurde bei Gutachten und Referaten darauf gelegt, entgegen des engeren Untersuchungsprogramms der Föderalismuskommission auch in besonderer Weise auf die Stellung der Kommunen im Bundesstaat sowie auf die Notwendigkeit der Neuordnung der Finanzbeziehungen als Folge einer veränderten Aufgabenteilung zwischen Bund, Ländern und Kommunen einzugehen. Die unterschiedlichen Erwartungshaltungen von Bund, Ländern und Kommunen an die Föderalismusreform wurden in Gutachten und Referaten bereits deutlich herausgearbeitet, wobei in der gemeinsamen Beschlussvorlage der Abteilung versucht wurde, unabhängig von leicht abweichenden Positionen in Einzelfragen ausgewogene „Win-win-Situationen" zur Verbesserung der Entscheidungsfindung im Bundesstaat und zur Autonomiestärkung von Bund, Ländern und Kommunen zu unterbreiten.

An der sehr lebhaften und zum Teil auch sehr kontroversen Diskussion nahmen am ersten Tag ca. 310 Teilnehmer und am zweiten Tag ca. 180 Teilnehmer teil, die etwa 70 Diskussionsbeiträge leisteten. Einvernehmlich wurde festgestellt, dass sich das dem deutschen Bundesstaat zu Grunde liegende Konzept eines Verbundföderalismus grundsätzlich bewährt hat, aber mit dem Ziel einer klareren Verantwortungsteilung zwischen Bund, Ländern und Kommunen und der Verbesserung der Europatauglichkeit des Bundesstaates fortentwickelt werden muss. Die übermäßige Verflechtung der Zuständigkeiten von Bund, Ländern und Kommunen führe zu langsamen, undurchsichtigen und unberechenbaren Ergebnissen und sei Ursache für die bestehende Entscheidungsschwäche des politischen Systems der Bundesrepublik Deutschland. Die Ausgestaltung des kooperativen Bundesstaats trage so auch den Erfordernissen aus der zunehmenden Europäisierung und Globalisierung nicht mehr hinreichend Rechnung. Die Bundesrepublik Deutschland sei keine zentral-kooperativ gesteuerte, territorial und ökonomisch geschlossene konzertierte Aktion mehr. Das Europaverfassungsrecht verpflichte ferner dazu, die Entscheidungsstrukturen des Bundesstaates europatauglich zu gestalten.

2. Länderneugliederung und Kompetenzverteilung

Einvernehmen bestand darüber, dass Leitlinien für eine klarere Verantwortungsteilung zwischen Bund, Ländern und Kommunen Subsidiarität, Autonomie und Eigenverantwortlichkeit sowie die Effektivität der Aufgabenerfüllung sind. Kontrovers wurde die Notwendigkeit einer Länderneugliederung und ihrer Auswirkungen auf die Kompetenzverteilung zwischen Bund, Ländern und Kommunen diskutiert. Ganz überwiegend waren die Teilnehmer der Auffassung, dass eine partielle Länderneugliederung geboten ist, damit die Länder ihren zukünftigen Aufgabenbestand wirksam erfüllen können. Bei einer Länderneugliederung sollten möglichst bestehende Länder zusammengelegt, keinesfalls aber regional geprägte Landschaften zerschnitten werden. Eine abschließende feste Verteilung der Kompetenzen auf Bund, Länder und Kommunen ist nach dem

Votum des DJT Zugriffs-, Öffnungs-, Erprobungs- und Experimentierklauseln angesichts der damit verbundenen Unsicherheit vorzuziehen. Von der Möglichkeit, die Gesetzgebung in einzelnen Sachmaterien durch eine Auffanggesetzgebung des Bundes mit Zugriffsrecht der Länder zu ergänzen, sollte daher nur Gebrauch gemacht werden, um die gebotene zeitnahe Umsetzung der europarechtlichen Verpflichtungen Deutschlands zu gewährleisten. Im Übrigen war der DJT der Auffassung, dass es solcher Modelle bei Bildung von Bundesländern mit vergleichbarer Leistungskraft nicht bedürfe. Mahnend wurde hervorgehoben, dass solche Vorschläge zu einem unsystematischen Nebeneinander von bundes- und landesrechtlichen Regelungen führen und dem Bund Gesetzgebungskompetenzen in Materien belassen, die nach dem Subsidiaritätsprinzip allein der Gesetzgebung der Länder offen stehen.

3. Gesetzgebung

Im Bereich der Gesetzgebung war eine breite Mehrheit dafür, die Rahmengesetzgebungskompetenz zu streichen und dafür die ausschließliche Gesetzgebung des Bundes, die ausschließliche Gesetzgebung der Länder, aber auch die konkurrierende Gesetzgebung von Bund und Ländern zu stärken. Das Spannungsfeld zwischen Länderautonomie einerseits und dem Wunsch nach Rechts- und Wirtschaftseinheit andererseits wurde in vielen Materien wie dem Umweltrecht, der öffentlichen Fürsorge, dem Bildungs- und Hochschulwesen und dem Beamtenrecht, näher ausgeleuchtet. Dabei traten in vielen Diskussionsbeiträgen insbesondere Bedenken von Fachbeamten gegen eine Verlagerung von Gesetzgebungskompetenzen auf die Länder zutage, ohne dass sich dies letztlich in den Beschlussergebnissen breit niederschlug.

Empfohlen wurde, den Typus der ausschließlichen Gesetzgebung des Bundes auf alle Gegenstände zu erstrecken, die nur den Gesamtstaat betreffen, keinen regionalen Bezug aufweisen oder die Leistungsfähigkeit der Länder bei typisierender Betrachtung evident überschreiten. Eine Ausdehnung der ausschließlichen Gesetzgebung des Bundes auf folgende Materien wurde empfohlen:

- das Statusrecht der Beamten,
- die Besoldung und Versorgung der Bediensteten des Bundes und der bundesunmittelbaren Körperschaften des öffentlichen Rechts,
- die überregionale internationale Verbrechensbekämpfung,
- die Raumordnung des Bundes und die Bauleitplanung,

- den Umweltschutz (ohne Naturschutz und Landschaftspflege),
- Bau, Unterhaltung und Benutzung der Bundesfernstraßen sowie
- die Staatshaftung des Bundes.

Hinsichtlich des Bereichs der konkurrierenden Gesetzgebung wurde empfohlen, dass dort die Gegenstände aufgenommen werden sollten, in denen die Gleichwertigkeit der Lebensverhältnisse oder die Rechts- und Wirtschaftseinheit des Bundesgebiets eine flächendeckende Regelung des Bundes zwingend erfordern. Den mit der Verfassungsreform 1994 verschärften Anforderungen für ein bundeseinheitliches Regelungserfordernis, die von der jüngeren Verfassungsgerichtsrechtsprechung (Altenpflege, Kampfhunde, Ladenschluss sowie Juniorprofessur) näher ausgeformt worden sind, sei durch Straffung des Katalogs in Art. 74 GG Rechnung zu tragen.

Auf Grund dieses Ausgangsbeschlusses wurde empfohlen, zahlreiche bisherige, der konkurrierenden Gesetzgebungskompetenz unterfallende Regelungsmaterien in die ausschließliche Gesetzgebungszuständigkeit der Länder zu überführen. Hinsichtlich der davon betroffenen Rechtsgebiete fand eine sehr intensive und im Detail jeweils äußerst kontroverse Diskussion statt. Im Ergebnis wurde mit breiter Mehrheit die Überführung der nachfolgenden Regelungsmaterien in die ausschließliche Gesetzgebungszuständigkeit der Länder befürwortet:

- das Recht der Bediensteten der Länder und der landesunmittelbaren Körperschaften und Anstalten des öffentlichen Rechts,
- das Recht der Hochschulen,
- das Versammlungsrecht,
- die Raumordnung der Länder,
- das Wohnungswesen,
- das Straßenrecht sowie
- die Regelung von Organisation, Rechtsform und Verfassung der Anstalten, Körperschaften und Stiftungen des öffentlichen Rechts der Länder.

Abgelehnt wurde eine Übertragung der Zuständigkeit auf die Länder hinsichtlich der außerschulischen beruflichen Bildung und des Rechts der Ausbildungsbeihilfen.

Nach kontroverser Diskussion wurde überdies mit klarer Mehrheit die Übertragung der Gesetzgebungskompetenz auf die Länder für den Naturschutz und die Landschaftspflege sowie für die öffentliche Fürsorge ohne das Recht der Sozialversicherung gefordert.

4. Mitwirkung des Bundesrates

Hinsichtlich der Mitwirkung des Bundesrates an der Bundesgesetzgebung bestand im Grundsatz Konsens dahingehend, dass die Zahl der zustimmungsbedürftigen Gesetze deutlich gesenkt werden soll. An der Struktur und Zusammensetzung des Bundesrates soll sich dabei nichts ändern. Die Umwandlung des Bundesrates in einen Senat wurde ebenso abgelehnt wie die von *Janssen* vorgeschlagene Direktwahl der Ministerpräsidenten der Länder. Als Grundsatz wurde herausgestellt, dass Zustimmungserfordernisse des Bundesrates für grundlegende Fragen der verfassungsmäßigen Ordnung ebenso beibehalten werden sollen wie für Regelungen des Bundes, die die Finanz- oder Organisationshoheit der Länder und ihrer Kommunen beeinträchtigen. In Einklang mit den Beratungen der Föderalismuskommission wurde eine Neuregelung der Art. 84 Abs. 1 und 85 Abs. 1 GG für notwendig erachtet, um die Einflussnahme des Bundes auf die Organisationshoheit der Länder und die Zustimmungserfordernisse des Bundesrates substanziell reduzieren zu können. Für Art. 84 Abs. 1 GG wurde folgender Formulierungsvorschlag angenommen:

> „Führen die Länder die Bundesgesetze als eigene Angelegenheit aus, so regeln sie die Einrichtung der Behörden und das Verwaltungsverfahren. Sofern Bundesgesetze in Bezug auf das Verwaltungsverfahren etwas anderes bestimmen, können die Länder davon abweichende Regelungen treffen."

Herausgestellt wurde bei nur einer Gegenstimme, dass als Übergangsregelung bestimmt werden muss, dass die bisherigen bundesrechtlichen Regelungen zur Einrichtung von Behörden als Landesrecht fortgelten, um bei einer Neuregelung des Art. 84 Abs. 1 und eines entsprechend gefassten Art. 85 Abs. 1 GG für die Altfälle der Bestimmung der Behördeneinrichtung durch den Bund und des bundesunmittelbaren Aufgabendurchgriffs auf die Kommunen eine sachangemessene Lösung zu finden.

Um auf diese Weise die Zahl der zustimmungsbedürftigen Gesetze deutlich zu reduzieren, zugleich aber die berechtigten Belange der Länder zu wahren, wurde einhellig gefordert, Art. 104 a Abs. 1–3 GG neu zu fassen. Dabei wurde folgender Formulierungsvorschlag eindeutig favorisiert:

> „Art. 104 a Abs. 1:
>
> Der Bund und die Länder tragen gesondert die bei ihren Behörden entstehenden Verwaltungsausgaben sowie die Zweckausgaben, die sich aus der Wahrneh-

mung ihrer Aufgaben ergeben, soweit dieses Grundgesetz nichts anderes bestimmt.

Abs. 2:

Bundesgesetze, die von den Ländern als eigene Angelegenheit ausgeführt werden und Ansprüche Dritter auf Erbringung von Geldleistungen oder geldwerten Sachleistungen begründen, bedürfen der Zustimmung des Bundesrates. Sie können bestimmen, dass die Zweckausgaben zum Teil vom Bund getragen werden.

Abs. 3:

Handeln die Länder im Auftrag des Bundes, trägt der Bund die sich daraus ergebenden Zweckausgaben."

Die einzige Detailkontroverse bestand in diesem Zusammenhang in der Frage, ob in Abs. 2 die Zustimmungspflicht des Bundesrates auf Gesetze beschränkt werden soll, die die Erbringung von erheblichen *Geldleistungen oder geldwerten Sachleistungen* begründen. Dies wurde mit ganz überwiegender Mehrheit abgelehnt, um nicht neue Zweifelsfragen hinsichtlich der Zustimmungsbedürftigkeit von Bundesgesetzen zu schaffen.

5. Gemeinschaftsaufgaben

Die zu Art. 83 ff. GG im Übrigen unterbreiteten Beschlussvorschläge stießen in der Abstimmung auf Zustimmung, wurden aber kaum debattiert. Hervorzuheben ist, dass einhellig die in der Rechtsprechung des BVerfG herausgearbeitete Position (BVerfGE 63, 1, 31 ff.) bestätigt wurde, dass grundsätzlich der Verwaltungsträger, dem durch Art. 83 ff. GG Verwaltungsaufgaben zugewiesen sind, diese Aufgaben durch eigene Verwaltungseinrichtungen mit eigenen personellen und sächlichen Mitteln wahrzunehmen hat. Einer klaren Verantwortungszuordnung durch Kompetenznormen widerspricht es, wenn in weitem Umfang Einrichtungen der Landesverwaltung für Zwecke der Bundesverwaltung herangezogen werden, auch wenn eine förmliche Übertragung von Zuständigkeiten nicht erfolgt. Dieser Beschlussfassung kommt im Zusammenhang mit der Aufgabenwahrnehmung nach dem Arbeitsgemeinschaftsmodell in § 6 SGB II eine besondere Bedeutung zu.

Differenziert wurde hinsichtlich der Zukunft der Gemeinschaftsaufgaben und gemeinschaftlich wahrgenommenen Aufgaben abgestimmt. Mit knapper Mehrheit wurde eine Abschaffung der gemeinschaftlich wahrgenommenen Aufgaben nach Art. 91 b GG abgelehnt, während die Abschaffung der Gemeinschaftsaufgaben nach Art. 91 a GG eine deutliche Mehrheit fand, wobei darüber hinaus beschlossen wurde, die frei werdenden Bundesmittel den Ländern entsprechend ihrer bisherigen Verteilung dauerhaft zugute kommen zu lassen.

6. Kommunen im Bundesstaat

Die künftige Rolle der Kommunen im Bundesstaat spielte in der Diskussion eine breite Rolle. Einhellig wurde dabei davon ausgegangen, dass Art. 28 Abs. 2 GG für die Gemeinden und Kreise gleichermaßen ein Prinzip dezentraler Aufgabenverteilung beinhaltet, das vom zuständigkeitsverteilenden Gesetzgeber zu beachten ist. Einstimmig wurde festgestellt, dass Gemeinden und Kreise keine dritte Ebene im Staatsaufbau bilden, sondern verfassungsrechtlich Bestandteile der Länder sind. Dabei wurde genauso eindeutig hervorgehoben, dass das Grundgesetz die kompetenzielle und finanzielle Eigenverantwortung der Kommunen ausdrücklich anerkennt, was bei der Verteilung der Steuerertragskompetenzen angemessen zu berücksichtigen sei.

Gefordert wurde überdies mit breiter Mehrheit, in Art. 28 Abs. 2 GG eine verfahrensrechtliche Absicherung der Selbstverwaltungsgarantie vorzunehmen und ein Anhörungsrecht der kommunalen Spitzenverbände bei kommunalrelevanten Gesetzesvorhaben zu verankern.

Die Auswirkungen aus der vorgeschlagenen Änderung des Art. 84 Abs. 1 in 104 a Abs. 1–3 GG für die Kommunen wurden folgerichtig mit dem Beschluss gezogen, dass in Art. 84 GG der kostenträchtige Aufgabendurchgriff des Bundes auf die Kommunen unterbunden werden müsse. Im Anschluss an den neu zu fassenden Art. 84 Abs. 1 GG sollte daher klarstellend hinzugefügt werden:

> „Durch Bundesgesetze dürfen den Gemeinden und Kreisen Aufgaben nicht übertragen werden."

Die einhellig geforderte Regelung, dass die bisherigen bundesrechtlichen Bestimmungen zur Aufgabenträgerschaft der Gemeinden und Kreise als Landesrecht fortgelten, findet hier ihren besonders relevanten Anwendungsbereich. Herausgestellt wurde, dass bei einer solchen Regelung die Forderung nach Normierung eines strikten Konnexitätsprinzips unmittelbar zwischen Bund und Kommunen, wie sie der 61. Deutsche Juristentag in Karlsruhe 1996 für den Fall des erlaubten Aufgabendurchgriffs auf die Kommunen vorgeschlagen hatte, gegenstandslos würde.

7. Folgen für die Finanzverfassung

Als Grundsatz wurde einhellig festgestellt, dass die Finanzverfassung des Grundgesetzes als akzessorische Folgeverfassung allen Gebietskörperschaften aufgabenangemessene finanzielle Ressourcen und Handlungsmöglichkeiten zur Verfügung zu stellen hat und daher die klarere Verantwortungsteilung im Bereich der Gesetzgebung und Gesetzesausführung eine teilweise Neuordnung der Finanzverfassung verlangt.

Die Beschlüsse zur reduzierten Mitwirkung des Bundesrates aufgreifend wurde festgestellt, dass auf Grund der Vollzugskonnexität nach Art. 104 a Abs. 1 GG bei Bundesgesetzen mit wesentlichen Kostenfolgen für die ausführenden Länder und Kommunen ein besonderes Schutzbedürfnis der Länder besteht, vor dessen Hintergrund bei Bundesgesetzen mit wesentlichen Kostenfolgen ein Zustimmungserfordernis des Bundesrates geschaffen werden sollte. Nur wenn dies geschehe, könne auf die Änderung des Art. 104 a Abs. 3 GG i. S. des vom 61. DJT in Karlsruhe 1996 vorgeschlagenen eingeschränkten strikten Konnexitätsprinzips verzichtet werden.

Kontrovers wurden die Folgen der empfohlenen Abschaffung des Art. 91 a GG für eine Neufassung des Art. 104 a Abs. 4 GG diskutiert. Letztlich wurde mit breiter Mehrheit die Auffassung vertreten, dass gerade bei einer Streichung des Art. 91 a GG sich die Beibehaltung von Finanzhilfen nach Art. 104 a Abs. 4 GG als erforderlich erweist. Für die Neuformulierung des Art. 104 a Abs. 4 S. 1 GG wurde folgender Formulierungsvorschlag unterbreitet:

> „Der Bund kann den Ländern zeitlich befristete Finanzhilfen für besonders bedeutsame Investitionen der Länder und Gemeinden (Gemeindeverbände) gewähren, die zum Ausgleich unterschiedlicher Wirtschaftskraft im Bundesgebiet und zur Abwehr einer Störung des gesamtwirtschaftlichen Gleichgewichts erforderlich sind."

Besonders kontrovers wurden Fragen der Stärkung der Steuerautonomie von Ländern und Kommunen diskutiert. Dies schlug sich in den Abstimmungsergebnissen zwangsläufig nieder. Von Seiten des Abteilungsbüros war deutlich darauf hingewiesen worden, dass mit der Schaffung verfassungsrechtlicher Optionen zur Stärkung der Steuerautonomie von Ländern und Kommunen keinesfalls eine einfachgesetzliche Steuerreformdebatte entfacht werden solle. Zur Erhöhung der Selbstständigkeit der Länder und Kommunen auf der Einnahmenseite war vom Abteilungsbüro der öffentlich-rechtlichen Abteilung vorgeschlagen worden, selbstständig auszuübende, bundesrechtlich begrenzte Zuschlags- bzw. Hebesatzrechte auf die Einkommen- und Körperschaftsteuer vorzusehen und für Steuern, deren Aufkommen nach Art. 106 Abs. 2 GG ausschließlich den Ländern zugewiesen ist, die Steuergesetzgebungszuständigkeit ebenfalls ausschließlich den Ländern zuzuweisen. Überdies wurde vom Abteilungsbüro vorgeschlagen, zur Verringerung der Abhängigkeit von staatlichen Finanzzuweisungen die kommunale Steuerbasis zu verbreitern, wofür sich neben der Aktivierung eines Zuschlags- bzw. Hebesatzrechts für den gemeindlichen Einkommen- bzw. Körperschaftsteueranteil eine quantitative Ausweitung des gemeindlichen Anteils an der Umatzsteuer anbiete. Darüber hinaus wurde angesichts ihres bundesweit hohen Bestandes originärer Selbstverwaltungsaufgaben eine originäre Steuerbeteiligung der Kreise für dringend geboten erachtet. Dafür hielt das Abteilungsbüro der Abteilung Öffentliches Recht die Einkommensteuer (ohne Hebesatzrecht), die Umsatzsteuer oder Landessteuern mit spezifischem Kreisbezug wie die Grunderwerbsteuer für geeignet.

Diese autonomiestärkenden Vorschläge, für die es in Diskussionsbeiträgen einzelner Kommunalvertreter, aber auch der Vertreter der Wissenschaft deutlichen Zuspruch gab, wurden insbesondere von einzelnen anderen Kommunalvertretern strikt abgelehnt. Im Ergebnis sprach sich die Abteilung Öffentliches Recht zwar für eine Stärkung der kommunalen Steuerbasis aus, konnte sich als Instrument dafür aber nur auf eine quantitative Ausweitung des gemeindlichen Anteils an der Umsatzsteuer, nicht aber auf bundesrechtlich begrenzte Hebesatzrechte der Gemeinden auf die Einkommen- und Körperschaftsteuer und auf eine Beteiligung der Kreise an der Einkommen- bzw. Umsatzsteuer verständigen, wobei allerdings die Einigkeit im Grundsatz, dass neben den Zielen einer Verstetigung und besseren Gestaltbarkeit ein spezifisches Band zur örtlichen Wirtschaft erhalten bleiben muss, herausgestellt wurde.

Hinsichtlich der Stärkung der Steuerautonomie der Länder fand der Vorschlag bundesrechtlich begrenzter Zuschlagsrechte auf die Einkommen- und Körperschaftsteuer ebenfalls keine Mehrheit. Angenommen wurde demgegenüber mehrheitlich der Vorschlag, Art. 105 Abs. 2 a GG künftig wie folgt zu fassen:

> „Die Länder haben die Befugnis zur Gesetzgebung über die Steuern, deren Aufkommen ausschließlich ihnen zusteht, sowie über die örtlichen Verbrauch- und Aufwandsteuern."

Im Bereich der Finanzverfassung bestand überdies Einvernehmen darüber, dass die sog. Maastricht-Verschuldungskriterien in Art. 109 Abs. 2 und 3 GG aufgenommen werden müssen.

8. Europaverfassungsrecht

Abschließend befasste sich die Abteilung Öffentliches Recht mit dem Europaverfassungsrecht und forderte eine Neufassung des Art. 23 GG. Die bisherigen Abs. 3–6 sollen gestrichen werden. Stattdessen sollen die Mitwirkungsrechte des Bundesrates verbessert und die Vertretung Deutschlands in der Europäischen Union wieder in den Händen des Bundes konzentriert werden. Art. 23 GG soll daher ab Abs. 3 wie folgt gefasst werden:

„Abs. 3:

Die Bundesregierung gibt dem Bundestag Gelegenheit zur Stellungnahme vor ihrer Mitwirkung an Rechtsetzungsakten der Europäischen Union. Würde ein Rechtsetzungsvorhaben der Europäischen Union nach innerstaatlichem Recht der Bundesrepublik Deutschland den Erlass eines Gesetzes erfordern, so ist die Stellungnahme des Bundestages maßgeblich, es sei denn, es bestehen zwingende außen- und integrationspolitische Gründe, die ein Abweichen hiervon fordern. In diesen Fällen muss die Bundesregierung ihr Abweichen von der Stellungnahme des Bundestages zuvor ankündigen. Das Nähere regelt ein Gesetz.

Abs. 4:

Die Bundesregierung gibt dem Bundesrat Gelegenheit zur Stellungnahme vor ihrer Mitwirkung an Rechtsetzungsakten der Europäischen Union. Würde ein Rechtsetzungsakt der Europäischen Union nach innerstaatlichem Recht der Bundesrepublik Deutschland den Erlass eines Gesetzes erfordern, welches der Zustimmung des Bundesrates bedarf, ist die Stellungnahme des Bundesrates maßgeblich, es sei denn, es bestehen zwingende außen- und integrationspolitische Gründe oder zwingende Gründe des gesamtstaatlichen Interesses, die ein Abweichen hiervon fordern. In diesen Fällen muss die Bundesregierung ihr Abweichen von der Stellungnahme des Bundesrates zuvor ankündigen. Das Nähere regelt ein Gesetz."

9. Schlussbemerkung

Resümierend lässt sich damit feststellen, dass der 65. Deutsche Juristentag in Bonn in sich konsistente Vorschläge zur klareren Verantwortungsteilung von Bund, Ländern und Kommunen unterbreitet hat, wobei der „Mut zur Entscheidung" bei der Stärkung der Steuerautonomie von Ländern und Kommunen ein Stück weit gefehlt hat.

In der Frankfurter Allgemeinen Zeitung vom 25.09.2004 kommentiert *Heike Göbel* wie folgt:

„Seit gestern darf man wieder ein klein wenig Hoffnung in die Reformierbarkeit des deutschen Föderalsystems setzen. ... Nichts deutete bislang darauf hin, dass

Länder und Kommunen dieses Gremium (= Föderalismuskommission) mit Enthusiasmus und Entschlussfreudigkeit nutzen wollen, um sich mehr politische Gestaltungsmöglichkeiten zu erobern ...

Die Freude über den Vorstoß der Länder wird allerdings durch die Tatsache getrübt, dass sich ihr Mut, eigene Wege zu gehen, wenn überhaupt, offenkundig nur auf solche Felder richtet, die keinerlei finanzielle Risiken bergen. Die Übernahme von Finanzverantwortung scheuen Länder und Kommunen nach wie vor wie der Teufel das Weihwasser. Politisch lebt es sich – weitgehend entmündigt – im engen föderalen Finanzverbund sicher und bequem. Hier werden alle wichtigen Steuern von Bund und Land gemeinsam ausgehandelt, über einen fein ziselierten Ausgleich fließen sie dann auch dahin, wo nichts erwirtschaftet wurde.

Erst wenn eine Mehrheit der Ministerpräsidenten diesen Verbund in Frage stellt und bereit ist, echte Finanzverantwortung zu übernehmen, wird der deutsche Föderalismus zum Leben erwachen. Dann erst erhalten Landespolitiker die Landeskompetenzen, die sie brauchen, um auf Leben und Wirtschaft vor Ort entscheidenden Einfluss nehmen zu können. Dann wird Landespolitik wieder spannend – und von den Bürgern ernst genommen. Das stärkt die Demokratie. Die Föderalismuskommission hat es in der Hand."

Heike Göbel trifft damit hinsichtlich der Beschlussfassungen des 65. Deutschen Juristentages den Nagel auf den Kopf. Wer allerdings meint, dass sie sich mit diesen Beschlüssen in ihrer Kommentierung befasst habe, irrt. *Heike Göbel* befasste sich mit einem anderen Regelungsgegenstand, der parallel dazu in Berlin, nämlich im Bundesrat, mit der Absicht der überwiegenden Zahl der Länder behandelt wurde, künftig die Zuständigkeit für die Regelung der Ladenschlusszeiten für sich zu beanspruchen.

VI. Notwendigkeit einer verfassungsrechtlichen Überleitungsregelung in Folge einer Änderung des Art. 84 GG (Kommissionsdrucksache 079 vom 04. 10. 2004)

Unabhängig von den Detailformulierungen im Übrigen steht nach der Berichterstattung aus der Projektgruppe 1 fest, dass in Art. 84 Abs. 1 GG normiert werden soll, dass künftig durch Bundesgesetze den Gemeinden und Gemeindeverbänden Aufgaben nicht mehr übertragen werden dürfen. Dieser Regelungsvorschlag ist von kommunaler Seite begrüßt worden.

Er führt bei seiner Realisierung dazu, dass künftig bei neuen Gesetzen ein bundesunmittelbarer Aufgabendurchgriff auf die Kreise und kreisfreien

Städte, wie er in der Vergangenheit etwa in §§ 69 KJHG, 96 BSHG, 4 GSiG, 6 SGB II und 3 SGB XII erfolgt ist, nicht mehr möglich ist. Die Aufgabenübertragung müsste künftig stattdessen durch die Landesgesetzgeber erfolgen, was zur Folge hätte, dass die mittlerweile in den Landesverfassungen aller Flächenländer vorhandenen Konnexitätsregelungen zur Anwendung gelangten und die Kommunen von den Ländern einen Ausgleich der aus der Aufgabenübertragung resultierenden Mehrbelastung verlangen könnten.

Zum Schutz der berechtigten Belange der Länder gegenüber dem Bund ist vorgesehen, eine neue Zustimmungsbedürftigkeit durch den Bundesrat bei Bundesgesetzen mit wesentlichen Kostenfolgen vorzusehen.

Dieses in sich stimmige Regelungskonzept weist allerdings eine zwingend zu schließende Schutzlücke auf: Bleiben die bisherigen Bestimmungen über die Aufgabenträgerschaft der Kreise und kreisfreien Städte als bundesgesetzliche Regelungen bestehen und nimmt der Bundesgesetzgeber materiell-rechtliche Änderungen dieser Gesetze mit Kostenfolgen vor, käme zwar das neu zu schaffende Zustimmungserfordernis für den Bundesrat zum Tragen; mangels Einschaltung der Landesgesetzgeber in die Aufgabenübertragung gelangten die landesverfassungsrechtlichen Konnexitätsbestimmungen allerdings nicht zur Anwendung. Die Kommunen wären also vor allen künftigen bundesgesetzlich veranlassten finanziellen Folgen bei derzeit bereits bestehender kommunaler Aufgabenträgerschaft nicht geschützt.

Ein solches Ergebnis trägt der mit der Änderung des Art. 84 GG im Hinblick auf die Kommunen verfolgten Zielsetzung nicht Rechnung. Daher bedarf es als Übergangsregelung, die etwa in Art. 126 a GG geregelt werden könnte, einer Überleitungsregelung, die lauten könnte:

> „Regelungen, durch die Gemeinden (Gemeindeverbände) durch Bundesrecht aufgrund Art. 84 Abs. 1 GG bis zum ... (Inkrafttreten der Grundgesetzänderung) unmittelbar Aufgaben übertragen worden sind, gelten als Landesrecht fort."

Auf diese Weise würden Mehrbelastungen der Kommunen aus bereits bestehenden bundesrechtlichen Aufgabenübertragungen ab Inkrafttreten der Grundgesetzänderung den landesverfassungsrechtlichen Konnexitätsregeln unterfallen. Für bis zu diesem Zeitpunkt bereits bestehende Ausgabelasten der Kommunen ergäbe sich keine Änderung.

VII. Zum Vorentwurf für Vorschlag der Vorsitzenden vom 13. Dezember 2004 (Arbeitsunterlage 110 vom 15. 12. 2004)

Zum Vorentwurf möchte ich zu drei Vorschlägen – die in der Sache alle zu unterstützen sind – Stellung nehmen.

1. Zu I.1 Mitwirkungsrechte des Bundesrates – Abbau der Zustimmungsrechte

In Art. 84 Abs. 1 S. 6 (neu) sowie Art. 85 Abs. 1 S. 2 (neu) soll jeweils formuliert werden:

> „Durch Bundesgesetze dürfen Gemeinden und Gemeindeverbänden Aufgaben nicht übertragen werden."

Dieser Vorschlag ist aus kommunaler Sicht nachdrücklich zu begrüßen. Ich habe dazu bereits mit Kommissionsdrucksache 79 Stellung genommen. Auch hat der 65. Deutsche Juristentag diese Vorschläge einhellig unterstützt (dazu Kommissionsdrucksache 76).

Das Ziel der Neuregelung besteht darin, dass es für die Zukunft ausgeschlossen sein soll, dass Bundesgesetze, die neue Aufgaben begründen oder bereits bestehende Aufgaben erweitern, direkt vom Bund auf die Kommunen übertragen werden dürfen.

Dieses Ziel wird mit der vorgeschlagenen Neuregelung allerdings dann nicht erreicht, wenn sich eine bundesgesetzliche Regelung künftig – wie etwa jüngst beim Tagesbetreuungsausbaugesetz – auf materielle Regelungen beschränkt, eine bundesrechtliche Zuständigkeitsbestimmung kommunaler Träger aber bereits besteht. Gerade diese Konstellation ist vielfach gegeben, wie etwa die kommunalen Zuständigkeitsbestimmungen in §§ 69 KJHG, 96 BSHG, 4 GSiG, 6 SGB II und 3 SGB XII zeigen.

Ein solches Gesetz bedürfte nach dem unterbreiteten Vorschlag künftig der Zustimmung des Bundesrates nach Art. 104 a Abs. 3 a (neu) einschließlich Begleittext.

Ohne eine ergänzende Übergangsbestimmung hinsichtlich der Fortgeltung der bisherigen bundesgesetzlichen Zuständigkeitsbestimmungen als Landesrecht könnten trotz derartiger Änderungen des Art. 84 Abs. 1 S. 6 (neu), 85 Abs. 1 S. 2 (neu) die Gemeinden und Gemeindeverbände bei bereits bestehenden bundesgesetzlichen Zuständigkeitsbestimmungen weiterhin unmittelbar in Pflicht genommen werden, ohne dass es – wie einhellig beabsichtigt – überhaupt eines Übertragungsaktes der Landesgesetzgeber bedürfte.

Um diese nicht beabsichtigte Schutzlücke nicht entstehen zu lassen, bietet sich eine Überleitungsregelung als Übergangsregelung in Art. 126 a GG an. Auf der Grundlage der Vorschläge der Vorsitzenden unterbreite ich dafür zwei alternative Formulierungsvorschläge:

1. Alternative

„Regelungen, durch die Gemeinden oder Gemeindeverbänden durch Bundesrecht auf Grund Art. 84 Abs. 1 oder Art. 85 Abs. 1 in der bis zum xx geltenden Fassung unmittelbar Aufgaben übertragen worden sind, gelten als Landesrecht fort."

2. Alternative

„Recht, das als Bundesrecht erlassen worden ist, aber wegen Änderung des Art. 84 Abs. 1 oder des Art. 85 Abs. 1 nicht mehr als Bundesrecht erlassen werden könnte, gilt als Landesrecht fort."

2. Zu I.2 Mitwirkungsrechte des Bundesrates – neue Zustimmungsrechte für Bundesgesetze mit erheblichen Kostenfolgen

Es soll ein neuer Art. 104 a Abs. 3 a in das GG eingefügt werden:

„Führen die Länder Bundesgesetze als eigene Angelegenheit aus, bedürfen diese der Zustimmung des Bundesrates, wenn sie Pflichten der Länder zur Erbringung von Geldleistungen oder geldwerten Sachleistungen gegenüber Dritten begründen."

Auch dieser Vorschlag ist als Ersatz des entfallenen Zustimmungserfordernisses in Art. 84 GG nachdrücklich zu begrüßen.

Auf folgenden Wertungswiderspruch, der die gefundene Lösung m. E. nachdrücklich entwertet, ist jedoch hinzuweisen: Es wird vorgeschlagen, im bisherigen Art. 104 a Abs. 3 nur S. 3 zu streichen, aber die Sätze 1 und 2 beizubehalten. Dies würde zu folgenden Ergebnissen führen:

Der Bund dürfte sich auch künftig an den Kosten der geldwerten Sachleistungen gem. Art. 104 a Abs. 3 a (neu) nicht beteiligen. Insoweit ist das Zustimmungserfordernis des Bundesrates also nicht mit der Möglichkeit einer Kostenbeteiligung des Bundes an den geldwerten Sachleistungen der Länder verknüpft.

Anders verhält es sich bei den Geldleistungen: Hier soll der Bund auch künftig die Geldleistungen gem. Art. 104 a Abs. 3 S. 1 (alt) ganz oder z. T. tragen können. Warum sich diese Möglichkeit einer Kostenbeteiligung des Bundes nicht auch auf die nach Art. 104 a Abs. 3 a (neu) neu erfassten geldwerten Sachleistungen erstrecken soll, bleibt unklar.

Noch gravierender ist der Wertungswiderspruch der beabsichtigten Neuregelung zur fortgeltenden Regelung in Art. 104 a Abs. 3 S. 2 (alt). Dort heißt es:

> „Bestimmt das Gesetz, dass der Bund die Hälfte der Ausgaben oder mehr trägt, wird es im Auftrage des Bundes ausgeführt."

Das bedeutet, dass die Neuregelung in Art. 104 a Abs. 3 a i. V. m. der Altregelung in Art. 104 a Abs. 3 S. 2 dazu führen würde, dass der Anwendungsbereich der Neuregelung erheblich reduziert würde:

Sieht ein Bundesgesetz künftig eine Pflicht der Länder zur Erbringung von Geldleistungen vor und trägt der Bund davon (nur) die Hälfte der Kosten, wird dieses Gesetz gem. Art. 104 a Abs. 3 S. 2 auch weiterhin im Auftrage des Bundes durchgeführt. Das bedeutet, dass insoweit die Tatbestandsvoraussetzung des neuen Art. 104 a Abs. 3 a für ein Zustimmungserfordernis des Bundesrates: „Führen die Länder die Bundesgesetze *als eigene Angelegenheit aus*" nicht vorliegt.

Mit anderen Worten führt der Fortbestand von Art. 104 a Abs. 3 S. 2 (alt) dazu, dass der Bundesgesetzgeber ohne Zustimmungserfordernis des Bundesrates den Ländern bei Geldleistungsgesetzen (nicht aber bei geldwerten Sachleistungen) bis zur Hälfte der Kostenlast auferlegen kann, ohne dass dies ein Zustimmungserfordernis des Bundesrates auslöst. Damit bleibt das neue Zustimmungserfordernis noch hinter der bisherigen Regelung des Art. 104 a Abs. 3 S. 3 (alt) (Ausgabenlast zu mehr als einem Viertel bei den Ländern) zurück.

Das Nebeneinander von Art. 104 a Abs. 3 (alt) und Art. 104 a Abs. 3 a (neu) führt also zu einer sachlich nicht gerechtfertigten unterschiedlichen Behandlung von Pflichten der Länder zur Erbringung von Geldleistungen einerseits und geldwerten Sachleistungen andererseits. Außerdem führt der Fortbestand von Art. 104 a Abs. 3 S. 2 (alt) zu einem Fortbestand des Wertungswiderspruchs zu Art. 104 a Abs. 2 (alt). Danach trägt der Bund, wenn die Länder im Auftrage des Bundes handeln, die sich daraus ergebenden Ausgaben. Während Art. 104 a Abs. 2 GG von der Aufgabe (= Auftragsangelegenheit) auf die Kostenfolge schließt und Art. 104 a Abs. 3 a (neu) von der Aufgabe (= eigene Angelegenheit der Länder) auf ein Zustimmungserfordernis des Bundesrates schließt, gelangt Art. 104 a Abs. 3 S. 2 (alt) umgekehrt von der (nur) hälftigen Kostentragung des Bundes zur Umqualifzierung der Aufgabe als Auftragsangelegenheit – mit der Folge der Unanwendbarkeit des Art. 104 a Abs. 3 a (neu).

Daher empfiehlt es sich m. E., jedenfalls zur Sicherung des tatbestandlichen Anwendungsbereichs von Art. 104 a Abs. 3 a (neu), Art. 104 a Abs. 3 S. 2 (alt) ersatzlos zu streichen.

Wenn der darüber hinaus zu Beginn aufgezeigte Wertungswiderspruch zwischen einer – erlaubten – Kostenbeteiligung des Bundes an Geldleistungen und einer – untersagten – Kostenbeteiligung des Bundes an geldwerten Sachleistungen nicht aufrechterhalten werden soll, bietet sich an, Art. 104 a Abs. 3 (neu) in Anknüpfung an die Vorschläge der Vorsitzenden wie folgt neu zu formulieren:

> „Bundesgesetze, die von den Ländern als eigene Angelegenheit ausgeführt werden und Pflichten der Länder zur Erbringung von Geldleistungen oder geldwerten Sachleistungen gegenüber Dritten begründen, bedürfen der Zustimmung des Bundesrates. Sie können bestimmen, dass diese Leistungen z. T. vom Bund getragen werden."

3. Zu II.1 Reform der Gesetzgebungskompetenzen – Organisations- und Personalhoheit

In Art. 74 Abs. 1 Nr. 27 (neu) soll es heißen:

> „Die Statusrechte und -pflichten der Angehörigen des Öffentlichen Dienstes der Länder, Gemeinden und anderer Körperschaften des öffentlichen Rechts..."

Auch dieser Vorschlag ist in der Sache zu begrüßen. Hinsichtlich der Detailformulierung ist allerdings darauf hinzuweisen, dass das Grundgesetz, wenn es den kommunalen Bereich anspricht, durchgehend von „Kreisen und Gemeinden" (Art. 28 Abs. 1 S. 2 und S. 3) oder von „Gemeinden und Gemeindeverbänden" bzw. „Gemeinden (Gemeindeverbände)" spricht.

Diese Wendung ist auch in den vorgeschlagenen Neuregelungen zu Art. 84 Abs. 1 S. 6, 85 Abs. 1 S. 2 sowie 104 b Abs. 1 GG enthalten.

Sie findet sich im Übrigen in Art. 105 Abs. 3, 106 Abs. 7, 106 Abs. 8 S. 1 (zweimal), 106 Abs. 8 S. 2 (zweimal), Art. 108 Abs. 4 S. 2 (zweimal), Art. 108 Abs. 5 S. 2, 108 Abs. 7 sowie Art. 115 c Abs. 3 GG.

Nur in Art. 106 Abs. 3 S. 1, Abs. 5, Abs. 5 a und Abs. 6 GG ist bewusst lediglich von „Gemeinden" die Rede, weil hier – anders in den vorgenannten Vorschriften normiert und in Art. 74 Abs. 1 Nr. 27 (neu) angestrebt –

spezifische Steuerertragszuständigkeiten gerade der Gemeinden angesprochen werden, die den Kreisen nicht zustehen.

Ich schlage daher vor, in Übereinstimmung mit den übrigen Bestimmungen des Grundgesetzes in Art. 74 Abs. 1 Nr. 27 zu formulieren:

> „Die Statusrechte und -pflichten der Angehörigen des Öffentlichen Dienstes der Länder, Kreise, Gemeinden und anderen Körperschaften des öffentlichen Rechts..."

Alternativ könnte auch formuliert werden:

> „Die Statusrechte und -pflichten der Angehörigen des Öffentlichen Dienstes der Länder, Gemeinden (Gemeindeverbände) und anderen Körperschaften des öffentlichen Rechts..."

Ich rege an, die vorgenannten Formulierungen, die in der Sache die Vorschläge der Vorsitzenden vom 13. Dezember 2004 unterstützen, im endgültigen Entwurf der Vorsitzenden zu berücksichtigen.

Franz Müntefering/Edmund Stoiber

Vorentwurf für Vorschlag der Vorsitzenden vom 13. Dezember 2004

(Arbeitsunterlage 104 – neu –
der Kommission von Bundestag und Bundesrat
zur Modernisierung der bundesstaatlichen Ordnung)

Vorbemerkung

Die Vorsitzenden haben die Kompetenzfelder
- *Hochschulrecht und Bildungsplanung*
- *Umweltrahmenrecht*
- *Innere Sicherheit: Bundeskriminalpolizeiamt-Kompetenz für Terrorismusbekämpfung; Kompetenz für Katastrophenschutz/Zivilschutz*
- *Mitwirkung der Länder in Europafragen (Art. 23 Abs. 6 GG) EU-Haftung*

erörtert. Eine Einigung über eine Veränderung des Status quo wurde in diesen Punkten nicht erzielt.

Die beiden Vorsitzenden werden noch mit den Gremien Alternativlösungen erörtern.

Der endgültige Entwurf wird von den Vorsitzenden am 16. 12. 2004 vereinbart und der Kommission zur Modernisierung der bundesstaatlichen Ordnung zum 17. 12. 2004 vorgelegt.

I. Mitwirkungsrechte des Bundesrates

1. Abbau der Zustimmungsrechte

Art. 84 GG neu (Änderungen fett):[*]

(1) „**¹Führen die Länder die Bundesgesetze als eigene Angelegenheit aus, so regeln sie die Einrichtung der Behörden und das Verwaltungsver-**

---

[*] noch Klärungsbedarf.

fahren. ²Sofern Bundesgesetze etwas anderes bestimmen, können die Länder davon abweichende Regelungen treffen. *[³Regelungen der Länder gehen den Regelungen des Bundes nach Satz 2 vor.]* ⁴In Ausnahmefällen kann der Bund wegen eines besonderen Bedürfnisses nach bundeseinheitlicher Regelung das Verwaltungsverfahren ohne Abweichungsmöglichkeit für die Länder regeln. ⁵Diese Gesetze bedürfen der Zustimmung des Bundesrates. ⁶Durch Bundesgesetz dürfen Gemeinden und Gemeindeverbänden Aufgaben nicht übertragen werden."

(2) „Die Bundesregierung kann mit Zustimmung des Bundesrates allgemeine Verwaltungsvorschriften erlassen."

Art. 85 Abs. 1 GG neu:

(1) „¹Führen die Länder die Bundesgesetze im Auftrage des Bundes aus, so bleibt die Einrichtung der Behörden Angelegenheit der Länder, soweit nicht Bundesgesetze mit Zustimmung des Bundesrates etwas anderes bestimmen. ²**Durch Bundesgesetz dürfen Gemeinden und Gemeindeverbänden Aufgaben nicht übertragen werden.**"

(2) „¹Die Bundesregierung kann mit Zustimmung des Bundesrates allgemeine Verwaltungsvorschriften erlassen. ²Sie kann die einheitliche Ausbildung der Beamten und Angestellten regeln. ³Die Leiter der Mittelbehörden sind mit ihrem Einvernehmen zu bestellen."

2. Neue Zustimmungsrechte für Bundesgesetze mit erheblichen Kostenfolgen

Art. 104 a Abs. 3 a GG neu:

„Führen die Länder Bundesgesetze als eigene Angelegenheit aus, bedürfen diese der Zustimmung des Bundesrates, wenn sie Pflichten der Länder zur Erbringung von Geldleistungen oder geldwerten Sachleistungen gegenüber Dritten begründen." In einer Begleiterklärung wird der Begriff der „geldwerten Sachleistungen" näher erläutert. Damit reduzieren sich voraussichtlich die Zustimmungtatbestände auf ca. 35–40 % statt bisher ca. 60 % zustimmungsbedürftiger Bundesgesetze.

vgl. Begleittext

Art. 104 a Abs. 3 Satz 3 GG wird gestrichen.

II. Reform der Gesetzgebungskompetenzen

1. Organisations- und Personalhoheit

Artikel 74 Abs. 1 Nr. 27 GG neu:

„**Die Statusrechte und -pflichten der Angehörigen des Öffentlichen Dienstes der Länder, Gemeinden und anderen Körperschaften des Öffentlichen Rechts, die in einem öffentlich-rechtlichen Dienst- und Treueverhältnis stehen, mit Ausnahme der Laufbahnen, Besoldung und Versorgung**"

vgl. Begleittext zu Statusrechten und -pflichten

(Hinweis: Gesetze nach Nr. 27 bedürfen der Zustimmung des Bundesrates.)

Art. 98 Abs. 3 Satz 2 GG wird gestrichen (Parallelkompetenz für Landesrichter).

Art. 33 Abs. 5 GG neu:

„Das Recht des Öffentlichen Dienstes ist unter Berücksichtigung der hergebrachten Grundsätze des Berufsbeamtentums zu regeln **und fortzuentwickeln.**"

2. Bildung/Hochschule

Hochschulwesen (Art. 75 Abs. 1 Nr. 1 a GG) Status quo (siehe Vorbemerkung)

3. Kompetenzen mit besonderem Regionalbezug

Wohnungswesen (Teilbereich aus Art. 74 Abs. 1 Nr. 18 GG)

Überführung in Länderkompetenz: soziale Wohnraumförderung und Finanzhilfe (inklusive Kompensation der Haushaltsmittel); Abbau der Fehlsubventionierung im Wohnungswesen, Wohnungsbindungsrecht, Zweckentfremdungsrecht im Wohnungswesen, Wohnungsgenossenschaftsvermögensrecht;

Art. 74 Abs. 1 Nr. 18 neu:

„den städtebaulichen Grundstücksverkehr, das Bodenrecht (ohne das Recht der Erschließungsbeiträge) und **aus dem Wohnungswesen das**

Anhang

Wohngeldrecht, das Altschuldenhilferecht, das Wohnungsbauprämienrecht, das Bergarbeiterwohungsbaurecht und das Bergmannsiedlungsrecht;"

4. Kompetenzkataloge

a) Weitere Kompetenzverlagerungen auf die Länder

1. Versammlungsrecht
2. Strafvollzug (einschließlich Vollzug der Untersuchungshaft)
3. Notariat (einschl. Gebührenrecht, aber ohne Beurkundungsrecht)
4. Heimrecht
5. Ladenschlussrecht
6. Gaststättenrecht
7. Spielhallen/Schaustellung von Personen
8. Messen, Ausstellungen und Märkte
9. Landwirtschaftlicher Grundstücksverkehr
10. Landwirtschaftliches Pachtwesen
11. Flurbereinigung
12. Siedlungs- und Heimstättenwesen
13. Sport-, Freizeit- und sog. sozialer Lärm (Anlagen mit sozialer Zweckbestimmung)
14. Die allgemeinen Rechtsverhältnisse der Presse

b) Kompetenzverlagerung in die ausschließliche Gesetzgebungskompetenz des Bundes:

1. Waffen- und Sprengstoffrecht (bisher Art. 74 Abs. 1 Nr. 4 a)
2. Versorgung der Kriegsbeschädigten und Kriegshinterbliebenen und Fürsorge für die ehemaligen Kriegsgefangenen (bisher Art. 74 Abs. 1 Nr. 10)
3. Erzeugung und Nutzung der Kernenergie zu friedlichen Zwecken, Errichtung und Betrieb von Anlagen, die diesen Zwecken dienen ... (bisher Art. 74 Abs. 1 Nr. 11 a)
4. Melde- und Ausweiswesen (bisher Art. 75 Abs. 1 Nr. 5)

Vorschlag der Vorsitzenden

5. Schutz deutschen Kulturguts gegen Abwanderung ins Ausland (bisher Art. 75 Abs. 1 Nr. 6).

Artikel 73 GG neu:

„Der Bund hat die ausschließliche Gesetzgebung über:

1. die auswärtigen Angelegenheiten sowie die Verteidigung einschließlich des Schutzes der Zivilbevölkerung;

2. die Staatsangehörigkeit im Bunde;

3. die Freizügigkeit, das Passwesen, **das Melde- und Ausweiswesen,** die Ein- und Auswanderung und die Auslieferung;

4. das Währungs-, Geld- und Münzwesen, Maße und Gewichte sowie die Zeitbestimmung;

5. die Einheit des Zoll- und Handelsgebietes, die Handels- und Schifffahrtsverträge, die Freizügigkeit des Warenverkehrs und den Waren- und Zahlungsverkehr mit dem Auslande einschließlich des Zoll- und Grenzschutzes;

5 a. **den Schutz deutschen Kulturgutes gegen Abwanderung ins Ausland;**

6. den Luftverkehr;

6 a. den Verkehr von Eisenbahnen, die ganz oder mehrheitlich im Eigentum des Bundes stehen (Eisenbahnen des Bundes), den Bau, die Unterhaltung und das Betreiben von Schienenwegen der Eisenbahnen des Bundes sowie die Erhebung von Entgelten für die Benutzung dieser Schienenwege;

7. das Postwesen und die Telekommunikation;

8. die Rechtsverhältnisse der im Dienste des Bundes und der bundesunmittelbaren Körperschaften des öffentlichen Rechtes stehenden Personen;

9. den gewerblichen Rechtsschutz, das Urheberrecht und das Verlagsrecht;

10. die Zusammenarbeit des Bundes und der Länder

    a) in der Kriminalpolizei,

    b) zum Schutze der freiheitlichen demokratischen Grundordnung, des Bestandes und der Sicherheit des Bundes oder eines Landes (Verfassungsschutz) und

Anhang

c) zum Schutze gegen Bestrebungen im Bundesgebiet, die durch Anwendung von Gewalt oder darauf gerichtete Vorbereitungshandlungen auswärtige Belange der Bundesrepublik Deutschland gefährden, sowie die Einrichtung eines Bundeskriminalpolizeiamtes und die internationale Verbrechensbekämpfung;

11. die Statistik für Bundeszwecke;

12. **das Waffen- und das Sprengstoffrecht;**

13. **die Versorgung der Kriegsbeschädigten und Kriegshinterbliebenen und die Fürsorge für die ehemaligen Kriegsgefangenen;**

14. **die Erzeugung und Nutzung der Kernenergie zu friedlichen Zwecken, die Errichtung und den Betrieb von Anlagen, die diesen Zwecken dienen, den Schutz gegen Gefahren, die bei Freiwerden von Kernenergie oder durch ionisierende Strahlen entstehen, und die Beseitigung radioaktiver Stoffe."**

b) **Änderungen in der konkurrierenden Gesetzgebung**

Artikel 74 GG neu:

„(1) Die konkurrierende Gesetzgebung erstreckt sich auf folgende Gebiete:

1. das bürgerliche Recht, das Strafrecht, die Gerichtsverfassung, das gerichtliche Verfahren **(ohne Untersuchungshaftvollzug)**, die Rechtsanwaltschaft und die Rechtsberatung;

2. das Personenstandswesen;

3. das Vereinsrecht;

4. das Aufenthalts- und Niederlassungsrecht der Ausländer;

4 a. *[vgl. Art. 73 Nr. 12 neu]*

5. [aufgehoben];

6. die Angelegenheiten der Flüchtlinge und Vertriebenen;

7. die öffentliche Fürsorge **ohne das Heimrecht**;

8. [aufgehoben];

9. die Kriegsschäden und die Wiedergutmachung;

10. [vgl. Art. 73 Nr. 13 – neu –]

10 a. die Kriegsgräber und Gräber anderer Opfer des Krieges und Opfer von Gewaltherrschaft;

Vorschlag der Vorsitzenden

11. das Recht der Wirtschaft (Bergbau, Industrie, Energiewirtschaft, Handwerk, Gewerbe, Handel, Bank- und Börsenwesen, privatrechtliches Versicherungswesen) **ohne das Recht des Ladenschlusses, der Gaststätten, der Spielhallen, der Messen, der Ausstellungen und der Märkte**;

11 a. *[vgl. Nr. 73 Nr. 14 neu]*

12. das Arbeitsrecht einschließlich der Betriebsverfassung, des Arbeitsschutzes und der Arbeitsvermittlung sowie die Sozialversicherung einschließlich der Arbeitslosenversicherung;

13. die Regelung der Ausbildungsbeihilfen und die Förderung der wissenschaftlichen Forschung;

14. das Recht der Enteignung, soweit sie auf den Sachgebieten der Artikel 73 und 74 in Betracht kommt;

15. die Überführung von Grund und Boden, von Naturschätzen und Produktionsmitteln in Gemeineigentum oder in andere Formen der Gemeinwirtschaft;

16. die Verhütung des Missbrauchs wirtschaftlicher Machtstellung;

17. die Förderung der land- und forstwirtschaftlichen Erzeugung **(ohne das Recht der Flurbereinigung)**, die Sicherung der Ernährung, die Ein- und Ausfuhr land- und forstwirtschaftlicher Erzeugnisse, die Hochsee- und Küstenfischerei und den Küstenschutz;

18. den **städtebaulichen** Grundstücksverkehr, das Bodenrecht (ohne das Recht der Erschließungsbeiträge) und **aus dem Wohnungswesen das Wohngeldrecht, das Altschuldenhilferecht, das Wohnungsbauprämienrecht, das Bergarbeiterwohnungsbaurecht und das Bergmannsiedlungsrecht**;

19. Maßnahmen gegen gemeingefährliche **oder** übertragbare Krankheiten bei Menschen und Tieren, Zulassung zu ärztlichen und anderen Heilberufen und zum Heilgewerbe, sowie **Recht des Apothekenwesens, der Arzneien, der Medizinprodukte, der** Heilmittel, **der** Betäubungsmittel und **der** Gifte.

19 a. die wirtschaftliche Sicherung der Krankenhäuser und die Regelung der Krankenhauspflegesätze;

20. **das Recht der** Lebensmittel **einschließlich der ihrer Gewinnung dienenden Tiere, das Recht der** Genussmittel, Bedarfsgegenstände **und** Futtermittel sowie den Schutz beim Verkehr mit land- und forstwirt-

schaftlichem Saat- und Pflanzgut, den Schutz der Pflanzen gegen Krankheiten und Schädlinge sowie den Tierschutz;

21. die Hochsee- und Küstenschiffahrt sowie die Seezeichen, die Binnenschiffahrt, den Wetterdienst, die Seewasserstraßen und die dem allgemeinen Verkehr dienenden Binnenwasserstraßen;

22. den Straßenverkehr, das Kraftfahrwesen, den Bau und die Unterhaltung von Landstraßen für den Fernverkehr sowie die Erhebung und Verteilung von Gebühren für die Benutzung öffentlicher Straßen mit Fahrzeugen;

23. die Schienenbahnen, die nicht Eisenbahnen des Bundes sind, mit Ausnahme der Bergbahnen;

24. die Abfallbeseitigung, die Luftreinhaltung und die Lärmbekämpfung **(ohne Sport- und Freizeitlärm und Lärm von Anlagen mit sozialer Zweckbestimmung)**;

25. die Staatshaftung;

26. die **medizinisch unterstütze Erzeugung menschlichen Lebens**, die Untersuchung und die künstliche Veränderung von Erbinformationen sowie Regelungen zur Transplantation von Organen, Geweben und Zellen;

27. **die Statusrechte und -pflichten der Angehörigen des öffentlichen Dienstes der Länder, Gemeinden und anderen Körperschaften des öffentlichen Rechts, die in einem öffentlich-rechtlichen Dienst- und Treueverhältnis stehen, mit Ausnahme der Laufbahnen, Besoldung und Versorgung.**

(2) Gesetze nach Absatz 1 Nr. 25 **und Nr. 27** bedürfen der Zustimmung des Bundesrates."

5. Rahmengesetzgebung

Art. 75 neu:

„(1) Der Bund hat das Recht, unter den Voraussetzungen des Artikels 72 Rahmenvorschriften für die Gesetzgebung der Länder zu erlassen über:

1. []

1 a. die allgemeinen Grundsätze des Hochschulwesens;

2. []

3. das Jagdwesen, den Naturschutz und die Landschaftspflege;
4. die Bodenverteilung, die Raumordnung und den Wasserhaushalt;
5. []
6. []

Artikel 72 Abs. 3 gilt entsprechend.

(2) Rahmenvorschriften dürfen nur in Ausnahmefällen in Einzelheiten gehende oder unmittelbar geltende Regelungen enthalten.

(3) Erlässt der Bund Rahmenvorschriften, so sind die Länder verpflichtet, innerhalb einer durch das Gesetz bestimmten angemessenen Frist die erforderlichen Landesgesetze zu erlassen."

6. Erforderlichkeitsklausel Art. 72 Abs. 2 GG

Folgende Kompetenztitel des Art. 74 GG werden vom Erforderlichkeitskriterium nach Art. 72 Abs. 2 GG ausgenommen:

Nr. 1 Bürgerliches Recht, Strafrecht, Gerichtsverfassung, gerichtliches Verfahren, Rechtsanwaltschaft und Rechtsberatung

Nr. 2 Personenstandswesen

Nr. 3 Vereinsrecht

Nr. 6 Angelegenheiten der Flüchtlinge und Vertriebenen

Nr. 9 Kriegsschäden und Wiedergutmachung

Nr. 10 a Kriegsgräber und Gräber anderer Opfer des Krieges und Opfer von Gewaltherrschaft

Nr. 12 Arbeitsrecht, Sozialversicherung

Arbeitsrecht einschließlich der Betriebsverfassung, des Arbeitsschutzes und der Arbeitsvermittlung sowie die Sozialversicherung einschließlich der Arbeitslosenversicherung.

Nr. 14 Das Recht der Enteignung, soweit sie auf den Sachgebieten der Art. 73 und 74 GG in Betracht kommt

Nr. 16 Verhütung des Missbrauchs wirtschaftlicher Machtstellung

Nr. 17 Förderung der land- und forstwirtschaftlichen Erzeugung (ohne Flurbereinigung), Sicherung der Ernährung, Ein- und Ausfuhr land- und forstwirtschaftlicher Erzeugnisse, Hochsee- und Küstenfischerei und Küstenschutz

Anhang

Nr. 18   Städtebaulicher Grundstücksverkehr, Bodenrecht (ohne das Recht der Erschließungsbeiträge) und aus dem Wohnungswesen das Wohngeldrecht, das Altschuldenhilferecht, das Wohnungsbauprämienrecht, das Bergarbeiterwohnungsbaurecht und das Bergmannsiedlungsrecht

Nr. 19   Maßnahmen gegen gemeingefährliche und übertragbare Krankheiten bei Menschen und Tieren, Zulassung zu ärztlichen und anderen Heilberufen und zum Heilgewerbe, Verkehr mit Arzneien, Heil- und Betäubungsmitteln und Giften

Nr. 21   Hochsee- und Küstenschifffahrt sowie Seezeichen, Binnenschifffahrt, Wetterdienst, Seewasserstraßen und die dem allgemeinen Verkehr dienenden Binnenwasserstraßen

Nr. 23   die Schienenbahnen, die nicht Eisenbahnen des Bundes sind, mit Ausnahme der Bergbahnen

Nr. 27   die Statusrechte und -pflichten der Angehörigen des öffentlichen Dienstes der Länder, Gemeinden und anderen Körperschaften des öffentlichen Rechts, die in einem öffentlich-rechtlichen Dienst- und Treueverhältnis stehen, mit Ausnahme der Laufbahnen, Besoldung und Versorgung.

Art. 72 Abs. 2 neu:

„Der Bund hat in diesem Bereich das Gesetzgebungsrecht, wenn und soweit die Herstellung gleichwertiger Lebensverhältnisse im Bundesgebiet oder die Wahrung der Rechts- oder Wirtschaftseinheit im gesamtstaatlichen Interesse eine bundesgesetzliche Regelung erforderlich macht. **Dies gilt nicht auf den Gebieten des Art. 74 Abs. 1 Nrn. 1, 2, 3, 6, 9, 10 a, 12, 14, 16, 17, 18, 19, 21, 23 und 27."**

III. Neuordnung der Finanzverantwortung

1. Abbau Mischfinanzierungen

a) Gemeinschaftsaufgaben (Art. 91 a, 91 b GG)

– *Abschaffung* der Gemeinschaftsaufgabe

  • Hochschulbau (Art. 91 a GG, unter Fortführung der Förderung von Großgeräten und Vorhaben nationaler Exzellenz über die GA Forschungsförderung)

Vorschlag der Vorsitzenden

- *Beibehaltung* der Gemeinschaftsaufgaben
- Verbesserung der regionalen Wirtschaftsstruktur (Art. 91 a GG)
- Agrarstruktur (Art. 91 a GG)
- Küstenschutz (Art. 91 a GG)
- Forschungsförderung (Art. 91 b GG, unter Einbeziehung der überregionalen Bestandteile der GA Hochschulbau)
- Bildungsplanung (Art. 91 b GG)

Art. 91 a neu:

„(1) Der Bund wirkt auf folgenden Gebieten bei der Erfüllung von Aufgaben der Länder mit, wenn diese Aufgaben für die Gesamtheit bedeutsam sind und die Mitwirkung des Bundes zur Verbesserung der Lebensverhältnisse erforderlich ist (Gemeinschaftsaufgaben):

1. []

2. Verbesserung der regionalen Wirtschaftsstruktur,

3. Verbesserung der Agrarstruktur und des Küstenschutzes.

(2) **Durch Bundesgesetz mit Zustimmung des Bundesrates werden die Gemeinschaftsaufgaben sowie Einzelheiten der Koordinierung näher bestimmt.**

(3) Der Bund trägt in den Fällen des Absatzes 1 Nr. [] 2 die Hälfte der Ausgaben in jedem Land. In den Fällen des Absatzes 1 Nr. 3 trägt der Bund mindestens die Hälfte; die Beteiligung ist für alle Länder einheitlich festzusetzen. Das Nähere regelt das Gesetz. Die Bereitstellung der Mittel bleibt der Feststellung in den Haushaltsplänen des Bundes und der Länder vorbehalten."

Bisherige Absätze 2 bis 5 werden gestrichen.

Art. 91 b neu:

„Bund und Länder können auf Grund von Vereinbarungen bei der Bildungsplanung* und bei der Förderung von Einrichtungen und Vorhaben der wissenschaftlichen Forschung von überregionaler Bedeutung zusammenwirken. Die Aufteilung der Kosten wird in der Vereinbarung geregelt."

---

* Status quo – siehe Vorbemerkung.

b) Finanzhilfen

- Bisherige Finanzhilfen

  Übertragen von Gemeindeverkehrsfinanzierung und Wohnungsbauförderung auf Länder

- Neugestaltung Finanzhilfen

  Art. 104 a Abs. 4 wird gestrichen und durch Art. 104 b neu ersetzt.

Art. 104 b neu:

„(1) Der Bund kann den Ländern für besonders bedeutsame Investitionen der Länder und der Gemeinden (Gemeindeverbände) Finanzhilfen **für Vorhaben, die nicht Gegenstand der ausschließlichen Gesetzgebung der Länder sind**, gewähren, die

1. zur Abwehr einer Störung des gesamtwirtschaftlichen Gleichgewichts oder

2. zum Ausgleich unterschiedlicher Wirtschaftskraft im Bundesgebiet oder

3. zur Förderung des wirtschaftlichen Wachstums

erforderlich sind.

(2) Das Nähere, insbesondere die Arten der zu fördernden Investitionen, wird durch Bundesgesetz, das der Zustimmung des Bundesrates bedarf, oder auf Grund des Bundeshaushaltsgesetzes durch Verwaltungsvereinbarung geregelt. **Die Mittel sind befristet zu gewähren und hinsichtlich ihrer Verwendung in regelmäßigen Zeitabständen zu überprüfen. Die Finanzhilfen sind im Zeitablauf mit fallenden Jahresbeträgen zu gestalten.**

(3) Bundestag, Bundesregierung und Bundesrat sind auf Verlangen über die Durchführung der Maßnahmen und die erzielten Verbesserungen zu unterrichten."

Übergangsvorschrift in Art. 125 b neu:

„(1) Recht, das auf Grund des Art. 91 a Abs. 1 Nr. 1 erlassen worden ist, gilt bis zum 31. Dezember 2005 fort.

(2) Das nach Artikel 104 a Abs. 4 in den Bereichen der Gemeindeverkehrsfinanzierung und der Wohnraumförderung erlassene Recht gilt bis zum 31. Dezember (Bund: 200X, Länder: 2005) fort."

c) **Kompensation**

Eckpunkte:

- Referenzzeitraum 2000 bis 2008
- Kompensationszeitraum 2006 bis 2019
- Festschreibung der Beträge bis 2012
- 2012 Revisionsklausel und Wegfall der gruppenspezifischen Zweckbindung (investive Zweckbindung bleibt).

Art. 143 c neu:

„(1) Den Ländern stehen ab dem 1. Januar 2006 bis zum 31. Dezember 2019 für den durch die Abschaffung der Gemeinschaftsaufgaben „Ausbau und Neubau von Hochschulen einschließlich Hochschulkliniken", sowie für den durch die Abschaffung der Finanzhilfen zur Verbesserung der Verkehrsverhältnisse der Gemeinden und zur Förderung des Wohnungsbaus bedingten Wegfall der Finanzierungsanteile des Bundes jährlich Beträge aus dem Haushalt des Bundes zu.

(2) Die Beträge nach Absatz 1 werden auf die Länder bis zum 31. Dezember 2012 wie folgt verteilt:

1. als jährliche Festbeträge, deren Höhe sich aus dem Durchschnitt der Finanzierungsanteile der Bundes im Referenzzeitraum 2000–2008 ermittelt;

2. jeweils zweckgebunden an den Aufgabenbereich der bisherigen Mischfinanzierungen.

(3) Bund und Länder überprüfen bis Ende 2012, in welcher Höhe die den Ländern nach Absatz 1 zugewiesenen Finanzierungsmittel zur Aufgabenerfüllung der Ländern noch angemessen und erforderlich sind. Ab dem 1. Januar 2013 entfällt die gruppenspezifische Zweckbindung der nach Absatz 1 zugewiesenen Finanzierungsmittel; die investive Zweckbindung bleibt.

(4) Das Nähere regelt ein Bundesgesetz mit Zustimmung des Bundesrates."

Anhang

2. Regionale Steuerautonomie

Art. 105 Abs. 2 a neu:

„Die Länder haben die Befugnis zur Gesetzgebung über die örtlichen Verbrauch- und Aufwandsteuern, solange und soweit sie nicht bundesgesetzlich geregelten Steuern gleichartig sind. **Sie haben die Befugnis zur Bestimmung des Steuersatzes bei der Grunderwerbsteuer.**"

Anmerkung: Zur Sicherstellung der Normierung des Aufkommens aus der Grunderwerbsteuer im bundesstaatlichen Finanzausgleich ist das Grundgesetz in Art. 107 GG Abs. 1 Satz 4 anzupassen.

3. Steuertausch

Art. 106 Abs. 1 und 2 neu:

„(1) Der Ertrag der Finanzmonopole und das Aufkommen der folgenden Steuern stehen dem Bund zu:

1. die Zölle,

2. die Verbrauchsteuern, soweit sie nicht nach Absatz 2 den Ländern, nach Absatz 3 Bund und Länder gemeinsam oder nach Absatz 6 den Gemeinden zustehen,

3. die Straßengüterverkehrsteuer,

4. die Kapitalverkehrsteuern, **die Kraftfahrzeugsteuer** und die Wechselsteuer,

5. die einmaligen Vermögensabgaben und die zur Durchführung des Lastenausgleichs erhobenen Ausgleichsabgaben,

6. die Ergänzungsabgabe zur Einkommensteuer und zur Körperschaftsteuer,

7. Abgaben im Rahmen der Europäischen Gemeinschaften.

(2) Das Aufkommen der folgenden Steuern steht den Ländern zu:

1. die Vermögensteuer,

2. die Erbschaftsteuer,

3. **die Versicherungsteuer,**

4. die Verkehrsteuern soweit sie nicht nach Absatz 1 dem Bund oder nach Absatz 3 Bund und Ländern gemeinsam zustehen,

5. die Biersteuer,

6. die Abgabe von Spielbanken."

Art. 108 Abs. 1 neu:

„(1) Zölle, Finanzmonopole, die bundesgesetzlich geregelten Verbrauchsteuern einschließlich der Einfuhrumsatzsteuer, **die Kraftfahrzeugsteuer** und die Abgaben im Rahmen der Europäischen Gemeinschaften werden durch Bundesfinanzbehörden verwaltet. Der Aufbau dieser Behörden wird durch Bundesgesetz geregelt. Soweit Mittelbehörden eingerichtet sind, werden deren Leiter im Benehmen mit den Landesregierungen bestellt."

vgl. Begleittext zur Sicherungsklausel

4. Steuerverwaltung

Bund und Länder stimmen darüber ein, dass die vom Bund beabsichtigten und nachfolgend in Form von fünf Eckpunkten aufgeführten Gesetzesänderungen des Finanzverwaltungsgesetzes auf der Basis des geltenden Verfassungsrechts umsetzbar wären:

1. Einführung eines Verwaltungscontrolling
2. Präzisierung der Bundesrechte bei der Auftragsverwaltung
3. Die Koordinierung der Prüfungsdienste und Bündelung der Aktivitäten zur Bekämpfung von Steuerkriminalität (Durchführung von Außenprüfungen)
4. Die Standardisierung des IT- und EDV-Einsatzes
5. Die zentrale Anlaufstelle für ausländische Investoren.

vgl. Begleittext zu den Eckpunkten 1 und 2; über die Eckpunkte 3–5 besteht weitgehend Einigkeit.

5. Nationaler Stabilitätspakt:

Art. 109 Abs. 5 neu:

„Verpflichtungen der Bundesrepublik Deutschland aus Rechtsakten der Europäischen Gemeinschaft aufgrund Art. 104 EG-Vertrag zur Einhaltung der Haushaltsdisziplin sind von Bund und Ländern gemeinsam zu erfüllen. Durch Bundesgesetz, das der Zustimmung des Bundesrates bedarf, wird festgelegt, zu welchen Anteilen Sanktionsmaßnahmen der Europäischen Gemeinschaft zwischen Bund und Ländern [und zwischen den Ländern] verteilt werden."

Eckpunkte des Ausführungsgesetzes:

- Verteilung der Sanktionszahlung zwischen Bund und Ländern: 65 % Bund und 35 % Länder
- Verteilung des Länderanteils an der Sanktionszahlung: 65 % verursacherbezogen (Defizitverteilung) und 35 % solidarisch (Einwohnerzahl).

IV. Europatauglichkeit

Art. 23 Abs. 6 GG – Status quo (vgl. Vorbemerkung)

V. Hauptstadt

Art. 22 GG neu:

„**(1) Hauptstadt der Bundesrepublik Deutschland ist Berlin. Das Nähere wird durch Bundesgesetz geregelt.**

(2) Die Bundesflagge ist schwarz-rot-gold."

… Vorschlag der Vorsitzenden

Anhang

Begleittext zu Art. 104 a Abs. 3 a

Die Zustimmung als Schutzrecht vor kostenbelastenden Bundesgesetzen ist ein wesentliches Interesse der Länder. Der Begriff der „geldwerten Sachleistungen" erfasst mit Blick auf diesen Schutzzweck der Norm nach Maßgabe der nachfolgenden Ausführungen auch hiermit vergleichbare Dienstleistungen.

Die Vergleichbarkeit einer Dienstleistung mit Geld- und geldwerten Sachleistungen im Sinne des neuen Zustimmungstatbestandes ist dann gegeben, wenn sie unter vergleichbar engen Voraussetzungen, wie dies bei Geld- und Sachleistungen der Fall ist, einem Dritten Vorteile gewährt oder sonstige Maßnahmen gegenüber Dritten veranlasst, die zu einer erheblichen Kostenbelastung der Länder führen.

Soweit den Ländern durch den Bundesgesetzgeber keine wesentlichen Spielräume zur landeseigenen Bestimmung des Ausmaßes von Leistungspflichten eingeräumt werden, fällt z. B. die Verpflichtung der Länder zur Schaffung und Unterhaltung von Aufnahmeeinrichtungen für die Unterbringung von Asylbegehrenden grundsätzlich unter den Begriff der Sachleistungen. Gleiches gilt z. B. grundsätzlich für die Verpflichtung der Länder zur Erbringung von Schuldnerberatungen oder zur Bereitstellung von Tagesbetreuungsplätzen.

Im Bereich der Sozialversicherung wird von Sachleistungen gesprochen, wenn es sich um Leistungen handelt, die dem Empfänger in Form von Diensten gewährt werden (z. B. bei Maßnahmen der Heilbehandlung). Im Bereich des Sozialgesetzbuches werden Geld-, Sach- und Dienstleistungen unter dem Begriff der Sozialleistungen zusammengefasst. Nach der oben eingeführten Interpretation sind diese Dienstleistungen vom Begriff der Sachleistung als vergleichbare Leistungen umfasst. In diesem weiten Verständnis schließt das Merkmal der Sachleistungen auch die Regelungen zur Schaffung von Tagesbetreuungsplätzen für Kinder im Kinder- und Jugendhilferecht ein. Die Bereitstellung von Tagesbetreuungsplätzen beinhaltet ein Bündel von staatlichen Sach- und vergleichbaren Dienstleistungen wie Räumlichkeiten und deren Ausstattung sowie die Betreuungs- bzw. Erziehungsleistung.

Nicht dagegen fallen unter den Begriff der „Sachleistungen" reine Genehmigungen, Erlaubnisse oder sonstige Verwaltungsakte, die keine darüber hinausgehenden Leistungen bestimmen, sondern nur die Vereinbarkeit mit materiellen Vorschriften feststellen.

Anhang

Begleittext zu Art. 74 Abs. 1 Nr. 27 neu:

„Statusrechte und -pflichten" sind:

- Wesen, Voraussetzungen, Rechtsform der Begründung, Arten, Dauer sowie Nichtigkeits- und Rücknahmegründe des Beamtenverhältnisses,

- Abordnungen und Versetzungen zwischen den Ländern und zwischen Bund und Ländern,

- Voraussetzungen und Formen der Beendigung des Beamtenverhältnisses (vor allem Tod, Entlassung, Verlust der Beamtenrechte, Entfernung aus dem Dienst nach dem Disziplinarrecht),

- statusprägende Pflichten der Beamten und Folgen der Nichterfüllung,

- wesentliche Rechte der Beamten,

- Bestimmung der Dienstherrenfähigkeit,

- Spannungs- und Verteidigungsfall und

- Verwendungen im Ausland.

Begleittext zur Sicherungsklausel:

„In den Jahren 2011 und 2016 wird überprüft, ob die Entwicklung der Kraftfahrzeug- und der Versicherungssteuer unter Berücksichtigung evtl. veränderter Rahmenbedingungen und Steuerrechtsänderungen den ursprünglichen Erwartungen entspricht. Wenn dies nicht der Fall ist, werden die Ursachen geprüft und ggf. nach geeigneten Lösungen gesucht."

Begleittext zur Steuerverwaltung:

Vorschlag zu den Punkten 1. Verwaltungs-Controlling und 2. Präzisierung der Rechte des Bundes bei der Auftragsverwaltung

§ 22
Allgemeine Verfahrensgrundsätze

(1) Zur Verbesserung und Erleichterung des Vollzugs von Steuergesetzen und des Zieles der Gleichmäßigkeit der Besteuerung bestimmt das Bundesministerium der Finanzen mit Zustimmung der Obersten Finanzbehörden der Länder einheitliche Verwaltungsgrundsätze, gemeinsame Vollzugsziele, Regelungen zur Zusammenarbeit des Bundes mit den Ländern und erteilt allgemeine fachliche Weisungen. Die Zustimmung gilt als erteilt, wenn eine Mehrheit der Länder nicht widerspricht. Initiativen zur Festlegung der Angelegenheiten des Satzes 1 kann das Bundesministerium

der Finanzen allein oder auf gemeinsame Veranlassung von mindestens vier Bundesländern ergreifen.

(2) Die Obersten Finanzbehörden des Bundes und der Länder überprüfen regelmäßig die Erfüllung der gemeinsam festgelegten Vollzugsziele. Hierzu übermitteln die Steuerverwaltungen der Länder die erforderlichen Daten.

(3) Die nach Absatz 1 geregelten Angelegenheiten sind für die Obersten Finanzbehörden des Bundes und der Länder verbindlich."

Teilnehmer am Professorengespräch

Beigeordneter a. D. Heinrich *Albers*, Sarstedt

Prof. Dr. Martin *Burgi*, Bochum

Prof. Dr. Dirk *Ehlers*, Münster

Mitglied des Landesrechnungshofs Wolfgang *Göke*, Hildesheim

Landrat Georg *Gorrissen*, Segeberg

Ministerialdirigent a. D. Friedrich Wilhelm *Held*, Hilden

Prof. Dr. Reinhard *Hendler*, Trier

Privatdozent Dr. habil. Hans Jörg *Hennecke*, Rostock

Prof. Dr. Hans-Günter *Henneke*, Geschäftsführendes Präsidialmitglied des Deutschen Landkreistages, Berlin

Prof. Dr. Joachim Jens *Hesse*, Berlin

Prof. Dr. Peter M. *Huber*, München

Prof. Dr. Albert *Janssen*, Direktor des Niedersächsischen Landtages a. D., Hildesheim

Prof. Dr. Ferdinand *Kirchhof*, Tübingen

Prof. Dr. Winfried *Kluth*, Halle

Prof. Dr. Hartmut *Maurer*, Konstanz

Prof. Dr. Janbernd *Oebbecke*, Münster

Ministerialdirigent Dr. Horst *Risse*, Leiter des Sekretariats der Kommission zur Modernisierung der bundesstaatlichen Ordnung, Berlin

Prof. Dr. Matthias *Ruffert*, Jena

Hauptgeschäftsführer Dr. Alexander *Schink*, Düsseldorf

Dr. Gernot *Schlebusch*, Geschäftsführendes Vorstandsmitglied, Hannover

Privatdozent Dr. habil. Utz *Schliesky*, Berlin

Bundesminister a. D. Prof. Dr. Edzard *Schmidt-Jortzig*, Kiel

Anhang

Prof. Dr. Friedrich *Schoch*, Freiburg
Prof. Dr. Helmuth *Schulze-Fielitz*, Würzburg
Ministerialrätin Dr. Christine *Steinbeiß-Winkelmann*, Berlin
Prof. Dr. Hans-Heinrich *Trute*, Hamburg
Dr. Irene *Vorholz*, Berlin
Prof. Dr. Christian *Waldhoff*, Bonn
Prof. Dr. Rudolf *Wendt*, Saarbrücken
Prof. Dr. Joachim *Wieland*, Frankfurt/Main